KB145097

OAuth 2.0
API 보안 2/e

OAuth 2.0
API 보안 2/e

엔터프라이즈 API를 보호하는 OAuth 2.0 해킹 & 방어

프라바스 시리와데나 지음   강병윤·김한수 옮김

i!i
에이콘

 에이콘출판의 기틀을 마련하신 故 정완재 선생님 (1935-2004)

항상 저를 지지해준 여동생 디파니^{Deepani}에게 바칩니다.

지은이 소개

프라바스 시리와데나^{Prabath Siriwardena}

신원 전도사, 저자, 블로거, WSO2에서 신원 관리 및 보안 부사장이다. <포춘>이 선정한 100/500 기업을 포함해 글로벌 기업을 위한 중요한 신원 및 액세스 관리^{IAM} 인프라를 설계하고 구축하는 데 12년 이상의 업계 경험이 있다. 기술 전도사로서 7권의 책을 출판했다. 블록체인, PSD2, GDPR, IAM부터 마이크로서비스 보안에 이르기까지 다양한 주제로 블로그 글을 작성한다. 또한 유튜브^{YouTube} 채널을 운영한다. RSA 콘퍼런스, KNOW Identity, Identiverse, European Identity Conference, Consumer Identity World USA, API World, API Strategy and Practice Conference, QCon, OSCON, WSO2Con을 비롯한 많은 콘퍼런스에서 발표했다. IAM 커뮤니티를 전파하려고 전 세계를 여행하며 워크숍과 밋업을 진행하고 있다. 샌프란시스코 베이 지역에서 가장 큰 IAM 밋업인 'Silicon Valley IAM User Group'의 창립자다.

감사의 글

먼저 이 책에 대한 초안을 평가하고 수락해주신 에이프레스^{Apress}의 부편집 책임자인 조나단 제닉^{Jonathan Gennick}에게 감사의 말씀을 드린다. 그리고 출판 과정 내내 참을성과 관용을 보여준 에이프레스의 편집자 질 발자노^{Jill Balzano}에게 감사의 말씀을 드린다. 알프 텅크^{Alp Tunc}는 기술 검토자 역할을 수행했으며, 그의 양질의 리뷰 코멘트는 매우 유용했으며, 이에 감사의 말씀을 드린다. 또한 책을 더 좋게 만드는 데 도움을 주신 모든 외부 리뷰어에게 감사의 말씀을 드린다.

WSO2의 창립자이자 전 CEO인 산지바 위라와라나^{Sanjiva Weerawarana} 박사와 WSO2의 CTO인 폴 프리맨틀^{Paul Fremantle}은 나의 지속적인 멘토다. 산지바 박사와 폴이 나를 위해 해준 모든 일에 대해 진심으로 감사의 말씀을 드린다.

아내 파비트라^{Pavithra}와 어린 딸 디나디^{Dinadi}가 출판 과정 내내 지원했다. 파비트라와 디나디에게 감사의 말씀을 드린다.

부모님과 여동생은 항상 나와 함께 있다. 그들이 나를 위해 해준 모든 것에 감사한다. 마지막으로 아내의 부모님은 놀라울 정도로 많은 도움을 주셨다.

책을 쓰는 것은 한 사람의 노력처럼 보일지 모르지만, 실제로는 전체 팀의 노력 덕분이다. 나를 다양한 방식으로 지원해주신 모든 분께 감사의 말씀을 드린다.

강병윤(kby88power@gmail.com)

기술 지원 엔지니어, 보안 담당자를 거쳐 현재 모의해킹 컨설턴트로 활동 중이다. 해킹을 좀 더 쉽게 입문할 수 있도록 멘토링하고 있으며, 관련된 콘텐츠를 제작하고 있다.

김한수(normalticpublic@gmail.com)

정보보안 업계에서 모의해킹 전문가로 활동하고 있다. Normaltic Place라는 해킹 유튜브 채널을 운영 중이며, 해킹이라는 주제를 일반 대중에게 쉬운 언어로 풀어내 해킹 관련 콘텐츠를 만들고 있다. 또한 해킹이라는 주제를 포함해 비전공자들을 위한 강연을 하고 있다.

지금 시대에서 API는 선택이 아닌 필수다. 많은 기업이 앞 다투어 'API화'에 총력을 기울이고 있다. 그에 따라 중요한 자산들이 자연스럽게 노출되고 있으며, 설계 단계에서부터의 보안이 대두되고 있다.

이 책은 개념과 이론을 단순히 제시하는 것뿐만 아니라 구체적인 예시를 통해 API를 안전하게 관리하고 사용하는 방법을 설명한다. API 개발자에게 필수 서적이 될 것이다.

강병윤

요즘 앱을 포함한 거의 모든 사이트에 '구글', '페이스북', '카카오톡' 등으로 로그인하는 기능이 있다. 또한 인터넷 시장이 커지면서 각 사이트끼리 정보를 교류하며 동작하는 애플리케이션이 많아졌다. 이 기능은 OAuth가 해결해 줄 수 있는데, 이를 잘못 이용하면 큰 취약점이 생기게 된다. 최근 보안 사고가 발생해 해당 애플리케이션뿐 아니라 기업의 이미지가 심각하게 손상을 입는 경우를 쉽게 볼 수 있다. 이제 개발자에게 보안 코딩은 필수 역량이 됐다.

이 책은 OAuth에 대한 개념이 없는 사람도 이해할 수 있게 OAuth에 대한 설명부터 공격자가 어떻게 공격하는지, 공격을 어떻게 막을 수 있는지 설명한다. OAuth를 사용하려는 개발자에게 훌륭한 지침서가 될 것이고, 정보 보안 일을 하고 있는 사람들도 단순한 해킹 기술이 아닌 OAuth의 지식을 쌓을 수 있는 책이 될 것이다. OAuth의 기초부터 해킹, 보안 코딩까지 OAuth 보안과 관련된 폭넓은 주제를 깊이 있게 다뤄 OAuth 보안 관련 실무 담당자에게 훌륭한 안내서가 될 것이다.

김한수

들어가며

이제 기업용 API는 비즈니스 기능을 외부에 노출하는 일반적인 방법이다. 기능을 노출하는 것은 편리하지만 악용의 위험이 있다. 이 책은 중요한 비즈니스 자산을 보호하는 방법과 API의 보안을 설명한다. 소프트웨어 시스템 설계의 경우와 마찬가지로, 사람들은 API 설계 단계에서 보안 요소를 무시하는 경향이 있다. 그리고 배포나 통합 시에만 보안을 걱정하기 시작한다. 보안은 사후에 고려해서는 안 된다. 보안은 모든 소프트웨어 시스템 설계의 필수 요소며, 설계 초기부터 신중하게 고려해야 한다. 이 책을 통해 보안의 필요성과 API 보안을 위해 사용할 수 있는 옵션을 알려주는 것을 목표로 집필했다.

이 책에서는 프로세스를 안내하고 더 나은 보안을 위해 API를 설계하는 모범 사례를 공유한다. API 보안은 지난 몇 년 동안 많이 발전해 왔으며, API 보안 표준은 기하급수적으로 성장했다. OAuth 2.0은 가장 널리 채택된 표준이자, 그 위에 솔루션을 구축할 수 있는 프레임워크다. 기존의 HTTP Basic 인증에서 OAuth 2.0까지 API를 보호하는 방법과 OpenID Connect, 사용자 관리 액세스UMA, User-Managed Access 등과 같은 OAuth를 기반으로 구축된 프로필을 자세히 설명한다.

JSON은 API 통신에서 중요한 역할을 한다. 오늘날 개발된 대부분의 API는 XML이 아닌 JSON만 지원하므로 여기에서는 JSON 보안에 중점을 둔다. JSON 웹 암호화JWE, JSON Web Encryption, JSON 웹 서명JWS, JSON Web Signature은 JSON 메시지 보안을 위해 점점 더 널리 사용되는 두 가지 표준이다. 후반부에서는 JWE와 JWS를 자세히 다룬다.

또 다른 주요 목적은 개념과 이론을 제시하는 것뿐만 아니라 구체적인 예를 통해 개념과 이론을 설명하는 것이다. 이론을 실제로 적용하는 방법을 보여주는 포괄적인 예시를 제공한다. OAuth 2.0과 관련 프로필을 사용해 웹 애플리케이션, 단일 페이지 애플리케이션, 네이티브 모바일 애플리케이션, 브라우저가 없는 애플리케이션으로 API에 안전하게 액세스하는 방법을 배울 것이다.

API 개발자에게 절실히 필요한 주제를 효과적으로 다루기를 바라며, 즐겁게 읽기를 바란다.

1장

API 규칙

기업용 API가 생각보다 더 많이 사용되고 있다. 거의 모든 산업에서 API가 확산되고 있다. API가 없는 비즈니스는 인터넷이 없는 컴퓨터와 같더라도 과언이 아니다. 또한 API는 사물인터넷[IoT, Internet of Things] 영역에서 통신 채널을 만드는 토대다. 자동차부터 주방기기까지 셀 수 없이 많은 장치가 API를 통해 서로 통신하기 시작했다.

세계는 그 어느 때보다 많이 연결돼 있다. 페이스북[Facebook]에서 인스타그램[Instagram]에 있는 사진을 공유하고, 트위터[Twitter]에서 포스퀘어[Foursquare][1]나 옐프[Yelp][2]에 있는 장소를 공유하고, 페이스북 담벼락에 트윗을 게시하고, 우버[Uber] 모바일 애플리케이션을 통해 Google Maps에 연결하는 등 많은 것이 연결되고 있다. 연결에는 제한이 없다. 지난 몇 년간 빠르게 퍼블릭 API가 증가한 덕분에 이 모든 것이 가능해졌다. 익스피디아[Expedia], 세일즈포스[Salesforce], 이베이[Ebay] 등의 많은 회사가 API를 통해

---

1. 스마트폰에 탑재된 GPS를 활용해 위치 정보를 수집하고 이를 쇼핑 관광 등에 활용하는 위치 기반 소셜 네트워크 서비스다. – 옮긴이
2. 대표적인 지역 기반 소셜 네트워크로 여러 도시의 식당, 백화점, 병원 등에 대한 평판을 크라우드 소싱을 이용해 모으는 서비스다. – 옮긴이

연간 매출액 중 많은 비중을 벌어들이고 있다. API는 비즈니스 기능을 외부에 드러내는 가장 멋진 방법이 됐다.

API 경제

ACI 정보 그룹에서 출판한 인포그래픽[3]에 따르면 현재 성장률로 볼 때 세계 인터넷 경제는 약 10조 달러다. 1984년, 인터넷이 처음 나왔을 당시 대학과 기업에서 1,000개의 호스트를 연결했다. 15년이 지난 1998년, 인터넷 사용자 수는 전 세계적으로 5천만 명에 이르렀다. 이후 10억 인터넷 사용자가 되기까지 11년(2009년)이 걸렸다. 여기서 사용자 수가 두 배로 되기까지는 3년밖에 걸리지 않았고, 2012년 21억 명에 이르렀다. 2019년, 세계 인구의 절반 이상인 약 43억의 사용자가 인터넷을 사용한다. 이 숫자는 인터넷 거대 기업인 페이스북과 구글Google이 주도한 계획으로 더 증가할 수 있다. 2013년에 페이스북에서 시작한 Internet.org 계획은 인터넷이 되지 않는 세계의 일부 지역과 연결하고자 기술 리더, 비영리 단체, 로컬 커뮤니티를 모으는 것을 목표로 한다. 구글은 지방이나 원격 장소에 있는 사람과 연결하고자 구글 Loon 프로젝트를 시작했다. 이 프로젝트는 하늘을 떠다니는 풍선들을 이용한 네트워크를 기반으로 하며, 동남아시아에 있는 2억 5천만 명 사람들을 연결하는 것을 목표로 한다.[4]

사람만 연결되는 것이 아니다. 시스코Cisco에서 사물인터넷에 관한 보고서[5]에 따르면 2008년에 인터넷에 연결된 사물의 수는 지구에 있는 사람 수를 초과했다. 2012년에 125억 개가 넘는 장치가 2015년 말에는 250억 개의 장치가 인터넷에 연결됐다. 2020년 말에는 500억 개의 장치가 인터넷에 연결될 것으로 추정된다. 연결된 장치

---

3. 인터넷의 역사, https://aci.info/2014/07/12/the-data-explosion-in-2014-minute-by-minute-infographic/

4. 구글 Loon, https://fortune.com/2015/10/29/google-indonesia-internet-helium-balloons/

5. 사물인터넷: 인터넷의 차세대 진화가 모든 것을 바꾸는 방법, https://www.cisco.com/c/dam/en_us/about/ac79/docs/innov/IoT_IBSG_0411FINAL.pdf

들은 새로운 것이 아니다. 이 장치들은 최초의 컴퓨터 네트워크와 소비자 전자제품이 소개된 이래로 존재했던 것들이다. 인터넷 도입이 폭발적으로 증가하지 않았다면 전 세계적으로 연결된 행성이라는 아이디어는 결코 나오지 못했을 것이다. 1990년대 초, 컴퓨터 과학자들은 인간과 기계의 결합이 어떻게 기계를 통한 완전히 새로운 형태의 의사소통과 상호작용을 낳을 수 있는지 이론화했다. 그 현실은 이제 우리 눈앞에서 펼쳐지고 있다.

사물인터넷의 성공 뒤에는 두 핵심 조력자가 있다. 하나는 API고 다른 하나는 빅데이터다. Wipro 산업 연구 위원회 보고서[6]에 따르면 뉴욕에서 로스앤젤레스까지 보잉737기가 6시간 동안 비행하면 120테라바이트의 데이터가 만들어져 비행기에 수집되고 저장된다. 전 세계를 점령한 센서와 장치의 폭발적인 증가로 데이터를 저장하고, 관리하고, 분석하는 적절한 방법이 필요해졌다. 2014년까지 4제타바이트로 추정되는 정보가 전 세계적으로 쌓였고, 2020년까지는 35제타바이트까지 증가할 것으로 추정된다.[7] 매우 흥미로운 점은 우리가 오늘날 보유한 90%의 데이터가 단지 지난 몇 년 동안에 만들어졌다는 것이다. 사물인터넷의 맥락에서 API의 역할은 빅데이터와 마찬가지로 중요하다. API는 장치를 다른 장치나 클라우드에 연결하는 접착제다.

API 경제는 한 조직이 그들의 비즈니스 영역에서 API를 갖고 어떻게 수익을 낼 수 있는지, 또는 어떻게 성공할 수 있는지 이야기한다. IBM은 API 경제가 2018년까지 2.2조 규모의 시장이 될 것이라고 추정했고,[8] IBM의 빨간책 『The Power of the API Economy』에서 API 경제를 비즈니스 기능과 능력의 상업적인 교환으로 정의한다.[9] 또한 API 경제의 핵심 능력을 웹 API 서비스로 정의한다. 그리고 기업이 왜 웹 API를 수용하고 API 경제에 능동적인 참가자가 돼야 하는지 다섯 가지 주요 이유를 찾는다.

---

6. 빅데이터: 제조에서 촉매의 성능. www.wipro.com/documents/Big%20Data.pdf
7. 빅데이터의 폭발: 지난 2년 동안에만 전 세계적으로 기존 데이터의 90% 생성. http://bit.ly/1WajrG2
8. IBM, API 경제를 위한 새로운 솔루션 발표. https://betanews.com/2015/11/05/ibm-announces-new-solutions-for-the-api-economy/
9. API 경제의 힘. www.redbooks.ibm.com/redpapers/pdfs/redp5096.pdf

- API 생태계를 통해 상품과 서비스에 고객들을 유치해 고객층을 확장하라.
- 다양한 API, 귀하 및 타사의 구성을 활용해 혁신을 주도하라.
- 신제품의 가치 실현 시간과 시장 출시 시간을 단축하라.
- 웹 API와의 통합을 개선하라.
- 새로운 컴퓨팅 시대를 위한 더 많은 가능성을 열고 유연한 미래를 준비하라.

아마존

아마존[Amazon], 세일즈포스, 페이스북, 트위터는 각각의 기능에 맞는 플랫폼을 구축함으로써 API 경제의 초기 참가자들 중에서 몇 안 되는 좋은 사례다. 현재 이들 모두는 플랫폼을 중심으로 구축된 광범위한 생태계에서 엄청나게 큰 수익을 낸다. 아마존은 비즈니스 기능을 다른 회사들에 드러내고자 API를 도입한 최초의 기업 중 하나였다. 2006년에는 웹 API나 웹 서비스 형태로 기업에 IT 인프라 서비스를 제공하기 시작했다. 초기에 EC2[Elastic Compute Cloud]와 S3[Simple Storage Service]를 서비스한 AWS[Amazon Web Services]는 2002년에 시작된 서비스 지향적인 방식으로 아마존 내부 인프라를 이끌기 위한 노력의 결과였다.

전 아마존 직원 스티브 예게[Steve Yegge]는 우연히 자신의 구글+ 게시물[10]을 통해 아마존 내부 토론을 공유했는데, 이후 큰 인기를 얻었다. 예게의 게시물에 따르면 이 모든 것이 제프 베조스[Jeff Bezos]가 아마존 엔지니어링 팀에 보낸 편지에서 시작되는데, 아마존을 매우 효과적인 서비스 지향적 인프라로 전환하기 위한 다섯 가지 핵심 사항을 강조했다.

- 이후로 모든 팀은 서비스 인터페이스를 통해 데이터와 기능을 공개한다.
- 팀은 이러한 인터페이스를 통해 서로 의사소통해야 한다.
- 다른 형태의 프로세스 간 통신은 허용되지 않는다. 직접 연결, 다른 팀의

---

10. 아마존의 Steve Yegge, https://plus.google.com/+RipRowan/posts/eVeouesvaVX

데이터 저장소에 대한 직접 읽기, 공유 메모리 모델, 백도어 등 어느 것도 안 된다. 허용되는 유일한 통신은 네트워크를 통한 서비스 인터페이스 호출을 통한 것이다.

- 어떤 기술이 사용되는지는 중요하지 않다. HTTP, Cobra, Pubsub, 맞춤 프로토콜이든 상관없다.
- 예외 없이 모든 서비스 인터페이스는 처음부터 외부화될 수 있게 설계돼야 한다.

이러한 서비스 기반의 접근은 아마존이 서점에서 IT 서비스나 클라우드 서비스를 판매하는 글로벌 소매업체로 비즈니스 모델을 쉽게 확장할 수 있었다. 아마존은 EC2와 S3 기능을 SOAP나 REST(HTTP 기반 JSON)에서 API로 노출하기 시작했다.

세일즈포스

세일즈포스는 1999년 2월에 출시된 오늘날 SaaS^{Software-as-a-Service} 분야의 선두주자다. 세일즈포스 기능을 중심으로 구축된 웹 API를 다른 회사들에 노출한 것이 회사가 오늘날의 위치에 오를 수 있게 된 주요 성공 요인이었다. 세일즈포스는 혁신을 촉진하고 그 주위에 더 큰 생태계를 구축하고자 계속 플랫폼과 API를 사용했다.

우버

구글은 API를 통해 그들의 서비스 대부분을 노출시켰다. 구글 Maps API는 2005년에 무료 서비스로 출간됐고, 많은 개발자가 다른 데이터 스트림과 통합해 구글 Maps를 이용해 많은 유용한 매시업[11]들을 개발하도록 만들었다. 가장 좋은 예는 우버다. 우버는 미국 샌프란시스코에 기반을 둔 운송 네트워크 회사로, 미국 이외의 많은 국가에서 전 세계적으로 서비스를 제공한다. iOS나 안드로이드의 우버 모

---

11. '두 가지 이상의 노래를 합쳐 만든 노래'라는 뜻으로, 각종 콘텐츠와 서비스를 융합해 새로운 서비스를 만들어내는 것을 말한다. - 옮긴이

바일 애플리케이션을 사용하면(그림 1-1을 보면) 픽업 장소를 설정하고 탑승을 요청한 고객은 구글 Maps에서 해당 택시가 어디에 있는지 볼 수 있다. 또한 우버 드라이버 애플리케이션에서 드라이버는 고객이 어디에 있는지 정확히 알 수 있다. 이것이 우버의 좋은 판매 포인트고, 우버는 구글 Maps의 퍼블릭 API에서 큰 혜택을 받는 비즈니스다. 동시에 구글은 모든 우버 사용자의 경로를 얻는다. 그들은 관심 있는 장소와 우버 고객들이 가는 경로를 정확히 알고 있으며, 이를 구글의 광고 엔진에 넣을 수 있다. 구글 보고서[12]에 따르면 2013년까지 우버뿐만 아니라 100만 개 이상의 활성화된 사이트와 애플리케이션에서 구글 Maps API를 사용하고 있었다.

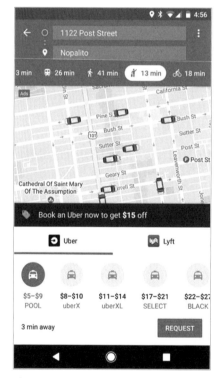

그림 1-1. Google Maps를 사용하는 우버 모바일 앱

---

12. 백만 개 사이트 모두를 위한 새로운 모습의 지도 API, http://bit.ly/1NPH12z

페이스북

페이스북은 2007년에 페이스북 플랫폼을 출시했다. 페이스북 플랫폼은 페이스북의 핵심 기능 대부분을 애플리케이션 개발자들에게 공개적으로 제공했다. Builtwith. com에 따르면[13] 페이스북 Graph API는 2019년 10월까지 인터넷에 있는 100만 개의 웹 사이트에서 사용됐다. 그림 1-2는 시간 경과에 따른 페이스북 Graph API의 사용량을 보여준다. 포스퀘어, 옐프, 인스타그램 등과 같은 대부분의 인기 있는 애플리케이션들은 페이스북 API를 이용해 사용자의 페이스북 담벼락에 데이터를 게시한다. API 적용을 확대하고 강력한 생태계를 구축함으로써 양 당사자는 상호 이익을 얻는다.

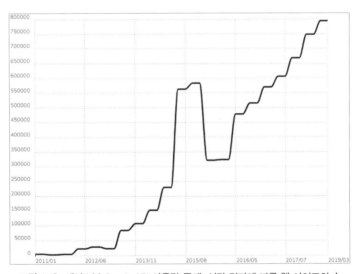

그림 1-2. 페이스북 Graph API 사용량 통계, 시간 경과에 따른 웹 사이트의 수

---

13. 페이스북 Graph API 사용 통계, http://trends.builtwith.com/javascript/Facebook-Graph-API

넷플릭스

미국에서 1억5천만 명 이상의 구독자를 보유한 인기 미디어 스트리밍 서비스인 넷플릭스[Netflix]는 2008년 최초의 퍼블릭 API를 발표했다.[14] 출시 기간에 넷플릭스의 에지 엔지니어링의 부사장인 다니엘 자콥슨[Daniel Jacobson]은 중개인으로서 내부 서비스와 공공 개발자 간의 데이터를 중재하는 이 퍼블릭 API의 역할을 설명했다. 넷플릭스는 최초의 퍼블릭 API 출시 이후 오랜 길을 걸어왔고, 오늘날 스트리밍 API를 지원하는 수천 가지 이상의 장치를 보유하고 있다.[15] 2014년 중반까지 내부적으로(콘텐츠 스트리밍에 사용되는 장치를 통해) 50억 개의 API 요청이 있었으며, 매일 2백만 개의 퍼블릭 API 요청이 있었다.

월그린스

미국 최대 의약품 소매업체인 월그린스[Walgreens]는 2012/2013년에 API를 통해 사진 인쇄와 약국의 기능들을 공공으로 공개했다.[16] QuickPrints API와 Prescription API라는 두 가지 API로 시작했다. 이것은 많은 개발자를 매료시켰고 월그린스의 API를 이용해 수십 개의 애플리케이션이 개발됐다. Printicular는 그렇게 개발된 애플리케이션 중 하나로 MEA Labs에서 만들었으며, 페이스북, 트위터, 인스타그램, 구글+, 피카사[picasa], 플리커[Flickr]에서 사진을 인쇄할 수 있다(그림 1-3 참고). 연결된 사이트에서 프린트할 사진을 고르면 가장 가까운 월그린스 매장에서 찾을지, 아니면 배달을 요청할지를 선택할 수 있다. API를 기반으로 구축된 수많은 애플리케이션을 통해 월그린스는 고객 참여를 강화했고 기대치를 충족할 수 있었다.

---

14. 넷플릭스가 구독자 수 신기록을 세우다. www.cnn.com/2019/04/16/media/netflix-earnings-2019-first-quarter/index.html

15. API 경제: 시스템에서 비즈니스 서비스로, http://bit.ly/1GxmZe6

16. 월그린스 API, https://developer.walgreens.com/apis

그림 1-3. 월그린스 API에 기반을 둔 Printicular 애플리케이션

정부

민간 기업뿐만 아니라 정부도 API를 통해 기능을 공개하기 시작했다. 2013년 5월 22일, Data.gov(연방 정부의 행정부에서 만든 고가의 기계 판독 가능한 데이터 세트에 대해 대중이 쉽게 접근하는 것을 목표로 미 연방총무청에서 관리하는 계획)는 디지털 정부 전략 기념일과 Data.gov의 4주년을 기념하고자 두 가지 계획을 시작했다. 첫 번째 계획은 디지털 정부 전략의 일환으로, 연방 정부에서 공개한 API의 포괄적인 명단을 작성했다. 이러한 API 덕분에 건강, 공공 안전, 교육, 소비자 보호, 기타 관심 있는 주제에서 미국인에 이르는 모든 분야의 새로운 애플리케이션 개발이 가속화됐다. 또한 이 계획은 개발자들이 API 문서나 다른 자원들에 대한 링크와 함께 한곳(http://api.data.gov)에서 정부의 모든 API를 찾을 수 있게 도왔다.

IBM 왓슨

API는 성공적인 회사를 설립하는 데 핵심 요소가 됐다. API는 새로운 비즈니스 생태계로의 길을 열어준다. 이전에는 할 수 없던 것들을 퍼블릭 API로 실현 가능해졌다. 2013년 11월, 처음으로 IBM 왓슨Watson 기술이 클라우드에서 개발 플랫폼으로 제공됐다. 이 플랫폼은 전 세계 소프트웨어 개발자 커뮤니티가 왓슨의 인지 컴퓨팅 지능이 탑재된 차세대 애플리케이션을 만들 수 있게 지원한다.[17] 또한 IBM은 API로 새로운 시장을 개척할 여러 생태계를 만들 것으로 예상했다. 이는 Elsevier(세계 최고의 과학, 기술, 의료 정보 제품 및 서비스 제공업체)와 종양학 치료에 대한 광범위한 연구 자료를 Sloan Kettering(1884년에 설립된 암 치료 및 연구 기관) 의료 전문지식과 왓슨의 인공지능에 연결했다. 이러한 연결들을 통해 IBM은 이제 의사 및 간호 실무자들에게 증상, 진단, 치료 방법의 정보를 제공한다.

오픈 뱅킹

API는 소매, 헬스케어, 금융, 정부, 교육 및 많은 업종에서 빠르게 적용됐다. 금융 부문에서 Open Bank 프로젝트[18]는 금융기관이 서드파티 애플리케이션과 서비스의 생태계를 이용해 디지털 요구를 안전하고 빠르게 처리하도록 은행용 오픈소스 API와 앱 스토어를 제공한다. 가트너Gartner[19]에 따르면 2016년까지 세계 50대 은행 중 75%가 API 플랫폼을 출시했으며, 25%가 고객 대면 앱 스토어를 출시했다. Open Bank 프로젝트의 목적은 각 뱅킹 API의 모든 차이점을 추상화해 균일한 인터페이스를 제공하는 것이다. 이는 애플리케이션 개발자가 Open Bank API를 기반으로 Open Bank 계획의 일부분인 어떠한 은행들에 대해서도 여전히 작동하는 애플리케이션을 만들 수 있게 해준다. 현재 독일 은행 네 곳이 프로젝트[20]에 합류

---

17. IBM 왓슨의 차세대 사업, www-03.ibm.com/press/us/en/pressrelease/42451.wss
18. Open Bank 프로젝트, www.openbankproject.com/
19. Open Banking을 위한 광고 주기, www.gartner.com/doc/2556416/hype-cycle-open-banking
20. Open Bank 프로젝트 연결 상태, https://api.openbankproject.com/

했으며, 앞으로 더 성장할 것으로 예상된다. 이 프로젝트의 비즈니스 모델은 참여하는 은행들로부터 연간 라이선스 비용을 청구하는 것이다.

헬스케어

헬스케어 산업도 API의 혜택을 받고 있다. 2015년 11월까지 ProgrammableWeb에 200개 이상의 API가 등록됐다.[21] 그중 흥미로운 프로젝트 중 하나인 Human API 프로젝트[22]는 사용자들이 그들의 헬스 데이터를 헬스 애플리케이션과 시스템의 개발자와 안전하게 공유할 수 있는 플랫폼을 제공한다. 이 데이터 네트워크는 만보기에 기록된 활동 데이터와 디지털 소매에서 측정된 혈압, 병원 의료 기록 등이 포함된다.

글로벌데이터^{GlobalData}의 보고서[23]에 따르면 2011년까지 12억 달러의 가치가 있었지만 39%의 CAGR^{Compound Annual Growth Rate}로, 2018년까지 118억 달러의 가치에 달할 것으로 예상된다. Research2guidance[24]는 2017년까지 모바일 헬스 센서 시장이 56억 달러로 성장할 것으로 추정했다. 이러한 모든 추정 수치를 종합해보면 가까운 미래에 의료 API에 대한 수요가 증가할 것임은 분명하다.

웨어러블

웨어러블 산업은 API의 급증으로 인해 오늘날 존재하는 또 다른 산업이다. ABI 리서치[25]에 따르면 2019년까지 전 세계에 7억8천만 개의 웨어러블이 생길 것으로 예상된다. 웨어러블에는 운동 추적기와 스마트 시계부터 스마트 안경과 심지어 심

---

21. edical APIs, www.programmableweb.com/category/medical/apis?&category=19994
22. Human API, http://hub.humanapi.co/docs/overview
23. 헬스케어의 모바일화, http://healthcare.globaldata.com/media-center/press-releases/medical-devices/mhealth-healthcare-goes-mobile
24. http://research2guidance.com/the-market-for-mobile-health-sensors-will-grow-to-5-6-billion-by-2017/
25. 웨어러블 미래는 해킹 가능하다. https://blogs.mcafee.com/consumer/hacking-wearable-devices/

장 모니터까지 유통되고 있는 모든 것이 포함된다. 대부분의 웨어러블은 처리 성능과 저장 공간이 부족해 클라우드에서 API를 호스팅해 처리와 저장을 해결한다. 예를 들어 심박수, 걸음 수, 소모된 칼로리, 수면 품질을 추적하는 손목 착용식 웨어러블인 마이크로소프트 밴드는 마이크로소프트 헬스 모바일 애플리케이션과 함께 제공된다. 웨어러블은 짧은 기간 동안 제한된 저장 공간에 걸음, 거리, 소모된 칼로리, 심박수를 추적한다. 이때 블루투스를 통해 모바일 애플리케이션에 연결되면 모든 데이터가 애플리케이션을 통해 클라우드에 업로드된다. 마이크로소프트 Health Cloud API를 사용하면 실시간 사용자 데이터를 통해 앱과 서비스 경험을 향상시킬 수 있다. 이러한 RESTful API들은 포괄적인 사용자의 운동 및 헬스데이터를 사용하기 쉬운 JSON 형식으로 제공한다. 많은 개발자가 마이크로소프트 Health API를 중심으로 유용한 애플리케이션들을 개발해 마이크로소프트 밴드를 중심으로 생태계를 강화시키고, 결국 마이크로소프트 밴드가 더 많이 쓰이게 될 것이다. 또한 서드파티 애플리케이션 개발자들이 마이크로소프트 Health API에서 제공하는 데이터로 그들이 소유한 데이터를 가공함으로써 더 유용한 애플리케이션을 개발할 수 있다. 이러한 노력으로 RunKeeper, MyFitnessPal, MyRoundPro 및 더 많은 운동 애플리케이션들은 상호 이익을 위해 마이크로소프트 밴드와 파트너십을 맺었다.

사업 모델

API 경제에서 성공하려면 적절한 사업 모델을 갖춰야 한다. IBM의 빨간책『The Power of the API Economy』[26]에서는 다음에 설명된 대로 네 가지 API 사업 모델을 식별한다.

- **자유 모델:** 이 모델은 사업 채택과 브랜드 충성도에 중점을 둔다. 페이스북, 트위터, 구글 Maps API가 이 모델에 해당하는 예다.

---

26. API 경제의 힘, www.redbooks.ibm.com/redpapers/pdfs/redp5096.pdf

- **개발자가 지불하는 모델:** 이 모델을 사용하려면 API 소비자나 개발자가 사용료를 지불해야 한다. 예로 페이팔[Paypal]은 거래 수수료를 청구하고, 아마존은 개발자가 사용한 만큼 지불하게 한다. 이 모델은 인텔[Intel]의 웬디 보너 Wendy Bohner가 설명한 '직접 수익' 모델과 유사하다.[27]

- **개발자에게 지불되는 모델:** 이것은 일종의 수익 공유 모델이다. 가장 좋은 예는 구글 AdSense다. 구글 AdSense는 게시된 광고에서 발생한 수익을 개발자에게 20% 지불한다. 수익 공유 사업 모델의 또 다른 예로는 Shopping.com이 있다. Shopping.com API로 개발자들은 관련된 제품 내용과 온라인에서 제공되는 가장 깊이 있는 제품 카탈로그를 통합할 수 있고, 수백만 개의 고유한 제품들과 판매자의 제안들을 사이트에 추가할 수 있다. 이는 클릭당 비용을 지불한다.

- **간접 모델:** 이 모델을 통해 기업들은 세일즈포스, 트위터, 페이스북 등과 같이 자신을 둘러싼 더 큰 생태계를 구축한다. 예를 들면 트위터는 개발자가 트위터 API를 기반으로 애플리케이션을 구축할 수 있게 해준다. 이는 최종 사용자의 트위터 타임라인에 해당 애플리케이션의 스폰서 트윗을 표시해 트위터에 이익이 된다. 세일즈포스도 이와 동일하다. 세일즈포스는 서드파티 개발자들이 세일즈포스 API를 기반으로 애플리케이션을 개발하도록 권장해 플랫폼을 확장시킨다.

API의 변화

API의 개념은 컴퓨팅 초기부터 뿌리를 갖고 있다. 한 구성 요소의 API는 다른 것들과 어떻게 상호작용하는지 정의한다. API는 Application Programming Interface의 약자며, 개발자와 설계자를 위한 기술의 상세 내용이다. 유닉스나 리눅스 운영체

---

27. API 경제에 대한 웬디 보너의 블로그: https://blogs.intel.com/api-management/2013/09/20/the-api-economy/

제에 익숙하다면 man 명령에 익숙할 것이다. man 명령은 시스템의 각 명령마다 사용자가 어떻게 해당 명령과 상호작용할 수 있는지 정의한 기술의 상세 내용을 출력한다. man 명령의 출력값은 해당 명령의 API 정의로 간주될 수 있다. 이는 명령을 실행시킬 때 알아야 하는 모든 것을 정의하는데, 유효한 모든 입력 파라미터와 예제가 있는 개요와 설명을 포함한다. 다음의 명령은 유닉스/리눅스, 또는 맥OS X 환경에서 ls 명령의 기술적 정의를 나타낸다.

```
$ man ls
NAME
    ls -- list directory contents
SYNOPSIS
    ls [-ABCFGHLOPRSTUW@abcdefghiklmnopqrstuwx1] [file ...]
```

여기서 좀 더 이야기해보면 컴퓨터 과학을 전공했거나 운영체제에 대한 책을 읽었다면 분명히 시스템 콜을 들어봤을 것이다. 시스템 콜은 운영체제 커널의 인터페이스를 제공한다. 또한 시스템 콜은 프로그램이 운영체제의 밑단으로부터 서비스를 요청하는 방법이다. 커널은 운영체제의 핵심으로, 최상위 계층 애플리케이션에서 하드웨어 계층을 보호한다(그림 1-4 참고). 브라우저에서 무언가를 인쇄하려면 브라우저에서 시작된 인쇄 명령이 로컬 컴퓨터나 네트워크를 통해 원격으로 연결된 실제 프린터에 도착하기 전에 먼저 커널을 지나야 한다. 커널이 작업을 실행하고 서비스를 제공하는 장소를 커널 공간이라고 하며, 최상위 계층 애플리케이션은 사용자 공간에서 작업을 실행하고 서비스를 제공한다. 사용자 공간에서 실행 중인 애플리케이션은 시스템 콜을 통해서만 커널 공간에 접근할 수 있다. 즉, 시스템 콜은 사용자 공간을 위한 커널 API다.

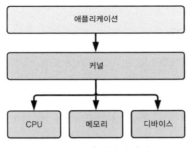

그림 1-4. 운영체제 커널

리눅스 커널에는 두 가지 유형의 API가 있다. 하나는 사용자 공간에서 실행 중인 애플리케이션을 위한 것이고, 다른 하나는 내부에서 사용하기 위한 것이다. 커널 공간과 사용자 공간 사이의 API는 커널의 퍼블릭 API라고 불리는 반면, 다른 하나는 프라이빗 API다.

최상위 계층 애플리케이션에서도 자바, .NET 또는 다른 프로그래밍 언어로 작업한 경우 API에 대한 코드를 작성했을 것이다. 자바에서는 그림 1-5에서 보이는 것처럼 다른 이 기종의 데이터베이스 관리 시스템$^{DBMS, Database Management Systems}$과 통신하기 위한 API로, 자바 데이터베이스 연결$^{JDBC, Java Database Connectivity}$을 제공한다. JDBC API는 애플리케이션이 데이터베이스에 어떻게 연결되는지에 대한 로직을 캡슐화한다. 따라서 다른 데이터베이스에 연결할 때마다 애플리케이션 로직을 변경할 필요가 없다. 데이터베이스 연결 로직은 JDBC 드라이버 안에서 보호되고 API를 통해 사용된다. 데이터베이스를 변경하려면 올바른 JDBC 드라이버를 선택해야 한다.

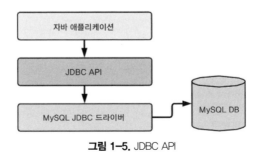

그림 1-5. JDBC API

API 자체는 인터페이스다. 시스템이나 특정 구성 요소와 상호작용하는 클라이언트용 인터페이스다. 클라이언트는 인터페이스에 대해서만 알고 구현부에 대해서는 알지 못한다. 인터페이스는 둘 이상의 구현부를 가질 수 있으며, 인터페이스에 대해 작성된 클라이언트는 쉽게 구현 사이를 전환할 수 있다. 클라이언트 애플리케이션과 API 구현은 같은 프로세스나 다른 프로세스에서 실행될 수 있다. 동일한 프로세스에서 실행되는 경우 클라이언트와 API 간의 호출은 로컬 호출이고, 다른 프로세스에서 실행되는 경우 원격 호출이다. JDBC API의 경우에는 로컬 호출이다. 자바 클라이언트 애플리케이션은 같은 프로세스에서 실행 중인 JDBC 드라이버에 구현된 JDBC API를 직접 호출한다. 다음의 자바 코드 토막은 JDBC API의 사용법을 보여준다. 이 코드는 데이터베이스에 종속되지 않고 오로지 JDBC API와만 통신한다. 정상적인 경우에 프로그램은 설정 파일에서 오라클[Oracle] 드라이버 이름과 오라클 데이터베이스 접속 이름을 읽고 다른 데이터베이스 구현 코드는 완전히 삭제한다.

```java
import java.sql.Connection;
import java.sql.DriverManager;
import java.sql.PreparedStatement;
import java.sql.SQLException;

public class JDBCSample {

    public void updataEmpoyee() throws ClassNotFoundException, SQLException {
        Connection con = null;
        PreparedStatement prSt = null;
        try {
            Class.forName("oracle.jdbc.driver.OracleDriver");
            con = DriverManager.getConnection("jdbc:oracle:thin:@<hostname>:
                <port num>:<DB name>", "user", "password");
            String query = "insert into emp(name,salary) values(?,?)";
            prSt = con.prepareStatement(query);
            prSt.setString(1, "John Doe");
```

```
            prSt.setInt(2, 1000);
            prSt.executeUpdate();
        } finally {
            try {
                if (prSt != null) prSt.close();
                if (con != null) con.close();
            } catch (Exception ex) {
                // log
            }
        }
    }
}
```

원격으로 API에 접근할 수도 있다. API를 원격으로 실행하려면 프로세스 간 통신
용 프로토콜이 정의돼 있어야 한다. 자바 RMI, CORBA, .NET Remoting, SOAP,
REST(HTTP기반)는 프로세스 간 통신을 용이하게 해주는 프로토콜이다. 자바 RMI
는 비로컬 JVM(자바 API를 사용하는 것이 아닌 다른 프로세스에서 실행되는 JVM)에서 원
격으로 자바 API를 호출할 수 있는 인프라 레벨을 지원한다. 클라이언트 측의 RMI
인프라는 클라이언트의 모든 요청을 선으로 직렬화(마샬링이라고도 함)하고 서버 측
의 RMI 인프라에 의해 자바 객체로 역직렬화(언마샬링이라고도 함)된다(그림 1-6 참
고). 이 마샬링/언마샬링 기술은 자바에만 해당된다. 자바 RMI를 통해 노출된 API
를 호출하려면 자바 클라이언트여야 하고, 언어에 따라 다르다.

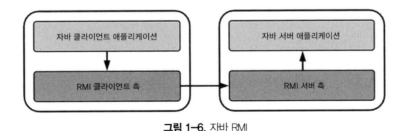

그림 1-6. 자바 RMI

다음의 코드는 자바 클라이언트가 RMI를 통해 원격에서 실행 중인 자바 서비스와

어떻게 통신하는지를 보여준다. 다음 코드에서 Hello 토막은 서비스를 나타낸다. 자바 SDK에 있는 rmic 툴은 자바 서비스 인터페이스에 대한 토막을 생성한다. RMI 서비스의 API에 대해 RMI 클라이언트를 작성해보자.

```java
import java.rmi.registry.LocateRegistry;
import java.rmi.registry.Registry;

public class RMIClient {
    public static void main(String[] args) {
        String host = (args.length < 1) ? null : args[0];
        try {
            Registry registry = LocateRegistry.getRegistry(host);
            Hello stub = (Hello) registry.lookup("Hello");
            String response = stub.sayHello();
            System.out.println("response: " + response);
        } catch (Exception e) {
            e.printStackTrace();
        }
    }
}
```

SOAP 기반 웹 서비스는 한 언어에서 플랫폼 중립적인 방식으로 호스팅되는 API 를 구축하거나 호출하는 방법을 제공한다. 이는 XML 페이로드 형태로 메시지를 한쪽에서 다른 쪽으로 전달한다. SOAP은 구조를 가지며, 구조를 정의하는 아주 많은 사양이 있다. SOAP 사양은 클라이언트와 서버 간의 요청/응답 프로토콜을 정의한다. 웹 서비스 설명 언어WSDL, Web Service Description Language 사양은 SOAP 서비스 를 설명하는 방법을 정의한다. WS-Security, WS-Trust, WS-Federation 사양은 SOAP 기반 서비스를 보호하는 방법을 설명한다. WS-Policy는 SOAP 서비스를 중 심으로 서비스 품질을 표현하는 방법들을 구축하고자 프레임워크를 제공한다. WS-SecurityPolicy는 WS-Policy 프레임워크 위에 구축된 표준 방식으로, SOAP 서 비스의 보안 요구 사항들을 정의한다. 목록은 끝이 없다. SOAP 기반 서비스는 정 책 기반 거버넌스를 통해 고도로 분리되고 표준화된 아키텍처를 제공한다. 이는 서비스 지향 아키텍처^{SOA, Service-Oriented Architecture}를 구축하는 데 필요한 모든 구성 요소를 갖고 있다.

최소 10년 전의 이야기다. SOAP 기반 API는 인기가 감소했는데, 주로 WS-* 표준의 고유한 복잡성 때문이었다. SOAP는 상호운용성을 보장했지만 서로 다른 구현부 스택 사이에서 많은 모호성이 생겼다. 이 문제를 극복하고 구현부 스택 간에 상호운용성을 촉진하고자 웹 서비스 상호운용성^{WS-I, Web Service Interoperability}[28] 조직은 웹 서비스에 대한 기본 프로필을 찾아냈다. 기본 프로필은 웹 서비스 표준에서 모호성을 제거하는 데 도움이 된다. SOAP을 기반으로 API 구축 시 기본 프로필에 정의된 지침을 따라 디자인해야 한다.

참고

SOAP는 Simple Object Access Protocol을 나타내는 약자였다. SOAP 1.2부터는 더 이상 약자가 아니다.

SOAP와는 달리 REST는 룰셋이라기보다는 디자인 패러다임이다. 박사 논문[29]에서 REST를 처음 소개한 로이 필딩^{Roy Fielding}은 REST를 HTTP와 결합시키지는 않았지만, 오늘날 RESTful 서비스나 API는 HTTP를 기반으로 한다. 같은 이유로 REST는 HTTP 사양에 정의된 룰셋을 기반으로 한다.

Web 2.0 트렌드는 2006-2007년에 등장했으며, API를 만드는 데 더 단순하고 덜 복잡한 아키텍처 스타일로 코스를 설정했다. Web 2.0은 차세대 인터넷 컴퓨팅 기반을 총체적으로 만들어낸 경제, 사회, 기술 트렌드 집합이다. 이는 수천만 명이 참가해 만들었다. Web 2.0으로 구축된 플랫폼은 단순하고 가벼우면서도 강력한 AJAX 기반의 프로그래밍 언어와 REST를 토대로 했고, SOAP 기반 서비스에서 멀

---

28. OASIS 웹 서비스 상호운용성 조직, www.ws-i.org/

29. 아키텍처 스타일 및 네트워크 기반 소프트웨어 아키텍처 설계, www.ics.uci.edu/~fielding/pubs/dissertation/top.htm

어지기 시작했다.

최신 API는 SOAP과 REST 모두에 뿌리를 두고 있다. 세일즈포스는 2000년에 퍼블릭 API를 출시했으며 여전히 SOAP과 REST를 모두 지원한다. 아마존은 2002년에 REST와 SOAP 모두 지원할 수 있는 웹 서비스 API를 출시했지만 초기에 SOAP에 사용되는 일은 거의 없었다. 2003년까지 아마존 API 사용량 중 85%가 REST였다.[30] 웹 API의 등록소인 ProgrammableWeb은 2005년 이래로 API를 추적해 왔다. 2005년, ProgrammableWeb은 구글, 세일즈포스, 이베이, 아마존을 비롯한 105개의 API를 추적했다. 외부에 데이터를 공개하려는 사회 및 전통 미디어 회사의 관심이 많아지면서 API 개수는 2008년까지 1,000개로 증가했다. 2010년 말까지 API 수는 2,500개가 됐다. 온라인 의류와 신발 전문점인 자포스Zappos는 REST API를 발표했고, 많은 정부 기관과 전통 오프라인 소매자들이 참여했다. 영국 다국적 식료품과 상품 소매기업인 테스코Tesco는 API를 이용해 주문할 수 있게 했다. 더페이스The Face는 얼굴 인식 서비스를 도입했다. 트윌리오Twilio를 이용하면 어느 누구라도 전화 애플리케이션을 즉시 만들 수 있다. 퍼블릭 API는 2011년까지 5,000개가 됐고, ProgrammableWeb은 14,000개 이상의 API를 나열했다. ProgrammableWeb은 2019년 6월, 추적하는 API 수가 22,000개를 넘었다고 발표했다(그림 1-7 참고). 동시에 SOAP 트렌드는 거의 사라졌다. 2011년까지 ProgrammableWeb에 있는 API 중 73%는 REST를 사용했고, 반면 SOAP은 27%에 불과했다.

---

30. https://developers.slashdot.org/story/03/04/03/1942235/rest-vs-soap-in-amazon-web-services

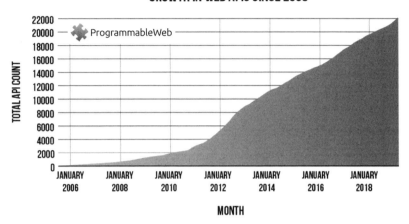

그림 1-7. 2005년부터 ProgrammableWeb에 나열된 API의 개수

API라는 용어는 수십 년 동안 존재해왔지만 최근에서야 광고에서 인기 있는 유행어가 됐다. 현대 API 정의는 주로 유용한 사업 기능들을 전 세계에 공개하기 위한 웹 중심의 공공 서비스로 호스팅하는 것에 초점이 맞춰져 있다. <포브스^{Forbes}> 잡지에 따르면 API는 기술 중심의 제품과 서비스를 위한 주요 고객 인터페이스이고, 수익과 브랜드 참여를 유도하는 핵심 채널이다. 세일즈포스, 아마존, 이베이, 드롭박스^{Dropbox}, 페이스북, 트위터, 링크드인^{LinkedIn}, 구글, 플리커, 야후!^{yahoo}, 온라인에서 사업을 하는 대부분의 주요 업체들은 사업 기능들을 공개하기 위한 API 플랫폼이 있다.

API 관리

특정 비즈니스 로직을 기반으로 요청을 승인하고 응답을 생성하는 잘 정의된 인터페이스가 있는 모든 HTTP 종단점^{endpoint}은 기본 API로 처리될 수 있다. 즉, 기본 API는 비관리형 API다. 비관리형 API는 여기에 나열된 것처럼 자체 결함이 있다.

- API의 비즈니스 소유자를 올바르게 추적하거나 시간이 지남에 따라 소유

권이 어떻게 바뀌는지 추적할 수 있는 방법이 없다.

- API 버전이 올바르게 관리되지 않는다. 새로운 API가 도입되면 기존 API를 사용하는 모든 소비자를 망칠 수 있다.
- 청중을 제한하지 않는다. 누구나 익명으로 API에 접근할 수 있다.
- 시간별 API 호출 수를 제한하지 않는다. 누구나 API를 여러 번 호출할 수 있어 API를 호스팅하는 서버가 모든 자원을 고갈시킬 수 있다.
- 추적 정보가 전혀 없다. 기본 API는 모니터링되지 않으며 어떤 통계도 수집되지 않는다.
- 제대로 확장할 수 없다. API 사용에 대한 통계가 수집되지 않으므로 사용 패턴에 기반을 두고 API를 확장하기 어렵다.
- 검색이 용이하지 않다. API는 주로 애플리케이션에서 사용된다. 애플리케이션을 만들고자 한다면 애플리케이션 개발자들은 요구 사항에 맞는 API를 찾아야 한다.
- 적절한 문서가 없다. 기본 API는 적절한 인터페이스가 있지만 그에 대한 적절한 문서는 없다.
- 명쾌한 비즈니스 모델이 없다. 위에 나열된 8가지 이유 때문에 기본 API를 기반으로 포괄적인 비즈니스 모델을 구축하는 것은 어렵다.

관리형 API는 이전의 거의 모든 문제를 해결해야 한다. 트위터 API를 예로 들어보자. 트위터 API는 트윗, 타임라인 업데이트 확인, 팔로워 나열, 프로필 업데이트, 기타 여러 가지에 사용될 수 있다. 이러한 작업 중 어느 것도 익명으로 수행할 수 없고, 먼저 인증을 해야 한다. 구체적인 예를 들어보자(실습을 위해 cURL이나 Chrome Advanced REST client browser 플러그인을 사용할 수 있다). 다음의 API는 인증 받은 사용자와 팔로워들이 게시한 모든 트윗을 나열한다. 이것만 실행하면 요청이 인증되지 않았다는 에러 코드를 반환한다.

```
/> curl https://api.twitter.com/1.1/statuses/home_timeline.json
{"errors":[{"message":"Bad Authentication data","code":215}]}
```

모든 트위터 API는 OAuth 1.0으로 합법적으로 접근할 수 있게 보호된다(부록 B에 자세히 설명돼 있다). 적절한 접근 자격증명이 있어도 원하는 대로 API를 호출할 수 없다. 트위터는 각 API 호출에 대해 속도 제한을 시행한다. 주어진 시간 내에 트위터 API를 고정된 수만큼만 호출할 수 있다. 이러한 예방 조치는 모든 퍼블릭 API가 서비스 거부^{DoS, Denial of Service} 공격 가능성을 최소화시키고자 필요하다. 트위터는 API의 보안 조치와 속도 제한 이외에도 API를 면밀하게 모니터링한다. Twitter API Health[31]는 각 API의 현재 상태를 보여준다. 트위터는 URL 자체에 도입된 버전 번호(예, 1.1)로 버전을 관리한다. 트위터 API의 새 버전에는 모두 새로운 버전 번호가 포함되므로, 기존 API 소비자들은 중단되지 않는다. 보안 조치, 속도 제한^{throttling}, 버전 관리, 모니터링은 관리되는 비즈니스 API의 주요 측면이다. 또한 트래픽에 따른 높은 가용성을 위해 확장하거나 축소할 수 있어야 한다.

생명주기 관리는 기본 API와 관리형 API 사이의 또 다른 주요한 차별화 요소다. 관리형 API는 생성부터 폐기까지 생명주기가 있다. 그림 1-8에서 설명된 것처럼 일반적인 API 생명주기는 Created(생성), Published(게시), Deprecated(중요도가 떨어져 더 이상 사용되지 않고 앞으로는 사라지게 됨), Retired(폐기)의 네 단계를 거칠 수 있다. 각 생명주기 단계를 완료하고자 확인해야 할 점검 항목이 있을 수 있다. 예를 들어 API를 생성 단계에서 게시 단계로 승격시키려면 API가 올바르게 보호되고 있는지, 문서가 준비됐는지, 제한 정책이 시행됐는지 등을 확인해야 한다. 비즈니스 기능에 대해서만 생각하는 기본 비즈니스 API는 이러한 서비스 품질 측면을 만들어 관리형 API로 전환할 수 있다.

---

31. Twitter Health, https://dev.twitter.com/status

그림 1-8. API 생명주기

API 설명 및 검색 용이성은 관리형 API의 두 가지 주요 측면이다. API는 설명이 굉장히 유용하고 의미 있어야 한다. 동시에 API가 검색될 수 있는 곳에 게시해야 한다. 포괄적인 API 관리 플랫폼은 게시자, 저장소, 게이트웨이의 세 가지 주요 구성 요소가 있어야 한다(그림 1-9 참고). API 저장소는 개발자 포털이라고도 한다.

API 게시자는 API를 만들고 게시하기 위한 도구를 지원한다. API가 만들어질 때 API 문서와 기타 관련된 서비스 품질 제어 장치와 관련돼야 한다. 그런 다음 API는 API 저장소에 게시되고 API 게이트웨이에 배포된다. 애플리케이션 개발자들은 저장소에서 API를 찾을 수 있다. ProgrammableWeb(www.programmableweb.com)은 글을 쓰는 지금 이 시점에 22,000개 이상의 API가 있는 인기 있는 API 저장소다. ProgrammableWeb이 저장소라기보다는 단순하게 디렉터리라고 주장할 수도 있다. 저장소라는 것은 ProgrammableWeb이 하고 있는 API를 나열하는 것 이상으로, API 소비자나 애플리케이션 개발자가 API를 구독하고 구독을 관리할 수 있게 해준다. 또한 API 저장소는 태그 지정, 주석 달기, API 등급 지정과 같은 소셜 기능을 지원한다. API 게이트웨이는 실행 시간 중 발생한 모든 트래픽을 가져오고 정책을 시행하는 역할을 한다. 게이트웨이는 인증, 권한 부여, 제한 정책을 통과하는 모든 요청을 확인한다. 모니터링에 필요한 통계도 API 게이트웨이 레벨에서 수집된다. 포괄적인 API 저장소, 게시자, 게이트웨이 구성 요소를 지원하는 많은 오픈 소스와 독점 API 관리 제품이 있다.

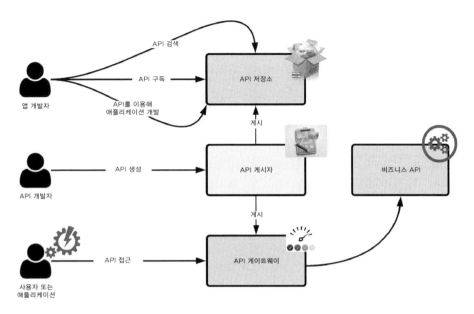

그림 1-9. API 관리 플랫폼

SOAP은 서비스 검색에 대한 두 가지 주요 표준이 있다. 첫 번째는 UDDI[Universal Description, Discovery, Integration]로, 인기는 있었지만 부피가 매우 크고 예상한 수준으로 성능을 발휘하지 못했다. UDDI는 오늘날 거의 사라졌다. 두 번째는 WS-Directory로, 접근 방식이 훨씬 가볍다. 대부분의 최신 API는 REST에 친화적이다. 이를 작성할 당시에는 RESTful 서비스나 API를 검색하는 널리 알려진 표준적인 방법이 없다. 대부분의 API 저장소는 검색과 태그 지정을 통해 API를 찾을 수 있게 한다.

SOAP 기반 웹 서비스의 설명은 웹 서비스 정의 언어[WSDL, Web Service Definition Language] 사양을 통해 표준화된다. WSDL은 웹 서비스를 통해 노출되는 작업과 해당 작업을 수행하는 방법을 설명한다. RESTful 서비스와 API의 경우에는 웹 애플리케이션 설명 언어[WADL, Web Application Description Language]와 Swagger라는 두 가지 인기 있는 표준이 있다. WADL은 RESTful이나 HTTP 기반 서비스를 설명하기 위한 XML 기반 표준이다. WSDL에서와 마찬가지로 WADL은 API와 예상되는 요청/응답 메시지를 설명한다. Swagger는 RESTful 웹 서비스를 설명, 생성, 소비, 시각화하기 위한 사양과 완전한 프레임워크 구현이다. Swagger와 Swagger 관련 툴들의 월간 35만 회 이상 다운로드에 힘입어 Swagger의 사양은 API를 설명하는 데 가장 널리 사용되는 포맷이 될 것이다.[32] 그림 1-10은 Swagger 애완동물 가게 API의 Swagger 정의를 보여준다.

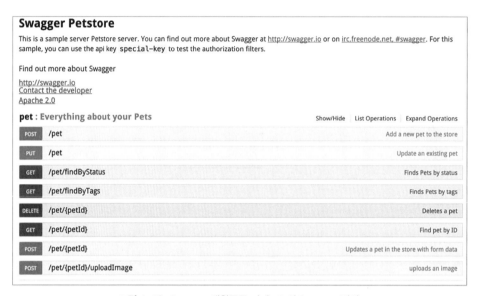

그림 1-10. Swagger 애완동물 가게 API의 Swagger 정의

Swagger 2.0 사양을 기반으로 OpenAPI 협회[OAI, OpenAPI Initiative][33]는 REST API용 언어에 구애 받지 않는 표준 인터페이스를 정의하고자 API의 소비자, 개발자, 공급자, 공급업체와 관련된 OAI 사양을 개발해 왔다. 구글, IBM, 페이팔, 인튜이트[Intuit], 스마트베어[SmartBear], 캐피탈 원[Capital One], Restlet, 3scale, Apigee는 리눅스 재단에서 OAI를 만드는 데 참여했다.

32. Open API Initiative Specification, https://openapis.org/specification

33. OpenAPI Initiative(OAI)는 API 설명 방식에 대한 표준화의 막대한 가치를 인식하는 미래 지향적인 업계 전문가 컨소시엄에 의해 만들어졌다. - 옮긴이

넷플릭스의 관리형 API

넷플릭스는 DVD 렌탈 서비스로 시작해 비디오 스트리밍 플랫폼으로 발전하고, 2008년에 첫 번째 API를 발표했다. 넷플릭스 API는 2010년 1월 한 달에 6억 건의 요청을 기록하고, 2011년 1월에는 207억 건, 다시 1년 뒤인 2012년 1월에는 417억 건의 요청을 기록했다.[34] 이 글을 쓰는 시점에 넷플릭스는 북미 전체 인터넷 트래픽의 3분의 1 이상을 처리한다. 전 세계적으로 5개 대륙의 190개 이상의 나라에서 1억 3천 9백만 명 이상의 회원이 있는 널리 퍼져있는 서비스다. 넷플릭스 API는 지원되는 수천 개의 기기에서 접근하며, 하루에 수십억 개의 요청을 만든다.

넷플릭스 API는 초기에 외부 애플리케이션 개발자가 넷플릭스 카탈로그에 접근하기 위한 방법으로 개발됐지만, 넷플릭스가 지원하는 거실 장치에 내부 기능을 노출시키는 데 핵심적인 부분이 됐다. 여기서 전자는 넷플릭스의 퍼블릭 API고, 후자는 프라이빗 API다. 퍼블릭 API는 프라이빗 API와 비교될 때 훨씬 적은 수의 트래픽만 사용됐다. 넷플릭스가 2011년 11월 퍼블릭 API를 종료한다고 결정했을 때 전체 API 트래픽의 0.3%만 사용되고 있었다.[35]

넷플릭스는 자체 API 게이트웨이인 Zuul을 이용해 모든 API 트래픽을 관리한다.[36] Zuul은 넷플릭스 스트리밍 애플리케이션의 백엔드에 있는 장치나 웹 사이트에서 온 모든 요청에 대한 현관문이다. 에지 서비스 애플리케이션인 Zuul은 동적 라우팅, 모니터링, 복원력, 보안을 지원하게 구축됐다. 또한 요청들을 여러 아마존 오토 스케일 그룹에 적절하게 라우팅시킬 수 있다.[37]

마이크로서비스에서 API의 역할

좋았던 옛 시절로 돌아가 보면 API와 서비스를 비교한 명확한 정의가 있었다. API는 두 당사자나 두 구성 요소 간의 인터페이스다. 이 두 당사자/구성 요소는 단일 프로세스 내에서 또는 다른 프로세스 사이에 통신할 수 있다. 서비스는 사용 가능한 기술과 표준 중에 하나를 갖고 API를 구체적으로 구현한 것이다. SOAP을 통해

---

34. 넷플릭스 API 요청의 증가, https://gigaom.com/2012/05/15/netflix-42-billion-api-requests/

35. 넷플릭스 API에서 배운 10가지 교훈, www.slideshare.net/danieljacobson/top-10-lessons-
   learned-from-the-netflix-api-oscon-2014

36. 넷플릭스에서 Zuul을 사용하는 방법, https://github.com/Netflix/zuul/wiki/How-We-Use-Zuul-At-Netflix

37. Zuul, https://github.com/Netflix/zuul/wiki

API를 구현하면 SOAP 서비스가 된다. 마찬가지로 HTTP를 통해 JSON으로 API를 구현하면 RESTful 서비스가 된다.

API냐 서비스냐에 대한 주제는 오늘날 중복되는 영역이 많기 때문에 논쟁의 여지가 있다. 널리 사용되는 정의 중 하나는, API는 외부를 향하고 서비스는 내부를 향하고 있다는 것이다(그림 1-11 참고). 기업은 방화벽을 통해 유용한 사업 기능을 외부에 공개하고 싶을 때마다 API를 사용한다. 이는 물론 또 다른 질문을 제기한다. 왜 회사는 API로 귀중한 회사 자산을 외부에 공개하고 싶어 하는 것일까? 트위터가 다시 한 번 가장 좋은 예다. 트위터는 사용자가 로그인하고 트윗을 작성할 수 있는 웹 사이트가 있다. 동시에 웹 사이트를 통해 할 수 있는 모든 것을 트위터 API를 통해서도 할 수 있다. 결과적으로 서드파티는 트위터 API에 대한 애플리케이션을 개발한다. 여기에는 모바일 앱, 브라우저 플러그인, 데스크톱 앱이 있다. 이로 인해 트위터 웹 사이트로의 트래픽이 크게 줄었다. 오늘날에도 웹 사이트에는 단일 광고가 없다(하지만 일반적인 트위터 스트림의 스폰서 트윗으로는 있음). 퍼블릭 API가 없었다면 트위터는 페이스북처럼 쉽게 웹 사이트를 중심으로 광고 플랫폼을 구축할 수 있었을 것이다. 하지만 퍼블릭 API를 사용해 트위터를 중심으로 더 강력한 생태계를 구축할 수 있었다.

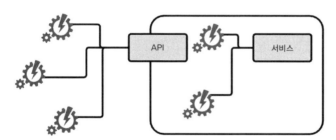

그림 1-11. API와 Service. API는 외부를 향한다.

API를 통해 회사 데이터를 공개하면 가치가 추가된다. 기업 이해관계자뿐만 아니라 더 많은 청중이 데이터에 접근할 수 있게 한다. 끊임없이 혁신적인 아이디어가 나오고, 결국 데이터에 가치를 더할 수 있다. 피자 종류와 크기를 입력하면 칼로리를 반환하는 API가 있다고 가정해보자. 이를 이용해 비만 범위의 체질량 지수^{BMI,} $_{Body\ Mass\ Index}$에 도달하려면 한 사람이 하루에 얼마나 많은 피자를 먹어야 하는지 알아내는 애플리케이션을 만들 수 있을 것이다.

API는 공개된 것으로 알려져 있지만 엄격한 요구 사항은 아니다. 대부분의 API는 퍼블릭 API로 시작했고 기업의 얼굴이 됐다. 동시에 프라이빗 API(공개적으로 노출되지 않은 API)는 기업 내에서 확산돼 다양한 구성 요소 간에 기능을 공유한다. 이러한 경우 API와 서비스의 차별화 요소는 대상만이 아니다. 실제로 대부분의 서비스는 API로 구현된다. 이러한 경우 API는 서비스와 외부 세계(공개는 아니어도 됨) 간의 계약을 정의한다.

이 글을 쓰는 시점에 마이크로서비스^{microservice}는 가장 유행하는 용어다. 모두가 마이크로서비스를 이야기하고, 마이크로서비스를 구현하고 싶어 한다. '마이크로서비스'라는 용어는 2011년 5월, 베니스에서 열린 한 소프트웨어 설계자들의 워크숍에서 처음 논의됐다. 이 용어는 한동안 목격해 온 일반적인 건축 스타일을 설명하고자 사용됐다. 1년이 지난 2012년 5월, 같은 팀은 '마이크로서비스'가 이전에 논의된 건축 스타일을 부르는 가장 적합한 용어라고 생각했다. 동시에 2012년 5월, 제임스 루이스$^{James\ Lewis}$는 폴란드 크라쿠프에서 열린 33도 콘퍼런스에서 베니스에서 처음 논의된 아이디어를 발표했다.[38]

참고

제임스 루이스의 초록은 2012년 3월, 마이크로서비스에 관한 최초의 공개 강의였던 '마이크로서비스 – 자바, 유닉스 방식'에 대해 이야기한다. "한 가지 일을 잘 수행하는 프로그램을 만들어라. 함께 일하는 프로그램을 만들어라."라는 말은 40년 전에 받아들여졌지만, 지난 10년 동안 단일체의 애플리케이션을 구축하고 비대해진 미들웨어를 통해 의사소통하며 무어의 법칙이 계속해서 돕고 있다는 것을 이해했다. 더 좋은 방법이 있다.

---

38. 마이크로서비스 – 자바, 유닉스 방식. http://2012.33degree.org/talk/show/67

바로 마이크로서비스다. 이번 이야기에서는 작고 단순한 유닉스 철학에 기반을 둔 일관되고 보강된 도구와 관행을 발견해볼 것이다. 이 작은 애플리케이션은 하나의 역할을 갖는 웹의 균일한 인터페이스를 통해 통신하고 올바르게 작동하는 운영체제 서비스로 설치된다. 그래서 단순히 한 줄 코드를 바꾸는 데 수만 줄의 코드를 헤쳐 나가는 어려움을 겪고 있는가? 그 모든 XML 중에서? 여기로 와서 저 멋있는 아이들이 무엇을 하고 있는지 봐라(그리고 더 멋있는 신사 멋쟁이들도 봐라).

누구는 마이크로서비스가 SOA라고 주장할 수 있다. 현재 논의하는 마이크로서비스와 관련된 대부분의 개념은 SOA에서 차용된 것이다. SOA는 서비스에 기반을 둔 아키텍처 스타일을 이야기한다. Open Group에서 서비스는 지정된 결과물을 가지면서 자족할 수 있는 반복 가능한 사업 활동의 논리적인 표현이라고 정의하는데, 이는 다른 서비스들로 구성될 수 있다. 서비스 구현부는 서비스 소비자들에게 블랙박스처럼 역할을 한다.[39] SOA는 확장과 상호운용을 위해 비즈니스에 필요한 민첩성을 제공한다. 하지만 시간을 거치면서 SOA는 엄청나게 과부하된 용어가 됐다. 일부는 SOAP 기반 웹 서비스의 맥락에서 SOA를 정의한 반면, 일부는 SOA가 모두 ESB^Enterprise Service Bus에 관한 것이라고 생각했다. 이로 인해 넷플릭스는 초기 단계에서 마이크로서비스를 세분화된 SOA처럼 호출했다.

> 나는 그게 공개용인지 개인용인지 상관하지 않는다. 클라우드에서 구축하고 있는 것을 '클라우드 네이티브'나 '세분화된 SOA'라고 불렀으며, 그런 다음 ThoughtWorks 사람들이 '마이크로서비스'라는 단어를 생각해냈다. 어쨌든 우리가 하고 있는 일의 또 다른 이름일 뿐이므로 마이크로서비스라고 부르기 시작했다.[40]
>
> – 아드리안 콕크로프트(Adrian Cockcroft), 전 넷플릭스 클라우드 건축가

---

39. 서비스 지향 아키텍처 정의, www.opengroup.org/soa/source-book/togaf/soadef.htm
40. 넷플릭스의 클라우드를 유명하게 만든 사람과 마이크로서비스를 이야기하다, https://medium.com/s-c-a-l-e/talking-microservices-with-the-man-who-made-netflix-s-cloud-famous-1032689afed3

마이크로서비스의 아홉 가지 특징

마이크로서비스를 도입한 마틴 포울러(Martin Fowler)와 제임스 루이스[41]는 다음에서 간략하게 설명된 것처럼 잘 설계된 마이크로서비스에서의 아홉 가지 특징을 식별한다.

서비스를 통한 컴포넌트화: 마이크로서비스에서 컴포넌트화의 기본 방법은 서비스를 사용하는 것이다. 이는 라이브러리를 통한 전통적인 컴포넌트화와는 조금 다르다. 자바에서 라이브러리는 jar 파일이고, .NET에서는 DLL 파일이다. 라이브러리는 특정 작업을 수행하고자 격리되면서 메모리 내의 함수 호출을 통해 메인 프로그램에 연결되는 컴포넌트로 정의될 수 있다. 마이크로서비스에서 이러한 라이브러리들은 대부분 프로세스가 부족한 원격 서비스에 대한 프록시 역할을 한다.

비즈니스 기능을 중심으로 구성: 오늘날 하나의 역할을 갖는 대부분의 애플리케이션에서 계층화는 비즈니스 기능이 아닌 기술에 기반을 둔다. 사용자 인터페이스 디자인 팀은 애플리케이션의 사용자 인터페이스를 구축하는 작업을 하는데, HTML, 자바스크립트, Ajax, HCI(Human-Computer Interface) 등의 전문가다. 그리고 데이터베이스 스키마 디자인과 JDBC, ADO.NET, Hibernate와 같은 다양한 애플리케이션 통합 기술을 관리하는 데이터베이스 전문가가 있다. 그리고 실제 비즈니스 로직을 작성하고 자바, .Net, 기타 서버 측 기술에 대한 전문가인 서버 측 로직 팀이 있다. 마이크로서비스 접근 방식을 이용해 비즈니스 기능을 중심으로 여러 기능을 갖춘 여러 분야의 팀을 구성할 수 있다.

프로젝트가 아닌 제품: 프로젝트 팀의 목표는 프로젝트 계획에 따라 작업하고, 정해진 기간을 맞추고, 프로젝트가 끝날 때 결과물을 제공하는 것이다. 프로젝트가 종료되면 유지 관리 팀이 앞으로의 프로젝트 관리를 책임진다. IT 예산의 29%가 새로운 시스템 개발에 사용되는 반면 71%는 기존 시스템을 관리하고 용량을 추가하는 데 사용된다. 이러한 낭비를 피하고 제품 생명주기 전체의 효율성을 향상시키고자 아마존은 "그것을 만들고, 그것을 소유한다."라는 개념을 도입했다.[42] 제품을 제작하는 팀은 제품을 영원히 소유할 것이다. 이것이 제품 정신을 도입했고, 제품 팀이 비즈니스 기능을 담당하게 됐다. 마이크로서비스의 초기 도입자 중 하나인 넷플릭스는 각 API를 하나의 제품으로 취급한다.

---

41. http://martinfowler.com/articles/microservices.html

42. 그것을 만들고 실행한다. www.agilejourneyman.com/2012/05/you-build-it-you-run-it.html

똑똑한 종단점과 멍청한 파이프: 각 마이크로서비스는 범위를 잘 정의하고자 개발됐다. 다시 한번 가장 좋은 예는 넷플릭스다.[43] 넷플릭스는 2008년에 Netflix.war라고 불리는 하나의 역할을 갖는 웹 애플리케이션으로 시작했으며, 이후 2012년에는 수직적 확장성에 대한 문제를 해결하기 위한 솔루션으로 오늘날 수백 개의 세분화된 마이크로서비스를 제공하는 마이크로서비스 기반 접근 방식으로 전환했다. 여기서 과제는 마이크로서비스가 어떻게 서로 대화하는지다. 각 마이크로서비스의 범위가 작기 때문에 비즈니스 요구 사항을 달성하려면 마이크로서비스는 서로 대화해야 한다. 각 마이크로서비스는 들어오는 요청을 처리하고 응답을 생성하는 방법을 정확히 알고 있는 똑똑한 종단점이다. 마이크로서비스 사이의 통신 채널은 멍청한 파이프 역할을 한다. 이는 유닉스 파이프 및 필터 아키텍처와 유사하다. 예를 들어 유닉스의 ps -ax 명령은 현재 실행 중인 프로세스의 상태를 출력한다. 유닉스의 grep 명령은 주어진 입력 파일을 검색해 하나 이상의 일치하는 행을 선택한다. 각 명령은 작업을 수행할 수 있을 만큼 충분히 똑똑하다. 두 명령은 파이프와 결합할 수 있다. 예를 들어 ps -ax | grep 'apache'는 검색 기준 'apache'와 일치하는 프로세스들만 출력한다. 여기서 파이프는 기본적으로 첫 번째 명령의 출력을 가져와 다른 쪽으로 넘겨주는 바보 역할을 한다. 이는 마이크로서비스 디자인의 주요 특징 중 하나다.

분산형 거버넌스: 대부분의 SOA는 중앙 집중식 거버넌스 개념을 따라 배포한다. 디자인 시간 거버넌스와 런타임 거버넌스는 중앙에서 관리되고 시행된다. 디자인 시간 거버넌스는 개발자 단계에서 품질 보증(QA, Quality Assurance) 단계로 승격하기 전에 서비스가 모든 단위의 테스트, 통합 테스트, 코딩 규약을 통과하고 승인된 보안 정책으로 보호되는지 여부 등의 측면을 조사한다. 비슷한 방식으로 서비스가 QA에서 개발 환경, 개발 환경에서 운영 환경으로 승격되기 전에 더 적절한 체크리스트를 평가할 수 있다. 런타임 거버넌스는 런타임 중에 인증 정책, 접근 제어 정책, 제한 정책을 시행하는 것에 대해 걱정한다. 마이크로서비스 기반 아키텍처를 통해 각 서비스는 자체 자율성을 갖게 설계됐으며 서로 거의 분리돼 있다. 이로 인해 분산형 거버넌스 모델이 마이크로서비스 아키텍처에 더 의미가 있다.

분산 데이터 관리: 하나의 역할을 갖는 애플리케이션에서 모든 구성 요소는 단일 데이터베이스와 통신한다. 비즈니스 기능에 따라 각각의 차별화된 기능 구성 요소가 마이크로서비스로 개발되는 마이크로서비스 디자인을 사용하면 자체 데이터베이스가 있다. 따라서 이러한 각 서비스는 다른 마이크로서비스에 대한 종속성 없이 종단 간으로 확장할 수 있다. 이 접근법은 데이터

---

43. 넷플릭스에서 마이크로서비스, www.youtube.com/watch?v=LEcdWVfbHvc

가 여러 이기종 데이터베이스 관리 시스템에 상주하므로 분산 트랜잭션 관리 시에 오버헤드를 쉽게 추가할 수 있다.

인프라 자동화: 지속적 배포와 지속적 제공은 인프라 자동화에 있어 두 가지 필수적인 요소다. 지속적 배포는 지속적 제공을 확장하고 자동화된 테스트 게이트를 통과하는 모든 빌드를 운영 환경에 배포하는 반면, 지속적 제공을 사용하면 비즈니스 요구에 따라 운영 환경 설정에 배포하기로 결정한다.[44] API와 마이크로서비스의 선구자 중 하나인 넷플릭스는 이전 방식인 지속적인 배포 방식을 따른다. 지속적인 배포를 통해 새로운 기능을 선반 위에 올려놓을 필요가 없다. 테스트를 모두 통과하면 운영 환경에서 배포할 수 있다. 또한 한 번에 많은 새로운 기능을 배포하지 않는다. 이런 이유로 현재 설정과 사용자 환경을 최소한으로 변경한다. 인프라 자동화는 하나의 역할을 갖는 애플리케이션과 마이크로서비스 간에 큰 차이는 없다. 인프라가 준비되면 모든 마이크로서비스에서 인프라를 사용할 수 있다.

실패를 위한 설계: 마이크로서비스 기반 접근 방식은 고도로 분산된 설정이다. 분산된 설정하에서는 실패가 불가피하다. 어떠한 단일 구성 요소도 100% 가동 시간을 보장할 수 없다. 여러 가지 이유로 서비스 호출이 실패할 수 있다. 서비스 간 전송 채널이 다운됐거나, 서비스를 호스팅하는 서버가 다운됐거나, 서비스 자체가 다운됐을 수 있다. 이는 하나의 역할을 갖는 애플리케이션과 비교되는 마이크로서비스에서의 추가 오버헤드다. 각 마이크로서비스는 이러한 실패를 처리하고 견딜 수 있는 방식으로 설계돼야 한다. 전체 마이크로서비스 아키텍처에서 한 서비스가 실패할 때 나머지 실행 중인 서비스들에 영향을 미치지 않거나 최소한으로 미치는 것이 이상적이다. 넷플릭스는 카오스 몽키(Chaos Monkey)의 성공을 바탕으로, 통제된 환경에서 시스템이 정상적으로 복구될 수 있게 실패 상황을 시뮬레이션하기 위한 Simian Army라는 도구 세트를 개발했다.

진화 디자인: 마이크로서비스 아키텍처는 본질적으로 혁신적인 디자인을 지원한다. 하나의 역할을 하는 애플리케이션에서와는 달리 마이크로서비스를 사용하면 개별 구성 요소를 업그레이드하거나 교체하는 데 드는 비용이 매우 낮아지기 때문에 마이크로서비스는 기능을 독립적으로, 또는 느슨하게 결합된 방식으로 설계해왔다.

넷플릭스는 마이크로서비스를 채택한 선두주자 중 하나다. 넷플릭스뿐만 아니라 제너럴 일렉트릭[GE, General Electric], 휴렛패커드[HP, Hewlett-Packard], Equinox Inc, 페이팔,

44. 넷플릭스 API의 배치, http://techblog.netflix.com/2013/08/deploying-netflix-api.html

캐피탈 원 금융사[Capital One Financial Corp], 골드만 삭스 그룹 주식회사[Glodman Sachs Group Inc.], 에어비앤비[Airbnb], 메달리아[Medallia], 스퀘어[Square], Xoom Corp 등 많은 기업이 마이크로서비스를 초기에 채택했다. 마이크로서비스는 아주 최근에 유행어가 됐지만 마이크로서비스 아키텍처에서 제기된 일부 디자인 원칙이 한동안은 존재했다. 구글, 페이스북, 아마존은 수년간 마이크로서비스를 내부적으로 사용한다고 널리 알려져 있다. 구글 검색을 수행하면 결과를 반환하기 전에 약 70여 개의 마이크로서비스가 호출된다.

API냐 서비스냐의 경우와 마찬가지로 API와 마이크로서비스 간의 차별점은 대상에 의존한다. API는 공개적인 반면 마이크로서비스는 내부적으로 사용된다. 넷플릭스를 예로 들면 수백 개의 마이크로서비스가 있지만 그중 외부에 노출된 것은 없다. 넷플릭스 API는 여전히 공개 인터페이스처럼 역할을 하며, 넷플릭스 API와 마이크로서비스 사이에는 일대다 관계가 있다. 다시 말해 하나의 API는 넷플릭스가 지원하는 장치 중 하나에서 생성된 요청을 처리하고자 여러 개의 마이크로서비스와 통신할 수 있다. 마이크로서비스는 API를 대체하지 않는다. 오히려 함께 일한다.

요약

- 지난 몇 년 동안 API 사용이 급증했으며, 오늘날 거의 모든 클라우드 서비스 제공업체가 관리형 퍼블릭 API를 공개한다.
- 기본 API와 달리 관리형 API는 안전하고, 조절되고, 버전 관리되고, 모니터링된다.
- API 저장소(또는 개발자 포털), API 게시자, API 게이트웨이는 API 관리 솔루션을 구축하는 데 있어 세 가지 핵심 요소다.
- 생명주기 관리는 기본 API와 관리형 API의 핵심적인 차이점이다. 관리형 API는 생성에서 폐기까지 생명주기를 갖는다. 일반적인 API의 생명주기

는 Created(생성), Published(게시), Deprecated(중요도가 떨어져 더 이상 사용되지 않고 앞으로는 사라지게 됨), Retired(폐기)의 네 가지 단계를 거칠 수 있다.

- 마이크로서비스는 API를 대체하지 않는다. 오히려 함께 일한다.

2장

API 보안 설계

모두가 즐겼던 2013년 추수감사절이 지난 며칠 후 타깃[Target]사[1]의 방어 시스템을 우회한 누군가가 보안 및 결제 시스템에 멀웨어를 설치했다. 그 시간은 미국 내 모든 소매업체의 사업 피크 타임이었다. 크리스마스를 준비하는 고객들로 붐빌 때 타깃사의 결제 시스템에 설치된 멀웨어[malware]가 계산원의 단말기에서 신용카드 정보를 수집해 공격자가 통제하는 서버에 저장했다. 이러한 방식으로 전국의 1,797개의 타깃사 지점에서 40만 개의 신용카드 번호가 탈취 당했다.[2] 이것으로 타깃사는 고객들로부터 소매업체로서의 신뢰와 신용을 크게 잃었으며, 2015년 3월에 미네소타주 세인트폴의 연방법원에서 정보 유출에 대한 소송 건으로 타깃사에 1,000만 달러를 청구했다.[3]

타깃사와 소매 산업뿐만 아니라 전체적으로 사이버 범죄가 지난 몇 년 동안 급증해왔다. 그림 2-1은 미국에서 2005년부터 2018년까지의 연간 데이터 유출 사고 건

---

1. 미국의 소매 유통업체 – 옮긴이

2. Target Credit Card Hack, http://money.cnn.com/2013/12/22/news/companies/target-credit-card-hack/

3. Target Data Hack Settlement, http://money.cnn.com/2015/03/19/technology/security/target-data-hack-settlement/

수와 유출 데이터양 기록이다. 2016년에 일어난 DynDNS에 대한 공격은 크고 많은 인터넷 서비스를 몇 시간 동안 다운시킨 큰 분산 서비스 거부[DDoS, Distributed Denial of Service] 공격 중 하나였다. 그리고 2018년 2월, 가장 큰 DDoS 공격이 깃허브[GitHub]에서 발생했다. 초당 1.35테라비트 이상의 트래픽이 개발자 플랫폼 깃허브에서 발생했다.[4]

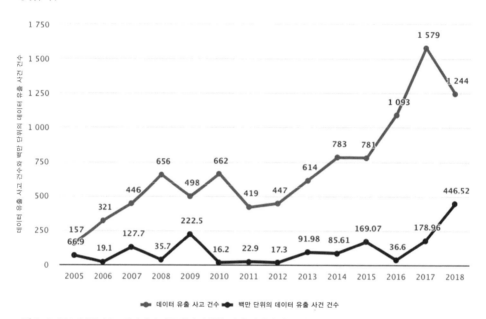

그림 2-1. 2005년부터 2018년까지 미국에서 발생한 연간 데이터 사고 건수와 백만 단위의 데이터 유출 사건 기록. 출처: 2019년 Statistica

신분 도용 자원 센터[Identity Theft Resource Centers][5]는 데이터 유출을 잠재적으로 사회보장번호, 은행 계좌번호, 운전면허번호, 의료 정보를 포함한 신원 도용으로 이뤄질 수 있는 컴퓨터나 저장 매체에서 정보가 손실되는 것으로 정의했다. 가장 우려되는 점은 <이코노미스트[The Economist]> 잡지의 기사[6]에 따르면 공격자가 네트워크에

---

4. GitHub Survived the Biggest DDoS Attack Ever Recorded. www.wired.com/story/github-ddos-memcached/

5. Identity Theft Resource Centers, www.idtheftcenter.org/

6. The cost of immaturity, www.economist.com/news/business/21677639-business-protectingagainst-computer-hacking-booming-cost-immaturity(번역 시점에서는 접속할 수 없는 링크다 – 옮긴이)

침입한 것을 알아차리는 데까지 평균적으로 205일이 걸린다는 것이다.

문제의 삼위일체

연결성, 확장성, 복잡성은 지난 몇 년간 전 세계적으로 데이터 유출을 증가시키는 3가지 트렌드였다. 『Software Security』[7]의 저자인 게리 맥그로우 Gary McGraw는 3가지 트렌드를 문제의 삼위일체라 규정했다.

API들은 연결성이 핵심이다. 1장에서 알아본 것처럼 오늘날 거의 모든 것이 서로 연결된 세상을 살고 있다. 연결성은 공격자들에게 그 전에 노출되지 않았던 많은 공격 경로를 제공한다. 페이스북을 통해 옐프 Yelp, 포스퀘어 Foursquare, 인스타그램 Instagram 등 많은 곳에 로그인한다는 것은 공격자들이 페이스북 계정만 알아내면 사용자의 연결된 모든 계정에 접근할 수 있다는 것을 뜻한다.

페이스북 데이터 유출 ~ 2018년 9월

2018년 9월, 페이스북 팀은 페이스북 사용자의 5천만 명 이상의 개인 정보가 노출될 수 있는 공격[8]을 알아냈다. 공격자들은 '내 프로필 미리 보기' 기능의 코드들에서 여러 취약점을 이용할 수 있었고, 5천만 건 이상의 사용자 OAuth 2.0 액세스 토큰을 획득했다. 액세스 토큰은 사용자 대신 자원에 접근할 수 있게 하는 일종의 임시 토큰 또는 키다. 예를 들면 인스타그램에 올린 사진을 페이스북 담벼락에 공유하고자 한다면 페이스북에서 얻은 액세스 토큰을 인스타그램에 제공해야 한다. 그러면 인스타그램에 사진을 업로드할 때 페이스북 계정에 접근할 수 있는 액세스 토큰을 사용해 페이스북 API를 사용할 수 있고, 이를 이용해 페이스북 담벼락에 같은 사진을 게시할 수 있다. 인스타그램은 받은 액세스 토큰을 이용해 페이스북 담벼락에 사진을 게시할 수 있지만, 그거 이외에는 다른 어떤 것도 할 수 없다. 예를 들면 인스타그램은 페이스북의 친구 목록을 볼 수 없고, 담벼락의 글을 삭제하거나 상태 메시지를 보는 등의 작업을 할 수 없다. 또한 이러한 과정은 페이스북을 통해 서드파티 애플리케이션에 로그인할 때 주로 발생한

---

7. Gary McGraw, 『Software Security: Building Security In』(Addison-Wesley)

8. What Went Wrong?, https://medium.facilelogin.com/what-went-wrong-d09b0dc24de4

다. 사용자의 페이스북 계정의 액세스 토큰을 서드파티 애플리케이션과 공유할 수 있다. 그래서 서드파티 웹 애플리케이션은 사용자 정보를 얻고자 페이스북 API 액세스 토큰을 사용할 수 있다.

많은 것이 연결된 기업체에서 최신, 최첨단으로 개발된 애플리케이션뿐만 아니라 레거시 시스템도 연결된다. 레거시 시스템은 최신 보안 프로토콜을 지원하지 않을 수 있다. 심지어 데이터를 안전하게 전송하기 위한 전송 계층 보안^{TLS, Transport Layer Security}도 지원하지 않을 수 있다. 또한 그런 시스템에서 사용되는 라이브러리는 복잡성 때문에 수정되지 않은 취약점이 많을 수 있다. 설계와 기획이 잘되지 않은 연결된 시스템은 전체가 보안 무덤이 되기 쉽다.

오늘날 대부분의 기업 소프트웨어는 엄청난 확장성을 고려하며 개발된다. 수정에 대한 확장성은 소프트웨어 산업에서 잘 알려진 설계 철칙이다. 이 말은 현재 소스코드를 수정하지 않고 시스템에 새로운 소프트웨어 요소를 추가하는 방법으로 새로운 요구에 맞춰 변화될 수 있는 소프트웨어를 개발하는 것을 뜻한다. 구글 크롬 확장 프로그램과 파이어폭스^{Firefox} 애드온 모두 이 개념에 속한다. 파이어폭스 애드온인 Modify headers는 웹 서버로 전송되는 HTTP 요청에 헤더를 추가하고 수정하고 필터링하는 것을 가능하게 한다. 또 다른 파이어폭스 애드온인 SSO Tracer는 브라우저를 통해 신원 제공자와 서비스 제공자(웹 애플리케이션) 사이의 모든 메시지 흐름을 추적하게 해준다. 이 모든 것이 나쁜 것은 아니지만 공격자가 브라우저 플러그인으로 멀웨어를 사용자에게 설치하도록 속인다면 이를 통해 공격자는 사용자의 페이스북, 구글, 아마존^{Amazon}, 또는 다른 웹 사이트의 자격증명을 획득하고자 사용자의 모든 브라우저 권한 보안 보호 수준을 쉽게 우회할 수 있다. 심지어 TLS도 우회할 수 있다. 공격자가 사용자의 브라우저에 플러그인을 설치하는 것뿐만 아니라 사용자 브라우저에 설치된 많은 확장 프로그램 중 하나가 공격 경로가 될 수 있다. 공격자들은 새로운 플러그인을 만들 필요가 없다. 대신 공격자들은 이미 설치된 플러그인의 보안 취약점을 공격한다.

맷 호넌의 이야기

2012년 8월 어느 날, 샌프란시스코 〈와이어드(Wired)〉 잡지의 기자였던 맷 호넌은 집에 돌아와 그의 딸과 놀고 있었다.[9] 그는 다음 일을 전혀 예상하지 못했다. 갑자기 그의 아이폰 전원이 꺼졌다. 그는 기다리던 전화가 있었기 때문에 충전기에 아이폰을 꽂고 다시 전원을 켰다. 그리고 화면을 보고 충격에 빠졌다. 모든 애플리케이션이 있는 아이폰의 홈 화면 대신 아이폰은 큰 애플 로고 및 환영 화면과 함께 새로운 핸드폰 설정을 요구했다. 호넌은 아이폰의 오작동이라 생각했고 아이클라우드(iCloud)에 매일 백업을 해뒀기에 걱정하지 않았다. 아이클라우드에서 모든 것을 복구하면 되리라 생각했다. 호넌은 아이클라우드에 로그인하려 했다. 한 번 시도–실패. 재시도–실패. 재시도–실패. 그는 점점 미쳐갔다. 마지막 남은 기회마저 실패했다. 그제야 뭔가 이상하다는 것을 알았다. 마지막 희망은 맥북이었다. 적어도 로컬 백업에서 모든 것을 복구할 수 있으리라 생각했다. 맥북을 켜보니 안에 아무것도 없었다. 게다가 전에 설정하지도 않은 4자리의 패스워드를 입력하라는 창이 떠 있었다.

호넌은 애플 기술 지원 팀에 그의 아이클라우드 계정을 바꿔 달라고 전화했다. 그리고 그는 애플에 전화해서 아이클라우드 패스워드를 재설정하는 방법을 안내받았다. 아이클라우드 계정을 재설정하는 데 필요한 정보는 청구지 주소와 신용카드 번호 4자리뿐이었다. 청구지 주소의 경우 호넌은 개인 웹 사이트를 갖고 있었기 때문에 whois 인터넷 도메인 기록에서 알 수 있었다. 공격자는 아마존 헬프데스크에 이야기해 호넌의 신용카드 마지막 4자리 숫자를 쉽게 알 수 있었다. 공격자는 이미 호넌의 이메일 주소와 전체 주소를 갖고 있던 셈이다. 이를 이용해 사회공학 기법의 공격을 충분히 할 수 있다.

호넌은 거의 모든 것을 잃었지만 공격자는 거기서 멈추지 않았다. 다음으로 공격자는 호넌의 Gmail 계정을 얻었다. 그리고 메일에서 그의 트위터 계정을 얻고 차례차례로 호넌의 연결된 모든 계정이 공격자의 손에 들어가게 됐다.

소스코드나 시스템 설계의 복잡성은 또 다른 보안 취약점의 근본적인 원인이다. 연구에 따르면 어느 시점이 지나면 애플리케이션의 결함 수가 코드 줄 수의 제곱으로 증가한다.[10] 이 글을 쓰는 시점에서 모든 인터넷 서비스를 실행하기 위한 구

9. How Apple and Amazon Security Flaws Led to My Epic Hacking, www.wired.com/2012/08/apple-amazon-mat-honan-hacking

10. Encapsulation and Optimal Module Size, www.catb.org/esr/writings/taoup/html/ch04s01.html

글 코드는 약 20억 줄의 코드가 사용되고 있고, 마이크로소프트 윈도우 운영체제는 약 5천만 줄의 코드를 갖고 있다.[11] 코드 줄 수가 증가할수록 코드에 대한 테스트 횟수도 비례해서 증가해야 기존 기능들이 제 역할을 하고 새로운 코드가 예상대로 잘 동작하게 만들 수 있다. 나이키Nike에서는 40만 줄의 코드를 테스트하고자 150만 줄의 테스트 코드들을 실행한다.[12]

설계 도전 과제

보안은 나중에 생각할 것이 아니다. 보안은 모든 개발 프로젝트 프로세스에 들어가야 한다. 물론 API도 마찬가지다. 요구 사항 수집으로 시작해 설계, 개발, 테스트, 배포, 관리 전체 단계에서 보안이 적용된다. 보안은 시스템 설계에 많은 방해가 된다. 100% 안전한 시스템을 만드는 것은 어렵다. 유일한 방법은 공격자가 공격하기 더 어렵게 만드는 것이다. 바로 이것이 암호 알고리즘을 개발할 때 따르는 철칙이다. 다음은 보안 설계에 있어 핵심 도전 과제들이다.

MD5

1992년에 고안된 MD5[13] 알고리즘(메시지 해싱 알고리즘)은 강한 해싱 알고리즘으로 채택됐다. 해싱 알고리즘의 주요 특성 중 하나는 텍스트를 주면 해당 텍스트에 해당하는 해시를 생성할 수 있지만, 해시가 주어지면 해시에 상응하는 텍스트를 유추할 수 없다. 즉, 해시는 역으로 복원할 수 없다. 텍스트가 주어진 해시에서 복원될 수 있다면 그 해싱 알고리즘은 깨진 것이다.

해싱 알고리즘의 다른 특성은 충돌이 없어야 한다는 것이다. 즉, 두 개의 다른 텍스트 메시지에 같은 해시가 나와서는 안 된다. MD5는 설계될 당시 이 두 가지 특성 모두를 고려했다. 1990년대 초, 당시 가용할 수 있는 컴퓨팅 파워를 갖고 MD5 알고리즘을 깨기 힘들었다. 컴퓨팅 파워가 증가하고 많은 사람이 아마존과 같은 클라우드 기반의 서비스를 이용할 수 있으면서 MD5는

---

11. Google Is 2 Billion Lines of Code, www.catb.org/esr/writings/taoup/html/ch04s01.html

12. Nike's Journey to Microservices, www.youtube.com/watch?v=h30ViSEZzW0

13. RFC 6156: The MD5 Message-Digest Algorithm, https://tools.ietf.org/html/rfc1321

'안전하지 않다는 것이 증명됐다. 2005년 3월 1일, 아르젠 렌스트라(Arjen Lenstra), 왕 샤오원 (Xiaoyun Wang), 베네 드 웨거(Benne de Weger)는 MD5가 해시 충돌[14]이 일어나기 쉽다는 것을 증명했다.

사용자 경험

보안 설계에서 가장 어려운 것은 보안과 사용자의 편의성 사이에서의 적절한 균형을 찾고 유지하는 것이다. 어떤 무차별 대입 공격에도 깨지지 않게 패스워드를 엄청 복잡하게 만들도록 정책을 만든다고 해보자. 그 정책은 패스워드가 20글자 이상, 대소문자를 사용해야 하고, 숫자, 특수문자를 사용해야 한다. 그러면 이 세상 누가 자신의 패스워드를 기억할 수 있을까? 사용자는 종이에 적어두거나 지갑에 넣어두고 다닐 것이다. 또는 모바일 단말기에 적어둘 것이다. 이것이 어떤 방법이든 강한 패스워드 정책이 추구하는 궁극적인 목적을 잃게 된다. 패스워드가 어딘가에 쓰여 있고 그게 지갑 안에 있는데 누가 무차별 대입 공격을 할까? 이 장 뒷부분에서 알아볼 심리적 수용의 원칙에 따르면 보안 메커니즘은 그것이 적용되기 전보다 자원에 접근하는 것을 더 어렵게 만들어서는 안 된다. 얼마 전에 보안 강도를 유지하면서 사용자의 경험을 극단적으로 끌어올렸던 좋은 사례가 있다. 오늘날 최신 애플 워치를 이용해 패스워드를 입력하지 않고 맥북을 잠금 해제할 수 있다. 또한 최신 아이폰에 도입된 얼굴 인식 기술은 그냥 바라보는 것만으로도 핸드폰을 잠금 해제할 수 있다. 사용자는 심지어 핸드폰이 잠금 상태였는지 확인할 수도 없다.

> 휴먼 인터페이스가 사용하기 편하게 설계돼야 사용자가 반복적으로, 그리고 습관적으로 보호 메커니즘을 올바르게 사용한다. 또한 사용자의 보안 의식과 사용하는 보안 메커니즘 수준이 맞아야 보안 사고가 발생할 가능성이 줄어들 것이다. 사용자가 가진 보안 의식 수준과 완전 다른 수준의 보안 메커니즘을 적용한다면 문제가 발생한다.
>
> — 제롬 살처(Jerome Saltzer)와 마이클 슈로더(Michael Schroeder)

---

14. Colliding X.509 Certificates, http://eprint.iacr.org/2005/067.pdf

성능

성능은 또 다른 주요 기준이다. 침입자로부터 보호하고자 사업 운영에 추가되는 비용은 얼마나 될까? 키로 보호되는 API가 있고 API를 호출할 때 디지털 서명이 있어야 한다고 가정하자. 공격자가 이 키를 탈취하면 공격자는 이 키를 이용해 API에 접근할 수 있다. 그렇다면 어떻게 영향을 최소화할 수 있을까? 키를 매우 짧은 시간 동안에만 유효하게 만드는 것도 하나의 방법이다. 그래서 공격자가 탈취한 키로 할 수 있는 것이 무엇이든 간에 키의 유효 기간 동안만 사용할 수 있다. 이는 실제 환경에서 어떻게 동작할까? 클라이언트 애플리케이션은 먼저 키의 유효 기간을 확인해야 하고(API를 호출하기 전에), 그리고 유효 기간이 만료됐다면 인가 서버(키 발급자)에 새로운 키를 생성하도록 호출한다. 유효 기간을 너무 짧게 설정하면 API를 호출할 때마다 인가 서버에 새로운 키를 생성하도록 요청할 것이다. 이는 성능을 떨어뜨리지만 침입자가 API 키를 획득했을 때 피해를 크게 줄일 수 있다.

전송 계층 보안용 TLS 사용은 또 다른 좋은 사례다. 부록 C에서 TLS를 자세히 다룰 것이다. TLS는 전송 구간에서 데이터를 보호한다. 사용자가 아마존이나 이베이^{eBay}에 로그인 자격증명을 전송할 때 자격증명이 보호된 전송 채널이나 TLS가 적용된 HTTP(HTTPS)를 통해 전달된다. 어느 누구도 브라우저에서 웹 서버로 전송하는 사용자의 데이터를 중간에서 확인할 수 없다(중간자 공격의 여지가 없다고 가정). 그러나 이는 비용이 든다. TLS는 평문 HTTP 통신 채널로 전송할 때 좀 더 많은 데이터를 보내야 한다. 그리고 이 때문에 속도가 다소 느려진다. 바로 이런 이유로 일부 기업은 대중들에게 공개되는 모든 통신 채널에 HTTPS를 사용하고 내부 서버 통신은 평문 HTTP를 사용한다. 이런 기업들은 내부 채널의 통신을 아무도 가로채지 못하도록 네트워크 단의 보안을 강화한다. 다른 선택지는 TLS 통신의 암호화/복호화 과정을 수행할 최적화된 하드웨어를 사용하는 것이다. 암호화/복호화 과정을 전담 하드웨어 단에서 수행하는 것은 애플리케이션 단에서 수행하는 것보다 성능적인 면에서 훨씬 효과적이다.

TLS를 사용한다고 하더라도 메시지는 전송 구간에서만 보호된다. 메시지가 전송 채널에서 나오는 순간 평문이 된다. 즉, TLS는 점대점으로 데이터를 보호한다. 사용자가 브라우저를 이용해 은행 웹 사이트에 로그인할 때 사용자의 자격증명은 브라우저에서 은행 웹 서버까지의 구간에서만 보호된다. 해당 웹 서버가 사용자의 자격증명을 검증하고자 경량 디렉터리 액세스 프로토콜^{LDAP, Lightweight Directory Access Protocol}을 사용하고, 또한 이 채널이 확실하게 보호되지 않는다면 사용자의 자격증명은 그 구간에서 평문으로 전송될 것이다. 누군가 은행 웹 서버로 들어가고 나가는 모든 메시지를 기록한다면 사용자의 자격증명도 평문으로 거기에 기록될 것이다. 보안 수준이 높아야 하는 환경에서는 이런 상황도 받아들여져서는 안 된다. 전송 계층 보안과 더불어 메시지 계층 보안도 사용하는 것이 해결책이다. 메시지 계층 보안을 사용하면 이름 그대로 메시지는 자체로 보호되고 전송에 의존하지 않는다. 메시지 계층 보안은 전송 채널에 의존하지 않기 때문에 메시지는 전송 구간을 나와도 계속 보호될 수 있다. 여기서 또다시 높은 성능 비용이 들어가게 된다. 메시지 계층 보안을 사용하는 것은 TLS를 사용하는 것보다 훨씬 더 비용이 든다. 보안과 성능 사이에서 선택하는 명확한 기준은 없다. 항상 타협해야 하고 상황에 따라 결정을 해야 한다.

가장 취약한 연결고리

바람직한 보안 설계를 하려면 시스템에서 모든 통신 연결을 신경 써야 한다. 어떤 시스템이든 그 시스템의 가장 취약한 연결고리보다 보안이 강할 수 없다. 2010년에 강력한 진공청소기로 무장한 강도 단체들이 2006년부터 큰 프랑스의 모노프릭스^{Monoprix} 슈퍼마켓 체인에서 60만 유로 이상을 훔친 것으로 밝혀졌다.[15] 강도들이 훔친 방법은 꽤 흥미로웠다. 강도들은 시스템에서 가장 취약한 연결고리를 찾아 그곳을 공격했다. 계산원은 돈으로 채워진 튜브를 공기 압력 흡입 파이프로 미끄러지게 해서 상점의 현금 금고로 돈을 직접 보냈다. 강도들은 트렁크 근처 파이프

---

15. "Vacuum Gang" Sucks Up $800,000 From Safeboxes, https://gizmodo.com/

에 구멍을 내 진공청소기로 돈을 가로챌 수 있다는 것을 깨달았다. 금고 보호막을 굳이 애써 상대할 필요가 없었다.

항상 그런 것은 아니지만 시스템에서 가장 취약한 연결고리는 보통 통신 채널이나 애플리케이션 중 하나다. 사람이 가장 취약한 연결고리라는 것을 보여주는 많은 사례가 있다. 보안 설계에서 사람은 가장 과소평가되거나 간과되는 요소다. 대부분의 사회공학적 공격은 사람을 대상으로 한다. 잘 알려진 맷 호년의 공격 사례에서 아마존 헬프데스크 직원에게 전화해 공격자는 맷 호년의 아마존 자격증명을 초기화할 수 있었다. 2015년 10월에 CIA 국장 존 브레넌^{John Brennan}의 개인 이메일 계정에 대한 공격은 사회공학 기법의 또 다른 주요한 사례다.[16] 공격을 했던 10대 청소년은 버라이즌^{Verizon} 직원을 속여 브레넌의 개인 정보를 얻고 AOL이 암호를 재설정하게 속일 수 있었다. 이 사례에서 최악이었던 것은 브레넌이 개인 이메일 계정에 공식적으로 민감한 정보를 갖고 있었다는 것이다. 바로 이것이 CIA 방어 시스템에서 사람이 가장 취약한 연결고리라는 것을 보여주는 주요 사례다. 위협 모델링은 보안 설계에서 가장 취약한 연결고리를 식별하는 기술 중 하나다.

심층 방어

보안을 강화하려는 시스템에는 계층적 접근 방식이 선호된다. 이는 심층 방어로 알려져 있다. 테러 공격의 위험이 높은 대부분의 국제공항은 보안 설계에서 계층화된 접근 방식을 따른다. 2013년 11월 1일, 검은 옷을 입은 남자가 로스앤젤레스 국제공항에 들어와 반자동 소총을 가방에서 꺼내 보안 검색대를 통과해 TSA 화면 검사관을 죽이고 최소 두 명의 다른 경찰관에게 상처를 입혔다.[17] 이것이 첫 번째 방어 계층이었다. 누군가 이 계층을 뚫었을 경우를 대비해 그 사람이 비행기에 탑승해 비행기를 탈취하는 것을 막는 다른 것이 있어야 한다. TSA 이전에 보안 계층

16. Teen says he hacked CIA director's AOL account, http://nypost.com/2015/10/18/stoner-high-school-student-says-he-hacked-the-cia/

17. Gunman kills TSA screener at LAX airport, https://wapo.st/2QBfNol

이 있었다면 공항에 들어온 모든 사람을 탐색해 무기를 탐지했을 수 있고 TSA 책임자의 생명을 구할 수 있었을 것이다.

미국 국가안보국[NSA, National Security Agency of the United States]은 오늘날의 고도로 네트워크화된 환경에서 정보를 안전하게 보호하고자 심층 방어를 실질적인 전략으로 규정했다.[18] 또한 여기서 5가지 등급의 공격에서 계층적 방어를 설명한다. 통신 채널에 대한 수동적인 감시, 적극적인 네트워크 공격, 내부자 공격, 근접 공격, 다양한 분산 채널을 통한 공격이 있다. 링크 계층 및 네트워크 계층 암호화와 트래픽 흐름 보안은 소극적 공격에 대한 첫 번째 방어선으로 제안됐고, 두 번째 방어선은 보안 설정이 돼 있는 애플리케이션이다. 적극적 공격의 경우 첫 번째 방어선은 단순한 경계선일 뿐이지만 두 번째 방어선은 컴퓨팅 환경이다. 내부자 공격은 물리적, 개인적 보안이 첫 번째 방어선으로, 그리고 인증, 인가, 감사를 하는 것을 두 번째 방어선으로 해서 예방할 수 있다. 근접 공격은 물리적, 개인적 보안을 첫 번째 방어선으로 기술적 감시 대책을 두 번째 방어선으로 해서 예방할 수 있다. 여러 분산 채널을 통한 공격을 방지하고자 신뢰할 수 있는 소프트웨어 개발과 배포 방식을 준수하고 런타임 무결성을 제어해야 한다.

계층 수와 각 계층의 강도는 보호하려는 자산 및 이와 관련된 위협 수준에 따라 다르다. 보안 담당자를 고용하고 동시에 도난 경보 시스템을 사용해 빈 차고를 보호하는 이유를 생각하면 쉽게 이해할 수 있다.

내부자 공격

내부자 공격은 복잡하지 않으면서 동시에 매우 효과적이다. 위키리크스[WikiLeaks]에 의해 유출된 기밀 미국 외교 케이블부터 국가안보국의 비밀 작전에 대한 에드워드 스노든[Edward Snowden]의 공개에 이르기까지 모두 내부자 공격이었다. 스노든과

---

18. Defense in Depth, www.nsa.gov/ia/_files/support/defenseindepth.pdf(번역 시점에서는 접속할 수 없는 링크다. - 옮긴이)

브래들리 매닝은 그들이 공개한 정보에 합법적으로 접근할 수 있는 내부자였다. 대부분 조직은 많은 보안 예산을 외부 침입자로부터 시스템을 보호하고자 사용한다. 샌프란시스코의 컴퓨터 보안 연구소[CSI, Computer Security Institute]에 따르면 네트워크 오용 사고의 약 60%~80%가 네트워크 내부에서 발생한다.

컴퓨터 보안 문헌에 많은 주요 내부자 공격들이 나온다. 그중 2002년 3월, 미국의 UBS 자산 관리 회사에 대한 보고가 있다. UBS는 50개국 이상에 지사를 두고 있는 자산 관리 분야의 글로벌 리더다. UBS의 시스템 관리자 중 한 명인 로저 두로니오[Roger Duronio]는 최대 2,000대의 서버를 다운시키는 악성코드 작성, 설치, 유포로 인한 컴퓨터 무단 침입과 증권사기로 유죄 판결을 받았다. 뉴저지주 뉴어크[Newark]에 있는 미국 지방 법원은 그에게 97개월의 징역형을 선고했다.[19] 이 장 처음에서 이야기한 타깃사의 데이터 유출은 내부자 공격의 또 다른 주요 사례다. 심지어 이 경우에는 공격자가 내부자가 아니었지만, 공격자는 그 기업의 내부자인 냉동 공급업체 직원의 자격증명을 사용해 타깃사 내부 시스템에 접근했다. <하버드 비즈니스 리뷰[HBR, Harvard Business Review]>[20]의 기사에 따르면 매년 미국에서 최소 8천만 건의 내부자 공격이 발생한다. HBR은 수년 동안 내부자 공격이 증가하는 세 가지 원인을 알아냈다.

- 하나는 IT의 크기와 복잡성의 급격한 증가다. 회사의 규모와 사업이 성장함에 따라 내부에는 많은 격리된 사일로[silo][21]가 생성된다. 부서 간에 서로 어떤 일을 하는지 모른다. 2005년, 인도 푸네에 있는 콜센터 직원들이 뉴욕에 있는 씨티은행[Citibank] 계정 보유자 4명의 계좌에서 약 35만 달러를 탈취했다. 나중에 밝혀진 바로는 그 콜센터 직원들은 씨티은행의 외주 인력이

---

19. UBS insider attack, www.informationweek.com/ex-ubs-systems-admin-sentenced-to-97-months-in-jail/d/d-id/1049873
20. The Danger from Within, https://hbr.org/2014/09/the-danger-from-within
21. 조직의 부서들이 다른 부서와 소통하지 않고 내부의 이익만을 추구하는 부서 간 이기주의 현상을 뜻하는 용어 - 옮긴이

었으며 고객들의 PIN 번호와 계좌번호에 합법적으로 접근할 수 있었다.

- 자신의 개인용 기기를 업무에서 사용하는 직원이 내부자 위협이 커지는 또 다른 원인이다. 알카텔-루슨트[Alcatel-Lucent]에서 2014년에 발표한 보고서에 따르면 전 세계 1,160만 대의 모바일 장치가 감염됐다.[22] 공격자는 내부자의 감염된 장치를 공격해 회사에 대한 공격을 수행할 수 있다.

- HBR에 따르면 내부자 위협이 증가하는 세 번째 원인은 소셜 미디어의 급증이다. 소셜 미디어를 통해 회사에서 모든 종류의 정보가 유출돼 전 세계에 퍼질 수 있다.

내부자 공격은 확실히 보안 설계에서 해결하기 가장 어려운 문제 중 하나다. 강력한 내부자 정책을 채택하고, 교육하고, 고용 시점에서 직원 배경을 점검하고, 하도급 업체에 대한 엄격한 프로세스와 정책을 시행하며, 직원을 지속적으로 감시해 어느 정도 예방할 수 있다. 이외에도 SANS 학회는 내부 공격에서 조직을 보호하고자 2009년에 일련의 지침을 발표했다.

참고

내부자 공격은 군대에서 점점 더 큰 위협으로 인식되고 있다. 이 문제를 해결하고자 미국 국방 고급 연구 프로젝트 대행사(DARPA, Defense Advanced Research Project Agency)는 2010년 사이버 내부자 위협(CinDer, Cyber insider)이라는 프로젝트를 시작했다. 이 프로젝트의 목표는 가능한 한 빨리 내부자 위협을 식별하고 해결할 수 있는 새로운 방법을 개발하는 것이었다.[23]

---

22. Surge in mobile network infections in 2013, http://phys.org/news/2014-01-surge-mobile-network-infections.html

23. Protecting Against Insider Attacks, www.sans.org/reading-room/whitepapers/incident/protecting-insider-attacks-33168

감추는 것을 통한 보안

케르크호프스의 원칙Kerckhoffs' principle[24]은 시스템의 설계가 적들에게 알려지지 않아서가 아니라 설계 자체로써 안전해야 한다고 강조한다. 감추는 것을 통한 보안의 흔한 사례 중 하나는 문 열쇠가 하나일 때 가족들과 열쇠를 공유하는 방법이다. 모두가 문을 잠그고 다른 가족 구성원들이 아는 위치에 열쇠를 숨긴다. 숨기는 장소는 비밀이며 가족 구성원만 그 장소를 안다고 가정한다. 이러면 누군가가 숨겨진 장소를 알아낼 수 있다면 그 집은 더 이상 안전하지 않다.

감추는 것을 통한 보안의 또 다른 사례는 마이크로소프트의 NTLM(인증 프로토콜) 설계다. 한동안 이는 비밀로 유지됐지만, 삼바Samba(유닉스와 윈도우 간의 상호운용성을 지원하는 용도) 엔지니어가 그것을 역공학한 시점부터 프로토콜 설계에서 발생한 보안 취약점이 많이 발견됐다. 컴퓨터 보안 업계에서 감추는 것을 통한 보안은 나쁜 습관으로 알려져 있다. 그러나 누군가는 이를 실제 보안 계층에 도달하기 전의 다른 보안 계층으로 사용할 수 있다고 주장할 수 있다. 이는 첫 번째 사례로 좀더 설명할 수 있다. 문 열쇠를 어딘가에 숨기지 않고 자물쇠 상자에 넣고 숨긴다고 해보자. 가족만 자물쇠 상자가 숨겨진 위치와 자물쇠 상자를 여는 패스워드를 알고 있다. 첫 번째 방어 계층은 자물쇠 상자의 위치며, 두 번째 방어 계층은 자물쇠 상자를 여는 패스워드다. 실제로 이 경우 자물쇠 상자를 찾는 것만으로는 문을 열수 없기 때문에 자물쇠 상자를 찾아낸 사람에 대해 신경 쓰지 않는다. 그러나 자물쇠 상자를 찾아낸 사람이 패스워드를 이용해 열지 않고 문 열쇠를 얻고자 자물쇠 상자를 부술 수 있다. 이럴 경우 감추는 것을 통한 보안은 방어 계층으로서 어느 정도 기여하지만 그 자체로만은 좋지 않다.

---

24. 1883년 아우후스트 케르크호프스(Auguste Kerckhoffs)는 La Cryptographie Militaire에 2개의 저널 기사를 발간해 군 암호에 대한 6가지 설계 원칙을 강조했다. 이로 인해 잘 알려진 케르크호프스의 원칙이 생겼다. 키를 제외한 시스템에 관한 모든 것이 공개돼도 암호 시스템은 보호돼야 한다.

설계 원칙

제롬 살처^{Jerome Saltzer}와 마이클 슈로더^{Michael Schroeder}는 정보 보안 영역에서 가장 널리 인용되는 연구 논문 중 하나를 냈다.[25] 그 논문에 따르면 제공된 기능의 수준과 관계없이 일련의 보호 메커니즘 성능은 보안 위반을 예방하는 시스템의 능력에 달렸다. 인가되지 않은 행위를 거의 모두 막아내는 수준의 시스템을 구축하는 것은 굉장히 어렵다는 것을 누구나 안다. 컴퓨터를 잘 다루는 사용자에게 시스템의 충돌을 일으켜 인가된 사용자가 시스템에 접근하지 못하게 하는 방법을 찾는 것은 어려운 일이 아니다. 많은 다른 범용 시스템과 관련된 침투 사례에서 사용자가 내부에 인가되지 않은 정보에 접근하는 프로그램을 만들 수 있다는 것을 볼 수 있다. 보안을 최우선으로 생각하고 설계하고 구현한 시스템에서조차도 설계와 구현 결함은 접근 제한을 우회할 방법을 제공한다. 결함을 체계적으로 배제할 수 있는 설계와 시공 기술에 관해 연구가 많이 진행되고 있지만, 제롬과 마이클에 따르면 1970년대부터 존재하는 많은 범용 시스템에 적용할 완벽한 방법은 없다. 이 논문에서 제롬 살처와 마이클 슈로더는 다음에 설명하는 것처럼 컴퓨터 시스템에서 정보를 보호하기 위한 8가지 설계 원칙을 강조한다.

최소 권한

최소 권한의 원칙에 따르면 어떤 객체에는 인가된 작업을 수행하는 데 필요한 권한들만 있어야 한다고 한다. 필요에 따라 권한을 추가할 수 있으며, 더 사용하지 않을 경우 사용하지 않는 권한은 제거돼야 한다. 이는 사고나 에러로 발생할 수 있는 피해를 제한한다. 최소 권한의 철학에 따르는 **알아야 할 필요** 원칙은 군사 보안에서 널리 알려져 있다. 이는 누군가가 정보에 접근하는 데 필요한 모든 보안 허가 수준을 갖고 있더라도 실제로 증명된 요구가 없는 한 접근 권한을 부여해서

---

25. The Protection of Information in Computer Systems, http://web.mit.edu/Saltzer/www/publications/protection/, October 11, 1974

는 안 된다는 것이다.

불행히도 이 원칙은 에드워드 스노든[26]의 경우에는 적용되지 않았거나 이 문제를 해결할 만큼 똑똑했다. 하와이의 계약자로서 미국 국가안보국[NSA]에서 근무한 에드워드 스노든은 약 170만 개의 NSA 파일들에 접근하고 이를 복사할 때 복잡한 기술을 사용하지 않았다. 그는 NSA 직원이었고 그가 다운로드한 모든 정보에 합법적으로 접근할 수 있었다. 스노든은 구글의 구글봇[Googlebot](웹에서 문서를 수집해 구글 검색 엔진에 대한 검색 가능한 색인을 작성함)과 같은 단순한 웹 크롤러를 사용해 NSA의 내부 위키 페이지에서 모든 데이터를 크롤링하고 수집했다. 시스템 관리자인 스노든의 역할은 컴퓨터 시스템을 백업하고 정보를 로컬 서버로 옮기는 것이었다. 그래서 그는 데이터 내용을 알 필요가 없었다.

ISO 27002(이전의 ISO 17799)에서도 최소 권한 원칙을 강조한다. ISO 27002(정보 기술-정보 보안 관리를 위한 규범) 표준은 정보 보안 영역에서 널리 사용되는 표준이다. 원래 영국 표준 기관[British Standards Institution]에서 개발돼 BS7799로 불리다가 국제 표준화 기구[ISO]에서 이를 받아들여 2000년 12월에 공표했다. ISO 27002에 따르면 권한은 필요에 따르고 이벤트별로, 즉 필요할 때만 기능적 역할에 대한 최소 요구 사항으로 개인에게 부여돼야 한다. 그리고 여기서 'Zero Access' 개념을 규정했다. 이 'Zero Access'는 기본적으로 어떠한 접근도 허용하지 않은 상태로 한다. 그래서 모든 접근과 이에 대해 누적된 기록들이 승인 과정을 통해 추적될 수 있다.[27]

고장 안전 디폴트

고장 안전 디폴트[Fail-Safe Defaults] 원리는 기본값 상태에서도 시스템을 안전하게 만드는 것이 중요하다는 것이다. 시스템에 있는 모든 자원에 대한 사용자의 기본 접근

---

26. Snowden Used Low-Cost Tool to Best NSA, www.nytimes.com/2014/02/09/us/snowden-used-low-cost-tool-to-best-nsa.html

27. Implementing Least Privilege at Your Enterprise, www.sans.org/reading-room/whitepapers/bestprac/implementing-privilege-enterprise-1188

권한은 명시적으로 '허가permit를 부여하지 않았다면 거부denied'여야 한다. 고장 안전 설계는 시스템이 실패하더라도 위험해지지 않는다. 자바 보안 매니저Java Security Manager 구현은 이 원칙을 따른다. 일단 적용되면 시스템의 어떤 구성 요소도 명시적으로 허용되지 않는 한 권한이 필요한 작업을 수행할 수 없다. 방화벽 규칙은 또 다른 사례다. 데이터 패킷은 명시적으로 허용된 경우만 방화벽을 통과할 수 있다. 그렇지 않으면 기본적으로 모두 거부된다.

모든 복잡한 시스템에는 고장 모드가 있다. 고장Error은 피할 수 없으며 시스템 장애 때문에 보안 위험이 발생하지 않게 하고자 고장에 대한 계획이 준비돼야 한다. 고장 가능성은 보안 설계 철학인 심층 방어에서 만들어진 가정이다. 어떤 고장이나 실패도 일어나지 않는 것을 확신할 수 있다면 여러 방어 계층이 있어야 할 필요가 없다. 모두가 잘 아는 신용카드 검증 사례를 알아보자. 소매점에서 신용카드를 긁으면 카드 기계가 해당 신용카드 서비스에 연결돼 카드 세부 정보를 확인한다. 신용카드 검증 서비스는 카드의 가용 금액, 카드 분실, 또는 블랙리스트 신고 여부와 거래가 시작된 위치, 거래 시간, 다른 많은 요소를 고려하고 거래를 검증한다. 신용카드 기계가 검증 서비스에 연결하지 못하면 어떻게 될까? 이 경우 판매자에게 사용자의 카드 정보를 수동으로 얻을 수 있는 기계가 제공된다. 카드의 정보를 얻는 것으로는 아직 어떤 검증도 하지 않았기 때문에 검증으로 충분하지 않다. 판매자는 전화로 은행과 얘기해서 상인 번호를 제공해 인증하고 거래를 확인해야 한다. 신용카드 거래 시스템의 고장이 보안 위험을 일으키지 않기 때문에 이는 신용카드 검증을 위한 고장 안전 프로세스다. 판매자의 전화선이 완전히 끊겼을 경우 고장 안전 디폴트 원리에 따라 판매자는 카드 계산을 받지 말아야 한다.

고장 안전 디폴트를 지키지 않으면 많은 전송 계층 보안TLS, Transport Layer Security/보안 소켓 계층SSL, Secure Sockets Layer 취약점이 발생한다. 대부분의 TLS/SSL 취약점은 TLS/SSL 다운그레이드 공격에 기반을 둔다. 공격자는 이를 이용해 서버가 암호학적으로 취약한 암호화 스위트(부록 C에서 TLS를 자세하게 설명함)를 사용한다. 2015년 5월, INRIA, Microsoft Research, Johns Hopkins, University of Michigan 및

University of Pennsylvania의 그룹은 TLS와 기타 프로토콜에서 사용되는 디피-헬만[Diffie-Hellman] 알고리즘에 대한 심층 분석[28]을 발표했다. 이 분석에는 수출 암호화를 이용하는 Logjam이라는 TLS 프로토콜 자체에 대한 새로운 다운그레이드 공격이 포함돼 있다. 수출 암호는 1990년대 미국 정부가 시행한 특정 법적 요구 사항을 충족시키려고 일부러 약하게 설계된 암호다. 더 약한 암호만 합법적으로 미국 외의 다른 나라로 수출할 수 있었다. 이 법적 요구가 나중에 올라갔지만, 대부분의 애플리케이션 서버들이 여전히 수출용 암호를 지원하고 있다. Logjam 공격은 수출용 암호를 지원하는 서버에 TLS 핸드셰이크를 변경하고 깨지기 쉬운 더 약한 암호화 스위트를 사용하도록 강제해 공격한다. 고장 안전 디폴트 원리에 따라 이 시나리오에서 서버는 클라이언트가 암호학적으로 더 약한 알고리즘을 제안했을 때 그것을 받아들여 진행하지 않고 TLS 핸드셰이크를 중단해야 한다.

메커니즘의 경제성

메커니즘의 경제성 원리는 단순성의 가치를 강조한다. 설계는 가능한 한 단순해야 한다. 모든 구성 요소 인터페이스와 인터페이스 간의 상호작용은 이해하기 쉬울 정도로 간단해야 한다. 설계와 구현이 단순해지면 버그가 발생할 확률이 낮아지고 동시에 테스트하는 비용도 낮아진다. 간단하고 이해하기 쉽게 설계와 구현을 하면 버그를 기하급수적으로 줄일 수 있고, 수정과 유지 관리도 쉬워진다. 이 장의 앞부분에서 설명한 바와 같이 게리 맥그로우[Gary McGraw]는 자신의 저서인 『소프트웨어 보안[Software Security]』에서 코드와 시스템 설계의 복잡성이라는 속성 때문에 데이터 유출률이 높아진다고 언급했다.

1960년, 미국 해군에 도입된 "멍청해 보일 정도로 단순하게 해라[KISS, Kipp It Simple, Stupid]" 원칙은 제롬 살처와 마이클 슈로더가 메커니즘의 경제성 원리에서 설명한 내용과 유사하다. 그 내용에 따르면 대부분의 시스템은 복잡하게 만드는 것보다

---

28. Imperfect Forward Secrecy: How Diffie-Hellman Fails in Practice, https://weakdh.org/imperfect-forward-secrecy-ccs15.pdf

단순하게 하면 더 잘 돌아간다.[29] 실제로 운영체제에서 애플리케이션 코드에 이르기까지 KISS 원칙을 준수하려고 해도 모든 것이 점점 더 복잡해지고 있다. 1990년, 마이크로소프트 윈도우 3.1은 3백만 줄이 넘는 코드로 시작했다. 시간이 지남에 따라 요구 사항이 복잡해졌고, 2001년에 윈도우 XP 코드는 4천만 줄의 코드를 넘었다. 이 장의 앞부분에서 설명한 바와 같이 이 글을 쓰는 시점에서 모든 인터넷 서비스를 실행하기 위한 완전한 구글 코드는 약 20억 줄이었다. 코드 줄 수가 많다고 코드 복잡성이 꼭 올라가는 것은 아니라고 주장할 수도 있지만, 안타깝게도 대부분 그렇다.

완전한 중재

완전한 중재에 따르면 시스템은 모든 자원에 대한 접근 권한을 확인해 접근이 허용됐는지 여부를 확인해야 한다. 대부분의 시스템은 진입점에서 한 번만 유효성 검사를 하고 그때 캐시된 권한 매트릭스를 작성한다. 이후의 각 작업은 캐시된 권한 매트릭스로 유효성 검사를 한다. 이 패턴은 정책 평가에 드는 시간을 줄임으로써 성능 문제를 해결하는 데 주로 사용됐지만, 공격자가 시스템을 쉽게 공격할 수 있게 했다. 실제로 대부분의 시스템은 사용자 권한과 역할을 캐싱하지만 권한이나 역할을 업데이트할 때 캐시를 지우는 메커니즘을 사용한다.

사례를 살펴보자. 유닉스 운영체제에서 실행 중인 프로세스가 파일을 읽으려고 하면 운영체제 자체가 프로세스에 파일을 읽을 수 있는 적절한 권한이 있는지 확인한다. 이 경우 프로세스는 허용된 접근 수준으로 인코딩된 파일 디스크립터를 수신한다. 프로세스가 파일을 읽을 때마다 해당 파일 디스크립터를 커널에 넘긴다. 커널은 파일 디스크립터를 검사한 다음 접근을 허용한다. 파일 디스크립터가 발행된 후 파일 소유자가 프로세스에서 읽기 권한을 취소하더라도 커널은 여전히 완전한 중개 원칙을 위반해 접근을 허용한다. 완전한 중개 원칙에 따라 권한

---

29. KISS principle, https://en.wikipedia.org/wiki/KISS_principle

업데이트 즉시 애플리케이션 런타임에 반영돼야 한다(캐시된 경우 캐시에 반영시켜야 한다).

개방형 설계

개방형 설계^{Open Design} 원칙은 비밀, 기밀 알고리즘 없이 개방형 방식으로 시스템을 구축하는 것이 중요하다는 것이다. 앞의 '설계 도전 과제'에서 알아본 감추는 것을 통한 보안과 정반대다. 오늘날 사용되는 강력한 암호화 알고리즘의 대부분은 공개적으로 설계하고 구현된다. 좋은 사례는 AES^{Advanced Encryption Standard} 대칭키 알고리즘이다. 미국 NIST^{National Institute of Standards and Technology}는 1997년부터 2000년까지 무차별 대입 공격이 가능했던 DES^{Data Encryption Standard}를 대체하고자 개발된 암호학적으로 최고 강한 알고리즘으로 AES를 꼽았다. 1997년 2월 2일에 NIST에서 DES를 대체할 알고리즘을 개발하는 대회에 관한 발표가 있었다. 대회가 시작된 후 첫 9개월 동안 여러 국가에서 15개의 서로 다른 제안이 있었다. 제안된 모든 설계는 공개됐으며 각각의 설계는 철저한 암호화 분석을 거쳤다.

또한 NIST는 1998년 8월과 1999년 3월에 두 건의 회의를 열어 제안을 논의한 후 15개의 제안을 모두 5개로 좁혔다. 2000년 4월, AES 회의에서 또 한 번의 격렬한 분석 끝에 우승자는 2000년 10월에 발표됐으며, 레인달^{Rijndael}을 AES 알고리즘으로 선택했다. 최종 결과보다 모든 사람(대회에서 패배한 사람들)은 AES 선발 단계에서 수행한 공개 프로세스에 대해 NIST를 높이 평가했다.

개방형 설계 원칙은 특정 애플리케이션의 설계자나 개발자가 애플리케이션의 설계나 코딩 비밀에 의존해 보안을 유지해서는 안 된다는 점을 강조한다. 오픈소스 소프트웨어에 의존한다면 이는 절대 불가능하다. 오픈소스 개발에는 비밀이 없다. 오픈소스 철학에 따라 설계 단계부터 기능 개발에 이르는 모든 것이 공개적으로 이뤄진다. 똑같은 이유로 오픈소스 소프트웨어는 보안이 나쁘다고 주장할 수 있다. 이는 오픈소스 소프트웨어에 대한 많은 주장이지만 사실은 그렇지 않다.

2015년 1월에 게시된 넷크래프트Netcraft의 보고서[30]에 따르면 인터넷의 모든 활성 사이트 중 거의 51%가 오픈소스 아파치Apache 웹 서버로 구동되는 웹 서버에서 호스팅된다. SSL Secure Sockets Layer과 TLS Transport Layer Security 프로토콜을 구현하는 또 다른 오픈소스 프로젝트인 OpenSSL 라이브러리는 2015년 11월까지 인터넷의 5천 5백만 웹 사이트에서 사용되고 있었다.[31] 이 오픈소스의 보안적인 측면이 걱정되는 사람들에게는 SANS 학회에서 발간한 '엔터프라이즈 요구 사항에 오픈소스 소프트웨어 사용 시 보안 문제'란 주제의 논문을 읽는 것을 추천한다.[32]

참고

〈가트너(Gartner)〉는 2020년까지 조직의 98%가 그들이 알지 못하는 부분에서부터 중요한 과제까지 오픈소스 소프트웨어를 활용하리라 예측한다.[33]

권한 분리

권한 분리 원칙은 시스템이 단일 조건을 기반으로 권한을 부여해서는 안 된다는 것이다. 비슷한 원칙으로는 직무 분리가 있고, 이 원칙을 여러 측면에서 생각해볼 수 있다. 예를 들어 상환 청구는 모든 직원이 제출할 수 있지만, 관리자만 승인할 수 있다.

관리자가 상환 청구를 제출하려면 어떻게 해야 할까? 권한 분리 원칙에 따라 그 관리자에게 자신의 상환 청구를 승인할 권리가 부여돼서는 안 된다.

아마존 웹 서비스AWS, Amazon Web Services 인프라 보안에서 권한 분리 원칙을 아마존이

30. Netcraft January 2015 Web Server Survey, http://news.netcraft.com/archives/2015/01/15/january-2015-web-server-survey.html

31. OpenSSL Usage Statistics, http://trends.builtwith.com/Server/OpenSSL

32. Security Concerns in Using Open Source Software for Enterprise Requirements, www.sans.org/reading-room/whitepapers/awareness/security-concerns-open-source-software-enterprise-requirements-1305

33. Middleware Technologies-Enabling Digital Business, www.gartner.com/doc/3163926/hightech-tuesday-webinar-middleware-technologies

어떻게 적용시키는지 보는 것도 좋다. 아마존이 게시한 보안 백서[34]에 따르면 AWS 프로덕션 네트워크는 복잡한 네트워크 보안/분리 장치 세트를 통해 아마존 기업 네트워크와 분리돼 있다. 회사 네트워크의 AWS 개발자와 관리자가 AWS 클라우드 구성 요소를 유지 관리하고자 이에 접근하려면 AWS 티켓 시스템을 통해 명시적으로 접근을 요청해야 한다. 모든 요청은 해당 서비스 소유자가 검토하고 승인한다. 승인된 AWS 직원은 네트워크 장치와 기타 클라우드 구성 요소에 대한 접근을 제한하는 베스천 호스트를 통해 AWS 네트워크에 연결하고 이를 이용해 보안 검토를 목적으로 모든 활동을 기록한다. 베스천 호스트에 접근하려면 호스트의 모든 사용자 계정에 대해 SSH 공개키 인증이 필요하다.

NSA도 비슷한 전략을 적용했다. NSA에서 발간한 사실 자료[35]에서는 네트워크 수준에서 권한 분리 원칙을 구현하라고 강조한다. 네트워크는 다양한 기능, 목적, 감도 수준을 가진 상호 연결된 장치로 구성된다. 네트워크는 웹 서버, 데이터베이스 서버, 개발 환경, 이들을 하나로 묶는 인프라를 포함할 수 있는 여러 부분으로 구성될 수 있다. 이러한 부분들은 보안 목적뿐만 아니라 기능적인 목적도 다르므로 적절하게 분리하는 것이 네트워크를 악용하고 악의적인 의도에서 보호하는 데 가장 중요하다.

최소 공통 메커니즘

최소 공통 메커니즘 원칙은 여러 구성 요소 간에 상태 정보를 공유할 때 발생하는 위험에 관한 것이다. 쉽게 말해 자원 접근에 사용되는 메커니즘은 공유돼서는 안 된다는 것이다. 이 원칙은 다각도로 해석될 수 있다. 한 가지 좋은 사례는 AWS Amazon Web Services가 IaaS Infrastructure as a Service 공급자로 동작하는 방식이다. EC2 Elastic Compute Cloud는 AWS에서 제공하는 주요 서비스 중 하나다. 넷플릭스 Netflix, 레딧 Reddit,

---

34. AWS security white paper, https://d0.awsstatic.com/whitepapers/aws-security- whitepaper.pdf

35. Segregating networks and functions, www.nsa.gov/ia/_files/factsheets/I43V_Slick_ Sheets/Slicksheet_ SegregatingNetworksAndFunctions_Web.pdf(번역 당시 이 링크는 유효하지 않다. - 옮긴이)

뉴스위크^{Newsweek}, 기타 여러 회사에서 EC2의 서비스를 사용한다. EC2는 부하에 따라 선택한 서버 인스턴스를 스핀업이나 스핀다운할 수 있는 클라우드 환경을 제공한다. 이 방법을 사용하면 예상되는 가장 높은 부하를 미리 계획하고 부하가 적을 때 자원을 대부분 유휴 상태로 둘 필요가 없다. 이 경우에도 각 EC2 사용자는 자신의 게스트 운영체제(리눅스, 윈도우 등)를 실행하는 격리된 서버 인스턴스를 얻는다. 결국 모든 서버는 AWS가 유지 관리하는 공유 플랫폼에서 실행된다. 이 공유 플랫폼에는 네트워킹 인프라, 하드웨어 인프라, 스토리지가 포함된다. 인프라 위에서 하이퍼바이저라는 특수 소프트웨어가 실행된다. 모든 게스트 운영체제가 하이퍼바이저 위에서 실행되고 있다. 하이퍼바이저는 하드웨어 인프라를 통해 가상화된 환경을 제공한다. Xen과 KVM은 널리 사용되는 두 가지 하이퍼바이저며, AWS는 Xen을 내부적으로 사용한다. 한 고객의 가상 서버 인스턴스가 다른 고객의 가상 서버 인스턴스에 접근할 수 없지만 누군가가 하이퍼바이저의 보안 취약점을 발견한다면 EC2에서 실행되는 모든 가상 서버 인스턴스를 통제할 수 있다. 이게 불가능한 것처럼 보이지만 과거에 Xen 하이퍼바이저에 대한 많은 보안 취약점이 보고됐던 적이 있다.³⁶

최소 공통 메커니즘 원칙은 공통의 공유 자원 사용을 최소화하도록 권장한다. 공통 인프라의 사용을 완전히 제거할 수는 없지만 사업 요구 사항에 따라 사용을 최소화할 수 있다. AWS 가상 사설 클라우드^{VPC, Virtual Private Cloud}는 각 사용자에게 논리적으로 격리된 인프라를 제공한다. 선택적으로 추가적인 격리를 위해 각 고객 전용 하드웨어에서 실행되는 전용 인스턴스를 시작하도록 선택할 수도 있다.

공유 멀티테넌트 환경에서 데이터를 저장하고 관리하는 시나리오에 최소 공통 메커니즘 원칙을 적용할 수도 있다. 모든 것을 공유하는 전략을 이용하고자 다른 고객의 데이터를 같은 데이터베이스의 동일한 테이블에 저장해 고객 ID별로 각 고객 데이터를 분리할 수 있다. 데이터베이스에 접근하는 애플리케이션은 고객이

---

36. Xen Security Advisories. http://xenbits.xen.org/xsa/

자신의 데이터에만 접근할 수 있게 해야 한다. 이 경우 누군가가 애플리케이션 로직에서 보안 취약점을 발견하면 모든 고객 데이터에 접근할 수 있게 된다. 다른 접근 방식은 고객마다 데이터베이스를 분리하는 것이다. 이는 비용이 더 들지만 훨씬 안전한 선택이다. 이를 통해 고객 간에 공유되는 내용을 최소화할 수 있다.

심리적 수용

심리적 수용의 원칙에 따르면 보안 메커니즘이 존재하지 않는 경우보다 보안 메커니즘이 자원에 접근하기 어렵게 만들지 않아야 한다. 자원에 대한 접근성은 보안 메커니즘에 의해 어려워져서는 안 된다. 보안 메커니즘이 자원에 대한 접근성이나 사용성을 떨어뜨린다면 사용자는 그 메커니즘을 끌 방법을 찾아낼 것이다. 가능하면 보안 메커니즘이 적용돼 있는지 시스템의 사용자들이 느끼지 못해야 하고, 그렇지 않다면 불편함을 최소화하도록 적용돼야 한다. 보안 메커니즘이 사용자 친화적이어야 사용자가 보안 메커니즘을 자주 잘 이용하게 할 수 있다.

마이크로소프트는 피싱 방지를 위한 인증의 새로운 패러다임으로 2005년 정보 카드를 도입했다. 그러나 사용자 이름/암호 기반 인증에 익숙한 사람들에게는 쓰기 불편해서 사용자 경험이 좋지 않았다. 따라서 마이크로소프트의 이 도전은 좌절로 끝났다.

대부분의 웹 사이트는 보안 문자(CAPTCHA)를 자동화 스크립트와 사람을 구별하는 방법으로 사용한다. CAPTCHA는 약어로, 컴퓨터와 인간을 구분하기 위한 완전 자동화된 공개 튜링 테스트 Completely Automated Public Turing test to tell Computers and Humans Apart를 나타낸다. CAPTCHA는 챌린지 응답 모델을 기반으로 하며 자동화된 무차별 대입 공격을 피하고자 주로 사용자 등록과 패스워드 복구 기능에 사용된다. 이는 보안을 강화하는 것은 맞지만 이 또한 사용자의 경험을 불편하게 만들 수 있다. 가끔 CAPTCHA에서 일부 문자는 사람이 읽을 수조차 없다. 구글은 구글 reCAPTCHA를 통해 이 문제를 해결하려고 한다.[37] reCAPTCHA를 사용하면 사용자는 보안 문자를 풀지 않고도 자신을 증명할 수 있다. 대신 한 번의 클릭으로 로봇이 아니라는 것을 확인할 수 있다. 이는 CAPTCHA가 없는 reCAPTCHA로도 알려져 있다.

보안 3 요소

정보 보안의 3 요소로 널리 알려진 기밀성, 무결성, 가용성[CIA]은 정보 시스템 보안 벤치마킹에 사용되는 세 가지 주요 요소다. CIA 3 요소 또는 AIC 3 요소라고도 한다. CIA 3 요소는 보안 모델을 설계하고 기존 보안 모델의 강도를 평가하는 데 도움이 된다. CIA 3 요소의 세 가지 주요 특성을 자세히 알아보자.

기밀성

CIA 3 요소 중 기밀성은 휴식 중이거나 전송 중인 데이터를 의도하지 않은 수신자로부터 보호하는 방법에 관한 것이다. 암호화로 전송 채널과 스토리지를 보호해 기밀성을 확보한다. 전송 채널이 HTTP(대부분의 경우)인 API의 경우 실제로 HTTPS라고 하는 TLS[Transport Layer Security]를 사용할 수 있다. 저장 장치의 경우 디스크 수준이나 애플리케이션 수준의 암호화를 사용할 수 있다. 채널 암호화나 전송 수준 암호화는 메시지가 전송되는 동안만 보호해준다. 메시지가 전송 채널을 떠나는 순간 더 이상 안전하지 않다. 즉, 전송 수준 암호화는 지점 간에만 보호해주고 연결이 끝나는 곳에서 함께 끝난다. 반대로 메시지 수준 암호화는 애플리케이션 수준에서 일어나고 전송 채널에 종속되지 않는다. 다시 말해 메시지 수준 암호화를 사용하면 애플리케이션 자체에서 메시지를 전송하기 전에 암호화하는 방법을 생각해야 하며 종단 간[End-to-End] 암호화라고도 한다. 메시지 수준 암호화로 데이터를 보호하는 경우 안전하지 않은 채널(HTTP 등)을 사용해 메시지를 전송할 수 있다.

---

37. Google reCAPTCHA, www.google.com/recaptcha/intro/index.html

프록시를 통과할 때 클라이언트에서 서버로의 TLS 연결은 두 가지 방법으로 성립된다. TLS 브리징이나 TLS 터널링을 통해 성립된다. 거의 모든 프록시 서버는 두 모드를 모두 지원한다. 더 안전하게 하려면 TLS 터널링이 권장된다. TLS 브릿징에서는 프록시 서버에서 초기 연결이 끊어지고 게이트웨이(또는 서버)에 대한 새 연결이 설정된다. 이는 프록시 서버 내에서는 데이터가 평문으로 있다는 것이다. 프록시 서버에 멀웨어를 설치할 수 있는 침입자는 프록시 서버를 통과하는 모든 트래픽을 가로챌 수 있다. TLS 터널링을 사용하면 프록시 서버는 클라이언트 시스템과 게이트웨이(또는 서버) 사이에 직접 채널을 생성할 수 있다. 이 채널을 통한 데이터 흐름은 프록시 서버에서 보이지 않는다.

반면 메시지 수준 암호화는 모든 전송에 독립적이다. 메시지를 암호화하고 복호화하는 것은 애플리케이션 개발자의 역할이다. 애플리케이션에 따라 다르므로 상호운용성이 손상되고 발신자와 수신자 간에 긴밀한 연결이 이뤄진다. 서버와 클라이언트 각각은 데이터를 미리 암호화/복호화하는 방법을 알아야 한다. 그래서 크게 분산된 시스템에서는 제대로 적용되지 않는다. 이 문제를 극복하고자 많은 사람이 메시지 수준 보안의 표준을 구축하려 했다. XML 암호화는 W3C가 이끌었던 이런 노력 중 하나였다. 이는 XML 페이로드를 암호화하는 방법을 표준화한다. 마찬가지로 IETF JOSE[JavaScript Object Signing and Encryption] 워킹그룹은 JSON 페이로드에 대한 표준 세트를 구축했다. 7장과 8장에서는 JSON 메시지 보안에서 두 가지 중요한 표준인 JSON 웹 서명과 JSON 웹 암호화를 각각 설명한다.

참고

보안 소켓 계층(SSL)과 전송 계층 보안(TLS)은 종종 서로 섞어 이야기되지만, 기술적인 면에서는 동일하지 않다. TLS는 SSL 3.0의 후속 제품이다. IETF RFC 2246에서 정의된 TLS 1.0은 넷스케이프(Netscape)에서 게시한 SSL 3.0 프로토콜 사양을 기반으로 한다. TLS 1.0과 SSL 3.0의 차이는 크지 않지만 TLS 1.0과 SSL 3.0이 상호운용되지 않을 정도의 차이가 있다.

전송 수준 보안과 메시지 수준 보안 간에는 앞에서 설명한 내용 외에 몇 가지 주요 차이점이 있다.

- 전송 수준 보안은 지점 간 전송 중에 전체 메시지를 암호화한다.
- 전송 수준은 보호를 위해 전송 채널에 의존하기 때문에 애플리케이션 개발자는 암호화할 데이터 부분과 암호화하지 않을 부분을 제어할 수 없다.
- 전송 수준 보안에서는 부분 암호화가 지원되지 않지만 메시지 수준 보안에서는 지원된다.
- 메시지 수준 보안과 전송 수준 보안을 차별화하는 핵심 요소는 성능이다. 메시지 수준 암호화는 자원 소비 측면에서 전송 수준 암호화보다 훨씬 비용이 크다.
- 메시지 수준 암호화는 애플리케이션 계층에서 이뤄지고 암호화 프로세스를 수행하고자 메시지의 유형과 구조를 고려해야 한다. XML 메시지인 경우 XML 암호화 표준에 정의된 프로세스를 따라야 한다.

무결성

무결성은 데이터의 정확성과 신뢰성을 보장하며 무단 수정을 탐지하는 것이다. 무단 또는 의도하지 않은 변경, 수정 또는 삭제에서 데이터를 보호한다. 무결성을 달성하는 방법은 두 가지로, 예방하는 방법과 탐지하는 방법이 있다. 두 가지 방법 모두 전송 중이거나 전송 중이지 않는 데이터에 적용할 수 있다.

전송 중에 데이터가 변경되지 않게 하려면 의도된 당사자만 메시지 수준 암호화를 읽거나 수행할 수 있는 보안 채널을 사용해야 한다. TLS^{Transport Layer Security}는 전송 수준 암호화에 권장되는 방법이다. TLS 자체에는 데이터 수정을 감지하는 방법이 있다. 첫 번째 핸드셰이크에서 각 메시지에 메시지 인증 코드를 전송한다. 이 인증은 수신 중인 당사자가 데이터를 전송하는 동안 수정되지 않았는지 확인할 수 있다. 데이터 수정을 막고자 메시지 수준 암호화를 사용하고 수신자에서 메시지의 수정을 감지하려면 발신자가 메시지에 서명해야 한다. 그리고 발신자의 공개키를 사용해 수신자는 서명을 확인할 수 있다. 앞에서 이야기한 것과 비슷하게 메시지 유형과 구조를 기반으로 하는 서명이 정의된 표준이 있다. XML 메시지인 경우 W3C의 XML 서명 표준이 프로세스를 결정한다.

유휴 데이터의 경우 메시지 다이제스트[Digest]를 주기적으로 계산해 안전한 장소에 보관할 수 있다. 의심스러운 활동을 숨기고자 침입자가 변경할 수 있는 감사 로그는 무결성을 위해 보호해야 한다. 또한 네트워크 스토리지와 새로운 기술 트렌드의 출현으로 스토리지에 대한 새로운 장애 모드가 발생해 데이터 무결성을 보장하는 데 흥미로운 문제점이 발생한다. 스토니 브루크 대학교의 고파란 시바산누[Gopalan Sivathanu], 찰스 라이트[Charles P. Wright], 에레즈 자도크[Erez Zadok]가 발표한 논문[38]은 스토리지 무결성 위반의 원인을 강조하고, 오늘날 존재하는 무결성 보증 기술에 대한 설문 결과를 보여준다. 논문에서는 보안과 별개로 일부 스토리지 무결성을 검증하는 재밌는 애플리케이션을 설명하고 이러한 기술들과 관련된 구현 문제점들을 이야기한다.

참고

auth-int로 설정된 QoP(Quality of Protection) 값을 사용하는 HTTP 다이제스트 인증을 사용해서 무결성을 위해 메시지를 보호할 수 있다. 부록 F에서는 HTTP 다이제스트 인증을 자세히 설명한다.

가용성

합법적인 사용자가 언제나 시스템에 접근할 수 있게 하는 것이 모든 시스템 설계의 궁극적인 목표다. 보안만이 고려해야 할 사항은 아니지만 보안은 시스템이 동

---

38. Ensuring Data Integrity in Storage: Techniques and Applications, www.fsl.cs.sunysb.edu/docs/integrity-storagess05/integrity.html

작하는 것을 유지하는 데 중요한 역할을 한다. 보안 설계의 목표는 불법적인 접근 시도에서 시스템을 보호해 시스템의 가용성을 높이는 것이다. 그렇게 하는 것은 매우 어려운 일이다. 특히 Public API에 대한 공격은 시스템에 멀웨어를 설치하는 공격부터 체계적으로 분산된 분산 서비스 거부[DDoS] 공격에 이르기까지 다양하다.

DDoS 공격은 완전히 제거하기는 어렵지만 신중하게 설계하면 영향을 최소화할 수 있다. 대부분의 경우 네트워크 경계 수준에서 DDoS 공격을 탐지해야 하므로 애플리케이션 코드에서 너무 고려할 필요는 없다. 그러나 애플리케이션 코드의 취약점을 악용해 시스템을 다운시킬 수 있다. 크리스찬 마인카[Christian Mainka], 주라 소모로브스키[Juraj Somorovsky], 조그 스윙크[Jorg Schwenk], 안드레아스 싸르튼베르그 [Andreas Falkenberg]가 발표한 논문[39]은 XML 페이로드를 사용해 SOAP 기반 API에 대해 수행할 수 있는 8가지 유형의 DoS 공격을 설명한다.

- **강제 파싱 공격:** 공격자는 깊이 중첩된 XML 구조로 XML 문서를 보낸다. DOM 기반 파서가 XML 문서를 처리할 때 메모리 부족 예외 상황이나 높은 CPU 부하가 발생할 수 있다.
- **SOAP 배열 공격:** 공격한 웹 서비스가 매우 큰 SOAP 배열을 선언하게 한다. 이로 인해 웹 서비스의 메모리가 소진될 수 있다.
- **XML 요소 수 공격:** 중첩되지 않은 요소가 많은 SOAP 메시지를 보내 서버를 공격한다.
- **XML 속성 수 공격:** 속성 수가 많은 SOAP 메시지를 보내 서버를 공격한다.
- **XML Entity 확장 공격:** 서버가 DTD[Document Type Definition]에 정의된 엔티티[Entity]를 반복적으로 분석해 시스템 장애를 일으킨다. 이 공격은 XML 폭탄이나 10억 건의 웃음 공격이라고도 한다.
- **XML 외부 엔티티 DoS 공격:** 서버가 DTD에 정의된 큰 외부 엔티티를 해석하게 해 시스템 장애를 일으킨다. 공격자가 외부 엔티티 공격을 실행할 수 있

---

39. A New Approach towards DoS Penetration Testing on Web Services, www.nds.rub.de/media/
nds/veroeffentlichungen/2013/07/19/ICWS_DoS.pdf

으면 추가적인 공격 표면이 나타날 수 있다.

- **XML의 긴 이름 공격:** XML 문서에 긴 XML 노드를 삽입한다. 긴 노드는 긴 요소 이름, 속성 이름, 속성 값이나 네임스페이스에 대한 정의일 수 있다.
- **해시 충돌 공격**[HashDoS]**:** 키가 다르면 동일한 버킷 할당이 발생해 충돌이 발생한다. 충돌은 버킷에서 자원이 많이 소모되는 계산으로 이어진다. 약한 해시 함수를 사용하면 공격자가 의도적으로 해시 충돌을 일으켜 시스템 오류가 발생할 수 있다.

이러한 공격들은 애플리케이션 수준에서 막을 수 있다. CPU나 메모리에 과부하를 주는 공격은 임곗값[Threshold]을 설정해 막을 수 있다. 예를 들면 XML 파서에 파싱할 수 있는 요소 수를 제한해 강제 파싱 공격[parsing attack]을 막을 수 있다. 이와 유사하게 애플리케이션이 특정 스레드를 너무 오랫동안 실행하고 있다면 임곗값을 설정해 스레드를 종료시킬 수 있다. 공격성 패킷이라고 판단되면 패킷 처리를 바로 중단하는 것이 DoS 공격에 대응하는 가장 좋은 방법이다. 또한 함수 프로세스가 시작되는 지점에서 인증/인가에 대해 확인을 하는 것이 중요하다.

참고

이시큐리티 플래닛(eSecurity Planet)에 따르면 규모가 컸던 DDoS 공격 중 하나는 2013년 3월에 발생한 인터넷에 대한 공격이었고, 그 공격은 당시 120Gbps 트래픽으로 클라우드플레어(Cloudflare) 네트워크를 집중적으로 공격했다. 그때 업스트림 기기는 최대 300Gbps까지의 트래픽이 발생했다.

JSON 취약점을 이용한 DoS 공격도 있다. CVE-2013-0269[40] 취약점은 정교하게 조작된 JSON 메시지를 사용해 임의의 루비[Ruby] 심볼이나 특정 내부 객체를 생성한다. 이를 이용해 DoS 공격을 수행할 수 있다.

---

40. CVE-2013-0269, https://nvd.nist.gov/vuln/detail/CVE-2013-0269

보안 제어

앞서 설명한 CIA^{Confidentiality, Integrity, Availability}(기밀성, 무결성, 가용성)는 정보 보안에 있어 핵심 원칙 중 하나다. 이 보안 3 요소를 만족시키고자 인증, 인가, 부인 방지, 감사라는 4가지의 중요한 역할을 수행하는 제어 요소들이 있다. 그러면 4가지 보안 제어 요소들을 알아보자.

인증

인증은 사용자, 시스템이나 사물을 고유한 방식으로 식별해 대상이 본인임을 주장하는 것을 증명하는 프로세스다. 인증은 인증 정보를 어떻게 가져오는지에 따라 직접 인증이나 중개 인증으로 나눌 수 있다. 사용자가 시스템에 사용자 이름과 패스워드를 입력해 로그인하는 경우는 직접 인증이라 볼 수 있다. 즉, 직접 인증에서는 인증을 원하는 엔티티가 접근하고 싶은 서비스에 인증 정보를 직접 제공한다. 중개 인증에서는 서드파티가 참여한다. 이 서드파티는 흔히 ID 제공자라고 알려져 있다. 사용자가 페이스북을 통해 옐프^{Yelp}에 로그인하는 경우 페이스북은 ID 제공자가 되며 중개 인증이라 한다. 중개 인증으로 서비스 제공자(예를 들어 사용자가 로그인하고자 하는 웹 사이트, 사용자가 접근하려는 API)는 사용자를 직접적으로 신뢰하지 않는다. 대신 ID 제공자만 신뢰한다. ID 제공자가 서비스 제공자에게 참인 결과를 전달해야만 해당 서비스에 접근할 수 있다.

인증은 단일 요소로 이뤄질 수 있고 또는 여러 개의 요소(다중 요소 인증^{multifactor authentication}이라고도 한다)로 이뤄질 수 있다. 인증의 3 요소는 사용자가 알고 있는 것, 사용자가 소유하고 있는 것, 사용자 고유의 것이다. 다중 요소 인증의 시스템은 적어도 2개 요소 이상의 조합을 사용해야 한다. 같은 카테고리에 속하는 2개를 조합하는 것은 다중 요소 인증이라 하지 않는다. 예를 들면 사용자 이름과 패스워드를 입력하고 PIN 번호를 입력하는 것은 다중 요소 인증이라고 하지 않는다. 그 두 가지 요소 모두 사용자가 알고 있는 것이라는 카테고리에 속하기 때문이다.

구글의 이중 인증은 다중 요소 인증이라 할 수 있다. 제일 먼저 사용자는 사용자의 이름과 패스워드(사용자가 알고 있는 것)를 입력해야 한다. 그러면 PIN 번호가 사용자의 모바일 기기에 전송된다. PIN 번호를 안다는 것은 등록된 단말기를 사용자가 갖고 있다는 것을 증명할 수 있다. 이는 사용자가 소유하고 있는 것이라는 카테고리로 볼 수 있다. 사용자가 핸드폰이 없더라도 PIN 번호만 알면 되기 때문에 다중 요소 인증이 아니라고 주장할 수도 있다. 이상하게 들릴 수 있겠지만 그랜트 블레이크먼(Grant Blakeman)의 사건은 바로 이것을 보여주는 사건이었다.[41] 공격자는 그랜트의 핸드폰에 착신 전환을 설정할 수 있었고 구글 패스워드 재설정 안내 정보를 착신 전환을 통해 새로운 번호로 받을 수 있었다.

사용자가 알고 있는 것

패스워드, 암호, PIN 번호가 사용자가 알고 있는 것이라는 카테고리에 포함된다. 이 방법은 수 세기 전부터 많이 사용되는 인증 방법이었다. 이 유래는 18세기로 거슬러 올라간다. 아라비아 민화인 <알리바바와 40인의 도둑>에서 알리바바는 "열려라 참깨"라는 암호 구호를 사용해 숨겨진 동굴의 문을 연다. 그 이후로 이러한 방법이 가장 유명한 인증 방법이 됐다. 안타깝게도 이 방법은 가장 취약한 인증 방법이다. 패스워드로 보호되는 시스템은 여러 가지 방식으로 공격 당할 수 있다. 알리바바의 이야기에서 생각해보면 그의 형은 패스워드를 모른 채 동굴에 가서 그가 아는 모든 단어를 외쳤다. 오늘날 이런 공격을 무차별 대입 공격이라고 한다. 처음으로 발견된 무차별 대입 공격은 18세기에 발생했다. 그 이후로 이 공격은 패스워드로 보호된 시스템을 공격하는 유명한 공격이 됐다.

---

41. The value of a name, https://ello.co/gb/post/knOWk-qeTqfSpJ6f8-arCQ

2013년 4월에 워드프레스(WordPress)는 엄청난 규모의 무차별 대입 공격을 받았다. 4월 하루 평균 스캔 횟수는 10만 회를 넘었다.[42] 다양한 형태의 무차별 대입 공격이 있었다. 사전 공격은 그 방법의 하나였다. 그리고 이 사전 공격에서는 자주 사용되는 단어들을 사전으로 만들어 그 단어들로만 대입 공격을 수행했다. 그렇기 때문에 사전에 없는 영숫자가 혼합된 강력한 패스워드를 적용하게 하는 회사 패스워드 정책이 있어야 한다. 대부분의 공개 웹 사이트에서는 로그인 시도를 몇 차례 실패하면 CAPTCHA를 포함시킨다. 이는 자동화된 무차별 대입 공격 도구를 사용하는 것을 더 어렵게 만든다.

사용자가 소유하고 있는 것

인증서와 스마트카드에 기반을 둔 인증은 **사용자가 소유하고 있는 것**이라는 카테고리에 속한다. 이 방법은 사용자가 알고 있는 것이라는 방법보다 더 안전하다. TLS 상호 인증은 클라이언트 인증서로 API를 보호하는 가장 잘 알려진 방법이다. 이는 3장에서 더 자세히 다룬다.

FIDO^Fast Identity Online 인증도 **사용자가 소유하고 있는 것**이라는 카테고리에 속한다. FIDO Alliance[43]는 강력한 FIDO 인증에서 발생하는 일부 문제를 해결하고자 세 가지 공개 사양을 발표했다. FIDO 유니버셜 이중 인증^FIDO U2F, FIDO Universal Second Factor, FIDO 유니버셜 인증 프레임워크^FIDO UAF, FIDO Universal Authentication Framework, 클라이언트-인증자 프로토콜^CTAP, Client to Authenticator Protocol 이렇게 세 가지다. FIDO U2F 프로토콜을 사용하면 온라인 서비스에서 사용자 로그인에 강력한 두 번째 요소를 추가해 기존 패스워드 인프라 보안을 강화할 수 있다. FIDO U2F 기반 인증을 가장 많이 사용하는 곳은 구글이다. 구글은 내부 서비스 보안을 위해 내부적으로 FIDO U2F를 사용하고 있으며, 2014년 10월 Google은 모든 사용자가 FIDO U2F를 공개

---

42. The WordPress Brute Force Attack Timeline, http://blog.sucuri.net/2013/04/the-wordpress-brute-force-attack-timeline.html

43. FIDO Alliance, https://fidoalliance.org/specifications/overview/

적으로 사용할 수 있게 했다.[44]

사용자 고유의 것

지문, 눈 망막, 얼굴 인식, 기타 모든 생체 인식 기반 인증 기술은 **사용자 고유의 것**이라는 카테고리에 속하는 가장 강력한 인증 방식이다. 대부분의 경우 생체 인증은 자체적으로 사용되는 것이 아니라 보안을 향상시키고자 다른 요소와 함께 사용된다.

모바일 기기가 많이 사용되면서 대부분의 소매업체, 금융 기관, 기타 많은 사람이 모바일 앱의 인증에 지문 기반 인증을 사용한다. iOS 플랫폼에서 이러한 모든 애플리케이션은 사용자 이름과 패스워드 기반 인증을 애플 Touch ID(또는 얼굴 인식)로 연계해 사용할 수 있다. 초기 연결이 완료되면 사용자는 지문을 스캔하기만 하면 연결된 모든 애플리케이션에 로그인할 수 있다. 또한 아이폰은 Touch ID를 앱 스토어App Store 로그인과 연결하고 애플 페이Apple Pay 거래를 승인한다.

인가

인증은 인증된 사용자, 시스템이나 사물이 명확한 시스템 경계 내에서 수행할 수 있는 작업을 검증하는 프로세스다. 인가는 사용자가 이미 인증됐다는 가정 하에 이뤄진다. 임의 액세스 제어DAC, Discretionary Access Control와 필수 액세스 제어MAC, Mandatory Access Control는 시스템에서 접근을 제어하는 두 가지 주요 모델이다.

DAC을 사용하면 데이터를 소유한 사용자가 임의로 다른 사용자에게 권한을 양도할 수 있다. 유닉스, 리눅스, 윈도우를 비롯한 대부분의 운영체제는 DAC을 지원한다. 리눅스에서는 파일을 작성할 때 파일을 읽고 쓰고 실행할 수 있는 사람을 결정할 수 있다. 어떤 것도 사용자가 다른 사용자나 사용자 그룹과 파일을 공유하는

---

44. Strengthening 2-Step Verification with Security Key, https://googleonlinesecurity.blogspot.com/2014/10/strengthening-2-step-verification-with.html

것을 막지 않는다. 중앙 집중식 제어가 없으므로 시스템에 보안 결함을 쉽게 가져올 수 있다.

MAC을 사용하면 지정된 사용자만 권한을 부여할 수 있다. 권한이 부여되면 사용자는 권한을 양도할 수 없다. SELinux, Trusted Solaris, TrustedBSD는 MAC을 지원하는 일부 운영체제다.

참고

SELinux는 리눅스 커널에 MAC 아키텍처를 추가한 2003년 8월 리눅스의 주류 버전으로 병합된 NSA 연구 프로젝트다. 이는 리눅스 보안 모듈(LSM)이라는 리눅스 2.6 커널 기능을 사용한다.

DAC과 MAC의 차이는 위임할 권한을 가진 주체다. 두 경우 모두 접근 제어 규칙이나 접근 매트릭스를 나타내는 방법이 필요하다. 권한 테이블, 접근 제어 목록(그림 2-2 참고), 수행 가능성은 접근 제어 규칙을 나타내는 세 가지 방법이다. 권한 테이블은 주체, 행동, 자원으로 구성된 3열의 테이블이다. 주체는 개별 사용자나 그룹일 수 있다. 접근 제어 목록은 각 자원과 주체로 구성돼 있고 각 주체가 자원에 대해 수행할 수 있는 행동을 표시한다. 수행 가능성은 수행 가능성 리스트라 불리는 관련된 리스트로 나타내며, 각 주체에는 각 자원에 대해 사용자가 수행할 수 있는 행동을 표시한다. 은행 사물함 키는 수행 가능성으로 간주될 수 있다. 사물함은 자원이며 사용자는 자원에 대한 키를 보유한다. 사용자가 키를 사용해 사물함을 열려고 할 때 키 소유자의 수행 가능성이 아니라 키의 수행 가능성만 주의하면 된다. 접근 제어 목록은 자원 중심이며 수행 가능성은 주체 중심이다.

권한 테이블, 접근 제어 목록, 수행 가능성은 섬세하지 않다. 한 가지 대안은 정책 기반 접근 제어를 사용하는 것이다. 정책 기반 접근 제어를 사용하면 세분화된 권한 부여 정책을 가질 수 있다. 또한 기능과 접근 제어 목록은 정책에서 동적으로 파생될 수 있다. XACML^{eXtensible Access Control Markup Language}은 정책 기반 접근 제어용 OASIS 표준 중 하나다.

	파일-1	파일-2	파일-3
톰	읽기	쓰기	읽기
피터	쓰기	쓰기	읽기
제인	읽기	읽기	쓰기

그림 2-2. 접근 제어 목록

참고

XACML은 OASIS XACML 기술 위원회에서 개발했으며, XACML은 정책 기반 접근 제어용 XML 기반 공개 표준이다. 최신 XACML 스펙인 XACML 3.0은 2013년 1월에 표준화됐다.[45] 그런데 XACML은 접근 제어 정책을 정의하는 데 있어 강도와 관계없이 너무 복잡하다. 또한 최근에 세분화된 접근 제어 정책을 작성하는 데 널리 사용되는 개방형 정책 에이전트(OPA) 프로젝트도 있다.

부인 방지

ID를 증명해서 API를 통해 비즈니스 트랜잭션을 수행할 때마다 나중에 거부하거나 부인할 수 없다. 부인할 수 없게 하는 이 속성을 부인 방지라고 한다. 사용자가 한 번이라도 트랜잭션을 수행하면 사용자는 영원히 소유할 수 있다. 부인 방지는 제3자가 언제든지 확인할 수 있도록 위조할 수 없는 방식으로 데이터의 출처와 무결성을 증명해야 한다. 트랜잭션이 시작되면 나중에 이를 검증할 수 있게 사용자 신원, 날짜 및 시간, 트랜잭션 세부 정보를 비롯해 그 내용 모두 무결성을 유지해야 하고, 이 내용을 변경해서는 안 된다. 커밋과 확인 후 거래가 변경되지 않고 기록됐는지 확인해야 한다. 무단 수정을 막고자 로그를 보관하고 적절히 보호해야 한다. 부인과 관련된 분쟁이 있을 때 다른 로그나 데이터와 함께 트랜잭션 로그를

45. XACML 3.0 specification, http://docs.oasis-open.org/xacml/3.0/xacml-3.0-core-spec-os-en.pdf

검색해 개시자, 날짜 및 시간, 트랜잭션 기록 등을 확인할 수 있다.

참고

TLS는 인증(인증서 확인), 기밀성(비밀키로 데이터 암호화), 무결성(데이터 다이제스트)을 보장하지만 부인 방지를 보장하지 못한다. TLS에서 전송된 데이터의 메시지 인증 코드(MAC, Message Authentication Code) 값은 클라이언트와 서버 모두에게 알려진 공유 비밀키로 계산된다. 공유키는 부인 방지에 사용할 수 없다.

디지털 서명은 사용자(거래를 시작한 사용자)와 사용자가 수행하는 트랜잭션을 강력하게 묶는다. 사용자에게만 알려진 키는 완전한 거래에 서명해야 하며 서버(또는 서비스)는 사용자 키의 정당성을 보증하는 신뢰할 수 있는 브로커를 통해 서명을 확인할 수 있어야 한다. 이 신뢰할 수 있는 브로커는 인증기관[CA, Certificate Authority]일 수 있다. 서명이 확인되면 서버는 사용자의 신원을 알고 데이터의 무결성을 보장할 수 있다. 부인 방지 목표로서 향후 검증을 위해 데이터를 안전하게 저장해야 한다.

참고

씨티그룹(Citigroup)의 치-렌 츠와(Chii-ren tsai)가 실시한 「Non-Repudiation in Practice」라는 논문[46]은 챌린지 응답 일회용 암호 토큰과 디지털 서명을 사용해 금융 거래를 위한 두 가지 잠재적인 부인 방지 아키텍처를 설명한다.

감사

감사에는 두 가지 측면이 있다. 부인 방지를 쉽게 하고자 모든 합법적인 접근 시도를 추적하는 것과 가능한 위협을 식별하고자 모든 불법 접근 시도를 추적하는 것이다. 자원에 접근하도록 허용된 경우가 있을 수 있지만 유효한 목적이 있어야 한

---

46. Non-Repudiation in Practice, www.researchgate.net/publication/240926842_Non-Repudiation_In_Practice

다. 예를 들어 이동통신 사업자는 사용자의 통화 기록에 접근할 수 있지만 해당 사용자의 요청 없이는 접근할 수 없다. 누군가가 사용자의 통화 기록에 자주 접근하는 경우 적절한 감사 내역을 통해 이를 탐지할 수 있다. 감사 추적은 사기 탐지에서 중요한 역할을 한다. 관리자는 사기 감지 패턴을 정의할 수 있으며, 감사 로그를 거의 실시간으로 평가해 일치하는 항목을 찾을 수 있다.

요약

- 보안은 나중에 생각할 것이 아니다. 모든 개발 프로젝트와 API의 필수 요소로 들어가 있어야 한다. 요구 사항 수집부터 설계, 개발, 테스트, 배포, 모니터링처럼 모든 단계에서 진행돼야 한다.
- 연결성, 확장성, 복잡성은 지난 몇 년 동안 전 세계에서 데이터 유출이 발생하는 세 가지 트렌드 요소였다
- 보안 설계에서 가장 어려운 것은 보안과 사용자 편의 사이의 균형을 찾아 유지하는 것이다.
- 적절한 보안 설계를 하려면 시스템의 모든 통신 연결고리에 주의해야 한다. 어떤 시스템도 가장 취약한 연결고리보다 강력하지 않다.
- 보안을 강화하려는 시스템에는 계층적 접근 방식이 선호된다. 이를 심층 방어라고도 한다.
- 내부자 공격은 어렵지 않지만 공격의 효과는 크다.
- 케르크호프스의 원칙은 설계를 비밀로 유지하는 것을 통해서가 아니라 시스템 자체의 설계를 통해 보호돼야 한다고 강조한다.
- 최소 권한의 원칙에 따르면 엔티티에 권한이 부여될 때에는 작업을 수행하는 데 필요한 권한만 부여해야 한다.
- 고장 안정 디폴트 원칙은 기본 설정으로도 충분히 안전한 시스템을 만드는 것의 중요성을 강조한다.

- 메커니즘 원리의 경제는 단순성의 가치를 강조한다. 설계는 가능한 한 단순해야 한다.
- 완전한 중재 원칙에 따르면 시스템은 모든 자원에 대한 접근 권한을 확인해 접근이 허용되는지 여부를 확인해야 한다.
- 개방형 설계 원칙은 비밀, 기밀 알고리즘 없이 개방형 방식으로 시스템을 구축하는 것이 중요하다는 것이다.
- 권한 분리의 원칙은 시스템이 단일 조건을 기반으로 권한을 부여해서는 안 된다는 것이다.
- 최소 공통 메커니즘의 원칙에 따르면 여러 구성 요소 간에 상태 정보를 공유하는 것은 안전하지 않다.
- 심리적 수용의 원칙에 따르면 보안 메커니즘이 존재하지 않는 경우보다 보안 메커니즘이 자원에 접근하는 것을 어렵게 해서는 안 된다.
- 정보 보안의 3요소로 널리 알려진 기밀성, 무결성, 가용성^{CIA}은 정보 시스템 보안을 구축할 때 고려되는 세 가지 주요 요소다.

전송 계층 보안을 이용한 API 보안

전송 계층 보안^{TLS, Transport Layer Security}을 사용해 API를 보안하는 것은 모든 API 배포에서 볼 수 있는 가장 일반적인 형태의 보호 방법이다. TLS가 처음인 경우 TLS의 자세한 내용과 작동 방식을 설명한 부록 C를 먼저 확인하라. API 보안에서는 TLS를 사용해 통신을 보호하거나, 암호화하거나, 전송 중인 데이터를 보호한다. 그리고 합법적인 클라이언트만 API에 접근할 수 있도록 TLS 상호 인증을 사용한다.

3장에서는 자바 스프링 부트^{Java Spring Boot}에서 구현된 API를 어떻게 배포하고, 어떻게 TLS를 활성화하는지 그리고 어떻게 상호 TLS로 API를 보호하는지 알아본다.

환경 설정

이번 절에서는 스프링 부트를 사용해 API를 처음부터 어떻게 개발하는지 살펴본다. 스프링 부트(https://projects.spring.io/spring-boot/)는 자바 개발자들에게는 가장 유명한 마이크로서비스 개발 프레임워크다. 정확히 말하면 스프링 부트는 스프링을 위한 독선적인 실행 환경을 제공하며 많은 복잡성을 제거한다. 스프링 부트는 독선적[1]이지만, 개발자가 많은 기본 선택을 무시하게 한다. 많은 자바 개발자가 스프링에 익숙하고 마이크로서비스 세계에서 개발 용이성이 핵심적인 성공 요소이기 때문에 많은 사람이 스프링 부트를 채택했다. 스프링 부트는 스프링을 사용하지 않는 자바 개발자더라도 누구나 아는 이름이다. 스프링에서 작업했다면 크고 두툼한 XML 구성 파일들을 다루는 것이 얼마나 고통스러운지 확실히 걱정했을 것이다. 스프링과 달리 스프링 부트는 구성보다 관례를 믿는다. 더 이상 XML 지옥이 아니다. 이 책에서는 API를 구현하고자 스프링 부트를 사용한다. 자바에 익숙하지 않더라도 모든 예제 코드를 제공하므로 시행착오 없이 시작할 수 있다.

샘플을 실행하려면 자바 8 이상, 메이븐^{Maven} 3.2 이상, 깃^{git} 클라이언트가 필요할 것이다. 설치가 완료되면 모든 것이 잘 작동하는지 확인하고자 명령 창에서 다음의 두 명령을 실행한다. 자바나 메이븐을 설정하는 데 도움이 필요하다면 온라인에 많은 내용이 있으니 참고하라.

```
\>java -version
java version "1.8.0_121" Java(TM) SE Runtime Environment (build 1.8.0_121- b13)
Java HotSpot(TM) 64-Bit Server VM (build 25.121-b13, mixed mode)
\>mvn -version
Apache Maven 3.5.0 (ff8f5e7444045639af65f6095c62210b5713f426; 2017-04-
03T12:39:06-07:00)
Maven home: /usr/local/Cellar/maven/3.5.0/libexec
Java version: 1.8.0_121, vendor: Oracle Corporation
Java home: /Library/Java/JavaVirtualMachines/jdk1.8.0_121.jdk/Contents/ Home/jre
Default locale: en_US, platform encoding: UTF-8 OS name: "mac os x", version:
"10.12.6", arch: "x86_64", family: "mac
```

이 책에 사용된 모든 샘플은 깃 저장소 https://github.com/apisecurity/samples.git 에 있다. 다음의 git 명령을 사용해 복제한다. 이 장과 관련된 모든 샘플은 ch03 디렉터리 안에 있다.

---

1. 독선적인 프레임워크는 개발자가 자체 방식으로 일을 하게끔 가이드해준다.

```
\> git clone https://github.com/apisecurity/samples.git
\> cd samples/ch03
```

메이븐을 좋아하는 사람에게 스프링 부트 프로젝트를 시작하는 가장 좋은 방법은 메이븐 archetype을 사용하는 것이다. 불행하게도 archetype은 더 이상 지원되지 않는다. 한 가지 옵션은 https://start.spring.io/를 통해 템플릿 프로젝트를 만드는 것이다. 이는 Spring Initializer로 알려져 있다. 여기에서 만들고 싶은 프로젝트 유형, 프로젝트 종속성을 고르거나 이름을 지정할 수 있고, 메이븐 프로젝트를 zip 파일로 다운로드할 수도 있다. 다른 선택지는 스프링 부트 스위트^{STS, Spring Tool Suite}를 사용하는 것이다.[2] 이는 이클립스^{Eclipse} 플랫폼을 기반으로 구축된 통합 개발 환경^{IDE, Intergrated Development Environment}이며, 스프링 프로젝트를 만드는 데 유용한 많은 플러그인이 있다. 그러나 이 책에서는 앞에 언급한 깃 저장소에서 코드화된 모든 샘플을 제공한다.

참고

이 책에 제공된 샘플을 빌드하거나 실행하는 데 문제가 있으면 깃 저장소의 해당 장에 있는 README 파일을 참고하라(https://github.com/apisecurity/samples.git). 이 책에서 사용되는 도구와 라이브러리, 프레임워크의 변경 사항 등을 반영하고자 깃 저장소에 있는 샘플과 해당 README 파일은 계속 수정할 예정이다.

Order API의 배포

이는 이전을 통틀어 가장 단순한 API다. 'ch03/sample01' 디렉터리에서 코드를 찾을 수 있다. 메이븐으로 프로젝트를 빌드하려면 다음 명령을 사용한다.

---

2. https://spring.io/tools

```
\> cd sample01
\> mvn clean install
```

코드를 자세히 알아보기 전에 'ch03/sample01/pom.xml'에 추가된 눈에 띄는 메이븐 종속성과 플러그인 중 일부를 살펴보자.

스프링 부트는 다른 스프링 모듈과 통합하기 위한 다른 starter 종속성을 제공한다. spring-boot-starter-web 종속성은 톰캣^{Tomcat}과 스프링 MVC를 가져오고, 구성 요소 사이의 모든 배선을 수행해 개발자의 작업을 최소화한다. spring-boot-starter-actuator 종속성은 애플리케이션을 모니터링하고 관리하는 데 도움을 준다.

```
<dependency>
    <groupId>org.springframework.boot</groupId>
    <artifactId>spring-boot-starter-web</artifactId>
</dependency>
<dependency>
    <groupId>org.springframework.boot</groupId>
    <artifactId>spring-boot-starter-actuator</artifactId>
</dependency>
```

pom.xml 파일에는 spring-boot-maven-plugin 플러그인도 있으며, 이를 통해 메이븐 자체에서 스프링 부트 API를 시작할 수 있다.

```
<plugin>
    <groupId>org.springframework.boot</groupId>
    <artifactId>spring-boot-maven-plugin</artifactId>
</plugin>
```

이제 src/main/java/com/apress/ch03/sample01/service/OrderProcessing.java 클래스 파일에서 checkOrderStatus 메서드를 살펴보자. 이 메서드는 주문 id를 승인하고 주문 상태를 반환한다. 다음 코드에는 세 가지 주목할 만한 어노테이션이 사용된다. @RestController는 해당 클래스를 REST 종단점으로 표시해 JSON 페이로드를 승인하고 생성하는 클래스 레벨 어노테이션이다. @RequestMapping 어노테이션은 클래스 레벨과 메서드 레벨에서 모두 정의할 수 있다. 클래스 레벨 어노테이션에서 value 속성은 해당 종단점이 등록되는 경로를 정의한다. 메서드 레벨에서도 동일하게 클래스 레벨 경로에 추가된다. 중괄호 안에 정의된 값은 경로의 모든 변수 값에 대한 자리표시자[placeholder]다. 예를 들어 /order/101과 /order/102에 대한 GET 요청(101과 102 모두 주문 id다)은 모두 checkOrderStatus 메서드를 호출한다. 실제로 value 속성의 값은 URI 템플릿이다.[3] @PathVariable 어노테이션은 @RequestMapping 어노테이션의 value 속성에 정의된 URI 템플릿에서 제공된 변수를 추출하고, 메서드 서명에 정의된 변수에 연결한다.

```
@RestController
@RequestMapping(value = "/order")
public class OrderProcessing {
    @RequestMapping(value = "/{id}", method = RequestMethod.GET)
    public String checkOrderStatus(@PathVariable("id") String orderId)
    {
        return ResponseEntity.ok("{'status' : 'shipped'}");
    }
}
```

src/main/java/com/apress/ch03/sample01/OrderProcessingApp.java에는 살펴볼 눈에 띄는 또 다른 중요한 클래스 파일이 있다. 이 클래스는 자체 애플리케이션 서버에서 API를 구동하는데, 이 경우 임베디드 톰캣이다. 기본적으로 API는 포트 8080에서 시작하며, 예를 들어 sample01/src/main/resources/application.properties 파일에 server.port=9000을 추가해 서버 포트를 9000으로 변경할 수 있다. 다음은 OrderProcessingApp 클래스에서 API를 시작해주는 코드를 보여준다. 클래스 레벨에서 정의된 @SpringBootApplication 어노테이션은 스프링에서 정의된 4개의 어

---

3. https://tools.ietf.org/html/rfc6570

노테이션(@Configuration, @EnableAutoConfiguration, @EnableWebMvc, @ComponentScan)에 대한 단축키로 사용된다.

```
@SpringBootApplication
public class OrderProcessingApp {
    public static void main(String[] args) {
        SpringApplication.run(OrderProcessingApp.class, args);
    }
}
```

이제 어떻게 API를 실행하고, cURL 클라이언트와 통신하는지 살펴보자. ch03/sample01 디렉터리에서 다음의 명령을 실행해 메이븐으로 스프링 부트 애플리케이션을 시작해보자.

```
\> mvn spring-boot:run
```

cURL 클라이언트로 API를 테스트하려면 다른 명령 창에서 다음의 명령을 사용한다. 초기 명령 후 다음과 같이 결과가 출력된다.

```
\> curl http://localhost:8080/order/11
{"customer_id":"101021","order_id":"11","payment_method":{"card_type":"VISA","expiration":"01/22","name":"John Doe","billing_address":"201, 1st Street, San Jose, CA"},"items":[{"code":"101","qty":1},{"code":"103","qty":5}],"shipping_address":"201, 1st Street, San Jose, CA"}
```

전송 계층 보안을 이용한 Order API 보안

전송 계층 보안를 활성화하려면 먼저 공개키와 개인키 쌍을 만들어야 한다. 다음 명령은 기본 자바 배포 시 제공되는 keytool을 사용해 키 쌍을 생성하고 keystore.jks 파일에 저장한다. 이 파일은 키 저장소keystore라고도 하며, 다른 형식일 수 있다.

가장 널리 사용되는 두 가지 포맷은 JKS^Java KeyStore 포맷과 PKCS#12 포맷이다. JKS 는 자바에만 해당되는 반면 PKCS#12는 공개키 암호화 표준^PKCS, Public Key Cryptography Standards에 정의된 표준 군에 속한다. 다음 명령에서는 **storetype** 인자를 사용해 키 저장소 유형을 JKS로 지정한다.

```
\> keytool -genkey -alias spring -keyalg RSA -keysize 4096 -validity 3650 -dname
"CN=foo,OU=bar,O=zee,L=sjc,S=ca,C=us" -keypass springboot -keystore keystore.jks
-storeType jks -storepass springboot
```

위 명령에서 alias 인자는 키 저장소에 저장된 키를 식별하는 방법을 지정한다. 지정된 키 저장소에 다양한 키가 저장될 수 있고, 대응되는 **alias**의 값은 고유해야 한다. 여기서는 **spring**을 별칭^alias으로 사용했다. **validity** 인자는 생성된 키가 10년이나 3,650일 동안 유효하게 지정할 수 있다. **keysize**와 **keystore** 인자는 생성된 키의 길이와 키가 저장되는 키 저장소의 이름을 지정한다. **genkey**는 **keytool**이 새로운 키를 생성하도록 지시하는 옵션이다. **genkey** 대신 **genkeypair** 옵션을 사용할 수도 있다. 위 명령이 실행되면 **springboot** 암호로 보호되는 keystore.jks라는 파일을 생성한다.

이 예제에서 생성한 인증서는 자체 서명된 인증서다. 즉, 외부 인증기관^CA이 없다. 일반적으로 운영 환경 배포 시에 공개 인증기관이나 엔터프라이즈 레벨 인증기관을 이용해 공개 인증서를 서명하므로 해당 인증기관을 신뢰하는 모든 클라이언트가 인증서의 유효 여부를 확인할 수 있다. 마이크로서비스나 내부 API 배치 시 서비스 간 통신을 보호하고자 인증서를 사용하는 경우 자신의 인증기관을 가질 수 있으므로 공개 인증기관을 걱정할 필요는 없다. 그러나 외부 클라이언트 애플리케이션에 노출되는 API의 경우 공개 인증기관에서 인증서를 서명 받아야 한다.

스프링 부트 API에 TLS를 적용하려면 앞에서 생성한 keystore 파일(keystore.jks)을 샘플의 홈 디렉터리(예, ch03/sample01/)에 복사하고 sample01/src/main/resources/application.properties 파일에 다음의 코드를 추가한다. 샘플 깃 저장소에서 다운

로드한 샘플들에는 이미 값이 들어가 있으며(주석 처리만 지우면 된다), 키 저장소와 개인키의 암호로 springboot를 사용한다.

```
server.ssl.key-store: keystore.jks
server.ssl.key-store-password: springboot
server.ssl.keyAlias: spring
```

모든 것이 잘 작동하는지 확인하려면 ch03/sample01/ 디렉터리에서 다음의 명령을 사용해 Order API를 시작하고 HTTPS 포트를 출력하는 행을 확인한다.

```
\> mvn spring-boot:run
Tomcat started on port(s): 8080 (https) with context path "
```

cURL 클라이언트로 API를 테스트하려면 다른 명령 창에서 다음의 명령을 사용한다. 초기 명령 이후 다음과 같이 결과가 출력된다. 여기서는 HTTP 대신 HTTPS를 사용했다.

```
\> curl -k https://localhost:8080/order/11
{"customer_id":"101021","order_id":"11","payment_method":{"card_type":"VISA","ex
piration":"01/22","name":"John Doe","billing_address":"201, 1st Street, San Jose,
CA"},"items":[{"code":"101","qty":1},{"code":"103","qty":5}],"shipping_address":
"201, 1st Street, San Jose, CA"}
```

위 cURL 명령에서 -k 옵션을 사용했다. 예제에서는 HTTPS 종단점을 보호하고자 자체 서명된(신뢰할 수 없는) 인증서를 사용하므로 cURL 명령이 인증서의 신뢰 여부를 검증하지 않도록 -k 파라미터를 사용해야 한다. 적절한 인증기관에서 서명한 인증서를 가진 운영 환경에서는 -k 옵션을 사용할 필요는 없다. 또한 자체 서명된 인증서의 경우 cURL에 해당 공개 인증서를 지정해 -k 옵션을 사용하지 않을 수도 있다.

```
\> curl --cacert ca.crt https://localhost:8080/order/11
```

ch03/sample01/에서 다음의 **keytool** 명령을 사용해 Order API의 공개 인증서를 PEM(-rfc 인자를 갖고) 포맷의 ca.crt 파일로 내보낼 수 있다.

```
\> keytool -export -file ca.crt -alias spring -rfc -keystore keystore.jks -storePass springboot
```

ca.crt와 함께 위의 cURL 명령을 실행하면 다음의 에러가 발생한다. Order API의 공개 인증서 이름 foo가 cURL 명령의 호스트 이름인 localhost와 일치하지 않는다는 내용이다.

```
curl: (51) SSL: certificate subject name 'foo' does not match target hostname 'localhost'
```

인증서를 만들 때 이상적인 운영 환경에서는 인증서 이름과 호스트 이름이 일치해야 한다. 이 경우 foo 호스트 이름에 대한 DNS^{Domain Name Service} 항목이 없으므로, cURL에 다음의 해결 방법을 사용할 수 있다.

```
\> curl --cacert ca.crt https://foo:8080/order/11 --resolve foo:8080:127.0.0.1
```

TLS 상호 인증을 이용한 Order API 보호

이번 절에서는 Order API와 cURL 클라이언트 간에 TLS 상호 인증하는 방법을 알아본다. 대부분의 경우 TLS 상호 인증은 시스템 간 인증을 하고자 사용된다. 먼저 sample01/keystore.jks에 키 저장소가 있는지 확인한 후 TLS 상호 인증을 하고자 sample01/src/main/resources/application.properties 파일에 있는 다음 속성의 주석을 제거한다.

```
server.ssl.client-auth:need
```

이제 cURL로 Order API를 호출해 흐름을 테스트할 수 있다. 먼저 ch03/sample01/ 디렉터리에서 다음의 명령을 사용해 Order API를 시작하고 HTTPS 포트를 출력하는 행을 확인한다.

```
\> mvn spring-boot:run
Tomcat started on port(s): 8080 (https) with context path ''
```

cURL로 API를 테스트하려면 다른 명령 창에서 다음의 명령을 사용한다.

```
\> curl -k https://localhost:8080/order/11
```

TLS 상호 인증으로 API를 보호했기 때문에 위 명령은 다음과 같은 에러 메시지를 표시한다. 이는 유효한 클라이언트 인증서가 아니기 때문에 API(또는 서버)가 cURL 클라이언트와 연결을 거부했음을 의미한다.

```
curl: (35) error:1401E412:SSL routines:CONNECT_CR_FINISHED:sslv3 alert bad
certificate
```

이 문제를 해결하려면 cURL 클라이언트에 대한 키 쌍(공개키와 개인키)을 만들고 Order API가 공개키를 신뢰할 수 있게 설정해야 한다. 그런 다음 cURL 명령과 함께 생성된 키 쌍을 사용해 상호 TLS로 보호되는 API에 접근할 수 있다.

cURL 클라이언트의 개인키와 공개키를 생성하려면 다음의 OpenSSL 명령을 사용할 수 있다. OpenSSL은 TLS용 상용 등급의 툴킷과 암호화 라이브러리며 다양한 플랫폼에서 사용할 수 있다. www.openssl.org/source에서 플랫폼에 맞는 배포판을 다운로드하고 설정할 수 있다. 사실 가장 쉬운 방법은 OpenSSL 도커^{Docker} 이미지를 사용하는 것이다. 다음 절에서는 OpenSSL을 도커 컨테이너로 실행하는 방법을 살펴본다.

```
\> openssl genrsa -out privkey.pem 4096
```

이제 앞에서 사용된 개인키(privkey.pem)에 대응되는 자체 서명 인증서를 발급할 때 다음의 OpenSSL 명령을 사용한다.

```
\> openssl req -key privkey.pem -new -x509 -sha256 -nodes -out client.crt -subj
"/C=us/ST=ca/L=sjc/O=zee/OU=bar/CN=client"
```

Order API가 여전히 실행 중이면 멈추고, 다음의 명령을 사용해 위 단계에서 생성한 공개 인증서(client.crt)를 sample01/keystore.jks로 가져온다.

```
\> keytool -import -file client.crt -alias client -keystore keystore.jks -storepass
springboot
```

이제 cURL을 이용해 Order API를 호출해 실행 흐름을 테스트할 수 있다. 먼저 ch03/sample01/ 디렉터리에서 다음의 명령을 사용해 Order API를 시작한다.

```
\> mvn spring-boot:run
Tomcat started on port(s): 8080 (https) with context path ''
```

cURL로 API를 테스트하려면 다른 명령 창에서 다음의 명령을 사용한다.

```
\> curl -k --key privkey.pem --cert client.crt https://localhost:8080/ order/11
```

Order API에 알리지 않은 키 쌍을 사용하는 경우, 즉 sample01/keystore.jks 파일에 키 쌍을 가져오지 않았다면 위의 cURL 명령을 실행할 때 다음의 에러가 출력될 것이다.

```
curl: (35) error:1401E416:SSL routines:CONNECT_CR_FINISHED:sslv3 alert certificate
unknown
```

도커에서 OpenSSL 실행

지난 몇 년간 도커^{Docker}는 소프트웨어를 배포하는 방식에서 혁명을 일으켰다. 도 커는 독립적인 방식으로 소프트웨어를 실행하기 위한 컨테이너화된 환경을 제공 한다. 도커에 대한 내용은 이 책의 범위를 벗어난다. 도커에 대해 더 알고 싶다면 매닝^{Manning} 출판사에서 2019년에 출간한 제프 니콜로프와 스테판 쿠엔즐리의 저 서 『Docker in Action』을 읽어보는 것을 추천한다.

로컬 컴퓨터에 도커를 설정하는 것은 매우 간단하다. https://docs.docker.com/ install/에 있는 도커 문서에 작성된 단계를 따르면 된다. 도커가 설치되면 설치가 잘 됐는지 확인을 위해 다음의 명령을 실행한다. 명령이 수행되면 도커 엔진 클라 이언트와 서버의 버전이 출력된다.

```
\> docker version
```

OpenSSL을 도커 컨테이너로 시작하려면 ch03/sample01 디렉터리에서 다음의 명 령을 수행한다.

```
\> docker run -it -v $(pwd):/export prabath/openssl #
```

위 명령을 처음 실행하면 몇 분 정도 걸린다. 여기서 OpenSSL 명령을 사용해 이전 절의 끝부분에서 사용한 키를 만들 수 있다. 위의 **docker run** 명령은 호스트 파일 시스템에서 컨테이너 파일 시스템의 /export 디렉터리로 ch03/sample01(또는 위 명령에서 $(pwd)로 표시되는 현재 디렉터리)를 매핑하는 볼륨 마운트를 통해 도커 컨테 이너에서 OpenSSL을 시작한다. 이 볼륨 마운트를 사용하면 호스트 파일 시스템의 일부를 컨테이너 파일 시스템과 공유할 수 있다. OpenSSL 컨테이너가 인증서를 생 성하면 해당 인증서는 컨테이너 파일 시스템의 /export 디렉터리에 기록된다. 볼 륨 마운트가 있기 때문에 컨테이너 파일 시스템의 /export 디렉터리 안에 있는 모 든 내용은 호스트 파일 시스템의 ch03/sample01 디렉터리에서 접근할 수 있다.

cURL 클라이언트의 개인키와 공개키를 생성하려면 다음의 OpenSSL 명령을 사용한다.

```
# openssl genrsa -out /export/privkey.pem 4096
```

이제 위에서 사용했던 개인키(privkey.pem)와 대응되는 자체 서명 인증서를 생성할 때 다음의 OpenSSL 명령을 사용한다.

```
# openssl req -key /export/privkey.pem -new -x509 -sha256 -nodes -out client.crt
 -subj "/C=us/ST=ca/L=sjc/O=zee/OU=bar/CN=client"
```

요약

- 전송 계층 보안TLS, Transport Layer Security은 모든 API 보안의 기본이다.
- TLS를 사용해 API를 보안하는 것은 API를 배포하는 데 있어 가장 일반적인 보호 방법이다.
- TLS는 기밀성과 무결성을 위해 전송 중인 데이터를 보호하고, 상호 TLS (mTLS, mutual TLS)는 클라이언트 인증을 시행해 침입자로부터 API를 보호한다.
- OpenSSL은 TLS용 상용 등급 툴킷과 암호화 라이브러리며, 여러 플랫폼에서 사용할 수 있다.

4장

OAuth 2.0 기초

OAuth 2.0은 ID 위임에 있어 큰 혁신을 가져왔다. OAuth 1.0(부록 B 참고)에 기반을 두고 있지만, OAuth 웹 리소스 인가 프로필[WRAP, Web Resource Authorization Profiles](부록 B 참고)의 영향을 많이 받았다. OAuth 1.0과 2.0의 큰 차이점은, OAuth 1.0은 ID 위임에 대한 표준 프로토콜이고, 반면 OAuth 2.0은 확장성이 뛰어난 인가 프레임워크다. OAuth 2.0은 이미 보안 API에 대한 사실상의 표준이며 페이스북[Facebook], 구글[Google], 링크드인[LinkedIn], 마이크로소프트(MSN, Live), 페이팔[PayPal], 인스타그램[Instagram], 포스퀘어[Foursquare], 깃허브[GitHub], 야머[Yammer], 밋업[Meetup] 등 많은 곳에서 널리 사용되고 있다. 사용하지 않는 곳 중에는 트위터가 있다. 트위터는 여전히 OAuth 1.0을 사용하고 있다.

OAuth 2.0 이해

OAuth 2.0은 주로 접근 위임 문제를 해결한다. 서드파티 애플리케이션이 사용자의 페이스북 담벼락에서 상태 메시지를 읽게 하고자 한다고 가정해보자. 즉, 서드파티 애플리케이션이 사용자의 페이스북 담벼락에 접근할 수 있게 위임해야 한다. 이를 가능하게 하는 방법 중 하나는 페이스북의 자격증명을 서드파티 애플리케이션과 공유해서 서드파티 애플리케이션이 사용자의 페이스북 담벼락에 직접 접근할 수 있게 하는 것이다. 이것이 자격증명 공유를 통한 권한 위임이다. 이렇게 하면 권한 위임 문제가 해결되지만, 서드파티 애플리케이션과 페이스북 사용자의 자격증명을 공유하면 해당 서드파티 애플리케이션은 사용자의 자격증명을 이용해 원하는 무엇이든 할 수 있게 돼 결과적으로 더 큰 문제를 만들게 된다. OAuth 2.0은 사용자의 자격증명을 서드파티 애플리케이션과 공유할 필요 없이 오직 명확한 목적에 부합하는 시간이 정해진 임시 토큰만 공유하는 방법으로 이 문제를 해결한다. 그림 4-1은 접근 위임이 OAuth 2.0에서 동작하는 방식을 개략적으로 보여주며, 다음은 그림 4-1의 각 단계를 설명한다.

1. 사용자는 서드파티 웹 애플리케이션에 접속해서 그 웹 애플리케이션이 사용자의 페이스북 담벼락에 메시지를 게시하게 하려고 한다. 그러려면 그 웹 애플리케이션은 페이스북에서 토큰을 받아야 하고, 그래서 사용자는 토큰을 얻고자 페이스북으로 리다이렉트된다.

2. 페이스북은 사용자에게 인증을 요구하고(인증이 돼 있지 않다면), 페이스북 담벼락에 메시지를 게시할 수 있는 권한을 서드파티 웹 애플리케이션에 부여하도록 사용자의 동의를 요청한다.

3. 사용자는 인증을 받고 페이스북이 서드파티 웹 애플리케이션과 토큰을 공유할 수 있게 페이스북으로 사용자의 동의를 전달한다. 이 토큰은 제한된 기간 동안 페이스북 담벼락에 메시지를 게시하기에 충분하며 다른 작업은 할 수 없다. 예를 들면 서드파티 애플리케이션은 친구 요청, 상태 메시지 삭제, 사진 업로드 등과 같은 작업을 토큰을 이용해 수행할 수 없다.

4. 서드파티 애플리케이션은 페이스북에서 토큰을 얻는다. 이 단계를 정확하게 설명하고자 먼저 OAuth 2.0 승인 방식이 어떻게 동작하는지 이해해야 하며, 이 장의 뒤에서 알아본다.

5. 서드파티 애플리케이션은 4단계에서 페이스북이 제공한 토큰^{token}으로 페이스북 API에 접근한다. 페이스북 API는 유효한 토큰과 함께 제공되는 요청만 접근할 수 있게 한다. 그리고 이 부분 역시 이 단계에서 무엇이 일어나는지 4장 뒤에서 정확하게 알아본다.

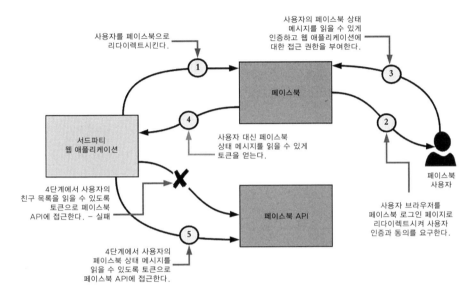

그림 4-1. OAuth 2.0은 서드파티 웹 애플리케이션에 명확한 목적에 부합하는 시간이 정해진 임시 토큰을 발행함으로써 접근 위임 문제를 해결한다.

OAuth 2.0 구성 요소

OAuth 2.0은 전형적인 OAuth 흐름에서 4가지 구성 요소를 소개한다. 다음은 그림 4-1에 있는 각각의 구성 요소를 설명한다.

1. **자원 소유자:** 자원을 소유하고 있는 사람이다. 앞의 예에서 서드파티 웹 애플리케이션은 페이스북 API를 통해 사용자의 페이스북 담벼락에 접근하고 사용자 대신 메시지를 게시하기를 원한다. 이러한 경우 담벼락을 소유하고 있는 사용자는 자원 소유자다.

2. **자원 서버:** 보호받는 자원들을 관리하는 장소다. 이전 시나리오에서 페이스북 API를 관리하는 서버는 페이스북 API가 자원인 자원 서버다.

3. **클라이언트:** 자원 소유자 대신 자원에 접근하기를 원하는 애플리케이션이다. 앞의 사용 사례에서 서드파티 웹 애플리케이션이 클라이언트다.

4. **인가 서버:** OAuth 2.0 액세스 토큰을 클라이언트 애플리케이션들에게 발행하는 보안 토큰 서비스처럼 행동하는 요소다. 앞의 사용 사례에서 페이스북은 스스로 인가 서버처럼 행동한다.

승인 방식

OAuth 2.0에서의 승인 방식은 클라이언트가 자원 소유자를 대신해서 자원에 접근하는 인가 승인을 얻는 방법을 정의한다. '승인grant'이라는 단어는 "지원에 동의한다."는 의미를 가진 프랑스어에서 유래했다. 즉, 승인 유형은 명확한 목적으로 자원에 대신 접근하는 것에 대해 자원 소유주에게서 동의를 얻는 명확한 절차를 정의한다. OAuth 2.0에서 이러한 명확한 목적은 범위scope라고도 한다. 또한 범위는 허가permission로 해석될 수 있고, 다시 말해 범위는 클라이언트 애플리케이션이 주어진 자원으로 어떠한 행동을 할 수 있는지 정의한다. 그림 4-1에서 페이스북 인가 서버로부터 발행된 토큰은 클라이언트 애플리케이션이 해당 사용자의 페이스북 담벼락에 메시지를 게시할 수 있는 범위로 제한된다.

OAuth 2.0에서의 승인 방식은 WRAP(부록 B 참고)에서의 OAuth 프로필과 매우 유사하다. OAuth 2.0 핵심에는 4개의 핵심 승인 방식이 있으며 인가 코드 승인 방식, 암시적 승인 방식, 자원 소유자 패스워드 자격증명 승인 방식, 클라이언트 자격증명 승인 방식이 있다. 표 4-1에서는 OAuth 2.0 승인 방식이 WRAP 프로필과 어떻게 대응되는지를 보여준다.

표 4-1. OAuth 2.0 승인 방식 vs. OAuth WRAP 프로필

OAuth 2.0	OAuth WRAP
인가 코드 승인 방식	Web App 프로필/Rich App 프로필
내재된 승인 방식	–
자원 소유자 패스워드 자격증명 승인 방식	사용자명과 패스워드 프로필
클라이언트 자격증명 승인 방식	클라이언트 계정과 패스워드 프로필

인가 코드 승인 방식

OAuth 2.0에서의 인가 코드 승인 방식은 WRAP에서의 웹 애플리케이션 프로필과 매우 유사하다. 이는 주로 웹 브라우저를 구동할 능력이 있는 애플리케이션(웹 또는 네이티브 모바일 애플리케이션)에 권장된다. 클라이언트 애플리케이션을 방문하는 자원 소유자로부터 인가 코드 승인 방식이 시작된다. 인가 서버에 등록돼야 하는 클라이언트 애플리케이션은 그림 4-2의 1단계에서 보이는 것처럼 승인을 받고자 자원 소유자를 인가 서버로 리다이렉트시킨다. 다음은 클라이언트 애플리케이션에서 사용자를 인가 서버의 인가 종단점으로 리다이렉트시키는 동안 만들어진 HTTP 요청이다.

```
https://authz.example.com/OAuth2/authorize?
              response_type=code&
              client_id=0rhQErXIX49svVYoXJGtoDWBuFca&
              redirect_uri=https%3A%2F%2Fmycallback
```

인가 종단점은 OAuth 2.0 인가 서버의 잘 알려진 공개된 종단점이다. `response_type` 파라미터의 값은 코드 형태여야 한다. 이는 인가 서버에 이 요청이 인가 코드(인가 코드 승인 방식에서)를 위한 것이라는 것을 나타낸다. `client_id`는 클라이언트 애플리케이션을 위한 식별자다. 클라이언트 애플리케이션이 인가 서버에 등록되면 클라이언트는 `client_id`와 `client_secret`을 얻는다. 클라이언트 등록 단계에

서 클라이언트 애플리케이션은 redirect_uri로 통제할 수 있는 URL을 제공해야 하고, 초기 HTTP 요청에서 redirect_uri 파라미터의 값은 인가 서버에 등록된 것과 일치해야 한다. redirect_uri는 콜백 URL이라고도 부른다. 콜백 URL의 URL 인코딩된 값은 redirect_uri 파라미터로 HTTP 요청에 추가된다. 이러한 파라미터 외에도 클라이언트 애플리케이션은 scope 파라미터를 포함할 수 있다. scope 파라미터의 값은 승인 화면에서 자원 소유자에게 표시되는데, 이는 클라이언트가 대상 자원/API에서 필요한 접근 수준을 인가 서버에 표시한다.

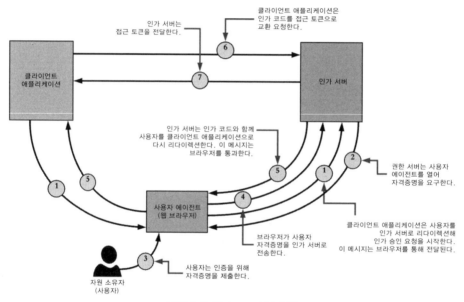

그림 4-2. 인가 코드 승인 유형

그림 4-2의 **5단계**에서 인가 서버는 요청된 코드를 클라이언트 애플리케이션의 등록된 콜백 URL(redirect_uri라고도 함)로 반환한다. 이 코드를 인가 코드라고 한다. 각 인가 코드는 유효 기간이 있어야 한다. 1분 이상의 유효 기간은 권장하지 않는다.

```
https://callback.example.com/?code=9142d4cad58c66d0a5edfad8952192
```

인가 코드의 값은 HTTP 리다이렉션을 통해 클라이언트 애플리케이션으로 전달되며 자원 소유자에게 표시된다. 다음 단계(6단계)에서 클라이언트는 인가 서버에 의해 노출된 OAuth 토큰 종단점과 통신해 인가 코드를 OAuth 액세스 토큰으로 교환해야 한다.

참고

OAuth 2.0 승인 유형의 궁극적인 목표는 클라이언트 애플리케이션에 토큰(액세스 토큰이라고 함)을 제공하는 것이다. 클라이언트 애플리케이션은 이 토큰을 사용해 자원에 접근할 수 있다. 액세스 토큰은 자원 소유자, 클라이언트 애플리케이션 중 하나 이상에 결합(Binding)된다. 액세스 토큰을 주면 인가 서버는 해당 자원 소유자 및 클라이언트 애플리케이션과 연결된 범위가 무엇인지 알게 된다.

대부분의 경우 토큰 종단점은 보안 종단점이다. 클라이언트 애플리케이션은 해당 client_id(0rhQErXIX49svVYoXJGt0DwBuFca)와 client_secret(eYOFkL756W8usQaVNgCNkz9C2D0a)를 이용해 토큰 요청을 생성할 수 있으며, 이는 HTTP 인가^Authorization 헤더에 있다. 대부분의 경우 토큰 종단점은 HTTP 기본 인증으로 보호되지만 필수는 아니다. 더욱 강력한 보안을 하려면 상호 TLS도 사용할 수 있으며 자격증명을 사용하지 않고자 단일 페이지 앱이나 모바일 앱의 인가 코드 승인 유형을 사용할 수도 있다. 다음은 토큰 종단점에 대한 샘플 요청(6단계)을 보여준다. grant_type 파라미터의 값에는 authorization_code가 있어야 하고, 그 값은 이전 단계(5단계)에서 리턴된 값이어야 한다. 클라이언트 애플리케이션이 이전 요청(1단계)에서 redirect_uri 파라미터의 값을 보낸 경우 토큰 요청에도 동일한 값을 포함해야 한다. 클라이언트 애플리케이션이 토큰 종단점을 인증하지 않는 경우 해당 client_id를 HTTP 본문의 파라미터로 보내야 한다.

참고

인가 서버에서 리턴된 인가 코드는 중간 코드의 역할을 한다. 이 코드는 최종 사용자나 자원 소유자를 OAuth 클라이언트에 매핑하는 데 사용된다. OAuth 클라이언트는 인가 서버의 토큰 종단점에 대해 자체적으로 인증할 수 있다. 인가 서버는 액세스 토큰을 교환하기 전에 인증된 OAuth 클라이언트에 코드가 발행됐는지 확인해야 한다.

```
\> curl -v -k -X POST --basic
    -u 0rhQErXIX49svVYoXJGt0DWBuFca:eYOFkL756W8usQaVNgCNkz9C2D0a
    -H "Content-Type:application/x-www-form-urlencoded;charset=UTF-8"
    -d "grant_type=authorization_code&
        code=9142d4cad58c66d0a5edfad8952192&
        redirect_uri=https://mycallback"
        https://authz.example.com/OAuth2/token
```

참고

인가 코드는 클라이언트가 한 번만 사용해야 한다. 인가 서버가 두 번 이상 사용된 것을 감지하면 해당 특정 인가 코드에 대해 발행된 모든 토큰을 취소해야 한다.

앞의 cURL 명령은 인가 서버에서 다음 응답을 리턴한다(7단계). 응답의 token_type 파라미터는 토큰 유형을 나타낸다('OAuth 2.0 토큰 유형' 절에서는 토큰 유형을 자세히 설명한다). 인가 서버는 액세스 토큰 외에도 선택적으로 갱신refresh 토큰을 반환한다. 갱신 토큰은 클라이언트 애플리케이션에서 갱신 토큰이 만료되기 전에 새 액세스 토큰을 얻는 데 사용할 수 있다. expires_in 파라미터는 액세스 토큰의 유효 기간을 초 단위로 나타낸다.

```
{
    "token_type":"bearer",
    "expires_in":3600,
    "refresh_token":"22b157546b26c2d6c0165c4ef6b3f736",
    "access_token":"cac93e1d29e45bf6d84073dbfb460"
}
```

각 갱신 토큰에는 고유한 유효 기간이 있다. 액세스 토큰의 유효 기간과 비교하면 갱신 토큰의
유효 기간이 더 길다. 액세스 토큰의 유효 기간은 분 단위며, 갱신 토큰의 유효 기간은 일 단위다.

암시적 승인 유형

액세스 토큰을 얻기 위한 승인 유형 중 암시적 승인 유형Implicit Grant Type은 대부분
웹 브라우저에서 실행되는 자바스크립트 클라이언트에서 사용한다(그림 4-3 참
고). 하지만 자바스크립트 클라이언트의 경우에도 암시적 승인 유형을 사용하지
말고 클라이언트 인증 없이 인가 코드 승인 유형을 사용하는 것을 권장한다. 이는
대부분 14장에서 설명하는 암시적 승인 유형의 고질적인 보안 문제 때문이다. 다
음의 암시적 승인 유형에 대한 설명은 작동 방식을 이해하는 데 도움이 되지만 실
제 환경에서는 사용하지 않는다.

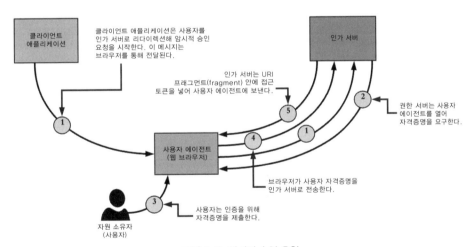

그림 4-3. 암시적 승인 유형

인가 코드 승인 유형과 달리 암시적 승인 유형에는 OAuth WRAP에 해당 프로필이
없다. 자바스크립트 클라이언트는 사용자를 인가 서버로 리다이렉션해 암시적

승인 절차를 시작한다. 요청의 response_type 파라미터를 이용해 클라이언트가 코드가 아니라 토큰을 원한다고 권한 서버에 알린다. 암시적 승인 유형에서는 인가 서버가 자바스크립트 클라이언트를 인증할 필요가 없다. 요청에서 client_id 만 보내면 된다. 이는 로깅과 감사 목적으로 사용되며 해당 redirect_uri를 찾는데 사용된다. 요청의 redirect_uri는 선택 사항이다. 이 파라미터가 존재하는 경우 클라이언트 등록 시 제공한 것과 일치해야 한다.

```
https://authz.example.com/OAuth2/authorize?
               response_type=code&
               client_id=0rhQErXIX49svVYoXJGtoDWBuFca&
               redirect_uri=https%3A%2F%2Fmycallback
```

위 요청은 다음과 같은 응답이 반환된다. 암시적 승인 유형은 액세스 토큰을 URI 프래그먼트^Fragment로 전송하며, 갱신^refresh 메커니즘을 제공하지 않는다.

```
https://callback.example.com/#access_token=cac93e1d29e45bf6d84073dbfb460&expires
_in=3600
```

인가 코드 승인 유형과 다르게 암시적 승인 유형에서 클라이언트는 승인 요청에 대한 응답으로 액세스 토큰을 받는다. URL의 URI 프래그먼트에 무언가가 있으면 브라우저는 이를 백엔드로 보내지 않고 브라우저에만 유지된다. 따라서 인가 서버가 클라이언트 애플리케이션의 콜백 URL로 리다이렉트를 보내면 요청이 먼저 브라우저로 이동하고 브라우저는 클라이언트 애플리케이션을 호스팅하는 웹 서버에 HTTP GET 요청을 보낸다. 그러나 해당 HTTP GET에는 URI 프래그먼트가 없고 웹 서버는 이를 알 수 없다. URI 프래그먼트로 넘어오는 액세스 토큰을 처리하려고 클라이언트 애플리케이션의 웹 서버는 자바스크립트를 사용해 HTML 페이지를 리턴한다. 이 자바스크립트를 사용한 HTML 페이지는 브라우저 주소에 남아 있는 URI 프래그먼트에서 access_token을 추출할 수 있다. 일반적으로 이는 단일 페이지 애플리케이션의 동작 방식이다.

자원 소유자 패스워드 자격증명 승인 유형

자원 소유자 패스워드 자격증명 승인 유형에서 자원 소유자는 클라이언트 애플리케이션을 신뢰해야 한다. 이는 OAuth WRAP의 사용자 이름 및 패스워드 프로필과 동일하다. 자원 소유자는 자신의 자격증명을 클라이언트 애플리케이션에 직접 제공해야 한다(그림 4-4 참고).

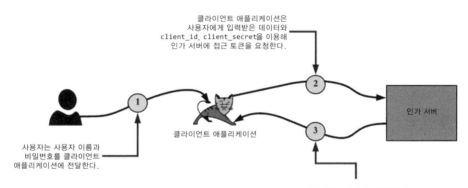

클라이언트 애플리케이션은 사용자에게 입력받은 데이터와 client_id, client_secret을 이용해 인가 서버에 접근 토큰을 요청한다.

사용자는 사용자 이름과 비밀번호를 클라이언트 애플리케이션에 전달한다.

클라이언트 애플리케이션

인가 서버

인가 서버는 사용자 자격증명과 앱 자격증명(client_id와 secret)을 검증하고 접근 토큰을 발행하거나 접근 토큰을 갱신해준다.

그림 4-4. 자원 소유자 패스워드 자격증명 승인 유형

다음 cURL 명령은 인가 서버에 자원 소유자의 사용자 이름과 패스워드를 파라미터로 전달하면서 인가 서버에 토큰을 요청한다. 또한 클라이언트 애플리케이션은 자신의 ID를 증명한다. 대부분의 경우 토큰 종단점은 HTTP 기본 인증(필수는 아님)으로 보호되며, 클라이언트 애플리케이션은 HTTP 인가 헤더에서 `client_id`(0rhQErXIX49svVYoXJGt0DWBuFca)와 `client_secret`(eYOFkL756W8usQaVNgCNkz9C2D0a)을 전

달한다. grant_type 파라미터의 값은 password(변수)로 설정해야 한다.

```
\> curl -v -k -X POST --basic
    -u  0rhQErXIX49svVYoXJGt0DWBuFca:eYOFkL756W8usQaVNgCNkz9C2D0a
    -H  "Content-Type:application/x-www-form-urlencoded;charset=UTF-8"
    -d  "grant_type=password&
        username=admin&password=admin"
        https://authz.example.com/OAuth2/token
```

이에 대한 응답은 다음과 같다. 다음 응답과 같이 액세스 토큰과 갱신된 토큰이 함께 포함돼 있다.

```
{
    "token_type":"bearer",
    "expires_in":685,".
    "refresh_token":"22b157546b26c2d6c0165c4ef6b3f736",
    "access_token":"cac93e1d29e45bf6d84073dbfb460"
}
```

참고

인가 코드 승인 유형을 사용하는 것이 선택 사항인 경우 자원 소유자 패스워드 자격증명 승인 유형을 통해 사용해야 한다. 자원 소유자 패스워드 자격증명 승인 유형을 사용해 HTTP 기본 인증과 다이제스트 인증을 OAuth 2.0으로 대체할 수 있다.

클라이언트 자격증명 승인 유형

클라이언트 자격증명 승인 유형은 OAuth WRAP의 클라이언트 계정 및 암호 프로필과 OAuth 1.0의 두 다리two-legged OAuth와 동일하다(부록 B 참고). 이 승인 유형을 사용하면 클라이언트 자체가 자원 소유자가 된다(그림 4-5 참고). 다음 cURL 명령은 인가 서버에 클라이언트 애플리케이션의 client_id(0rhQErXIX49svVYoXJGt0DWBuFca)와

client_secret(eYOFkL756W8usQaVNgCNkz9C2D0a)을 전달해 인가 서버에 토큰을 요청한다.

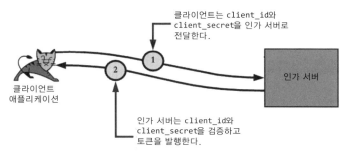

클라이언트는 client_id와 client_secret을 인가 서버로 전달한다.

인가 서버

클라이언트 애플리케이션

인가 서버는 client_id와 client_secret을 검증하고 토큰을 발행한다.

그림 4-5. 클라이언트 자격증명 승인 유형

```
\> curl -v -k -X POST --basic
    -u 0rhQErXIX49svVYoXJGt0DWBuFca:eYOFkL756W8usQaVNgCNkz9C2D0a
    -H "Content-Type: application/x-www-form-urlencoded;charset=UTF-8"
    -d "grant_type=client_credentials"
        https://authz.example.com/OAuth2/token
```

이에 대한 응답은 다음과 같이 액세스 토큰이 포함될 것이다. 자원 소유자 패스워드 자격증명 승인 유형과 달리 클라이언트 자격증명 승인 유형은 갱신 토큰을 보내주지 않는다.

```
{
    "token_type":"bearer",
    "expires_in":3600,
    "access_token":"4c9a9ae7463ff9bb93ae7f169bd6a"
}
```

이 클라이언트 자격증명 승인 유형은 사용자가 없는 시스템 간에 주로 사용된다. 예를 들면 웹 애플리케이션이 메타데이터를 얻으려면 OAuth 보안 API에 접근해야 한다.

갱신 승인 유형

암시적 승인 유형과 클라이언트 자격증명 승인 유형의 경우는 아니지만 다른 두 가지 승인 유형의 경우 OAuth 액세스 토큰에는 갱신 토큰이 제공된다. 이 갱신 토큰은 자원 소유자의 개입 없이 액세스 토큰의 유효 기간을 늘리는 데 사용될 수 있다. 다음 cURL 명령은 갱신 토큰에서 새 액세스 토큰을 얻는 방법을 보여준다.

```
\> curl -v -X POST --basic
    -u 0rhQErXIX49svVYoXJGt0DWBuFca:eYOFkL756W8usQaVNgCNkz9C2D0a
    -H "Content-Type: application/x-www-form-urlencoded;charset=UTF-8"
    -k -d "grant_type=refresh_token&
        refresh_token=22b157546b26c2d6c0165c4ef6b3f736"
    https://authz.example.com/OAuth2/token
```

이에 대한 응답은 다음과 같다.

```
{
    "token_type":"bearer",
    "expires_in":3600,
    "refresh_token":"9ecc381836fa5e3baf5a9e86081",
    "access_token":"b574d1ba554c26148f5fca3cceb05e2"
}
```

참고

갱신 토큰은 액세스 토큰보다 유효 기간이 훨씬 길다. 갱신 토큰의 유효 기간이 만료되면 클라이언트는 처음부터 OAuth 토큰 절차를 시작하고 새 액세스 토큰과 갱신 토큰을 가져와야 한다. 인가 서버에는 클라이언트가 액세스 토큰을 새로 고칠 때마다 새 갱신 토큰을 반환하는 옵션도 있다. 이러한 경우 클라이언트는 이전에 얻은 갱신 토큰을 삭제하고 새 토큰을 사용해야 한다.

적절한 승인 유형을 선택하는 방법

이 장의 시작 부분에서 설명한 것처럼 OAuth 2.0은 인가 프레임워크다. 프레임워크의 특성은 여러 옵션을 제공하는 것이므로 애플리케이션 개발자는 사용 경험을 기반으로 해당 선택지 중에서 적절한 선택을 해야 한다. OAuth는 모든 종류의 애플리케이션과 함께 사용할 수 있다. 웹 애플리케이션, 단일 페이지 애플리케이션, 데스크톱 애플리케이션이나 기본 모바일 애플리케이션 모두 사용할 수 있다.

해당 애플리케이션에 적절한 승인 유형을 선택하려면 먼저 클라이언트 애플리케이션이 OAuth 보안 API를 호출하는 방법, 즉 자체 접근이나 최종 사용자를 대신해 API에 접근할 것인지 고려해야 한다. 애플리케이션이 API 자체에 접근하려는 경우 클라이언트 자격증명 승인 유형을 사용해야 하며, 그렇지 않은 경우 인가 코드 승인 유형을 사용해야 한다. 암시적 승인 유형과 패스워드 승인 유형은 이제 더이상 사용되지 않는다.

OAuth 2.0 토큰 유형

OAuth 1.0이나 WRAP은 사용자 정의 토큰 유형을 지원할 수 없다. OAuth 1.0은 항상 서명 기반 토큰을 사용했으며, OAuth WRAP은 TLS를 통해 베어러^{bearer} 토큰을 사용했다. OAuth 2.0은 어떤 토큰 유형에도 종속되지 않는다. OAuth 2.0에서는 필요한 경우 고유한 토큰 유형을 사용할 수 있다. 인가 서버에서 OAuth 토큰 응답으로 리턴된 token_type과 관계없이 클라이언트는 이를 사용하기 전에 토큰을 알고 있어야 한다. token_ 유형에 따라 인가 서버는 추가 속성/파라미터를 응답에 추가할 수 있다.

OAuth 2.0에는 OAuth 2.0 베어러 토큰 프로필과 OAuth 2.0 MAC 토큰 프로필의 두 가지 주요 토큰 프로필이 있다. 가장 많이 사용되는 OAuth 토큰 프로필은 베어러다. 오늘날 거의 모든 OAuth 2.0는 OAuth 2.0 베어러 토큰 프로필을 기반으로 한다. 다음 절에서는 베어러 토큰 프로필을 자세히 설명하고; 부록 G에서는 MAC 토큰 프로필을 설명한다.

OAuth 2.0 베어러 토큰 프로필

OAuth 2.0 베어러 토큰 프로필은 베어러 토큰만 지원하는 OAuth WRAP의 영향을 받았다. 이름에서 알 수 있듯이 토큰을 소유한 사람은 누구나 토큰을 사용할 수 있다. 베어러 토큰은 전송 중에 손실되지 않도록 항상 TLS를 통해 사용해야 한다. 인가 서버에서 베어러 액세스 토큰을 확보하면 클라이언트는 이 토큰을 세 가지 방법으로 사용해 자원 서버와 통신할 수 있다. 이 세 가지 방법은 RFC 6750에 정의돼 있다. 가장 널리 사용되는 방법은 HTTP 인가 헤더에 액세스 토큰을 포함시키는 것이다.

참고

OAuth 2.0 베어러 토큰은 참조 토큰 또는 자체 포함 토큰일 수 있다. 참조 토큰은 임의의 문자열이다. 공격자는 토큰을 추측하기 위해 무차별 대입 공격을 수행할 수 있다. 인가 서버는 올바른 길이를 선택하고 다른 가능한 조치를 사용해 무차별 강제 실행을 방지해야 한다. 자체 포함 액세스 토큰은 7장에서 설명하는 JSON 웹 토큰(JWT)이다. 자원 서버가 참조 토큰인 액세스 토큰을 얻은 다음 토큰의 유효성을 검사하려면 인가 서버(또는 토큰 발급자)와 통신해야 한다. 액세스 토큰이 JWT인 경우 자원 서버는 JWT의 서명을 확인해 자체적으로 토큰의 유효성을 검사할 수 있다.

```
GET /resource HTTP/1.1
Host: rs.example.com
Authorization: Bearer JGjhgyuyibGGjgjkjdlsjkjdsd
```

액세스 토큰은 질의^{query} 파라미터에 들어갈 수 있다. 이런 접근 방법은 자바스크립트로 개발된 클라이언트 애플리케이션에서 많이 사용된다.

```
GET /resource?access_token=JGjhgyuyibGGjgjkjdlsjkjdsd
Host: rs.example.com
```

액세스 토큰을 인코딩된 형식으로 바디[body] 파라미터로 보낼 수도 있다. 베어러 토큰 프로필을 지원하는 인가 서버는 다음 요청을 처리할 수 있어야 한다.

```
POST /resource HTTP/1.1
Host: server.example.com
Content-Type: application/x-www-form-urlencoded
access_token=JGjhgyuyibGGjgjkjdlsjkjdsd
```

OAuth 2.0 클라이언트 유형

OAuth 2.0은 기밀 클라이언트와 공용 클라이언트의 두 가지 클라이언트 유형을 식별한다. 기밀 클라이언트는 자신의 자격증명(클라이언트 키와 클라이언트 암호)을 보호할 수 있지만 공용 클라이언트는 보호할 수 없다. OAuth 2.0 사양은 웹 애플리케이션, 사용자 에이전트 기반 애플리케이션, 기본 애플리케이션이라는 세 가지 유형의 클라이언트 프로필을 기반으로 한다. 웹 애플리케이션은 웹 서버에서 실행되는 기밀 클라이언트로 생각할 수 있다. 사용자나 자원 소유자는 웹 브라우저를 통해 이러한 애플리케이션에 접근한다. 사용자 에이전트 기반 애플리케이션은 공용 클라이언트다. 이 공용 클라이언트는 웹 서버에서 코드를 다운로드하고 자바스크립트와 같이 브라우저에서 실행된다. 이러한 클라이언트는 자격증명을 보호할 수 없다. 사용자는 자바스크립트에서 모든 것을 볼 수 있다. 기본 애플리케이션은 공용 클라이언트다. 이러한 클라이언트는 사용자가 제어할 수 있으며 해당 애플리케이션에 저장된 모든 기밀 데이터를 추출할 수 있다. 안드로이드와 iOS 기본 애플리케이션을 예로 들 수 있다.

참고

OAuth 2.0 핵심 설명에 정의된 4가지 승인 유형은 모두 클라이언트가 인가 서버에 사전 등록해야 하고, 결과로 클라이언트 식별자를 가져온다. 암시적 승인 유형에서는 고객에게 고객 비밀(client secret)이 없다. 동시에 다른 승인 유형에서도 고객 비밀(client secret)을 사용할지 선택할 수 있다.

표 4-2에는 OAuth 1.0과 OAuth 2.0 베어러 토큰 프로필의 주요 차이점이 나와 있다.

표 4-2. OAuth 1.0와 OAuth 2.0

OAuth 1.0	OAuth 2.0 베어러 토큰 프로필
접근 델리게이션 프로토콜	접근 델리게이션을 위한 인가 프레임워크
서명 기반: HMAC-SHA256/RSA-SHA256	비서명 기반, 베어러 토큰 프로필
작은 확장성	승인 유형과 토큰 유형을 통한 높은 확장성

(이어짐)

OAuth 1.0	OAuth 2.0 Bearer Token Profile
불편한 개발자 환경	더 편한 개발자 환경
유선으로 전달되지 않는 초기 핸드셰이크 비밀키 과정에서만 TLS 사용	전체 과정에서 TLS를 사용하도록 강제하는 베어러 토큰 프로필
	유선에서 전송되는 비밀키(베어러 토큰 프로필)

참고

OAuth 2.0은 클라이언트, 자원 소유자, 인가 서버, 자원 서버를 명확하게 구분한다. 그러나 핵심 OAuth 2.0 사양은 자원 서버가 액세스 토큰의 유효성을 검사하는 방법은 다루지 않는다. 대부분의 OAuth 구현은 인가 서버에 의해 노출된 독점 API와 통신해 이 작업을 시작했다. OAuth 2.0 토큰 내성 프로필(Introspection profile)은 이를 어느 정도 표준화했으며, 9장에서는 이에 대해 더 자세히 설명한다.

JWT 보안 인가 요청(JAR)

인가 서버의 인가 종단점에 대한 OAuth 2.0 요청에서 모든 요청 파라미터는 브라우저를 통해 쿼리 파라미터로 전달된다. 다음은 OAuth 2.0 인가 코드 승인 요청의 예다.

```
https://authz.example.com/OAuth2/authorize?
            response_type=token&
            client_id=0rhQErXIX49svVYoXJGt0DWBuFca&
            redirect_uri=https%3A%2F%2Fmycallback
```

이 방법에는 몇 가지 문제가 있다. 이러한 파라미터는 브라우저를 통해 전달되기 때문에 사용자나 브라우저의 모든 사람이 입력 파라미터를 변경해 인가 서버에서 예상치 못한 결과를 유발할 수 있다. 동시에 요청은 무결성으로 보호되지 않기 때문에 인가 서버는 요청을 시작한 사람을 검증할 방법이 없다. JWT^{JSON Web Token} 보안 인가 요청으로 이 두 가지 문제를 극복할 수 있다(JWT를 처음 사용하는 경우 7장과 8장 참고). JWT는 이해 당사자 간에 암호화된 방식으로 데이터를 전송하기 위한 컨테이너를 정의한다. IETF JOSE 워킹그룹에서 개발한 JWS^{JSON Web Signature} 사양은 메시지나 페이로드를 나타내며, 디지털 서명이나 MAC(HMAC와 함께 해싱 알고리즘을 사용하는 경우), JWE^{JSON Web Encryption}는 암호화된 페이로드를 나타내는 방법을 표준화한다.

IETF OAuth 워킹그룹에 대한 제안서 초안[1] 중 하나는 JWT에서 요청 파라미터를 전송하는 기능을 추가할 것을 제안했고, 이로 인해 요청이 JWS로 서명되고 JWE로 암호화돼 무결성, 소스 인가, 인가 요청에 대한 기밀성을 유지할 수 있었다. 작성 당시 이 제안은 초기 단계였고 SAML^{Security Assertion Markup Language} 싱글 사인온^{Single Sign-On}에 익숙한 경우 SAML의 서명된 인가 요청과 매우 유사했다. 다음은 샘플 인가 요청의 디코딩된 페이로드로, 이는 JWT 안에 있는 것이 이상적이다.

```
{
    "iss": "s6BhdRkqt3",
    "aud": "https://server.example.com",
    "response_type": "code id_token",
    "client_id": "s6BhdRkqt3",
    "redirect_uri": "https://client.example.org/cb",
    "scope": "openid",
    "state": "af0ifjsldkj",
    "nonce": "n-0S6_WzA2Mj",
    "max_age": 86400
}
```

클라이언트 애플리케이션이 JWT(JWS나 JWE)를 구성하면(자세한 내용은 7장과 8장 참고) 인가 요청을 두 가지 방법으로 OAuth 인증 서버에 보낼 수 있다. 한 가지 방법

---

1. OAuth 2.0 인가 프레임워크: JWT 보안 인가 요청(JAR)

은 값을 통한 전달이고 다른 방법은 참조에 의한 전달이다. 다음은 값으로 전달하는 예제를 보여준다. 여기서 클라이언트 애플리케이션은 request라는 질의^{query} 파라미터로 JWT를 보낸다. 다음 요청의 [jwt_assertion]은 실제 JWS나 JWE를 나타낸다.

```
https://server.example.com/authorize?request=[jwt_assertion]
```

JWT 인가 요청에 대한 초안 제안에서 다음에 나온 값을 통한 전달의 한계를 극복하고자 참조에 의한 전달이 도입됐다.

- 이 글을 쓰는 현재 시장에 나와 있는 많은 휴대전화에서 큰 페이로드를 사용할 수 없다. 페이로드 제한은 일반적으로 512 또는 1024 ASCII 문자다.
- 이전 버전의 인터넷 익스플로러^{Internet Explorer}에서 지원하는 최대 URL 길이는 2083 ASCII 문자다.
- 2G 모바일 연결과 같은 느린 연결에서는 큰 URL로 인해 응답이 느려질 수 있다. 따라서 이러한 사용은 사용자 경험의 관점에서 권장되지 않는다.

다음은 참조를 통한 전달의 예를 보여준다. 클라이언트 애플리케이션은 요청에서 링크를 전송한다. 이 링크는 인가 서버가 JWT를 페치^{fetch}하고자 사용할 수 있다. 새로운 request_uri 질의 파라미터와 함께 일반적인 OAuth 2.0 인가 코드 요청이다. request_uri 파라미터의 값은 해당 JWS나 JWE를 가리키는 링크를 전달한다.

```
https://server.example.com/authorize?
          response_type=code&
          client_id=s6BhdRkqt3&
          request_uri=https://tfp.example.org/request.jwt/Schjwew&
          state=af0ifjsldkj
```

푸시된 인가 요청

이는 현재 IETF OAuth 워킹그룹에서 논의 중인 또 다른 초안 제안으로, 앞 절에서 설명한 JWT 보안 인가 요청^{Secured Authorization Request}(JAR) 접근 방식을 보완한다. JAR 의 한 가지 문제점은 각 클라이언트가 종단점^{endpoint}을 인가 서버에 직접 노출시켜야 한다는 것이다. 이는 인가 서버가 사용하는 해당 JWT를 호스트하는 종단점이다. 푸시된 인가 요청^{PAR, Pushed Authorization Requests} 초안의 제안에서 이 요구 사항이 계속됐다. PAR은 인가 서버 끝에서 종단점을 정의한다. 여기서 각 클라이언트는 브라우저를 거치지 않고 일반적인 OAuth 2.0 인가 요청의 모든 파라미터를 직접 푸시한 다음 브라우저를 통한 일반 인가 절차를 진행해 푸시된 참조를 전달할 수 있다. 다음은 클라이언트 애플리케이션이 인가 요청 파라미터를 인가 서버에서 호스트되는 종단점으로 푸시하는 예제다. 인가 서버의 이 푸시 종단점^{push endpoint}은 TLS (상호 전송 계층 보안) 또는 OAuth 2.0 자체(클라이언트 자격증명) 또는 클라이언트 애플리케이션과 인가 서버 간에 합의된 다른 방법으로 보호할 수 있다.

```
POST /as/par HTTP/1.1
Host: server.example.com
Content-Type: application/x-www-form-urlencoded
Authorization: Basic czZCaGRSa3F0Mzo3RmpmcDBaQnIxS3REUmJuZlZkbUl3
response_type=code&
state=af0ifjsldkj&
client_id=s6BhdRkqt3&
redirect_uri=https%3A%2F%2Fclient.example.org%2Fcb&
scope=ais
```

클라이언트가 앞 절에서 이야기했던 JAR 규칙에 맞췄다면 다음처럼 푸시 종단점에 JWS나 JWE도 보낼 수 있다.

```
POST /as/par HTTP/1.1
Host: server.example.com
```

```
Content-Type: application/x-www-form-urlencoded
Authorization: Basic czZCaGRSa3F0Mzo3RmpmcDBaQnIxS3REUmJuZlZkbUl3

request=[jwt_assertion]
```

인가 서버의 푸시 종단점은 이전 요청을 받으면 일반적으로 인가 요청을 하는 그 요청에 대해 모든 유효성 검사를 수행해야 한다. 모두 제대로 표시되면 인가 서버는 다음과 같이 응답한다. 응답의 request_uri 파라미터 값은 요청의 client_id에 결합bind돼 인가 요청에 대한 참조로 동작한다.

```
HTTP/1.1 201 Created
Date: Tue, 2 Oct 2019 15:22:31 GMT Content-Type: application/json
{
    "request_uri": "urn:example:bwc4JK-ESC0w8acc191e-Y1LTC2",
    "expires_in": 3600
}
```

인가 서버에서 푸시 응답push response을 받으면 클라이언트 애플리케이션은 응답에서 request_uri 파라미터로 다음 요청을 구성해 사용자를 인가 서버로 리다이렉션할 수 있다.

```
https://server.example.com/authorize?
        request_uri=urn:example:bwc4JK-ESC0w8acc191e-Y1LTC2
```

요약

- OAuth 2.0은 보안 API에서 사실상의 표준이다. 그리고 이를 이용해 주로 접근 위임 문제를 해결한다.
- OAuth 2.0 승인 유형은 클라이언트가 자원 소유자 대신 자원에 접근할 수 있도록 인가 승인을 얻는 방법에 따라 나눌 수 있다.

- OAuth 2.0은 5개의 승인 유형이 있다. 인가 코드, 암시적, 패스워드, 클라이언트 자격증명, 갱신이다.
- 갱신 승인 유형은 만료됐거나 만료에 가까워진 액세스 토큰을 갱신하려는 OAuth 2.0 클라이언트 애플리케이션이 사용하는 특별한 승인 유형이다.
- 암시적 승인 유형과 클라이언트 자격증명 승인 유형은 갱신 토큰을 발급해주지 않는다.
- 암시적 승인 유형은 유용하지 않고 고유의 보안 문제 때문에 사용하지 않는 것이 좋다.
- OAuth 2.0은 두 가지 유형의 클라이언트 애플리케이션을 지원하는데, 공공 클라이언트와 기밀 클라이언트다. 단일 페이지 애플리케이션과 네이티브 모바일 애플리케이션은 공공 클라이언트이고 웹 애플리케이션은 기밀 클라이언트다.
- OAuth 2.0 인가 프레임워크는 JWT 보안 인가 요청[JAR, JWT Secured Authorization Request] 초안 제안에 의해 JWT에서 요청 파라미터를 보낼 수 있게 제안됐다.
- 푸시 인가 요청[PAR, Pushed Authorization Requests] 초안 제안은 인가 서버 종단에 푸시 종단점[push endpoint]을 추가했고 그 결과 클라이언트 애플리케이션은 안전하게 모든 인가 요청 파라미터를 전달해서 브라우저 기반의 로그인 절차를 시작할 수 있다.

5장

API 게이트웨이를 이용한 에지 보안

API 게이트웨이는 운영 환경 배치에 있어 API를 보호하는 데 가장 일반적인 패턴이다. 다시 말해 API 게이트웨이는 API 배치의 시작점이다. API 게이트웨이 패턴을 구현하는 오픈소스와 독점 제품이 많으며, 일반적으로 API 게이트웨이로 식별된다. API 게이트웨이는 중앙에서 인증, 권한 부여, 제한 정책을 시행하는 정책 시행 지점[PEP, Policy Enforcement Point]이다. 또한 API 게이트웨이를 사용해 API와 관련된 모든 분석 정보를 중앙에서 수집하고, 더 많은 분석과 표시용 분석 제품을 출시할 수 있다.

Zuul API 게이트웨이 설정

Zuul[1]은 동적 라우팅, 모니터링, 복원력, 보안 등을 제공하는 API 게이트웨이다(그림 5-1 참고). Zuul은 넷플릭스 서버 인프라의 정문 역할을 하며, 전 세계 모든 넷플릭스 사용자의 트래픽을 처리한다. 또한 요청을 라우팅하고, 개발자의 테스팅과

---

1. https://github.com/Netflix/zuul

디버깅을 지원하고, 넷플릭스의 전반적인 서비스 상태에 대한 심층적인 통찰력을 제공하고, 공격에서 넷플릭스 배치를 보호하고, AWS[Amazon Web Service] 리전에 문제가 있을 때 다른 클라우드 리전으로 트래픽을 전달한다. 이번 절에서는 Zuul을 3장에서 개발했던 Order API의 앞에 있는 API 게이트웨이로 설정할 것이다.

이 책에 사용된 모든 샘플은 깃 저장소 https://github.com/apisecurity/sampels.git 에 있다. 다음의 **git** 명령을 사용해 샘플을 복제한다. 이 장과 관련된 모든 샘플은 ch05 디렉터리 안에 있다. 이 책의 샘플은 자바(JDK 1.8+)와 Apache아파치 메이븐 3.2.0+를 설치했다고 가정하고 진행한다.

```
\> git clone https://github.com/apisecurity/samples.git
\> cd samples/ch05
```

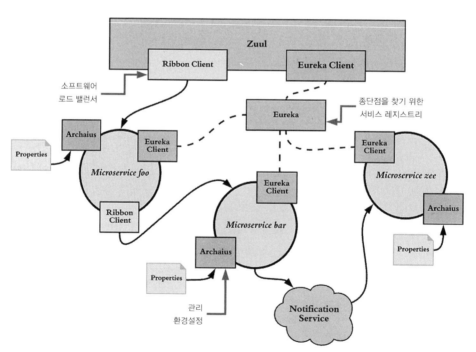

그림 5-1. 넷플릭스에서 일반적인 Zuul API 게이트웨이 배치. 모든 넷플릭스 마이크로서비스는 API 게이트웨이 앞에 있다.

Order API 실행

이는 이전에는 없던 가장 간단한 API의 구현이며, 자바 스프링 부트$^{Java\ Spring\ Boot}$로 개발됐다. 실제로 마이크로서비스라고 할 수 있다. ch05/sample01 디렉터리 안에 서 코드를 찾을 수 있다. 메이븐으로 프로젝트를 빌드하려면 sample01 디렉터리 에서 다음의 명령을 사용한다.

```
\> cd sample01
\> mvn clean install
```

이제 스프링 부트 서비스를 실행하고 cURL 클라이언트와 통신하는 방법을 알아 보자. ch05/sample01 디렉터리에서 다음 명령을 실행해 메이븐으로 스프링 부트 서비스를 시작한다.

```
\> mvn spring-boot:run
```

cURL 클라이언트로 API를 테스트하려면 다른 커맨드 콘솔 창에서 다음의 명령을 사용한다. 명령을 입력하면 다음과 같이 출력된다.

```
\> curl http://localhost:8080/order/11
{"customer_id":"101021","order_id":"11","payment_method":{"card_type":"VISA",
"expiration":"01/22","name":"John Doe","billing_address":"201, 1st Street, San
Jose, CA"},"items": [{"code":"101","qty":1},{"code":"103","qty" :5}],"shipping_
address":"201, 1st Street, San Jose, CA"}
```

Zuul API 게이트웨이 실행

이번 절에서는 Zuul API 게이트웨이를 스프링 부트 프로젝트에서 빌드해보고 주 문 서비스를 실행해볼 것이다. Zuul 게이트웨이는 주문 서비스에 대한 모든 요청 을 살펴본다. ch05/sample02 디렉터리에서 코드를 찾을 수 있다. 메이븐으로 프 로젝트를 빌드하려면 다음의 명령을 사용한다.

```
\> cd sample02
\> mvn clean install
```

코드에 대해 깊이 파고들기 전에 ch05/sample02/pom.xml에 추가된 주목할 만한 메이븐 종속성과 플러그인을 살펴보자. 스프링 부트는 다른 스프링 모듈과 통합하려고 다른 starter 종속성을 제공한다. 다음과 같이 spring-cloud-starter-zuul 종속성은 Zuul API 게이트웨이 종속성을 가져오고, 구성 요소 사이에 배선을 깔아줌으로써 개발자의 작업을 최소화한다.

```
<dependency>
    <groupId>org.springframework.cloud</groupId>
    <artifactId>spring-cloud-starter-zuul</artifactId>
</dependency>
```

클래스 파일인 src/main/java/com/apress/ch05/sample02/GatewayApplication.java 파일을 살펴보는 것은 중요하다. 이 클래스는 Zuul API 게이트웨이를 시작하는 클래스다. 기본적으로 포트는 8080으로 시작하지만 바꿀 수 있는데, 예를 들어 src/main/resources/application.properties 파일에 server.port=9000을 추가하면 된다. 이렇게 하면 API 게이트웨이는 9000 포트로 설정된다. 다음은 API 게이트웨이를 시작하는 GatewayApplication 클래스 파일에 있는 코드의 일부분이다. GatewayApplication 클래스는 API 게이트웨이를 시작한다. @EnableZuulProxy 어노테이션은 스프링 프레임워크가 스프링 애플리케이션을 Zuul 프록시로 시작하도록 지시한다.

```
@EnableZuulProxy
@SpringBootApplication
public class GatewayApplication {
    public static void main(String[] args) {
        SpringApplication.run(GatewayApplication.class, args);
    }
```

```
}
```

이제 API 게이트웨이를 시작하고 cURL 클라이언트와 통신하는 방법을 살펴보자. ch05/sample02 디렉터리에서 실행된 다음의 명령은 메이븐으로 API 게이트웨이를 시작하는 방법을 보여준다. Zuul API 게이트웨이는 또 다른 스프링 부트 애플리케이션이므로 시작 방법은 이전의 주문 서비스와 동일하다.

```
\> mvn spring-boot:run
```

Zuul API 게이트웨이를 통해 프록시되는 Order API를 테스트하려면 다음 cURL 명령을 사용한다. 다음과 같이 출력이 표시될 것이다. 또한 주문 서비스가 여전히 살아있고 8080 포트에서 실행 중인지 확인한다. 여기에서 retail(직접 API 호출에서는 보지 못한)이라고 불리는 새로운 콘텍스트를 추가하고 API 게이트웨이가 실행 중인 9090 포트로 통신한다.

```
\> curl http://localhost:9090/retail/order/11
{"customer_id":"101021","order_id":"11","payment_method":{"card_type": "VISA",
"expiration":"01/22","name":"John Doe","billing_address":"201, 1st Street, San
Jose, CA"},"items": [{"code":"101","qty":1}, "code":"103","qty" :5}],"shipping_
address":"201, 1st Street, San Jose, CA"}
```

배후에서 벌어지는 일

API 게이트웨이는 retail 콘텍스트에서 요청을 받으면 백엔드 API로 라우팅한다. 이러한 라우팅 지시는 다음과 같이 src/main/resources/application.properties 파일에 설정된다. retail 대신 다른 콘텍스트를 사용하고 싶다면 속성 키를 적절히 바꿔줘야 한다.

```
zuul.routes.retail.url=http://localhost:8080
```

Zuul API 게이트웨이에서 TLS 활성화

앞 절에서 cURL 클라이언트와 Zuul API 게이트웨이 간의 통신은 HTTP를 통해 이뤄졌으며 안전하지 않다. 이번 절에서는 Zuul API 게이트웨이에서 전송 계층 보안 TLS, Transport Layer Security을 활성화시키는 방법을 알아본다. 3장에서 TLS로 주문 서비스를 보호하는 방법을 설명했다. 주문 서비스는 자바 스프링 부트 애플리케이션으로, Zuul은 다른 자바 스프링 부트 애플리케이션이므로 TLS로 Zuul API 게이트웨이를 보호하려면 같은 절차를 따른다.

TLS를 활성화하려면 먼저 공개키/개인키 쌍을 만들어야 한다. 다음 명령은 기본 자바 배포판과 함께 제공되는 **keytool**을 사용해 키 쌍을 생성하고, 생성된 키 쌍을 keystore.jks 파일에 저장한다. Sample02 디렉터리에 있는 keystore.jks 파일을 사용하려면 이 단계를 건너뛰어도 된다. 다음 명령에서 각 파라미터가 의미하는 것을 3장에서 자세히 설명했다.

```
\> keytool -genkey -alias spring -keyalg RSA -keysize 4096 -validity 3650 -dname
"CN=zool,OU=bar,O=zee,L=sjc,S=ca,C=us" -keypass springboot -keystore keystore.jks
-storeType jks -storepass springboot
```

Zuul API 게이트웨이에 TLS를 활성화시키려면 앞에서 작성한 키 저장소 파일 (keystore.jks)을 게이트웨이 홈 디렉터리(예, ch05/sample02/)에 복사하고 [SAMPLE_HOME]/src/main/resources/application.properties 파일에 다음을 추가한다. 샘플 깃 저장소에서 다운로드한 샘플들은 이미 이러한 값이 있으며(주석을 지우기만 하면 됨), **springboot**를 키 저장소와 개인키의 패스워드로 사용한다.

```
server.ssl.key-store: keystore.jks
server.ssl.key-store-password: springboot
server.ssl.keyAlias: spring
```

모든 것이 제대로 동작하는지 확인하려면 ch05/sample02/ 디렉터리에서 다음의 명령을 사용해 Zuul API 게이트웨이를 시작하고 HTTPS 포트를 출력하는 행을 확인한다. 이전 실습에서 Zuul 게이트웨이를 이미 실행 중인 경우에는 먼저 종료해야 한다.

```
\> mvn spring-boot:run
Tomcat started on port(s): 9090 (https) with context path "
```

이미 주문 서비스를 실행하고 있다고 가정하면 다음의 cURL 명령을 사용해 HTTPS를 사용 중인 Zuul 게이트웨이를 통해서 주문 서비스에 접근할 수 있다.

```
\> curl -k https://localhost:9090/retail/order/11
{"customer_id":"101021","order_id":"11","payment_method":{"card_type":"V ISA",
"expiration":"01/22","name":"John Doe","billing_address":"201, 1st Street, San
Jose, CA"},"items": [{"code":"101","qty":1}, "code":"103","qty" :5}],"shipping_
address":"201, 1st Street, San Jose, CA"}
```

cURL 명령에서 -k 옵션을 사용했다. HTTPS 종단점을 보호하려고 자체 서명(신뢰할 수 없는) 인증서가 있으므로 신뢰 유효성을 검증하지 않도록 -k 파라미터를 전달해야 한다. 적절한 인증기관에서 서명한 인증서가 있는 운영 환경 배치에서는 -k 옵션을 사용할 필요가 없다. 또한 cURL에 해당하는 공개 인증서를 지정해 자체 서명 인증서가 있는 경우에도 -k 옵션을 사용하지 않을 수 있다.

```
\> curl --cacert ca.crt https://localhost:9090/retail/order/11
```

ch05/sample02/에서 다음의 keytool 명령을 사용해 Zuul 게이트웨이의 공개 인증서를 PEM(-rfc 인자와 함께) 형식의 ca.crt 파일로 내보낼 수 있다.

```
\> keytool -export -file ca.crt -alias spring -rfc -keystore keystore.jks -storePass
springboot
```

위 명령은 다음의 에러를 발생할 것이다. 에러는 zool이라는 인증서의 공용 이름이 cURL 명령의 호스트이름(localhost)과 일치하지 않아 발생한다.

```
curl: (51) SSL: certificate subject name 'zool' does not match target host name
'localhost'
```

인증서를 작성할 때 운영 환경 배치에서 공통 이름은 호스트 이름과 일치해야 한다. 이 경우 zool 호스트 이름에 대한 DNS$^{\text{Domain Name Service}}$ 항목이 없으므로 cURL에서 다음의 해결 방법을 사용할 수 있다.

```
\> curl --cacert ca.crt https://zool:9090/retail/order/11 --resolve
zool:9090:127.0.0.1
```

Zuul API 게이트웨이에서 OAuth 2.0 토큰 유효성 검사 시행

앞 절에서는 Zuul API 게이트웨이를 통해 API로의 요청을 프록시하는 방법을 설명했지만, 보안 강화는 다루지 않았다. 이번 절에서는 Zuul API 게이트웨이에서 OAuth 2.0 토큰 유효성 검사를 시행하는 방법을 알아본다. 유효성 검사를 하는 데에는 두 가지 부분이 있다. 먼저 토큰을 발급하려고 OAuth 2.0 인가 서버(보안 토큰 서비스라고도 함)가 있어야 하며, Zuul API 게이트웨이에서 OAuth 토큰 유효성 검사를 시행해야 한다(그림 5-2 참고).

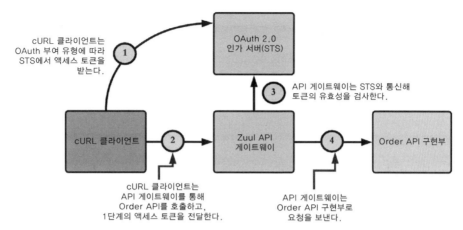

그림 5-2. Zuul API 게이트웨이는 Order API로 가는 모든 요청을 가로채고, 권한 서버(STS)에 대해 OAuth 2.0 액세스 토큰의 유효성을 검증한다.

OAuth 2.0 보안 토큰 서비스 설정

보안 토큰 서비스^{STS, Security Token Service}의 책임은 클라이언트에게 토큰을 발행하고, API 게이트웨이의 유효성 검증 요청에 응답하는 것이다. WSO2 Identity Server, Keycloak, Gluu 등 많은 오픈소스 기반의 OAuth 2.0 인가 서버가 있다. 운영 환경 배치에서는 그중 하나를 사용할 수 있지만, 이 예에서는 스프링 부트를 사용해 간단한 OAuth 2.0 인가 서버를 설정할 것이다. 이는 또 다른 마이크로서비스며 개발자가 테스트하는 데 매우 유용하다. 권한 서버에 해당하는 코드는 ch05/sample03 디렉터리에 있다.

ch05/sample03/pom.xml에 있는 중요한 메이븐 종속성을 살펴보자. 이 종속성에는 스프링 부트 애플리케이션을 OAuth 2.0 인가 서버로 전환하려고 새로운 어노테이션 세트(@EnableAuthorizationServer와 @EnableResourceServer 어노테이션)가 도입됐다.

```
<dependency>
    <groupId>org.springframework.boot</groupId>
```

```
        <artifactId>spring-boot-starter-security</artifactId>
    </dependency>
    <dependency>
        <groupId>org.springframework.security.OAuth</groupId>
        <artifactId>spring-security-OAuth2</artifactId>
    </dependency>
```

sample03/src/main/java/com/apress/ch05/sample03/TokenServiceApp.java 클래스는 @EnableAuthorizationServer 어노테이션을 전달해 프로젝트를 OAuth 2.0 인가 서버로 만든다. 액세스 토큰의 유효성을 검사하고 사용자 정보를 반환하려고 자원 서버의 역할을 수행해야 하므로, @EnableResourceServer 어노테이션을 같은 클래스에 추가했다. 용어가 약간 혼란스럽다는 것은 이해하지만 스프링 부트에서 토큰 유효성 검사 종단점(간접적으로 토큰 유효성 검사를 수행하는 실제 사용자 정보 종단점)을 구현하는 가장 쉬운 방법이다. 자체 포함 액세스 토큰(JWT)을 사용하는 경우 토큰 유효성 검사 종단점이 필요하지 않다. JWT를 처음 사용하는 경우 자세한 내용은 7장을 참고한다.

스프링 부트 인가 서버에 클라이언트를 등록하는 방법은 여러 가지가 있다. 이 예제는 sample03/src/main/java/com/apress/ch05/sample03/config/Authorization ServerConfig.java 파일의 코드 자체에 클라이언트를 등록한다. Authorization ServerConfig 클래스는 AuthorizationServerConfigurerAdapter 클래스를 확장해 기본 동작을 대체한다. 여기서는 클라이언트 ID의 값을 10101010으로, 클라이언트 암호를 11110000으로, 사용 가능한 범위 값을 foo나 bar로, 인가된 승인 방식을 client_credentials, password, refresh_token으로, 액세스 토큰의 유효 기간을 6,000초로 설정했다. 여기서 사용하는 대부분의 용어는 OAuth 2.0에서 왔으며 4장에서 설명했다.

```
@Override
public void configure(ClientDetailsServiceConfigurer clients) throws Exception {
```

```
clients.inMemory().withClient("10101010")
        .secret("11110000").scopes("foo", "bar")
        .authorizedGrantTypes("client_credentials", "password",
                              "refresh_token")
        .accessTokenValiditySeconds(6000);
}
```

패스워드 승인 방식을 지원하려면 인가 서버가 사용자 저장소에 연결해야 한다. 사용자 저장소는 사용자 자격증명과 특성을 저장하는 데이터베이스나 LDAP 서버일수 있다. 스프링 부트는 여러 사용자 저장소와의 통합을 지원하지만, 다시 한 번 이야기하자면 이 예제에서 가장 적합하고 편리한 저장소는 메모리 내 사용자 저장소다. sample03/src/main/java/com/apress/ch05/sample03/config/WebSecurityConfiguration. java 파일의 다음 코드는 사용자를 시스템에 USER 역할로 추가한다.

```
@Override
public void configure(AuthenticationManagerBuilder auth) throws Exception {
    auth.inMemoryAuthentication()
        .withUser("peter").password("peter123").roles("USER");
}
```

스프링 부트에서 메모리 내 사용자 저장소를 정의한 후에는 sample03/src/main/java/com/apress/ch05/sample03/config/AuthorizationServerConfig.java 코드에서 다음과 같이 OAuth 2.0 인가 흐름과 연계해야 한다.

```
@Autowired
private AuthenticationManager authenticationManager;
@Override
public void configure(AuthorizationServerEndpointsConfigurer endpoints) throws
Exception {
    endpoints.authenticationManager(authenticationManager);
}
```

인가 서버를 시작하려면 ch05/sample03/ 디렉터리에서 다음 명령을 사용해 Token Service 마이크로서비스를 시작한다. 명령을 입력하면 HTTPS 8443 포트에서 실행된다.

```
\> mvn spring-boot:run
```

OAuth 2.0 보안 토큰 서비스 테스트

OAuth 2.0 클라이언트 자격증명 승인 방식을 사용해 액세스 토큰을 얻으려면 다음 명령에서 $CLIENTID와 $CLIENTSECRET 값을 적절하게 바꿔 사용한다. 이 예에서 사용된 클라이언트 ID와 클라이언트 시크릿의 하드 코딩된 값은 각각 10101010과 11110000이다. 또한 이미 알아차렸을 수도 있겠지만 STS 종단점은 전송 계층 보안 TLS, Transport Layer Security으로 보호되고 있다. TLS로 STS를 보호하려고 TLS로 Zuul API 게이트웨이를 보호하면서 이전과 동일한 프로세스를 따랐다.

```
\> curl -v -X POST --basic -u $CLIENTID:$CLIENTSECRET -H "Content-Type:
application/x-www-form-urlencoded;charset=UTF-8" -k -d "grant_type=client_
credentials&scope=foo" https://localhost:8443/oauth/token
{"access_token":"81aad8c4-b021-4742-93a9-e25920587c94","token_type":"bearer",
"expires_in":43199,"scope":"foo"
```

참고

이전 cURL 명령에서 -k 옵션을 사용했다. HTTPS 종단점을 보호하려고 자체 서명된(신뢰할 수 없는) 인증서를 사용하므로 cURL이 신뢰 유효성 검증을 무시하도록 -k 파라미터를 전달해야 한다. 여기에서 사용된 파라미터의 자세한 내용은 OAuth 2.0 6749 RFC(https://tools.ietf.org/html/rfc6749)에서 찾을 수 있고, 4장에서도 이미 설명했다.

패스워드 OAuth 2.0 승인 방식을 사용해 액세스 토큰을 얻으려면 다음의 명령을 사용한다. $CLIENTID, $CLIENTSECRET, $USERNAME, $PASSWORD 값은 적절히 바꿔야 한다. 이 예에서 사용된 클라이언트 ID와 클라이언트 시크릿의 하드 코딩된 값은 각각 **10101010**과 **11110000**이다. 그리고 username과 password는 각각 peter와 peter123을 사용한다.

```
\> curl -v -X POST --basic -u $CLIENTID:$CLIENTSECRET -H "Content-Type:
application/x-www-form-urlencoded;charset=UTF-8" -k -d "grant_type=passwor
d&username=$USERNAME&password=$PASSWORD&scope=foo" https://localhost:8443/
oauth/token {"access_token":"69ff86a8-eaa2-4490-adda-6ce0f10b9f8b","token_ type":
"bearer","refresh_token":"ab3c797b-72e2-4a9a-a1c5c550b2775f93","expires_in":
43199,"scope":"foo"}
```

참고

OAuth 2.0 클라이언트 자격증명 승인 방식과 암호 승인 방식에 대해 얻은 두 가지 응답을 주의 깊게 관찰해보면 클라이언트 자격증명 승인 방식 흐름에서 리프레시 토큰이 없는 것을 알 수 있다. OAuth 2.0에서 리프레시 토큰은 액세스 토큰이 만료되거나 거의 만료됐을 때 새 액세스 토큰을 얻는 데 사용된다. 사용자가 오프라인 상태이고 클라이언트 애플리케이션이 자신의 자격증명에 접근 후 새 액세스 토큰을 얻을 수 없을 때 유일한 방법은 리프레시 토큰을 사용하는 것이고 매우 유용하다. 클라이언트 자격증명 승인 방식의 경우 사용자가 관여하지 않으며 항상 자신의 자격증명에 접근할 수 있으므로 새 액세스 토큰을 얻으려는 경우 언제든지 자격증명을 사용할 수 있다. 따라서 리프레시 토큰이 필요하지 않다.

이제 인가 서버와 통신해 어떻게 액세스 토큰의 유효성을 검사하는지를 살펴보자. 자원 서버는 일반적으로 이런 작업을 수행한다. 자원 서버에서 실행되는 인터셉터는 요청을 가로채고, 액세스 토큰을 추출한 다음 인가 서버와 통신한다. 일반적인 API 배치에서 이러한 유효성 검사는 OAuth 인가 서버에 의해 노출된 표준 종단점에서 수행한다. 이를 내부 검사 종단점이라고 하며 9장에서 OAuth 토큰 내부 검사를 자세히 다룰 것이다. 그러나 이 예에서는 인가 서버(또는 STS)에서 표준 내부 검사 종단점을 구현하지 않고 토큰 유효성 검사에 사용자 정의 종단점을 사용한다.

다음 명령은 인가 서버와 직접 통신해 이전 명령에서 얻은 액세스 토큰의 유효성을 검사하는 방법을 보여준다. $TOKEN의 값을 해당 액세스 토큰으로 적절히 바꿔 진행하라.

```
\> curl -k -X POST -H "Authorization: Bearer $TOKEN" -H "Content-Type:
application/json" https://localhost:8443/user
{"details":{"remoteAddress":"0:0:0:0:0:0:0:1","sessionId":null,"tokenValue":
"9f3319a1-c6c4-4487-ac3b-51e9e479b4ff","tokenType":"Bearer","decodedDetails":
null},"authorities":[],"authenticated":true,"userAuthentication":null,
"credentials":"","OAuth2Request":{"clientId":"10101010","scope":["bar"],
"requestParameters":{"grant_type":"client_credentials","scope":"bar"},
"resourceIds":[],"authorities":[],"approved":true,"refresh":false,"redirect
Uri":null,"responseTypes":[],"extensions":{},"grantType":"client_credentials",
"refreshTokenRequest":null},"clientOnly":true,"principal":"10101010",
"name":"10101010"}
```

위의 명령은 토큰이 유효한 경우 액세스 토큰과 관련된 메타데이터를 반환한다. 응답은 다음 코드에 표시된 것처럼 sample03/src/main/java/com/apress/ch05/sample03/TokenServiceApp.java 클래스의 user() 메서드 내에 빌드된다. @RequestMapping 어노테이션을 사용해 /user 콘텍스트(요청에서 온)를 user() 메서드에 매핑한다.

```
@RequestMapping("/user")
public Principal user(Principal user) {
    return user;
}
```

참고

기본적으로 확장명이 없는 스프링 부트는 발행된 토큰을 메모리에 저장한다. 토큰을 발행한 후 서버를 다시 시작한 후 유효성을 검증하면 에러가 발생한다.

OAuth 2.0 토큰 유효성 검사를 위한 Zuul API 게이트웨이 설정

API 게이트웨이에서 토큰 유효성 검사를 수행하려면 다음과 같이 sample02/src/ main/resources/application.properties 파일에서 특정 주석을 제거해야 한다. security.OAuth2.resource.user-info-uri 특성 값은 토큰의 유효성을 검사하는 데 사용되는 OAuth 2.0 보안 토큰 서비스의 종단점을 전달한다.

```
security.OAuth2.resource.user-info-uri=https://localhost:8443/user
```

위의 특성은 인가 서버의 HTTPS 종단점을 가리킨다. Zuul 게이트웨이와 인가 서버 간의 HTTPS 연결을 지원하려고 Zuul 게이트웨이 쪽에서 변경해야 할 사항이 하나 더 있다. Zuul 게이트웨이와 인가 서버 간에 TLS 연결이 있는 경우 Zuul 게이트웨이는 인가 서버의 공인 인증서와 연관된 인증기관을 신뢰해야 한다. 자체 서명된 인증서를 사용하므로 인가 서버의 공인 인증서를 내보내 Zuul 게이트웨이의 키 저장소로 가져와야 한다. ch05/sample03 디렉터리에서 다음 keytool 명령을 사용해 인가 서버의 공인 인증서를 내보내고, ch05/sample02 디렉터리로 복사해 보자. 샘플 깃 저장소에서 키 저장소를 사용하는 경우 다음 두 keytool 명령을 건너뛰어도 된다.

```
\> keytool -export -alias spring -keystore keystore.jks -storePass springboot -file sts.crt
Certificate stored in file <sts.crt>
\> cp sts.crt ../sample02
```

ch05/sample02 디렉터리에서 다음 keytool 명령을 사용해 보안 토큰 서비스의 공개 인증서를 Zuul 게이트웨이의 키 저장소로 가져온다.

```
\> keytool -import -alias sts -keystore keystore.jks -storePass springboot -file sts.crt
Trust this certificate? [no]:yes
```

```
Certificate was added to keystore
```

sample02/pom.xml 파일에서 다음 두 가지 종속성의 주석을 제거해야 한다. 이러한 종속성은 스프링 부트 구성 요소 간에 자동 연결을 수행해 Zuul 게이트웨이에서 OAuth 2.0 토큰 유효성 검사를 수행하게 한다.

```
<dependency>
    <groupId>org.springframework.security</groupId>
    <artifactId>spring-security-jwt</artifactId>
</dependency>
<dependency>
    <groupId>org.springframework.security.OAuth</groupId>
    <artifactId>spring-security-OAuth2</artifactId>
</dependency>
```

마지막으로 @EnableResourceServer 어노테이션을 해제하고, 해당 패키지를 GatewayApplication(ch05/sample02/GatewayApplication.java) 클래스에 가져와야 한다.

ch05/sample02 디렉터리에서 다음 명령을 실행해 Zuul API 게이트웨이를 시작해보자. 이미 실행 중인 경우 먼저 중지한 후 진행해야 한다. 또한 sample01(주문 서비스)과 sample03(STS)이 작동 중이어야 한다.

```
\> mvn spring-boot:run
```

Zuul API 게이트웨이를 통해 프록시되고 OAuth 2.0으로 보안되는 API를 테스트하려면 다음의 cURL 명령을 사용해보자. OAuth 2.0 토큰을 전달하지 않기 때문에 이 명령은 실패해야 한다.

```
\> curl -k https://localhost:9090/retail/order/11
```

이제 유효한 액세스 토큰으로 API를 올바르게 호출하는 방법을 살펴보자. 먼저 보안 토큰 서비스와 통신해 액세스 토큰을 가져와야 한다. 다음의 명령에서 $CLIENTID, $CLIENTSECRET, $USERNAME, $PASSWORD 값은 적절히 바꿔줘야 한다. 이 예에서 사용된 클라이언트 ID와 클라이언트 시크릿의 하드 코딩된 값은 각각 10101010, 11110000이다. 그리고 username과 password에는 각각 peter와 peter123 을 사용했다.

```
\> curl -v -X POST --basic -u $CLIENTID:$CLIENTSECRET -H "Content-Type:
application/x-www-form-urlencoded;charset=UTF-8" -k -d "grant_type=passwor
d&username=$USERNAME&password=$PASSWORD&scope=foo" https://localhost:8443/
oauth/token
{"access_token":"69ff86a8-eaa2-4490-adda-6ce0f10b9f8b","token_type":"bearer",
"refresh_token":"ab3c797b-72e2-4a9a-a1c5c550b2775f93","expires_in":43199,"scope"
:"foo"}
```

이제 위 응답의 액세스 토큰을 사용해 Order API를 호출해보자. $TOKEN 값은 자신의 액세스 토큰으로 적절히 바꾼다.

```
\> curl -k -H "Authorization: Bearer $TOKEN" -H "Content-Type: application/ json"
https://localhost:9090/retail/order/11
{"customer_id":"101021","order_id":"11","payment_method":{"card_type":"VISA",
"expiration":"01/22","name":"John Doe","billing_address":"201, 1st Street, San
Jose, CA"},"items": [{"code":"101","qty":1},{"code":"103","qty" :5}],"shipping_
address":"201, 1st Street, San Jose, CA"}
```

Zuul API 게이트웨이와 주문 서비스 사이에서 상호 TLS 활성화

지금까지 이 장에서는 cURL 클라이언트와 STS, cURL 클라이언트와 Zuul API 게이트웨이, Zuul API 게이트웨이와 TLS를 통한 STS 간의 통신을 보호했다. 여전히 배치에 약한 링크가 있다(그림 5-3 참고). Zuul 게이트웨이와 주문 서비스 간의 통신은 TLS나 인증으로 보호되지 않고 있다. 즉, 누군가 게이트웨이를 우회할 수 있으면 인증 없이 주문 서버에 도달할 수 있다. 이 문제를 해결하려면 상호 TLS를 통해 게이트웨이와 주문 서비스 간의 통신을 보호해야 한다. 통신이 보호되면 게이트웨이를 거치지 않고서는 어떤 요청도 주문 서비스에 도달할 수 없다. 즉, 주문 서비스는 게이트웨이에서 생성된 요청만 받아들이게 된다.

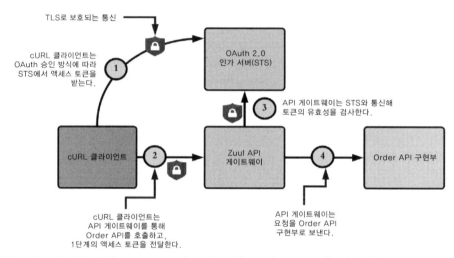

그림 5–3. Zuul API 게이트웨이는 Order API로 가는 모든 요청을 가로채고, 인가 서버(STS)에 대한 OAuth 2.0 액세스 토큰의 유효성을 검사한다.

게이트웨이와 주문 서비스 간에 상호 TLS를 사용하려면 먼저 공개/비밀키 쌍을 생성해야 한다. 다음 명령은 기본 자바 배포판과 함께 제공되는 **keytool**을 사용해 키 쌍을 생성하고, 이를 keystore.jks 파일에 저장한다. 다음 명령에서 각 파라미터의 의미는 3장에서 자세히 설명했다. 샘플 깃 저장소에서 키 저장소를 사용하는 경우 다음의 **keytool** 명령은 건너뛰어도 된다.

```
\> keytool -genkey -alias spring -keyalg RSA -keysize 4096 -validity 3650 -dname
"CN=order,OU=bar,O=zee,L=sjc,S=ca,C=us" -keypass springboot -keystore keystore.jks
-storeType jks -storepass springboot
```

주문 서비스에 상호 TLS를 사용하려면 이전에 작성한 키 저장소 파일(keystore.jks)

을 주문 서비스의 홈 디렉터리(예, ch05/sample01/)에 복사하고 다음을 [SAMPLE_ HOME]/src/main/resources/application.properties 파일에 추가한다. 샘플 깃 저장소에서 다운로드한 샘플에는 이미 이러한 값들이 있으며(주석을 제거하기만 하면 됨), springboot를 키 저장소와 개인키의 암호로 사용하고 있다. server.ssl. client-auth 파라미터는 주문 서비스에서 상호 TLS를 시행하는 데 사용된다.

```
server.ssl.key-store: keystore.jks
server.ssl.key-store-password: springboot
server.ssl.keyAlias: spring
server.ssl.client-auth:need
```

주문 서비스 종단점에서 변경해야 할 사항이 두 가지 더 있다. 주문 서비스에서 상호 TLS를 시행할 때 Zuul 게이트웨이(주문 서비스에 클라이언트 역할을 하는)는 X.509 인증서로 자체 인증해야 하며, 주문 서비스는 Zuul 게이트웨이의 X.509 인증서와 연관된 인증기관을 신뢰해야 한다. 자체 서명된 인증서를 사용하므로 Zuul 게이트웨이의 공인 인증서를 내보내고 주문 서비스의 키 저장소로 가져와야 한다. ch05/sample02 디렉터리에서 다음의 keytool 명령을 사용해 Zuul 게이트웨이의 공인 인증서를 내보내고 ch05/sample01 디렉터리로 복사하자.

```
\> keytool -export -alias spring -keystore keystore.jks -storePass springboot -file
zuul.crt
Certificate stored in file <zuul.crt>
\> cp zuul.crt ../sample01
```

ch05/sample01 디렉터리에서 다음의 keytool 명령을 사용해 Zuul 게이트웨이의 공인 인증서를 주문 서비스의 키 저장소로 가져오자.

```
\> keytool -import -alias zuul -keystore keystore.jks -storePass springboot -file
zuul.crt
Trust this certificate? [no]:yes
```

```
Certificate was added to keystore
```

마지막으로 Zuul 게이트웨이와 주문 서비스 간에 TLS 연결이 있는 경우 Zuul 게이트웨이는 주문 서비스의 공인 인증서와 연관된 인증기관을 신뢰해야 한다. 두 당사자 간에 상호 TLS를 활성화하지 않았지만 TLS만 활성화하려면 이 요구 사항을 충족해야 한다. 자체 서명된 인증서를 사용하고 있으므로 주문 서비스의 공인 인증서를 내보내 Zuul 게이트웨이의 키 저장소로 가져와야 한다. ch05/sample01 디렉터리에서 다음의 keytool 명령을 사용해 주문 서비스의 공인 인증서를 내보내고 ch05/sample02 디렉터리로 복사해보자.

```
\> keytool -export -alias spring -keystore keystore.jks -storePass springboot -file
order.crt
Certificate stored in file <order.crt>
\> cp order.crt ../sample02
```

ch05/sample02 디렉터리에서 다음의 keytool 명령을 사용해 주문 서비스의 공인 인증서를 Zuul 게이트웨이의 키 저장소로 가져오자.

```
\> keytool -import -alias order -keystore keystore.jks -storePass springboot -file
order.crt
Trust this certificate? [no]:yes
Certificate was added to keystore
```

TLS가 주문 서비스에서 제대로 작동하는지 확인하려면 ch05/sample01/ 디렉터리에서 다음의 명령을 사용해 주문 서비스를 시작하고 HTTPS 포트를 출력하는 라인을 확인한다. 이전 연습에서 이미 주문 서비스를 실행 중인 경우 먼저 주문 서비스를 종료하고 진행한다.

```
\> mvn spring-boot:run
Tomcat started on port(s): 8080 (https) with context path "
```

HTTP 대신 HTTPS를 사용하도록 주문 서비스 종단점을 업데이트했으므로, 새 HTTPS 종단점을 사용하도록 Zuul 게이트웨이도 업데이트해야 한다. 이 라우팅 명령들은 다음과 같이 ch05/sample02/src/main/resources/application.properties 파일에 설정된다. HTTP 대신 HTTPS를 사용하도록 업데이트만 하면 된다. 또한 같은 파일에서 zuul.sslHostnameValidationEnabled 속성의 주석을 제거하고, 값을 false로 설정해야 한다. 이 설정은 스프링 부트에서 호스트 이름을 확인하지 않게 한다. 즉, 스프링 부트는 주문 서비스의 호스트 이름이 해당 공인 인증서의 공통 이름과 일치하는지 여부를 확인하지 않게 된다.

```
zuul.routes.retail.url=https://localhost:8080
zuul.sslHostnameValidationEnabled=false
```

ch05/sample02에서 다음의 명령을 사용해 Zuul 게이트웨이를 다시 시작한다.

```
\> mvn spring-boot:run
```

인가 서버가 8443 포트에서 HTTPS로 작동 중이고, 다음 명령을 실행해 종단 간의 흐름을 테스트한다고 가정해보자. 먼저 보안 토큰 서비스와 통신해 액세스 토큰을 가져와야 한다. 다음 명령에서 $CLIENTID, $CLIENTSECRET, $USERNAME, $PASSWORD 값을 적절히 바꿔 사용한다. 이 예에서 사용된 클라이언트 ID, 클라이언트 시크릿의 하드 코딩된 값은 각각 10101010, 11110000이다. 그리고 username과 password에는 각각 peter와 peter123을 사용했다.

```
\> curl -v -X POST --basic -u $CLIENTID:$CLIENTSECRET -H "Content-Type:
application/x-www-form-urlencoded;charset=UTF-8" -k -d "grant_type=passwor
d&username=$USERNAME&password=$PASSWORD&scope=foo" https://localhost:8443/
oauth/token
{"access_token":"69ff86a8-eaa2-4490-adda-6ce0f10b9f8b","token_type":"bearer",
"refresh_token":"ab3c797b-72e2-4a9a-a1c5c550b2775f93","expires_in":43199,"scope"
:"foo"}
```

이제 앞 응답의 액세스 토큰을 사용해 Order API를 호출해보자. $TOKEN의 값을 자신의 액세스 토큰으로 적절히 바꿔 사용한다.

```
\> curl -k -H "Authorization: Bearer $TOKEN" -H "Content-Type: application/ json"
https://localhost:9090/retail/order/11
{"customer_id":"101021","order_id":"11","payment_method":{"card_type":"V ISA",
"expiration":"01/22","name":"John Doe","billing_address":"201, 1st Street, San
Jose, CA"},"items": [{"code":"101","qty":1},{"code":"103","qty" :5}],"shipping_
address":"201, 1st Street, San Jose, CA"}
```

독립형 액세스 토큰을 이용한 Order API 보안

OAuth 2.0 베어러^{bearer} 토큰은 참조형 토큰이나 독립형 토큰일 수 있다. 참조형 토큰은 임의의 문자열이다. 공격자는 무차별 대입 공격을 수행해 토큰을 추측할 수 있다. 인가 서버는 무차별 대입 공격을 방지하려고 올바른 문자열 길이를 선택해야 하고, 가능하면 다른 방법을 사용해야 한다. 독립형 액세스 토큰은 7장에서 다루는 JWT^{JSON Web Token}이다. 자원 서버가 참조형 액세스 토큰을 확보한 후 토큰의 유효성을 검사하려면 인가 서버(또는 토큰 발행자)와 통신해야 한다. 액세스 토큰이 JWT인 경우 자원 서버는 JWT의 서명을 확인해 자체적으로 토큰의 유효성을 검증할 수 있다. 이번 절에서는 인가 서버에서 어떻게 JWT 액세스 토큰을 가져오고, 어떻게 Zuul API 게이트웨이를 통해 주문 서비스에 액세스하는지 다룬다.

JWT를 발행하기 위한 인가 서버 설정

이번 절에서는 이전에 사용했던 인가 서버(ch05/sample03/)를 확장해 독립형 액세스 토큰이나 JWT를 지원하는 방법을 살펴본다. 첫 번째 단계는 키 저장소와 함께 새로운 키 쌍을 생성하는 것이다. 생성되는 키는 인가 서버에서 발행된 JWT를 서명하는 데 사용된다. 다음 keytool 명령은 키 쌍과 함께 새로운 키 저장소를 생성한다.

```
\> keytool -genkey -alias jwtkey -keyalg RSA -keysize 2048 -dname "CN=localhost"
-keypass springboot -keystore jwt.jks -storepass springboot
```

위의 명령은 암호가 **springboot**인 **jwt.jks** 키 저장소를 생성한다. 이 키 저장소를 sample03/src/main/resources/에 복사해야 한다. 독립형 액세스 토큰을 생성하려면 sample03/src/main/resources/application.properties 파일에서 다음의 특성 값들을 설정해줘야 한다.

```
spring.security.OAuth.jwt: true
spring.security.OAuth.jwt.keystore.password: springboot
spring.security.OAuth.jwt.keystore.alias: jwtkey
spring.security.OAuth.jwt.keystore.name: jwt.jks
```

spring.security.OAuth.jwt의 값은 기본 **false**로 설정되며, JWT를 발행하려면 **true**로 변경해야 한다. 다른 세 가지 속성은 따로 설명이 필요 없으며, 키 저장소를 만들 때 사용한 값을 기준으로 적절하게 설정하면 된다.

소스코드에서 JWT를 지원하기 위한 변경 사항을 살펴보자. 먼저 pom.xml에서 JWT 빌드를 담당하는 다음 종속성을 추가해야 한다.

```xml
<dependency>
    <groupId>org.springframework.security</groupId>
    <artifactId>spring-security-jwt</artifactId>
</dependency>
```

sample03/src/main/java/com/apress/ch05/sample03/config/AuthorizationServer Config.java 클래스에 이전에 만든 **jwt.jks** 키 저장소에서 개인키를 검색하는 방법의 세부 사항을 주입하는 다음 메서드를 추가했다. 이 개인키는 JWT를 서명하는 데 사용된다.

```
@Bean
```

```
protected JwtAccessTokenConverter jwtConeverter() {
    String pwd = environment.getProperty("spring.security.OAuth.jwt.keystore.
password");
    String alias = environment.getProperty("spring.security.OAuth.jwt.keystore.
alias");
    String keystore = environment.getProperty("spring.security.OAuth.jwt.
keystore.name");
    String path = System.getProperty("user.dir");
    KeyStoreKeyFactory keyStoreKeyFactory = new KeyStoreKeyFactory(new
FileSystemResource(new File(path + File.separator + keystore)), pwd.toCharArray());
    JwtAccessTokenConverter converter = new JwtAccessTokenConverter();
    converter.setKeyPair(keyStoreKeyFactory.getKeyPair(alias));
    return converter;
}
```

같은 클래스 파일에서 JwtTokenStore를 토큰 저장소로 설정했다. 다음 함수는 application.properties 파일에서 spring.security.OAuth.jwt 특성이 true로 설정된 경우에만 JwtTokenStore를 토큰 저장소로 설정한다.

```
@Bean
public TokenStore tokenStore() {
    String useJwt = environment.getProperty("spring.security.OAuth.jwt");
    if (useJwt != null && "true".equalsIgnoreCase(useJwt.trim())) {
        return new JwtTokenStore(jwtConeverter());
    } else {
        return new InMemoryTokenStore();
    }
}
```

마지막으로 토큰 저장소를 AuthorizationServerEndpointsConfigurer로 설정해야 한다. AuthorizationServerEndpointsConfigurer는 JWT를 사용하려는 경우에만 다음의 메서드에서 수행된다.

```
@Autowired
private AuthenticationManager authenticationManager;

@Override
public void configure(AuthorizationServerEndpointsConfigurer endpoints) throws
Exception {
    String useJwt = environment.getProperty("spring.security.OAuth.jwt");
    if (useJwt != null && "true".equalsIgnoreCase(useJwt.trim())) {
        endpoints.tokenStore(tokenStore()).tokenEnhancer(jwtConeverter()).
authenticationManager(authenticationManager);
    } else {
        endpoints.authenticationManager(authenticationManager);
    }
}
```

이제 독립형 액세스 토큰(JWT)을 발행하는 인가 서버를 시작하려면 ch05/sample03/ 디렉터리에서 다음의 명령을 사용한다.

```
\> mvn spring-boot:run
```

OAuth 2.0 클라이언트 자격증명 승인 방식을 사용해 액세스 토큰을 얻으려면 다음 명령을 사용한다. $CLIENTID와 $CLIENTSECRET 값은 적절하게 바꿔 사용해야 한다. 이 예에서 사용된 클라이언트 ID, 클라이언트 시크릿의 하드 코딩된 값은 각각 10101010, 11110000이다.

```
\> curl -v -X POST --basic -u $CLIENTID:$CLIENTSECRET -H "Content-Type:
application/x-www-form-urlencoded;charset=UTF-8" -k -d "grant_type=client_
credentials&scope=foo" https://localhost:8443/oauth/token
```

위의 명령은 base64-url로 인코딩된 JWT를 반환하며, 디코딩된 값은 다음과 같다.

```
{ "alg": "RS256", "typ": "JWT" }
{ "scope": [ "foo" ], "exp": 1524793284, "jti": "6e55840e-886c-46b2-
```

```
bef71a14b813dd0a", "client_id": "10101010" }
```

디코딩된 헤더와 페이로드만 출력에 표시하고, 서명(JWT의 세 번째 부분)은 건너뛰
었다. `client_credentials` 승인 방식을 사용했으므로 JWT에는 대상이나 사용자
이름이 포함되지 않는다. 토큰과 관련된 범위 값은 포함된다.

JWT를 이용한 Zuul API 게이트웨이 보호

이번 절에서는 Zuul API 게이트웨이에서 자체 발급 액세스 토큰이나 JWT 기반 토
큰을 어떻게 검사하는지 살펴본다. sample02/src/main/resources/application.
properties 파일에서 security.OAuth2.resource.user-info-uri 속성을 주석 처리
하고, security.OAuth2.resource.jwt.keyUri 속성의 주석을 제거하면 된다. 수정
된 application.properties 파일은 다음과 같다.

```
#security.OAuth2.resource.user-info-uri:https://localhost:8443/user
security.OAuth2.resource.jwt.keyUri: https://localhost:8443/oauth/token_key
```

여기에서 security.OAuth2.resource.jwt.keyUri의 값은 인가 서버에서 JWT를 서
명하는 데 사용되는 개인키에 대응되는 공개키를 가리킨다. 이는 인가 서버에서
호스팅되는 종단점이다. 브라우저에서 https://localhost:8443/oauth/token_key
를 입력하면 다음과 같이 공개키가 표시된다. 이 공개키는 API 게이트웨이가 요청
에 포함된 JWT의 서명을 확인하는 데 사용하는 키다.

```
{
    "alg":"SHA256withRSA",
    "value":"-----BEGIN PUBLIC
KEY-----\nMIIBIjANBgkqhkiG9w0BAQEFAAOCAQ8AMIIBCgKCAQEA+WcBjPsrFvGOwqVJd8vpV+gNx5
onTyLjYx864mtIvUxO8D4mwAaYpjXJgsre2dcXjQ03BOLJdcjY5Nc9Kclea09nhFIEJDG3obwxm9gQw5
Op1TShCP30Xqf8b7I738EHDFT6qABul7itIxSrz+AqUvj9LSUKEw/cdXrJeu6b71qHd/YiElUIA0fjVw
lFctbw7REbi3Sy3nWdm9yk7M3GIKka77jxw1MwIBg2klfDJgnE72fPkPi3FmaJTJA4+9sKgfniFqdMNf
```

```
kyLVbOi9E3DlaoGxEit6fKTI9GR1SWX40FhhgLdTyWdu2z9RS2BOp+3d9WFMTddab8+fd4L2mYCQIDAQ
AB\n-----END PUBLIC KEY-----"
}
```

위에서 강조한 대로 변경한 후에 sample02 디렉터리에서 다음 명령을 사용해 Zuul 게이트웨이를 다시 시작해보자.

```
\> mvn spring-boot:run
```

OAuth 2.0 인가 서버에서 받은 JWT 액세스 토큰을 이용해 이전과 같이 다음의 cURL 명령으로 보호되고 있는 자원에 액세스할 수 있다. $TOKEN 값은 유효한 JWT 액세스 토큰으로 적절하게 변경한다.

```
\> curl -k -H "Authorization: Bearer $TOKEN" https://localhost:9443/order/11
{"customer_id":"101021","order_id":"11","payment_method":{"card_type":"VISA","ex
piration":"01/22","name":"John Doe","billing_address":"201, 1st Street, San Jose,
CA"},"items":[{"code":"101","qty":1},{"code":"103","qty":5}],"shipping_address":
"201, 1st Street, San Jose, CA"}
```

웹 애플리케이션 방화벽의 역할

앞에서 설명한 것처럼 API 게이트웨이는 인증, 인가, 제한 정책을 중앙에서 시행하는 정책 시행 지점PEP, Policy Enforcement Point이다. 공개용 API 배치에서는 API 게이트웨이만으로는 충분하지 않다. 추가로 API 게이트웨이 앞에 웹 애플리케이션 방화벽WAF, Web Application Firewall이 필요하다(그림 5-4 참고). WAF의 주요 역할은 분산 서비스 거부DDoS, Distributed Denial of Service 공격에서 API 배치를 보호하는 것이다. WAF는 오픈 웹 애플리케이션 보안 프로젝트OWASP, Open Web Application Security Project에서 식별한 알려진 위협과 함께 OpenAPI 사양OAS, OpenAPI Specification에 대한 위협 탐지와 메시지 유효성 검사를 수행한다. 최고의 분석 회사 중 하나인 가트너Gartner는 공개용 웹 애플리케이션이 2018년 20% 미만에서 2020년까지 50% 이상이 Akamai, Imperva, Cloudflare, 아마존 웹 서비스[AWS, Amazon Web Services] 등과 같은 클라우드 기반의 WAF 서비스 플랫폼으로 보호될 것이라고 예측했다.

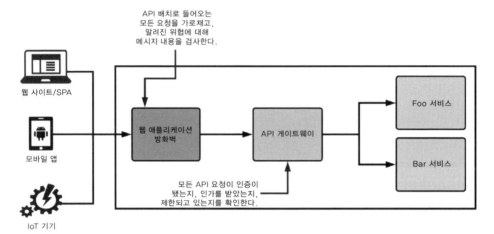

그림 5-4. 웹 애플리케이션 방화벽(WAF)은 API 배치로 들어오는 모든 트래픽을 가로챈다.

요약

- OAuth 2.0은 API를 보호하기 위한 사실상의 표준이다.
- API 게이트웨이는 운영 환경 배치에서 API를 보호하는 데 있어 가장 일반적인 패턴이다. 즉, API 배치의 시작 지점이다.
- API 게이트웨이 패턴을 구현하는 오픈소스와 독점 제품이 많으며, 일반적으로 API 게이트웨이로 식별된다.
- OAuth 2.0 베어러 토큰은 참조형 토큰이나 독립형 토큰일 수 있다. 참조형 토큰은 임의의 문자열이다. 공격자는 무차별 대입 공격을 수행해 토큰을 추측할 수 있다. 인가 서버는 무차별 대입 공격을 방지하려고 올바른 문자열 길이를 선택해야 하고, 가능하면 다른 방법을 사용해야 한다.
- 자원 서버가 참조형 토큰인 액세스 토큰을 확보한 후 토큰이 유효한지 검

증하려면 인가 서버(또는 토큰 발행자)와 통신해야 한다. 액세스 토큰이 JWT인 경우 자원 서버는 JWT의 서명을 확인해 자체적으로 토큰의 유효성을 검증할 수 있다.

- Zuul은 동적 라우팅, 모니터링, 복원력, 보안 등을 제공하는 API 게이트웨이이다. Zuul은 넷플릭스 서버 인프라의 정문 역할을 하며, 전 세계 모든 넷플릭스 사용자의 트래픽을 처리한다.

- 공개용 API 배치에서는 API 게이트웨이만으로는 충분하지 않다. 추가로 API 게이트웨이 앞에 웹 애플리케이션 방화벽^{WAF, Web Application Firewall}이 필요하다.

6장

OpenID 커넥트(OIDC)

OpenID 커넥트[OIDC, OpenID Connect]는 RESTful 방식으로 식별하는 가벼운 프레임워크를 제공하며, 2014년 2월 26일 회원 자격으로 표준이 됐다.[1] OpenID 재단에서 개발됐으며 OpenID에 기반을 두고 있지만 OAuth 2.0의 영향을 크게 받았다. 이 문서를 작성할 당시 OpenID 커넥트는 가장 널리 사용되는 ID 연동[Identity Federation] 프로토콜이다. 지난 몇 년 동안 개발된 대부분의 애플리케이션은 OpenID 커넥트를 지원한다. 2018년 5월, 마이크로소프트 애저[Azure] AD가 처리한 80억 개 이상의 인증 요청 중 92%가 OpenID 커넥트였다.

OpenID부터 OIDC까지

2005년, SAML[Security Assertion Markup Language]를 이어 OpenID는 웹 인증에 혁명을 일으켰다. 라이브저널[LiveJournal]의 창립자인 브래드 피츠패트릭[Brad Fitzpatrick]이 OpenID에 대한 개념을 처음 생각해냈다. OpenID와 SAML의 기본 원리(12장에서 다룸)는 동일

---

1. OpenID 커넥트를 시작하겠다는 OpenID 재단의 발표가 표준화됐다. http://bit.ly/31PowsS

하다. 둘 다 웹 SSO^Single Sign-On와 도메인 간 ID 연동을 쉽게 해준다. OpenID는 좀 더 커뮤니티 친화적이고 사용자 중심이며 분산돼 있다. 야후!는 2008년 1월에 OpenID 지원을 추가했으며, 마이스페이스^MySpace는 같은 해 7월에 OpenID 지원을 발표했고, 구글^Google도 10월에 동참했다. 2009년 12월까지 10억 개 이상의 OpenID 가 가능한 계정이 있었다. 웹 SSO 프로토콜로서는 큰 성공이었다.

OpenID와 OAuth 1.0은 두 가지 다른 문제를 해결한다. OpenID는 인증에 관한 것 이고 OAuth 1.0은 위임된 권한에 관한 것이다. 이 두 표준이 각각의 영역에서 인기 를 얻고 있기 때문에 이 둘을 결합해 사용자를 인증하고 단일 단계에서 사용자를 대신해 자원에 접근할 수 있는 토큰을 얻을 수 있다는 사실에 많은 사람이 관심을 가졌다.

구글 2단계 프로젝트는 이런 방향성을 갖고 진지하게 시작됐다. 기본적으로 OpenID 요청/응답에서 OAuth 관련 파라미터를 사용하는 OAuth용 OpenID 확장을 도입 했다. 구글 2단계 프로젝트를 시작한 사람들이 나중에 OpenID 재단으로 이동하 면서 2단계 프로젝트도 이 재단으로 옮겨왔다.

OpenID는 지금까지 3세대를 거쳤다. OpenID 1.0/ 1.1/2.0은 1세대며, OAuth의 OpenID 확장은 2세대다. OpenID 커넥트^OIDC는 3세대 OpenID다. 야후!, 구글, 기 타 여러 OpenID 공급업체는 2015년 중반 OpenID에 대한 지원을 중단하고 OpenID 커넥트를 지원하기 시작했다.

OpenID 커넥트는 OpenID가 아니고, 동작하는 방식이다.

오늘날 여러 웹 사이트에서 얼마나 많은 프로필을 유지 관리하고 있을까? 아마 야후!, 페이스 북, 구글 등이 있을 것이다. 휴대폰 번호나 집 주소를 업데이트할 때마다 모든 프로필을 업데이 트해야 하거나 많은 프로필이 관리되지 않을 수 있다. OpenID는 다른 웹 사이트에 흩어져 있는 프로필 문제를 해결한다. OpenID를 사용하면 OpenID 공급업체에서만 프로필을 유지 관리하 고 다른 모든 사이트에서 OpenID는 신뢰 당사자(relying parties)가 된다. 이 신뢰 당사자들은 OpenID 공급업체와 통신해 정보를 얻는다.

신뢰 당사자 웹 사이트에서 로그인하려고 할 때마다 OpenID 공급자로 리다이렉션된다. OpenID 공급자에서는 특성에 대한 신뢰 당사자의 요청을 인증하고 승인해야 한다. 승인되면 요청된 속성을 사용해 신뢰 당사자에게 다시 리다이렉션된다. 이는 단순한 속성 공유를 넘어 분산 SSO를 쉽게 만들어준다.

SSO를 사용하면 OpenID 공급자에 한 번만 로그인하면 된다. 즉, 신뢰 당사자가 처음으로 OpenID 공급자로 리다이렉션하는 경우다. 그 후 다른 신뢰 당사자의 후속 리다이렉션을 위해 OpenID 공급자는 사용자의 자격증명을 요청하지 않고 OpenID 공급자에서 이전에 만든 인증된 세션을 사용한다. 이 인증된 세션은 브라우저가 닫힐 때까지 영구 쿠키와 함께 유지된다. 그림 6-1은 OpenID의 작동 방식을 보여준다.

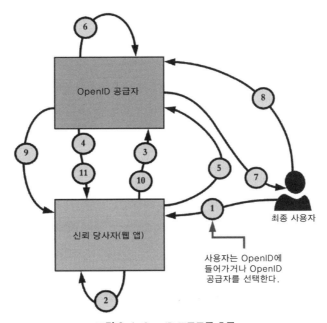

그림 6-1. OpenID 프로토콜 흐름

OpenID 흐름 첫 단계로 사용자는 신뢰 당사자 웹 사이트에 자신의 OpenID를 입력한다(1단계). 여기서 OpenID는 유일한 URL이나 XRI(Extensible Resource Identifier)다. 예를 들면 http://prabath.myopenid.com은 OpenID가 될 수 있다. 사용자가 자신의 OpenID를 입력하면 신뢰 당사자는 그 OpenID를 찾아야 한다(2단계). 신뢰 당사자는 그 OpenID(URL)에 HTTP GET 요청을 해서 HTML 텍스트를 받아야 한다. 예를 들면 http://prabath.myopenid.com의

HTML 코드를 보면 다음 태그(MyOpenID는 몇 년 전에 서비스 종료됨)를 볼 수 있다. 바로 이것이 신뢰 당사자가 이 탐색 단계에서 보는 것이다. 이 태그에는 OpenID 뒤에 OpenID 공급자가 나온다.

```
<link rel="openid2.provider" href="http://www.myopenid.com/server" />
```

사용자에게 OpenID를 입력받지 않고 OpenID 공급자를 확인하는 다른 방법이 있다. 이는 직접 ID(directed identity)라고 불리며, 야후!, 구글 등 많은 OpenID 공급자가 사용하고 있다. 신뢰 당사자가 직접 자격증명을 사용하면 OpenID 공급자는 이를 이미 알고 있어 탐색 단계가 필요 없다. 신뢰 당사자는 지원하는 OpenID 공급자 리스트를 나열하며 사용자는 인증하려는 공급자를 선택해야 한다.

OpenID 공급자를 찾았으면 다음 단계는 신뢰 당사자의 유형에 따라 달라진다. 스마트 신뢰 당사자(smart relying party)인 경우 그림 6-1의 3단계를 실행해 OpenID 공급자와 연결한다. 연결 중에 OpenID 공급자와 신뢰 당사자 간에 공유 비밀키가 설정된다. 두 당사자 간에 키가 이미 설정된 경우 스마트 신뢰 당사자여도 이 단계를 건너뛴다. 벙어리 신뢰 당사자(dumb relying party)는 항상 3단계를 무시한다.

5단계에서 사용자는 확인된 OpenID 공급자로 리다이렉션된다. 6단계에서 사용자는 신뢰 당사자로부터의 속성 요청을 인증하고 승인해야 한다(6단계, 7단계). 승인되면 사용자는 신뢰 당사자에게 다시 리다이렉션된다(9단계). OpenID 공급자와 해당 신뢰 당사자에게만 알려진 키로 OpenID 공급자에서 오는 이 응답을 서명한다. 신뢰 당사자가 응답을 받으면 신뢰 당사자인 경우 서명 자체의 유효성을 검사한다. 연결 단계에서 공유된 키는 메시지에 서명해야 한다. 벙어리 신뢰 당사자인 경우 10단계(브라우저 리다이렉션 아님)에서 OpenID 공급업체와 직접 대화하고 서명 확인을 요청한다. 결정은 11단계에서 신뢰 당사자에게 다시 전달되고 OpenID 프로토콜 흐름이 끝난다.

아마존은 여전히 OpenID 2.0을 사용한다

아마존이 사용자 인증으로 아직까지(이 글을 쓰는 시점에) OpenID를 사용하고 있다는 것을 거의 알지 못했다. 직접 확인할 수 있다. www.amazon.com으로 가서 로

그인 버튼을 클릭하고 다음 브라우저 주소 표시줄을 확인하면 OpenID 인증 요청
으로 다음과 비슷한 내용이 나온다.

```
https://www.amazon.com/ap/signin?_encoding=UTF8
    &openid.assoc_handle=usflex
    &openid.claimed_id=
        http://specs.openid.net/auth/2.0/identifier_select
    &openid.identity=
        http://specs.openid.net/auth/2.0/identifier_select
    &openid.mode=checkid_setup
    &openid.ns=http://specs.openid.net/auth/2.0
    &openid.ns.pape=http://specs.openid.net/extensions/pape/1.0
    &openid.pape.max_auth_age=0
    &openid.return_to=https://www.amazon.com/gp/yourstore/home
```

OpenID 커넥트 이해

OpenID 커넥트는 OAuth 2.0에서 구축됐다. OAuth 2.0 위에 ID 계층을 도입했다.
이 ID 계층은 JWT$^{\text{JSON Web Token}}$인 ID 토큰으로 추상화되며, 7장에서 JWT를 자세히
설명한다. OpenID 커넥트를 지원하는 OAuth 2.0 인가 서버는 액세스 토큰과 함
께 ID 토큰을 발급해준다.

OpenID 커넥트는 OAuth 2.0 위에 만들어진 프로필이다. OAuth는 접근 위임에 관
한 것이고 OpenID 커넥트는 인증에 관한 것이다. 다시 말해 OpenID 커넥트는
OAuth 2.0 위에 ID 계층을 만든다.

인증은 데이텀^{datum}이나 엔티티^{entity} 속성의 사실 여부를 확인하는 행위다. 누군가
가 스스로 피터라고 주장한다면 그 말을 증명해야 한다. 그 사람은 아는 것, 갖고
있는 것, 또는 그 사람 고유의 것으로 증명할 수 있다. 스스로 누구인지 주장하면
서 증명해주면 시스템은 이를 믿을 수 있다. 때때로 시스템은 이름만으로 사용자

를 식별하고 싶지 않다. 이름은 고유하게 식별하는 데 도움이 될 수 있지만 다른 속성은 어떨까? 국경 통제소를 통과하기 전에 이름, 사진, 지문, 눈 망막으로 자신을 식별해야 한다. 그것들은 비자^VISA 사무소의 데이터에 대해 실시간으로 확인되며, 비자 사무소에서 그 사람을 위해 비자를 발급한다. 그 증명서는 비자가 자국에 입국했다고 주장한 사람을 증명할 수 있어야 한다.

바로 이렇게 사용자를 증명한다. 사용자의 신원을 증명하는 것이 인증이다. 사용자가 무엇을 할 수 있는지에 관한 것이 인가다.

국경 통제소에서 이름, 사진, 지문, 눈 망막으로 신원을 증명할 수는 있지만, 그 사람이 무엇을 할 수 있는지 결정하는 것은 비자다. 어떤 나라에 입국하려면 만료되지 않은 유효한 비자가 있어야 한다. 유효한 비자는 신분증 같은 게 아니라 무엇을 할 수 있는지에 관한 증명서다. 그 나라에서 할 수 있는 일은 비자 유형에 따라 달라진다. B1 또는 B2 비자로 하는 것은 L1 또는 L2 비자로 할 수 있는 것과 다르다. 바로 이것이 인가다.

OAuth 2.0은 인증이 아니라 인가에 관한 것이다. OAuth 2.0을 사용하면 클라이언트는 사용자에 관한 정보를 몰라도 된다(4장에서 설명한 자원 소유자 패스워드 자격증명 승인 유형만 예외). 간단하게 액세스 토큰을 받아 사용자를 대신해 자원에 접근할 수 있다. OpenID 커넥트를 사용하면 클라이언트는 액세스 토큰과 함께 ID 토큰을 받는다. ID 토큰은 사용자의 신원을 나타낸다. OpenID 커넥트로 API를 보호한다는 것은 무엇을 의미할까? 아니면 전혀 의미가 없는 것일까? OpenID 커넥트는 API 수준이나 자원 서버 수준이 아니라 애플리케이션 수준이나 클라이언트 수준에서 동작한다. OpenID 커넥트는 클라이언트나 애플리케이션이 사용자가 누구인지 알아내는 데 도움이 되지만 API는 의미가 없다. API는 액세스 토큰만 있으면 된다. 자원 소유자나 API가 사용자가 누구인지 알려면 인가 서버를 조회하거나 자체 포함 액세스 토큰(JWT)을 사용해야 한다.

ID 토큰 분석

ID 토큰은 OpenID 커넥트를 지원하기 위한 OAuth 2.0의 기본 애드온이다. 인증된 사용자 정보를 인가 서버에서 클라이언트 애플리케이션으로 전송하는 JSON 웹 토큰[JWT]이다. 7장에서 JWT를 자세히 설명한다. ID 토큰의 구조는 OpenID 커넥트 사양에 의해 정해진다. 다음은 샘플 ID 토큰이다.

```
{
    "iss":"https://auth.server.com",
    "sub":"prabath@apache.org",
    "aud":"67jjuyuy7JHk12",
    "nonce":"88797jgjg32332",
    "exp":1416283970,
    "iat":1416281970,
    "auth_time":1311280969,
    "acr":"urn:mace:incommon:iap:silver",
    "amr":"password",
    "azp":"67jjuyuy7JHk12"
}
```

각 속성의 정의를 살펴보자.

- **iss:** 질의 파라미터[query parameters]나 URL 프래그먼트[Fragment]가 없는 HTTPS URL 형식에서의 토큰 발급자(인가 서버 또는 ID 공급자) 식별 값이다. 실제로 대부분의 OpenID 공급자 구현이나 제품을 사용하면 원하는 발급자를 설정할 수 있으며, 이는 대부분 URL이 아닌 식별 값으로 사용된다. 이는 ID 토큰에서 필수 속성이다.

- **sub:** 토큰 발급자나 주장 당사자[asserting party]는 특정 엔티티에 대한 ID 토큰을 발급하며, ID 토큰에 포함된 클레임[claims]은 일반적으로 이 엔티티를 나타내며 서브파라미터로 식별된다. 서브파라미터[sub parameter]의 값은 대소문자를 구분하는 문자열 값이며 ID 토큰의 필수 속성이다.

- **aud:** 토큰의 청중이다. 식별자에 관한 배열일 수 있지만 이 안에 OAuth 클라이언트 ID가 있어야 한다. 그렇지 않으면 클라이언트 ID를 azp 파라미터에 추가해야 한다. 이 부분은 이 절의 뒷부분에서 설명한다. 유효성 검사를 수행하기 전에 OpenID 클라이언트는 먼저 특정 ID 토큰이 사용되기 위해 발급됐는지 확인해야 하며, 발급되지 않았다면 바로 거부해야 한다. 즉, aud 속성 값이 OpenID 클라이언트의 식별자와 일치하는지 확인해야 한다. aud 파라미터의 값은 대소문자를 구분하는 문자열 값이거나 문자열 배열일 수 있다. 이는 ID 토큰에서 필수 속성이다.

- **nonce:** OpenID 커넥트 사양에 의해 초기 인가 요청에 도입된 새로운 파라미터다. 클라이언트 애플리케이션은 OAuth 2.0에 정의된 파라미터 외에도 nonce 파라미터를 선택적으로 포함할 수 있다. 이 파라미터는 재전송 공격을 막으려고 도입됐다. 인가 서버는 nonce 값이 동일한 요청을 받으면 해당 요청을 거부해야 한다. 인가 요청에 nonce가 있으면 인가 서버는 ID 토큰에 동일한 값을 포함해야 한다. 클라이언트 애플리케이션은 인가 서버에서 ID 토큰을 수신하면 nonce 값을 검증해야 한다.

- **exp:** 각 ID 토큰에는 만료 시간이 있다. 해당 토큰이 만료된 경우 그 ID 토큰을 받은 서버는 거부해야 한다. 발급자는 만료 시간을 정할 수 있다. exp 파라미터의 값은 만료 시간(토큰 발행 시간부터)을 `1970-01-01T00 : 00 : 00Z` UTC에서 현재 시간까지 경과된 시간에 초 단위로 더해져 계산된다. 토큰 발급자의 시간이 시간대$^{time\ zone}$와 상관없이 수신자의 시간과 동기화되지 않으면 만료 시간 유효성 검사를 하는 데 실패할 수 있다. 이를 해결하려고 각 수신 서버는 유효성 검사 프로세스 동안 시간이 틀어지는 경우에 따라 몇 분을 추가할 수 있다. 이는 ID 토큰에서 필수 속성이다.

- **iat:** ID 토큰의 iat 파라미터는 토큰 발행자가 계산한 ID 토큰의 발행 시간을 나타낸다. iat 파라미터의 값은 `1970-01-01T00 : 00 : 00Z` UTC에서 토큰이 발행될 때 현재 시간까지 경과된 시간(초)이다. 이는 ID 토큰에서 필수 속성이다.

- **auth_time:** 사용자가 인가 서버로 인증하는 시간이다. 사용자가 이미 인 증된 경우 인가 서버는 사용자에게 다시 인증을 요청하지 않는다. 지정된 인가 서버가 사용자를 인증하는 방법과 인증된 세션을 관리하는 방법은 OpenID 커넥트에서 다루지 않는다. 사용자는 OpenID 클라이언트 애플 리케이션 이외의 다른 애플리케이션에서 처음 로그인을 시도할 때 인가 서버로 인증된 세션을 만들 수 있다. 이러한 경우 인가 서버는 인증된 시간 을 유지하고 이를 auth_time 파라미터에 포함시켜야 한다. 이 파라미터는 필수 속성이 아니다.

- **acr:** 인증 콘텍스트 클래스 참조[authentication context class reference]를 나타낸다. 이 파라미터의 값은 인가 서버와 클라이언트 애플리케이션에서 해석될 수 있 어야 한다. 이 값은 인증 수준을 나타낸다. 예를 들어 사용자가 오래 지속 되는 브라우저 쿠키를 사용해 인증하면 쿠키는 수준 0으로 간주된다. OpenID 커넥트에 따르면 인증 수준 0을 사용해 금전적 가치가 있는 모든 자원에 접근하지 않는 것이 좋다. 이 파라미터는 필수 속성이 아니다.

- **amr:** 인증 방법 참조[authentication method references]를 나타낸다. 인가 서버가 사용 자를 인증하는 방법을 나타낸다. 이 값은 배열로 구성될 수 있다. 인가 서 버와 클라이언트 애플리케이션 모두 이 파라미터의 값을 해석할 수 있어 야 한다. 예를 들어 사용자가 인가 서버에서 사용자 이름/암호, SMS를 통 한 일회성 패스워드로 인증하는 경우 amr 파라미터의 값이 이를 나타내야 한다. 이 파라미터는 필수 속성이 아니다.

- **azp:** 승인된 당사자[authorized party]를 나타낸다. 청중(aud)이 한 명이고 값이 OAuth 클라이언트 ID와 다른 경우에 필요하다. azp의 값은 OAuth 클라이 언트 ID로 설정해야 한다. 이 파라미터는 필수 속성이 아니다.

참고

인가 서버는 JSON(JSON Web Signature) 사양에 정의된 대로 ID 토큰에 서명해야 한다. 선택적으로 암호화도 할 수 있다. 토큰 암호화는 JWE(Java Web Encryption) 사양에 정의된 규칙을 따라야 한다. ID 토큰이 암호화된 경우 먼저 서명한 다음 암호화해야 한다. 많은 법적 요소에서 암호화된 텍스트에 서명하는 것이 문제가 되기 때문이다. 7장과 8장에서는 JWT, JWS, JWE를 설명한다.

WSO2 ID 서버를 이용한 OpenID 커넥트

이 실습에서는 OAuth 2.0 액세스 토큰과 함께 OpenID 커넥트 ID 토큰을 얻는 방법을 보여준다. 여기서는 WSO2 Identity Server를 OAuth 2.0 인가 서버로 실행한다.

> **참고**
>
> WSO2 ID 서버는 아파치(Apache) 2.0 라이선스에 따라 공개된 무료 오픈소스 ID 및 권한 관리 서버다. 이 글을 쓰는 시점에서 최신 릴리스 버전은 5.9.0이며 자바 8에서 실행된다.

다음 단계에 따라 WSO2 ID 서버에서 애플리케이션을 서비스 공급자로 등록한 다음 OpenID 커넥트를 통해 애플리케이션에 로그인한다.

1. http://wso2.com/products/ identity-server/에서 WSO2 ID 서버 5.9.0을 다운로드하고 **JAVA_HOME** 환경 변수를 설정한 후 WSO2_IS_HOME/bin 디렉터리의 wso2server.sh/ wso2server.bat 파일을 실행한다. 위 다운로드 페이지에서 WSO2 ID 서버 5.9.0을 다운로드할 수 없는 경우 http://wso2.com/more-downloads/identity-server/에서 찾을 수 있다.

2. 디폴트로 WSO2 ID 서버는 HTTPS 9443 포트에서 실행된다.

3. https://localhost:9443에 접속해 기본 계정인 `admin/admin`으로 로그인한다.

4. 클라이언트 애플리케이션에서 OAuth 2.0 클라이언트 ID와 클라이언트 시크릿 값을 얻으려면 OAuth 2.0 인가 서버에서 서비스 공급자로 그 클라이언트 애플리케이션을 등록해야 한다. 메인(Main) 선택 ❯ 서비스 공급자(Service Providers) ❯ 추가(Add). 이름을 입력(예를 들면 `oidc-app`)하고 등록(Register)을 클릭한다.

5. 인바운드 인증 설정(Inbound Authentication Configuration) 선택 ❯ OAuth과 OpenID

Connect 설정(OAuth and OpenID Connect Configuration) ❯ 설정(Configure)

6. Code를 제외한 모든 승인 유형의 체크를 해제한다. OAuth 버전이 2.0으로 설정돼 있는
   지 확인한다.

7. Callback URL 입력칸을 채운다. 예를 들면 https://localhost/callback이다. 그리고 추
   가(Add)를 클릭한다.

8. OAuth 클라이언트 키와 OAuth 클라이언트 시크릿 값을 복사한다.

9. 완전한 웹 애플리케이션 대신 여기에서 cURL을 사용할 수 있다. 먼저 인가 코드를 받아
   야 한다. 다음 URL을 복사해 브라우저에 붙여 넣는다. `client_id` 및 `redirect_uri`의
   값을 실습 환경에 맞게 바꿔야 한다. 여기서는 요청에서 `scope` 파라미터의 값으로
   `openid`를 전달한다. 여기서 OpenID 커넥트를 사용해야 한다. `admin/admin`으로 인증
   한 다음 클라이언트의 요청을 승인할 수 있는 로그인 페이지로 이동한다.

```
https://localhost:9443/OAuth2/authorize?
        response_type=code&scope=openid&
        client_id=NJ0LXcfdOW20EvD6DU0l0p01u_Ya&
        redirect_uri=https://localhost/callback
```

10. 승인되면 다음과 같이 인가 코드와 함께 `redirect_uri`에 있는 주소로 리다이렉트된다.
    인가 코드를 복사한다.

```
https://localhost/callback?code=577fc84a51c2aceac2a9e2f723f0f47f
```

11. 이제 이전 단계에서 받은 인가 코드를 ID 토큰과 액세스 토큰으로 교환할 수 있다.
    `client_id`, `client_secret`, `code`, `redirect_uri`를 적절하게 맞춰 값을 바꿔 넣는다.
    `-u` 값은 `client_id:client_secret` 형식으로 구성된다.

```
curl -v -X POST --basic
    -u NJ0LXcfdOW2...:EsSP5GfYliU96MQ6...
    -H "Content-Type: application/x-www-form-urlencoded;
        charset=UTF-8" -k
```

```
    -d "client_id=NJ0LXcfdOW20EvD6DU0l0p01u_Ya&
      grant_type=authorization_code&
      code=577fc84a51c2aceac2a9e2f723f0f47f&
      redirect_uri=https://localhost/callback"
      https://localhost:9443/OAuth2/token
```

이에 대한 JSON 응답은 다음과 같다.

```
{
    "scope":"openid",
    "token_type":"bearer",
    "expires_in":3299, "refresh_token":"1caf88a1351d2d74093f6b84b8751bb",
    "id_token":"eyJhbGciOiJub25......",
    "access_token":"6cc611211a941cc95c0c5caf1385295"
}
```

12. id_token 값은 base64url 인코딩돼 있다. 이 값을 base64url 디코딩하면 다음과 같이
    보인다. https://jwt.io와 같은 온라인 툴을 사용해 ID 토큰을 디코딩할 수 있다.

```
{
    "alg":"none",
    "typ":"JWT" }.
{
    "exp":1667236118,
    "azp":"NJ0LXcfdOW20EvD6DU0l0p01u_Ya",
    "sub":"admin@carbon.super",
    "aud":"NJ0LXcfdOW20EvD6DU0l0p01u_Ya",
    "iss":"https://localhost:9443/OAuth2endpoints/token",
    "iat":1663636118
}
```

OpenID 커넥트 요청

ID 토큰은 OpenID 커넥트의 핵심이지만 OAuth 2.0과 다른 유일한 점은 아니다. OpenID 커넥트는 OAuth 2.0 인가 승인 요청에 일부 선택 파라미터를 도입했다. 이전 실습에서는 이러한 파라미터를 사용하지 않았다. 모든 선택 파라미터가 포함된 샘플 인가 승인 요청은 다음과 같다.

```
https://localhost:9443/OAuth2/authorize?response_type=code&
        scope=openid&
        client_id=NJ0LXcfdOW20EvD6DU0l0p01u_Ya&
        redirect_uri= https://localhost/callback&
        response_mode=.....&
        nonce=.....&
        display=....&
        prompt=....&
        max_age=.....&
        ui_locales=.....&
        id_token_hint=.....&
        login_hint=.....&
        acr_value=.....
```

각각의 속성에 대한 설명은 다음과 같다.

- **response_mode:** 인가 서버가 응답에서 파라미터를 응답하는 방법을 결정한다. 이는 OAuth 2.0 핵심 사양에 정의된 response_type 파라미터와 다르다. 요청에 response_type 파라미터를 사용해 클라이언트는 코드나 토큰이 필요한지 여부를 나타낸다. 인가 코드 승인 유형의 경우 response_type의 값은 code로 설정되는 반면, 암시적 승인 유형의 경우 response_type의 값은 token으로 설정된다. response_mode 파라미터는 다른 문제를 해결한다. response_mode의 값이 query로 설정된 경우 응답 파라미터는 redirect_uri에 추가된 질의 파라미터로 클라이언트에 응답된다. 값이 프래그먼

트로 설정되면 응답 파라미터가 redirect_uri에 URI 프래그먼트로 추가된다.

- **nonce:** 재전송 공격을 막는다. 인가 서버는 nonce 값이 동일한 요청을 받으면 요청을 거부해야 한다. 인가 승인 요청에 nonce가 있으면 인가 서버는 ID 토큰에 동일한 값을 포함해야 한다. 클라이언트 애플리케이션은 인가 서버에서 ID 토큰을 수신하면 nonce 값을 검증해야 한다.

- **display:** 클라이언트 애플리케이션이 원하는 인가 서버가 로그인 페이지와 사용자 동의 페이지를 표시하는 방법을 나타낸다. 가능한 값은 page, popup, touch, wap이다.

- **prompt:** 인가 서버에 로그인 페이지나 사용자 동의 페이지를 표시할지 여부를 나타낸다. 값이 없으면 로그인 페이지나 사용자 동의 페이지가 사용자에게 보이지 않는다. 즉, 사용자는 인가 서버에서 인증된 세션과 사전에 설정된 사용자 동의를 필요로 한다. 값이 login인 경우 인가 서버는 사용자를 다시 인증해야 한다. 값이 consent인 경우 인가 서버는 사용자에게 사용자 동의 페이지를 표시해야 한다. 사용자가 인가 서버에 여러 계정을 가진 경우 select_account 옵션을 사용할 수 있다. 그런 경우 인가 서버는 사용자에게 속성이 필요한 계정을 선택할 수 있는 옵션을 제공해야 한다.

- **max_age:** ID 토큰에는 사용자 인증 시간(auth_time)을 나타내는 파라미터가 있다. 인가 서버는 max_age 파라미터의 값과 인증 시간(auth_time)의 값을 비교한다. 현재 시간과의 차이(현재 시간 – max_age)가 인증 시간보다 작으면 인증 서버가 사용자를 다시 인증해야 한다. 클라이언트가 요청에 max_age 파라미터를 포함하면 인가 서버는 ID 토큰에 auth_time 파라미터를 포함해야 한다.

- **ui_locales:** 사용자 인터페이스에 사용되는 언어를 나타낸다.

- **id_token_hint:** ID 토큰이다. 이는 클라이언트 애플리케이션에서 이전에 얻은 ID 토큰일 수 있다. 토큰이 암호화된 경우 먼저 암호를 해독한 다음

인가 서버의 공개키로 다시 암호화한 후 인증 요청에 넣어야 한다. 파라미터 프롬프트 값이 none으로 설정되면 id_token_hint가 요청에 존재할 수 있지만, 필수는 아니다.

- **login_hint**: 사용자가 인가 서버에서 사용할 수 있는 로그인 식별자를 나타낸다. 예를 들어 클라이언트 애플리케이션이 이미 사용자의 이메일 주소나 전화번호를 알고 있는 경우 login_hint의 값으로 설정할 수 있다. 이는 더 나은 사용자 경험을 제공하는 데 도움이 된다.

- **acr_values**: 인증 콘텍스트 참조 값authentication context reference values을 나타낸다. 인가 서버에 필요한 인증 레벨을 나타내는 공백으로 구분되는 일련의 값을 포함한다. 인가 서버는 이러한 값을 인정하거나 인정하지 않을 수 있다.

참고

모든 OpenID 커넥트 인증 요청은 scope 파라미터에 openid 값을 넣어 요청해야 한다.

사용자 속성 요청

OpenID 커넥트는 사용자 속성을 요청하는 두 가지 방법이 있다. 클라이언트 애플리케이션은 초기 OpenID 커넥트 인증 요청을 사용해 속성을 요청하거나 나중에 인가 서버가 호스트하는 UserInfo 종단점과 통신할 수 있다. 초기 인증 요청을 사용하는 경우 클라이언트 애플리케이션은 요청된 클레임claims을 클레임 파라미터에 JSON 메시지로 포함해야 한다. 다음 인가 승인 요청은 사용자의 이메일 주소와 이름을 ID 토큰에 포함하도록 요청한다.

```
https://localhost:9443/OAuth2/authorize?
        response_type=code&
```

```
scope=openid&
client_id=NJ0LXcfdOW20EvD6DU0l0p01u_Ya&
redirect_uri=https://localhost/callback&
claims={ "id_token":
          {
              "email": {"essential": true},
              "given_name": {"essential": true},
          }
}
```

참고

OpenID 커넥트 핵심 사양은 20개의 표준 사용자 클레임을 정의한다. 이러한 식별자는 OpenID 커넥트를 지원하는 모든 인가 서버와 클라이언트 애플리케이션에서 해석될 수 있어야 한다. OpenID 커넥트 표준 클레임의 전체 세트는 http://openid.net/specs/openid-connect-core-1_0.html에 있는 OpenID 커넥트 핵심 사양의 5.1절에 정의돼 있다.

사용자 속성을 요청하는 다른 방법은 UserInfo 종단점을 통하는 것이다. UserInfo 종단점은 인가 서버의 OAuth 2.0으로 보호되는 자원이다. 이 종단점에 대한 모든 요청에는 유효한 OAuth 2.0 토큰이 있어야 한다. 또한 UserInfo 종단점에서 사용자 속성을 얻는 두 가지 방법이 있다. 첫 번째 방법은 OAuth 액세스 토큰을 사용하는 것이다. 이 방법을 사용하면 클라이언트는 인가 승인 요청에서 해당 속성 범위를 지정해야 한다. OpenID 커넥트 사양은 속성을 요청하려고 프로필, 이메일, 주소, 전화번호의 네 가지 범위 값을 정의한다. 범위 값이 프로필로 설정되면 클라이언트가 이름, 닉네임, 프로필, 사진, 웹 사이트, 성별, 생일을 비롯한 일련의 속성에 대한 접근을 요청한다는 것을 의미한다.

다음 인가 승인 요청은 사용자의 이메일 주소와 전화번호에 대한 접근 권한을 요청한다.

참고

UserInfo 종단점은 HTTP GET과 POST를 모두 지원해야 한다. UserInfo 종단점과의 모든 통신은 TLS(Transport Layer Security)를 통해 이뤄져야 한다.

```
https://localhost:9443/OAuth2/authorize?
        response_type=code
        &scope=openid phone email &
        client_id=NJ0LXcfdOW20EvD6DU0l0p01u_Ya &
        redirect_uri=https://localhost/callback
```

위와 같은 요청을 하면 인가 코드가 응답된다. 클라이언트 애플리케이션이 인가 서버의 토큰 종단점과 통신해 인가 코드를 접근 코드로 교환한 후 수신한 액세스 토큰을 사용해 UserInfo 종단점과 통신하고 액세스 토큰에 해당하는 사용자 속성을 얻을 수 있다.

```
GET /userinfo HTTP/1.1
Host: auth.server.com
Authorization: Bearer SJHkhew870hooi90
```

앞의 UserInfo 종단점에 요청하면 사용자의 이메일 주소와 전화번호가 포함된 다음 JSON 메시지가 응답된다.

```
HTTP/1.1 200 OK
Content-Type: application/json
{
    "phone": "94712841302",
    "email": "joe@authserver.com",
}
```

UserInfo 종단점에서 사용자 속성을 검색하는 다른 방법은 클레임 파라미터를 사용하는 것이다. 다음 예는 OAuth로 보호된 UserInfo 종단점과 통신해 사용자의 이메일 주소를 검색하는 방법을 보여준다.

```
POST /userinfo HTTP/1.1
Host: auth.server.com
Authorization: Bearer SJHkhew870hooi90
claims={ "userinfo":
        {
            "email": {"essential": true}
        }
    }
```

참고

UserInfo 종단점에서 응답 메시지에 서명하거나 암호화할 필요는 없다. 서명이나 암호화된 경우 응답을 JWT로 래핑하고 Content-Type을 application/jwt로 설정해야 한다.

OpenID 커넥트 흐름

지금까지 이 장의 모든 예에서는 인가 코드 승인 유형을 사용해 ID 토큰을 요청했지만, 반드시 이것만 사용해야 하는 것은 아니다. 실제로 OpenID 커넥트는 OAuth 2.0 승인 유형과 독립적으로 일련의 흐름(코드 흐름, 암시적 흐름, 하이브리드 흐름)을 정의했다. 각 흐름은 response_type 파라미터의 값을 결정한다. response_type 파라미터는 항상 인가 종단점에 대한 요청과 함께 보내져 (grant_type 파라미터는 항상 토큰 종단점으로 이동함) 인가 종단점의 예상 응답 유형을 결정한다. 코드로 설정된 경우 인가 서버의 인가 종단점은 코드를 응답해야 하며, 이 흐름은 OpenID 커넥트에서 인가 코드 흐름으로 식별된다.

OpenID 커넥트의 문맥에서 암시적 흐름의 경우 response_type의 값은 "id_token" 또는 "id_token token"(띄어쓰기로 구분됨)일 수 있다. ID_token인 경우 인증 서버는 인가 종단점에서 ID 토큰을 반환한다. 둘 다 포함하면 ID 토큰과 액세스 토큰이 모두 응답에 포함된다.

하이브리드 흐름은 다른 조합을 사용할 수 있다. response_type의 값이 공백으로 구분된 "code id_token"으로 설정되면 인가 종단점의 응답에 인가 코드와 id_token이 포함된다. 그 값이 공백으로 구분되는 "code token"인 경우 인가 코드를 UserInfo 종단점으로의 액세스 토큰과 함께 반환한다. response_type에 세 가지 ("code token id_token")가 모두 포함된 경우 응답에는 id_token, 접근 token, 인가 code가 포함된다. 표 6-1에 이 내용이 요약돼 있다.

표 6-1. OpenID 커넥트 흐름

흐름 유형	응답 유형	반환되는 토큰
인가 코드	code	인가 코드
암시적	id_token	ID 토큰
암시적	id_token token	ID 토큰과 액세스 토큰
하이브리드	code id_token	ID 토큰과 인가 코드
하이브리드	code id_token token	ID 토큰, 인가 코드, 액세스 토큰
하이브리드	code token	액세스 토큰과 인가 코드

참고

OpenID 커넥트 흐름에서 id_token이 response_type으로 사용되는 경우 클라이언트 애플리케이션은 액세스 토큰에 접근할 수 없다. 이런 경우에 클라이언트 애플리케이션은 scope 파라미터를 사용해 속성을 요청할 수 있으며 id_token에 추가된다.

사용자 정의 사용자 속성 요청

앞에서 설명한 것처럼 OpenID 커넥트는 20개의 표준 클레임^{claim}을 정의한다. 이런 클레임은 scope 파라미터나 claim 파라미터를 통해 요청할 수 있다. 사용자 정의된 클레임을 요청하는 유일한 방법은 claim 파라미터를 사용하는 것이다. 다음은 사용자 정의 클레임을 요청하는 OpenID 커넥트 요청 예시다.

```
https://localhost:9443/OAuth2/authorize?response_type=code
    &scope=openid
    &client_id=NJ0LXcfdOW20EvD6DU0l0p01u_Ya
    &redirect_uri=https://localhost/callback &claims=
        { "id_token":
          {
              "http://apress.com/claims/email": {"essential": true},
              "http://apress.com/claims/phone": {"essential": true},
          }
        }
```

OpenID 커넥트 디스커버리

이 장의 시작 부분에서 사용자가 제공하는 OpenID(URL)를 통해 OpenID 신뢰 당사자가 OpenID 공급자를 알아내는 방법을 알아봤다. OpenID 커넥트 디스커버리 ^{Connect Discovery}는 같은 문제를 해결하지만 다른 방식으로 처리한다(그림 6-2 참고). OpenID 커넥트를 통해 사용자를 인증하려면 먼저 OpenID 커넥트 신뢰 당사자가 사용자 뒤에 어떤 인가 서버가 있는지 파악해야 한다. OpenID 커넥트는 그 방법으로 WebFinger(RFC 7033) 프로토콜을 사용한다.

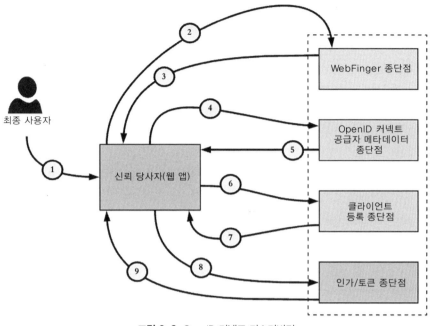

그림 6-2. OpenID 커넥트 디스커버리

참고

OpenID 커넥트 디스커버리 사양은 http://penid.net/specs/openid-connect-discovery-1_0.html에 있다. 지정된 OpenID 커넥트 신뢰 당사자가 인가 서버가 누구인지 이미 알고 있는 경우 검색 단계(discovery phase)를 건너뛸 수 있다.

Peter라는 사용자가 OpenID 커넥트 신뢰 당사자를 방문하고 로그인하려 한다고 가정한다(그림 6-2 참고). Peter를 인증하려면 OpenID 커넥트 신뢰 당사자가 Peter에 해당하는 인가 서버를 알아야 한다. 이를 알려면 Peter는 신뢰 당사자에게 자신과 관련된 고유 식별자를 제공해야 한다. 신뢰 당사자는 이 식별자를 사용해 Peter에 해당하는 WebFinger 종단점을 찾아야 한다.

Peter가 제공한 식별자는 그의 이메일 주소 peter@apress.com이라고 해보자(1단계). 신뢰 당사자는 Peter의 이메일 주소를 사용해 WebFinger 종단점에 대한 충분한 세부 정보를 찾아야 한다. 실제로 신뢰 당사자는 이메일 주소에서 WebFinger 종단점을 알아낼 수 있어야 한다. 신뢰 당사자는 WebFinger 종단점으로 질의를 보내 어떤 인가 서버(또는 ID 공급자)가 Peter에 해당하는지 확인할 수 있다(2단계와 3단계). 이 질의는 WebFinger 사양에 따라 달라진다. 다음은 peter@apress.com에 대한 샘플 WebFinger 요청이다.

```
GET /.well-known/webfinger?resource=acct:peter@apress.com
&rel=http://openid.net/specs/connect/1.0/issuer HTTP/1.1
Host: apress.com
```

WebFinger 요청에는 **resource**와 **rel**의 두 가지 주요 파라미터가 있다. **resource** 파라미터는 사용자를 고유하게 식별하게 하고 **rel** 값은 OpenID 커넥트에 대해 고정돼 http://openid.net/specs/connect/1.0/ 발행자와 같아야 한다. **rel**(관계 유형) 파라미터는 주어진 자원에 해당하는 OpenID 커넥트 발행자를 판별하는 필터 역할을 한다.

WebFinger 종단점은 다른 서비스에 대한 다른 많은 발견^{discovery} 요청을 승인할 수 있다. 일치하는 항목을 찾으면 다음 응답이 OpenID 커넥트 신뢰 당사자에게 반환된다. OpenID ID 공급자나 인가 서버 종단점의 값이 응답에 포함된다.

```
HTTP/1.1 200 OK Access-Control-Allow-Origin: * Content-Type: application/jrd+json
{
    "subject":"acct:peter@apress.com",
    "links":[
        {
            "rel":"http://openid.net/specs/connect/1.0/issuer",
            "href":"https://auth.apress.com"
        }
    ]
}
```

WebFinger나 OpenID 커넥트 디스커버리 사양에 따르면 자원이나 사용자 식별자로 이메일 주소를 꼭 사용하지 않아도 된다. WebFinger 종단점을 알아내는 데 사용할 수 있는 RFC 3986 의 URI 정의를 따르는 URI이어야 한다. 자원 식별자가 이메일 주소인 경우 접두사로 acct를 붙여야 한다.

acct는 http://tools.ietf.org/html/draft-ietf-appsawg-acct-uri-07에 정의된 URI 체계다. acct URI 스키마를 사용하는 경우 @ 기호 뒤의 모든 항목이 호스트 이름으로 처리된다. WebFinger 호스트 이름은 acct URI 스키마에 따라 이메일 주소에서 파생되며 @ 기호 다음 부분이다.

URL을 자원 식별자로 사용 중인 경우 URL의 호스트 이름(및 포트 번호)은 WebFinger 호스트 이름으로 처리된다. 자원 식별자가 https://auth.server.com:9443/prabath인 경우 WebFinger 호스트 이름은 auth.server.com:9443이다.

ID 공급자의 종단점을 알게 되면 WebFinger의 역할이 끝난다. 그러나 해당 ID 공급자와 OpenID 커넥트 인증 요청을 시작하기에는 데이터가 충분하지 않다. 잘 알려진 종단점이어야 하는 메타데이터 종단점과 통신해 ID 공급자에 대한 자세한 정보를 찾을 수 있다(그림 6-2의 4단계와 5단계). 그후 클라이언트 애플리케이션이 인가 서버와 통신하려면 등록된 클라이언트 애플리케이션이어야 한다. 클라이언트 애플리케이션은 인가 서버의 클라이언트 등록 종단점(6단계와 7단계)과 통신해 자체 등록한 후 인가 및 토큰 종단점(8단계와 9단계)에 접근할 수 있다.

WebFinger와 OpenID 커넥트 디스커버리 사양은 모두 잘 알려진 URI(http://tools.ietf.org/html/rfc5785) 사양을 사용해 종단점 위치를 정의한다. RFC 5785 사양에는 /.well-known/ 이라는 경로 접두사가 도입돼 잘 알려진 위치를 식별한다. 대부분의 경우 이러한 위치는 메타데이터 종단점이나 정책 종단점이다.

WebFinger 사양에는 잘 알려진 종단점 /.well-known/webfinger가 있다. OpenID 커넥트 디

스커버리 사양에는 OpenID 공급자 구성 메타데이터인 /.well-known/openid-configuration 에 대한 잘 알려진 종단점이 있다.

OpenID 커넥트 ID 공급자 메타데이터

메타데이터 검색을 지원하는 OpenID 커넥트 ID 공급자는 /.well-known/openid-configuration 종단점에서 호스팅해야 한다. 대부분의 경우 이곳은 보호되지 않는 종단점이며 누구나 접근할 수 있다. OpenID 커넥트 신뢰 당사자는 다음과 같이 HTTP GET을 메타데이터 종단점으로 보내 OpenID 공급자 구성 세부 사항을 검색할 수 있다.

```
GET /.well-known/openid-configuration HTTP/1.1
 Host: auth.server.com
```

결과적으로 OpenID 커넥트 신뢰 당사자가 OpenID 공급자나 OAuth 인가 서버와 통신하려면 알아야 할 모든 내용이 포함된 다음 JSON 응답이 생성된다.

```
HTTP/1.1 200 OK
Content-Type: application/json
{
    "issuer":"https://auth.server.com",
    "authorization_endpoint":"https://auth.server.com/connect/authorize",
    "token_endpoint":"https://auth.server.com/connect/token",
    "token_endpoint_auth_methods_supported":["client_secret_basic",
    "private_key_jwt"],
    "token_endpoint_auth_signing_alg_values_supported":["RS256", "ES256"],
    "userinfo_endpoint":"https://auth.sever.com/connect/userinfo",
    "check_session_iframe":"https://auth.server.com/connect/check_session",
    "end_session_endpoint":"https://auth.server.com/connect/end_session",
    "jwks_uri":"https://auth.server.com/jwks.json",
```

```
    "registration_endpoint":"https://auth.server.com/connect/register",
    "scopes_supported":["openid", "profile", "email", "address", "phone",
    "offline_access"],
    "response_types_supported":["code", "code id_token", "id_token",
    "token id_token"],
    "acr_values_supported":["urn:mace:incommon:iap:silver",
    "urn:mace:incommo n:iap:bronze"],
    "subject_types_supported":["public", "pairwise"],
    "userinfo_signing_alg_values_supported":["RS256", "ES256", "HS256"],
    "userinfo_encryption_alg_values_supported":["RSA1_5", "A128KW"],
    "userinfo_encryption_enc_values_supported":["A128CBC-HS256", "A128GCM"],
    "id_token_signing_alg_values_supported":["RS256", "ES256", "HS256"],
    "id_token_encryption_alg_values_supported":["RSA1_5", "A128KW"],
    "id_token_encryption_enc_values_supported":["A128CBC-HS256", "A128GCM"],
    "request_object_signing_alg_values_supported":["none", "RS256", "ES256"],
    "display_values_supported":["page", "popup"],
    "claim_types_supported":["normal", "distributed"],
    "claims_supported":["sub", "iss", "auth_time", "acr",
        "name", "given_name", "family_name", "nickname",
        "profile", "picture", "website","email", "email_verified",
        "locale", "zoneinfo", "http://example.info/claims/groups"],
    "claims_parameter_supported":true,
    "service_documentation":"http://auth.server.com/connect/service_
documentation.html",
    "ui_locales_supported":["en-US", "fr-CA"]
}
```

참고

발견된 ID 공급자의 종단점이 https://auth.server.com이면 OpenID 공급자 메타데이터는 https://auth.server.com/.well-known/openid-configuration에서 사용할 수 있어야 한다.

종단점이 https://auth.server.com/openid인 경우 메타데이터 종단점은 https://auth.server.com/openid/.well-known/openid-configuration이다.

동적 클라이언트 등록

WebFinger(및 OpenID 커넥트 디스커버리와 관련된 모든 메타데이터)를 통해 OpenID 공급자 종단점이 검색된 후에도 OpenID 커넥트 신뢰 당사자는 인가 요청이나 OpenID 커넥트 인증 요청을 시작하려고 여전히 OpenID 공급자에 등록된 클라이언트 ID와 (암시적 승인 유형이 아닌) 클라이언트 시크릿 값을 알아야 한다. OpenID 커넥트 동적 클라이언트 등록 명세[2]에 따르면 OpenID 커넥트 동적 클라이언트 등록은 OpenID 공급자에서 동적으로 OpenID 커넥트 신뢰 당사자를 등록하는 메커니즘이다.

OpenID 공급자 메타데이터 종단점의 응답에는 `registration_endpoint` 파라미터로 클라이언트 등록 종단점이 포함된다. 동적 클라이언트 등록을 지원하려면 이 종단점이 인증 요구 없이 공개 등록 요청을 수락해야 한다.

DoS(서비스 거부) 공격에 대처하려고 속도 제한이나 웹 애플리케이션 방화벽[WAF]으로 종단점을 보호할 수 있다. 클라이언트 등록을 시작하려고 OpenID 신뢰 당사자는 자체 메타데이터를 사용해 HTTP POST 메시지를 등록 종단점으로 보낸다.

다음은 클라이언트 등록 요청의 예시다.

```
POST /connect/register HTTP/1.1 Content-Type: application/json Accept:
application/json
Host: auth.server.com
{
    "application_type":"web",
    "redirect_uris":["https://app.client.org/callback",
        "https://app.client.org/ callback2"],
    "client_name":"Foo",
    "logo_uri":"https://app.client.org/logo.png",
    "subject_type":"pairwise", "sector_identifier_uri":"https://other.client.org
```

---

2. http://openid.net/specs/openid-connect-registration-1_0.html

```
        /file_of_redirect_uris. json",
   "token_endpoint_auth_method":"client_secret_basic",
   "jwks_uri":"https://app.client.org/public_keys.jwks",
   "userinfo_encrypted_response_alg":"RSA1_5",
   "userinfo_encrypted_response_enc":"A128CBC-HS256",
   "contacts":["prabath@wso2.com", "prabath@apache.org"],
   "request_uris":["https://app.client.org/rf.txt#qpXaRLh_
       n93TTR9F252ValdatUQvQiJi5BDub2BeznA"]
}
```

이에 대한 응답으로 OpenID 커넥트 공급자나 인가 서버는 다음 JSON 메시지를 다시 보낸다. client_id와 client_secret이 포함된다.

```
HTTP/1.1 201 Created
Content-Type: application/json Cache-Control: no-store
Pragma: no-cache
{
   "client_id":"Gjjhj678jhkh89789ew",
   "client_secret":"IUi989jkjo_989klkjuk89080kjkuoikjkUIl",
   "client_secret_expires_at":2590858900,
   "registration_access_token":"this.is.an.access.token.value.ffx83",
   "registration_client_uri":"https://auth.server.com/connect/register?client_
       id=Gjjhj678jhkh89789ew ", "token_endpoint_auth_method":"client_secret_basic",
   "application_type": "web",
   "redirect_uris":["https://app.client.org/callback","https://app.client.org/
       callback2"],
   "client_name":"Foo",
   "logo_uri":"https://client.example.org/logo.png", "subject_type":"pairwise",
   "sector_identifier_uri":"https://other.client.org/file_of_redirect_uris. json",
   "jwks_uri":"https://app.client.org/public_keys.jwks",
   "userinfo_encrypted_response_alg":"RSA1_5",
   "userinfo_encrypted_response_enc":"A128CBC-HS256",
   "contacts":["prabath@wso2.com", "prabath@apache.org"],
   "request_uris":["https://app.client.org/rf.txt#qpXaRLh_
```

```
            n93TTR9F252ValdatUQvQiJi5BDub2BeznA"]
}
```

OpenID 커넥트 신뢰 당사자가 클라이언트 ID와 클라이언트 시크릿 값을 알게 되면 OpenID 커넥트 디스커버리 단계가 끝난다. 신뢰 당사자는 이제 OpenID 커넥트 인증 요청을 시작할 수 있다.

참고

OpenID 커넥트 동적 클라이언트 등록 명세의 섹션 2.0에는 OpenID 커넥트 클라이언트 등록 요청에 포함될 수 있는 모든 속성이 나와 있다.

http://openid.net/specs/openid-connect-registration-1_0.html

보안 API를 위한 OpenID 커넥트

지금까지 OpenID 커넥트에 대한 자세한 내용을 알아봤다. 그러나 실제로는 이것이 API 보안에 어떻게 도움이 될까? 사용자는 OpenID 커넥트를 사용해 웹 애플리케이션, 모바일 애플리케이션 등을 인증할 수 있다. 그럼에도 헤드리스 API[headless API]를 보호하고자 OpenID 커넥트가 필요한 이유는 무엇일까? 하루가 끝나면 모든 API가 OAuth 2.0으로 보호되므로 API와 통신하려면 액세스 토큰을 제시해야 한다. API(또는 정책적으로 사용되는 구성 요소)는 인가 서버와 통신해 액세스 토큰의 유효성을 검증한다. ID 토큰을 API에 전달해야 하는 이유는 뭘까?

OAuth는 위임된 인가에 관한 것이고 OpenID 커넥트는 인증에 관한 것이다. ID 토큰은 신원에 대한 소유권 주장, 즉 신원에 대한 증명이다. 이 ID 토큰은 API 인증에 사용할 수 있다. 이 글을 쓰는 시점에는 JWT에 대해 HTTP 바인딩이 정의되지 않았다.

다음 예는 JWT 어써션^{assertion}(또는 ID 토큰)을 HTTP 인가^{Authorization} 헤더의 액세스 토큰으로 보호된 API에 전달하는 것을 제안한다. ID 토큰이나 서명된 JWT는 세 부분으로 base64url로 인코딩된다. 각 부분은 점(.)으로 구분된다. 첫 번째 점까지는 JWT 헤더다. 두 번째 부분은 JWT 본문이다. 세 번째 부분은 서명이다. 클라이언트 애플리케이션이 JWT를 확보하면 다음과 같은 방식으로 HTTP 인가 헤더에 배치할 수 있다.

```
POST /employee HTTP/1.1
Content-Type: application/json
Accept: application/json
Host: resource.server.com
Authorization: Bearer eyJhbGciOiIjiuo98kljlk2KJl.
IUojlkoiaos298jkkdksdosiduIUiopo.oioYJ21sajds
{
    "empl_no":"109082",
    "emp_name":"Peter John",
    "emp_address":"Mountain View, CA, USA"
}
```

JWT의 유효성을 검증하려면 API(또는 정책적으로 사용되는 구성 요소)가 HTTP 인가 헤더에서 JWT 어써션을 추출해 base64url 디코딩하고 서명의 유효성을 검사해 신뢰할 수 있는 발급자가 서명했는지 확인해야 한다. 또한 JWT의 청구는 인증과 인가에 사용될 수 있다.

참고

OpenID 커넥트 ID 공급자는 ID 토큰을 발급할 때 토큰의 대상을 나타내려고 토큰에 aud 파라미터를 추가한다. 이는 식별자 배열일 수 있다.

ID 토큰을 사용해 API에 접근할 때 API에 알려진 URI도 aud 파라미터에 추가해야 한다. 현재는 OpenID 커넥트 인증 요청에서 요청할 수 없으므로 OpenID 커넥트 ID 공급자 범위 밖으로 설정해야 한다.

요약

- OpenID 커넥트는 OAuth 2.0을 바탕으로 만들어졌다. OAuth 2.0 위로 ID 계층을 도입했다. 이 ID 계층은 JSON 웹 토큰[JWT]인 ID 토큰으로 추상화된다.
- OpenID 커넥트는 OpenID에서 OAuth 2.0 프로필로 발전했다.
- OpenID 커넥트 동적 클라이언트 등록 명세에 따르면 OpenID 커넥트 동적 클라이언트 등록은 OpenID 공급자에서 동적으로 OpenID 커넥트 신뢰 당사자를 등록하는 메커니즘이다.
- OpenID 커넥트는 사용자 속성을 요청하는 두 가지 방법을 정의한다. 클라이언트 애플리케이션은 초기 OpenID 커넥트 인증 요청을 사용해 속성을 요청하거나 나중에 인가 서버가 호스트하는 UserInfo 종단점과 통신할 수 있다.
- OpenID 커넥트는 디스커버리 프로세스에서 WebFinger 프로토콜을 OpenID 커넥트 동적 클라이언트 등록 및 ID 제공자 메타데이터 구성과 함께 사용한다.
- 메타데이터 검색을 지원하는 OpenID 커넥트 ID 공급자는 구성을 종단점 /.well-known/openid-configuration에서 호스팅해야 한다.

7장

JSON 웹 서명을 이용한 메시지 수준 보안

JSON^{JavaScript Object Notation}은 언어 중립적이고 텍스트 기반이며 간단한 방식으로 데이터를 교환하는 방법을 제공한다. JSON은 원래 ECMAScript 프로그래밍 언어에서 파생됐다. JSON과 XML은 API에 가장 일반적으로 사용되는 데이터 교환 형식이다. 지난 몇 년 동안의 추세를 관찰하면 JSON이 XML을 대체하고 있음이 분명하다. 대부분의 API는 JSON을 지원하며, 일부는 JSON과 XML을 모두 지원한다. XML 전용 API는 거의 없다.

JSON 웹 토큰의 이해

JSON 웹 토큰^{JWT, JSON Web Token}은 JSON에서 관심 있는 당사자 간에 데이터를 전송하기 위한 컨테이너를 정의한다. JWT는 RFC 7519로 2015년 5월에 IETF 표준이 됐다. 6장에서 다룬 OpenID 커넥트 사양은 JWT를 사용해 ID 토큰을 나타낸다. 예로 Google API에서 반환된 OpenID 커넥트 ID 토큰을 살펴보자(JWT를 이해하려고 OpenID 커넥트에 대해 알 필요는 없다).

eyJhbGciOiJSUzI1NiIsImtpZCI6Ijc4YjRjZjIzNjU2ZGMzOTUzNjRmMWI2YzAyOTA3NjkxZjJjZGZm
ZTEifQ.eyJpc3MiOiJhY2NvdW50cy5nb29nbGUuY29tIiwic3ViIjoiMTEwNTAyMjUxMTU4OTIwMTQ3N
zMyIiwiYXpwIjoiODI1MjQ5ODM1NjU5LXRlOHFnbDcwMWtnb25ub21lcDdzZXJ3NXY3ZXJuaGtpNTlhZW
HMuZ29vZ2xlXNlcmNvbnRlbnQuY29tIiwiZW1haWwiOiJwcmFiYXRoQHdzbzIuY29tIiwiYXRfaGFzaG
CI6InpmODZ2TnVsc0xCOGdGYXFSd2R6R6WWciLCJlbWFpbF92ZXJpZmllZCI6dHJ1ZSwiYXVkIjoiODI1M
jQ5ODM1NjU5LXRlOHFnbDcwMWtnb25ub21lcDdzZXJ3NXY3ZXJuaGtpNTlhZWHMuZ29vZ2xldXNlcmNvb
nRlbnQuY29tIiwiaGQiOiJ3c28yLmNvbSIsImlhdCI6MTQwMTkwODM3MSwiZXhwIjoxNDAxOTEyMTcxf
Q.TVKv-pdyvk2gW8sGsCbsnkqsrS0T-H00xnY6ETkIfgIxfotvFn5IwKm3xyBMpy0FFe0Rb5Ht8AEJV6
PdWyxz8rMgX2HROWqSo_RfEfUpBb4iOsq4W28KftW5H0IA44VmNZ6zU4YTqPSt4TPhyFC9fP2D_Hg7JQ
ozpQRUfbWTJI

참고

2009년, JWT 이전의 방식으로 마이크로소프트는 단순 웹 토큰(SWT, Simple Web Token)을 소개했다.[1] SWT는 JSON도 XML도 아니다. HTML 형식으로 인코딩된 이름/값 세트를 운반하려고 자체 토큰 형식을 정의했다. JWT와 SWT는 애플리케이션 간에 클레임을 전달하는 방법을 정의한다. SWT에서 클레임 이름과 클레임 값은 모두 문자열이지만, JWT에서는 클레임 이름이 문자열이지만 클레임 값은 JSON일 수 있다. 이러한 토큰 유형은 내용물을 보호하려고 암호화 기능을 제공한다. SWT에서는 HMAC SHA256을 사용하고, JWT에서는 서명, MAC, 암호화 알고리즘을 선택할 수 있다. SWT가 IETF에 제안하려고 개발됐지만, IETF 표준이 되지 못했다. 딕 하르트(Dick Hardt)는 SWT 사양의 편집자로, 나중에 OAuth WRAP 사양을 작성하는 데 중요한 역할을 수행했으며, 이 내용은 부록 B에서 다룬다.

JOSE 헤더

앞의 JWT에는 세 가지 주요 요소가 있다. 각 요소는 base64url로 인코딩되며 마침표(.)로 구분된다. 부록 E에서 base64url 인코딩의 작동 방식을 자세히 설명한다. JWT에서 각 개별 요소를 식별해보자. JWT의 첫 번째 요소는 자바스크립트 객체 서명 및 암호화^{JOSE, JavaScript Object Signing and Encryption} 헤더라고 한다. JOSE 헤더는 JWT

---

1. Simple Web Token, http://msdn.microsoft.com/en-us/library/hh781551.aspx

클레임 세트(이 장의 뒷부분에서 설명)에 적용된 암호화 작업과 관련된 속성을 나열한다. 다음은 앞에서 base64url로 인코딩된 JWT의 JOSE 헤더다.

```
eyJhbGciOiJSUzI1NiIsImtpZCI6Ijc4YjRjZjIzNjU2ZGMzOTUzNjRmMWI2YzAyOTA3NjkxZjJjZGZm
ZTEifQ
```

JOSE 헤더를 base64url로 디코딩하면 알아볼 수 있는 형태가 된다. 다음은 base64url로 디코딩된 JOSE 헤더로, 알고리즘(alg)과 키 식별자(kid)라는 두 가지 속성이 정의된 것을 확인할 수 있다.

```
{"alg":"RS256","kid":"78b4cf23656dc395364f1b6c02907691f2cdffe1"}
```

alg와 kid 파라미터는 JWT 사양이 아닌 JSON 웹 서명[JWS, JSON Web Signature] 사양에 정의된다. 여기에서는 파라미터들이 무엇을 의미하는지 간단히 알아보고, JWS를 설명할 때 자세히 다뤄보겠다. JWT 사양은 특정 알고리즘에만 국한되지 않는다. 적용할 수 있는 알고리즘은 RFC 7518인 JSON 웹 알고리즘[JWA, JSON Web Algorithms] 사양에 따라 정의된다. RFC 7518의 3.1 절에서 JWS 토큰에 사용 가능한 모든 alg 파라미터 값을 정의하고 있다. kid 파라미터의 값은 메시지를 서명하는 데 사용되는 키에 대한 표시나 힌트를 제공한다. 메시지 수신자는 kid 값을 보고 어디에서 키를 찾아야 하는지 알아야 한다. JWT 사양은 JOSE 헤더에 두 개의 파라미터만 정의한다. 다음은 두 파라미터를 나열한 것이다.

- **typ(type)**: typ 파라미터는 JWT의 미디어 유형을 정의하는 데 사용된다. 미디어 유형은 인터넷을 통해 전송되는 콘텐츠의 형식을 정의하는 식별자다. JWT를 처리하는 구성 요소에는 JWT 구현부와 JWT 애플리케이션, 두 가지 유형이 있다. Nimbus[2]는 자바로 된 JWT 구현부다. Nimbus 라이브러리는 JWT를 빌드하고 파싱하는 방법을 알고 있다. 내부적으로 JWT를 사

---

2. Nimbus JWT Java implementation, http://connect2id.com/products/nimbus-jose-jwt

용하는 어떤 것이든 JWT 애플리케이션이 될 수 있다. JWT 애플리케이션은 JWT 구현부를 사용해 JWT를 빌드하거나 파싱한다. typ 파라미터는 JWT 구현부를 위한 또 다른 파라미터일 뿐이다. typ 파라미터는 JWT 값을 해석하려고 시도하지 않겠지만 JWT 애플리케이션은 그 값을 해석한다. typ 파라미터는 JWT가 아닌 값이 JWT 객체와 함께 애플리케이션 데이터 구조 안에 존재할 수 있을 때 JWT 애플리케이션이 JWT의 콘텐츠를 구별하는 데 도움이 된다. 이는 선택적 파라미터로, JWT에 있는 경우 JWT를 미디어 유형으로 사용하는 것이 좋다.

- **cty(content type):** cty 파라미터는 JWT 구조에 대한 정보를 정의하는 데 사용된다. 네스티드 JWT^nested JWT의 경우에만 cty 파라미터를 사용하는 것이 좋다. 8장에서 네스티드 JWT를 다루고, cty 파라미터의 정의를 더 자세히 설명한다.

JWT 클레임 세트

JWT의 두 번째 요소는 JWT 페이로드나 JWT 클레임 세트로 알려져 있다. 이는 비즈니스 데이터를 전달하는 JSON 객체다. 다음은 앞에서 봤던 JWT(Google API에서 반환했던)의 base64url 인코딩된 JWT 클레임 세트다. 여기에는 인증된 사용자에 대한 정보가 포함된다.

eyJpc3MiOiJhY2NvdW50cy5nb29nbGUuY29tIiwic3ViIjoiMTEwNTAyMjUxMTU4OTIwMTQ3NzMyIiwi
YXpwIjoiODI1MjQ5ODM1NjU5LXRlOHFnbDcwMWtnMWtub21uZDRzcXY3ZXJodEEyMTFzLmFwcHMuZ29v
Z2xldXNlcmNvbnRlbnQuY29tIiwiZW1haWwiOiJwcmFiYXRoQHdzbzIuY29tIiwiYXRfaGFzaCI6Inpm
ODZ2TnVsc0xCOGdGYXRkZ2VpbCLJlbWFpbF92ZXJpZmllZCI6dHJ1ZSwiYXVkIjoiODI1MjQ5ODM1
NjU5LXRlOHFnbDcwMWtnMWtub21uZDRzcXY3ZXJodEEyMTFzLmFwcHMuZ29vZ2xldXNlcmNvbnRlbnQu
Y29tIiwiaGQiOiJ3c28yLmNvbSIsImlhdCI6MTQwMTkwODI3MSwiZXhwIjoxNDAxOTEyMTcxfQ

JWT 클레임 세트를 base64url로 디코딩하면 알아볼 수 있는 형태가 된다. 다음은 base64url로 디코딩된 JWT 클레임 세트를 보여준다. JWT 클레임 세트를 빌드하는 동안 공백을 명시적으로 포함할 수 있는데, base64url 인코딩 전에는 어떤 정규화도 필요하지 않다. 정규화는 서로 다른 형식의 메시지를 단일 표준 형식으로 변환하는 프로세스다. 정규화는 주로 XML 메시지에 서명하기 전에 사용된다. XML에서는 같은 의미를 지닌 메시지라 하더라도 다른 형태로 전달될 수 있다. 예를 들어 `<vehicles><car></car></vehicles>`와 `<vehicles><car/></vehicles>`는 의미가 동일하지만 두 개의 다른 형태를 갖는다. XML 메시지에 서명하기 전에 정규화 알고리즘을 따라 표준 형태로 만들어야 한다.

```
{
    "iss":"accounts.google.com",
    "sub":"110502251158920147732",
    "azp":"825249835659-te8qgl701kgonnomnp4sqv7erhu1211s.apps
.googleusercontent.com",
    "email":"prabath@wso2.com",
    "at_hash":"zf86vNulsLB8gFaqRwdzYg",
    "email_verified":true,
    "aud":"825249835659-te8qgl701kgonnomnp4sqv7erhu1211s.apps
.googleusercontent.com",
    "hd":"wso2.com",
    "iat":1401908271,
    "exp":1401912171
}
```

JWT 클레임 세트는 JSON 객체를 나타내는데, 이 객체의 멤버는 JWT 발행자가 주장한 클레임이다. JWT 내의 각 클레임 이름은 고유해야 한다. 클레임 이름이 중복될 경우 JWT 구문 분석기는 구문 분석 오류를 리턴하거나 클레임을 마지막에 중복된 클레임으로 설정해 리턴할 수 있다. JWT 사양에서는 어떤 클레임이 필수 사항이고 어떤 클레임이 선택 사항인지를 명시적으로 정의하지 않는다. 클레임이 필수 사항인지 선택 사항인지는 JWT의 각 애플리케이션에 달려 있다. 예를 들어 6장에서 자세히 설명한 OpenID 커넥트 사양은 어떤 클레임이 필수 사항인지 선택 사항인지를 정의한다.

JWT 사양은 등록된 클레임, 공개 클레임, 개인 클레임의 세 가지 클레임 클래스를 정의한다. 등록된 클레임은 IANA^{Internet Assigned Numbers Authority} JSON 웹 토큰 클레임 레지스트리에 등록된다. 이 클레임은 등록된 클레임으로 취급받지만 JWT 사양에 서는 사용을 강제 요구하지 않는다. 어떤 클레임이 필수 사항인지를 결정하려면 전적으로 JWT를 기반으로 구축된 다른 사양에 달려있다. 예를 들어 OpenID 커넥 트 사양에서 iss는 필수 사항 클레임이다. 다음은 JWT 사양에 정의된 대로 등록된 클레임 세트를 나열한 것이다.

- **iss(issuer)**: JWT의 발행자는 대소문자를 구분하는 문자열 값으로 구성된 다. 이는 이상적으로 클레임 세트의 주장 당사자를 나타낸다. 구글이 JWT 를 발행하면 iss의 값은 accounts.google.com이다. 이는 JWT의 발행자가 누구인지를 수신자에게 표시해준다.

- **sub(subject)**: 토큰 발행자나 주장 당사자는 sub 파라미터로 식별된 특정 엔티티에 대해 JWT를 발행하고, JWT에 내포된 클레임 세트는 일반적으로 이 엔티티를 나타낸다. sub 파라미터의 값은 대소문자를 구분하는 문자열 값이다.

- **aud(audience)**: 토큰 발행자는 aud 파라미터에 표시된 의도한 수신자나 수 신자 목록에 JWT를 발행한다. 수신자나 수신자 목록은 JWT를 어떻게 파 싱하고, 어떻게 유효성을 검증하는지 알아야 한다. 유효성 검사를 수행하 기 전에 먼저 해당 JWT가 사용 목적에 맞게 발행됐는지를 확인하고, 사용 목적에 맞지 않다면 즉시 거부해야 한다. aud 파라미터 값은 대소문자를 구분하는 문자열 값이거나 문자열 배열일 수 있다. 토큰 발행자는 토큰을 발행하기 전에 토큰의 의도된 수신자(또는 수신자들)가 누구인지 알고 있어 야 하며, aud 파라미터 값은 토큰 발행자와 수신자 간 사전에 합의된 값이 어야 한다. 실제로 정규 표현식을 사용해 토큰의 수신자를 검증할 수도 있 다. 예를 들어 토큰의 aud 값은 *.apress.com일 수 있지만 apress.com 도메 인의 각 수신자는 foo.apress.com, bar.apress.com과 같은 고유한 aud 값

을 가질 수 있다. aud 값과 정확히 일치하는 값을 찾는 대신 각 수신자는 aud 값이 정규 표현식 (?:[a-zA-Z0-9]*|*).apress.com과 일치하는지 확인할 수 있다. 그러면 모든 수신자는 apress.com의 하위 도메인이 포함된 JWT를 사용할 수 있다.

- **exp(expiration time)**: 각 JWT에는 만료 시간이 있다. JWT 토큰의 수신자는 토큰이 만료된 경우 거부해야 한다. 토큰 발급자는 만료 시간을 결정할 수 있다. JWT 사양은 토큰 만료 시간을 결정하는 최상의 방법에 대한 지침을 권장하거나 제공하지 않는다. JWT를 내부적으로 사용하는 다른 사양에서 권장 사항을 제공해야 한다. exp 파라미터의 값은 1970-01-01T00:00:00Z UTC에서 현재 시간까지 경과된 시간에 만료 시간(토큰 발행 시간부터)을 초 단위로 추가해 계산한다. 토큰 발급자의 시계가 수신자의 시계와 동기화되지 않으면(시간대와 상관없이) 만료 시간 유효성 검사에 실패할 수 있다. 이를 해결하려고 각 수신자는 유효성 검사 프로세스 동안에 도달 시간 차이에 따라 몇 분을 추가할 수 있다.

- **nbf(not before)**: nbf 파라미터의 값이 현재 시간보다 큰 경우 토큰 수신자는 이를 거부해야 한다. JWT는 nbf 파라미터에 표시된 값보다 이전의 값을 사용해서는 안 된다. nbf 파라미터의 값은 1970-01-01T00:00:00Z UTC에서 사용 제한[not before] 시간까지 경과된 시간(초)이다.

- **iat(issued at)**: JWT의 iat 파라미터는 토큰 발행자가 계산한 JWT의 발행 시간을 나타낸다. iat 파라미터의 값은 1970-01-01T00:00:00Z UTC에서 토큰이 발행되는 현재 시간까지 경과된 시간(초)이다.

- **jti(JWTID)**: JWT의 jti 파라미터는 토큰 발행자가 생성한 고유한 토큰 ID 다. 토큰 수신자가 여러 토큰 발행자로부터 JWT를 승인하는 경우 jti 값이 발행자마다 고유하지 않을 수 있다. 이 경우 토큰 수신자는 토큰 발행자에게 토큰을 속하게 함으로써 토큰 고유성을 유지할 수 있다. 토큰 발급자의 식별자와 jti를 조합해 고유한 토큰 식별자를 생성할 수 있다.

공개 클레임은 JWT를 기반으로 하는 다른 상세로 정의된다. 이러한 경우 충돌을 피하려면 이름을 IANA JSON 웹 토큰 클레임 레지스트리[IANA JSON Web Token Claims registry]에 등록하거나 적절한 네임스페이스를 사용해 충돌 방지 방식으로 정의해야 한다. 예를 들어 OpenID 커넥트 사양은 ID 토큰 내부에 포함된 고유한 클레임 집합(ID 토큰 자체가 JWT인)을 정의하며, 해당 클레임은 IANA JSON 웹 토큰 클레임 레지스트리에 등록된다.

비공개 클레임은 실제로 비공개이어야 하며, 지정된 토큰 발급자와 선택된 수신자 집합 간에만 공유해야 한다. 충돌 가능성이 있으므로 이러한 클레임들은 주의해서 사용해야 한다. 수신자가 여러 토큰 발행자의 토큰을 수락하는 경우 비공개 클레임에서는 동일한 클레임의 의미가 발행자마다 다를 수 있다.

JWT 서명

JWT의 세 번째 부분은 서명이며, base64url로 인코딩된다. 서명과 관련된 암호화 파라미터는 JOSE 헤더에 정의된다. 특별한 예로 구글은 SHA256 해싱 알고리즘과 함께 RSASSA-PKCS1-V1_5[3]를 사용하며, JOSE 헤더의 **alg** 파라미터 값에 RS256으로 표시된다. 다음은 구글에서 반환한 JWT의 서명 요소를 보여준다. 서명 자체는 사람이 읽을 수 없으므로 다음을 base64url 디코딩할 필요는 없다.

```
TVKv-pdyvk2gW8sGsCbsnkqsrS0TH00xnY6ETkIfgIxfotvFn5IwKm3xyBMpy0FFe0Rb5Ht8AEJV6PdW
yxz8rMgX2HROWqSo_RfEfUpBb4iOsq4W28KftW5H0IA44VmNZ6zU4YTqPSt4TPhyFC-9fP2D_Hg7JQoz
pQRUfbWTJI
```

3. RSASSA-PKCS1-V1_5는 RFC 3447: www.ietf.org/rfc/rfc3447.txt에 정의된다. 서명자의 RSA 개인키를 사용해 PKCS#1에서 정의한 방식으로 메시지에 서명한다.

평문 JWT 생성

평문 JWT에는 서명이 없다. 단지 두 부분으로 구성된다. JOSE 헤더의 alg 파라미터 값은 none으로 설정해야 한다. 다음 자바 코드는 평문 JWT를 생성한다. https://github.com/apisecurity/samples/tree/master/ch07/sample01에서 전체 자바 샘플을 메이븐 프로젝트로 다운로드할 수 있다.

```java
public static String buildPlainJWT() {

    // 수신 제한 목록을 생성
    List<String> aud = new ArrayList<String>();
    aud.add("https://app1.foo.com");
    aud.add("https://app2.foo.com");

    Date currentTime = new Date();

    // 클레임 세트 생성
    JWTClaimsSet jwtClaims = new JWTClaimsSet.Builder().
                            // issuer 값 설정
                            issuer("https://apress.com").
                            // subject 값 설정 - JWT는 이 subject에 속한다.
                            subject("john").
                            // 수신 제한을 위한 값을 설정
                            audience(aud).
                            // 만료 시간 10분으로 설정
                            expirationTime(new Date(new Date().getTime()
                                + 1000 * 60 * 10)).
                            // 현재 시간부터 유효하게 설정
                            notBeforeTime(currentTime).
                            // 발행 시간을 현재 시간으로 설정
                            issueTime(currentTime).
                            // 생성된 UUID를 JWT 식별자로 설정
                            jwtID(UUID.randomUUID().toString()).build();

    // JWT 클레임을 이용한 평문 JWT 생성
    PlainJWT plainJwt = new PlainJWT(jwtClaims);
```

```
    // 문자열로 직렬화
    String jwtInText = plainJwt.serialize();

    // JWT 값을 출력
    System.out.println(jwtInText);

    return jwtInText;
}
```

프로그램을 빌드하고 실행하려면 ch07/sample01 디렉터리에서 다음의 메이븐 명령을 실행한다.

```
\> mvn test -Psample01
```

위의 코드는 아래의 JWT를 출력한다. 코드를 반복해서 실행하면 프로그램을 실행할 때마다 currentTime 변수의 값이 변경되고 동일한 출력을 얻지 못할 수 있다.

```
eyJhbGciOiJub25lIn0.eyJleHAiOjE0MDIwMzcxNDEsInN1YiI6ImpvaG4iLCJuYmYiOjE0MDIwMz
Y1NDEsImF1ZCI6WyJodHRwczpcL1wvYXBwMS5mb28uY29tIiwiaHR0cHM6XC9cL2FwcDIuZm9vLmNv
bSJdLCJpc3MiOiJodHRwczpcL1wvYXByZXNzLmNvbSIsImp0aSI6IjVmMmQzM2RmLTEyNDktNGIwMS
04MmYxLWJlMjliM2NhOTY4OSIsImlhdCI6MTQwMjAzNjU0MX0.
```

다음의 자바 코드는 base64url 인코딩된 JWT를 파싱하는 방법을 보여준다. 이 코드는 JWT 수신자 측에서 이상적으로 실행된다.

```
public static PlainJWT parsePlainJWT() throws ParseException {
    // base64url 인코딩된 텍스트에서 JWT를 가져온다.
    String jwtInText = buildPlainJWT();
    // base64url 인코딩된 텍스트에서 평문 JWT를 빌드
    PlainJWT plainJwt = PlainJWT.parse(jwtInText);
    // JSON의 JOSE 헤더를 출력
    System.out.println(plainJwt.getHeader().toString());
    // JSON의 JWT 바디를 출력
    System.out.println(plainJwt.getPayload().toString());
```

```
        return plainJwt;
    }
```

위 코드는 파싱된 JOSE 헤더와 페이로드를 포함해 다음과 같이 출력된다.

```
{"alg":"none"}
{
    "exp":1402038339,
    "sub":"john",
    "nbf":1402037739,
    "aud":["https:\/\/app1.foo.com","https:\/\/app2.foo.com"],
    "iss":"https:\/\/apress.com",
    "jti":"1e41881f-7472-4030-8132-856ccf4cbb25",
    "iat":1402037739
}
```

JOSE 워킹그룹

OAuth 워킹그룹과 도메인 간 신원 관리 시스템(SCIM, System for Cross-domain Identity Management) 워킹그룹을 포함하는 IETF 내의 많은 워킹그룹은 JSON과 직접 작업한다. SCIM 워킹그룹은 JSON을 기반으로 프로비저닝[4] 표준을 구축하고 있다. IETF 외에도 OASIS XACML 워킹그룹은 XACML 3.0용 JSON 프로필을 작성하는 작업을 하고 있다.

OpenID Foundation에서 개발된 OpenID 커넥트 사양도 JSON을 기반으로 한다. JSON을 기반으로 구축된 표준들이 부상하고 있고 API에서 데이터를 교환하려고 JSON을 많이 사용하기 때문에 메시지 수준에서 JSON 메시지를 보호하는 방법이 전적으로 필요하게 됐다. 전송 계층 보안(TLS, Transport Layer Security)은 전송 계층에서 기밀성과 무결성만 제공한다. IETF 산하의 JOSE 워킹그룹은 무결성 보호와 기밀성의 표준화뿐만 아니라 JSON을 사용하는 프로토콜에 대한 보안 서비스의 상호운용성을 지원하는 키 및 알고리즘 식별자 형식을 표준화하는 것을 목

---

4. 프로비저닝(Provisioning): 쓰지 않고 있는 자원을 파악하고 필요한 순간에 자원을 실시간으로 할당해 서비스를 생성하고 적절하게 제공하는 기술 – 옮긴이

표로 한다. JSON 웹 서명(RFC 7515), JSON 웹 암호화(RFC 7516), JSON 웹 키(RFC 7517), JSON 웹 알고리즘(RFC 7518)은 JOSE 워킹그룹에서 개발된 4가지 IETF 제안 표준이다.

JSON 웹 서명(JWS)

IETF JOSE 워킹그룹에서 개발된 JSON 웹 서명^{JWS, JSON Web Signature} 사양은 디지털 서명되거나 MAC(해싱 알고리즘이 HMAC과 함께 사용되는 경우)으로 인증받는 메시지나 페이로드를 나타낸다. JWS 사양에 따라 서명된 메시지를 JWS 콤팩트 직렬화^{Compact Serialization}와 JWS JSON 직렬화^{JSON Serialization} 두 가지 방식으로 직렬화할 수 있다. 이 장의 시작 부분에서 나온 Google OpenID 커넥트 예제는 JWS 콤팩트 직렬화를 사용한다. 실제로 OpenID 커넥트 사양에서는 필요할 때마다 JWS 콤팩트 직렬화와 JWE 콤팩트 직렬화를 사용해야 한다(8장에서 JWE를 다룬다). JWS 토큰이라는 용어는 JWS 사양에 정의된 직렬화 기술에 따라 직렬화된 페이로드 형식을 나타내는 데 사용된다.

참고

JSON 웹 토큰(JWT, JSON Web Token)은 항상 JWS 콤팩트 직렬화나 JWE 콤팩트 직렬화로 직렬화된다. 8장에서 JSON 웹 암호화(JWE, JSON Web Encryption)를 다룬다.

JWS 콤팩트 직렬화

JWS 콤팩트 직렬화는 서명된 JSON 페이로드를 촘촘한 URL-안전^{safe}[5] 문자열로 나타낸다. 이 촘촘한 문자열은 마침표(.)로 구분되는 JOSE 헤더, JWS 페이로드, JWS 서명의 세 가지 주요 요소가 있다(그림 7-1 참고). JSON 페이로드에 대해 콤팩트 직

---

5. 일부 문자는 url에서 특정 의미로 해석될 수 있는데, 이러한 문자들이 해석되지 않게끔 인코딩하는 방식 – 옮긴이

렬화를 사용하는 경우 전체 JOSE 헤더와 JWS 페이로드에 대해 계산된 단일 서명만 가질 수 있다.

그림 7-1. 콤팩트 직렬화를 이용한 JWS 토큰

JOSE 헤더

JWS 사양은 JOSE 헤더에 11개의 파라미터를 도입한다. 다음은 메시지 서명과 관련 있는 JOSE 헤더에 포함된 파라미터를 나열한 것이다. 이러한 모든 파라미터 중에서 JWT 사양은 typ와 cty 파라미터만 정의하고(앞에서 설명한 대로) 나머지는 JWS 사양에 의해 정의된다. JWS 토큰의 JOSE 헤더에는 서명을 올바르게 검증하려고 JWS 토큰 수신자가 필요로 하는 모든 파라미터가 있다.

- **alg(algorithm):** JSON 페이로드에 서명하는 데 사용되는 알고리즘의 이름이다. 이는 JOSE 헤더의 필수 속성이다. 이를 헤더에 포함시키지 않으면 토큰 구문 분석 오류가 발생한다. alg 파라미터의 값은 문자열이며, JSON 웹 알고리즘JWA, JSON Web Algorithms 사양에 정의된 JSON 웹 서명과 암호화 알고리즘 레지스트리에서 선택된다. alg 파라미터의 값을 레지스트리에서 선택하지 않는 경우 충돌 방지 방식으로 정의해야 하지만 정의한 알고리즘이 모든 JWS 구현부에서 식별된다는 보장은 없다. JWA 사양에 정의된 알고리즘을 따르는 것이 가장 좋다.

- **jku:** JOSE 헤더의 jku 파라미터는 JSON 웹 키JWK, JSON Web Key 세트를 가리키는 URL을 전달한다. 이 JWK 세트는 JSON으로 인코딩된 공개키 모음을 나타내며, 여기 있는 키 중 하나가 JSON 페이로드를 서명하는 데 사용된다. 키 세트를 검색하는 데 사용되는 프로토콜은 모두 무결성 보호를 제공해

야 한다. 키가 HTTP를 통해 검색되면 일반 HTTP 대신 HTTPS(또는 HTTP 기반 TLS)를 사용해야 한다. 부록 C에서 전송 계층 보안^{TLS, Transport Layer Security}을 자세히 다룬다. jku는 선택할 수 있는 파라미터다.

- **jwk**: JOSE 헤더의 jwk 파라미터는 JSON 페이로드에 서명하는 데 사용되는 키에 해당하는 공개키를 나타낸다. 키는 각 JSON 웹 키^{JWK, JSON Web Key} 사양에 따라 인코딩된다. 이전에 다뤘던 jku 파라미터는 JWK 세트를 보유하는 링크를 가리키고, jwk 파라미터는 키를 JOSE 헤더 자체에 넣는다. jwk는 선택할 수 있는 파라미터다.

- **kid**: JOSE 헤더의 kid 파라미터는 JSON 페이로드에 서명하는 데 사용되는 키의 식별자를 나타낸다. 이 식별자를 사용해 JWS의 수신자는 키를 찾을 수 있어야 한다. 토큰 발급자가 JOSE 헤더의 kid 파라미터를 사용해 수신자에게 서명키에 대해 알리면 해당 키를 토큰 발급자와 수신자 간에 '어떻게든' 교환해야 한다. 이러한 키 교환이 어떻게 진행되는지는 JWS 사양의 범위를 벗어난다. kid 파라미터의 값이 JWK를 참조하는 경우 이 파라미터의 값은 JWK의 kid 파라미터 값과 일치해야 한다. kid는 JOSE 헤더의 선택할 수 있는 파라미터다.

- **x5u**: JOSE 헤더의 x5u 파라미터는 앞에서 설명한 jku 파라미터와 매우 유사하다. 여기에서 URL은 JWK 세트를 가리키는 대신 X.509 인증서나 X.509 인증서 체인을 가리킨다. URL이 가리키는 리소스는 인증서나 인증서 체인을 PEM 인코딩 형식으로 유지해야 한다. 체인의 각 인증서는 구분 기호⁶ -----BEGIN CERTIFICATE-----과 -----END CERTIFICATE----- 사이에 나타나야 한다. JSON 페이로드에 서명하는 데 사용되는 키에 해당하는 공개키는 인증서 체인의 첫 번째 항목이어야 하며, 나머지는 중간 CA(인증기관)와 루트 CA의 인증서다. x5u는 JOSE 헤더의 선택할 수 있는 파라미터다.

---

6. IKEv1/ISAKMP, IKEv2, PKIX(RFC 4945)의 인터넷 IP 보안 PKI 프로필은 6.1절에서 X.509 인증서의 구분자를 정의한다(https://tools.ietf.org/html/rfc4945).

- **x5c:** JOSE 헤더의 x5c 파라미터는 JSON 페이로드에 서명하는 데 사용되는 개인키에 해당하는 X.509 인증서(또는 인증서 체인)를 나타낸다. 이는 이전에 다룬 **jwk** 파라미터와 유사하지만, 이 경우 JWK 대신 X.509 인증서(또는 인증서 체인)다. 인증서나 인증서 체인은 인증서 값 문자열의 JSON 배열로 표시된다. 배열의 각 요소는 base64로 인코딩된 DER PKIX 인증서 값이어야 한다. JSON 페이로드에 서명하는 데 사용되는 키에 해당하는 공개키는 JSON 배열의 첫 번째 항목이어야 하며, 나머지는 중간 CA(인증기관)와 루트 CA의 인증서다. x5c는 JOSE 헤더의 선택할 수 있는 파라미터다.

- **x5t:** JOSE 헤더의 x5t 파라미터는 JSON 페이로드에 서명하는 데 사용되는 키에 해당하는 X.509 인증서의 base64url 인코딩된 SHA-1 지문을 나타낸다. 이는 앞에서 다룬 **kid** 파라미터와 유사하다. 이 두 파라미터 모두 키를 찾는 데 사용된다. 토큰 발급자가 JOSE 헤더의 x5t 파라미터를 사용해 수신자에게 서명키에 대해 알리면 이 키를 토큰 발급자와 수신자 간에 '어떻게든' 교환해야 한다. 이 키를 어떻게 교환하는지는 JWS 사양의 범위를 벗어난다. x5t는 JOSE 헤더의 선택할 수 있는 파라미터다.

- **x5t#s256:** JOSE 헤더의 x5t#s256 파라미터는 JSON 페이로드에 서명하는 데 사용되는 키에 해당하는 X.509 인증서의 base64url 인코딩된 SHA256 지문을 나타낸다. x5t#s256과 x5t의 유일한 차이점은 해싱 알고리즘이다. x5t#s256은 JOSE 헤더의 선택할 수 있는 파라미터다.

- **typ:** JOSE 헤더의 typ 파라미터는 완성된 JWS의 매체 유형을 정의하는 데 사용된다. JWS를 처리하는 구성 요소 유형에는 JWS 구현부와 JWS 애플리케이션의 두 가지 유형이 있다. Nimbus[7]는 자바의 JWS 구현부다. Nimbus 라이브러리는 JWS를 빌드하고 구문 분석하는 방법을 알고 있다. JWS 애플리케이션은 JWS를 내부적으로 사용하는 모든 것이 될 수 있다. JWS 애플리케이션은 JWS 구현부를 사용해 JWS를 빌드하거나 구문 분석한다. 이 경

---

7. Nimbus JWT Java 구현부, http://connect2id.com/products/nimbus-jose-jwt

우 typ 파라미터는 JWS 구현부를 위한 또 다른 파라미터다. JWS 구현부는 typ 값을 해석하려고 시도하지 않지만 JWS 애플리케이션은 값을 해석한다. typ 파라미터는 JWS 애플리케이션이 여러 유형의 객체가 있는 경우 콘텐츠를 구별하는 데 도움이 된다. JWS 콤팩트 직렬화를 사용하는 JWS 토큰과 JWE 콤팩트 직렬화를 사용하는 JWE 토큰의 경우 typ 파라미터의 값은 JOSE이고, JWS JSON 직렬화를 사용하는 JWS 토큰과 JWE JSON 직렬화를 사용하는 JWE 토큰의 경우 값은 JOSE+JSON이다(JWS 직렬화는 이 장의 뒷부분에서 설명하고, JWE 직렬화는 8장에서 설명한다). typ는 JOSE 헤더의 선택할 수 있는 파라미터다.

- **cty**: JOSE 헤더의 cty 파라미터는 JWS에서 보안 콘텐츠의 매체 유형을 나타내는 데 사용된다. 네스티드 JWT의 경우에만 이 파라미터를 사용하는 것이 좋다. 네스티드 JWT는 8장에서 설명하며, cty 파라미터의 정의에 대해서도 더 자세히 다룰 것이다. cty는 JOSE 헤더의 선택할 수 있는 파라미터다.

- **crit**: JOSE 헤더의 crit 파라미터는 JWS 수신자에게 JOSE 헤더 내 JWS나 JWA 사양에 정의되지 않은 사용자 정의 파라미터가 있음을 표시하는 데 사용된다. 수신자가 이러한 사용자 정의 파라미터를 이해하지 못하면 JWS 토큰은 유효하지 않은 것으로 간주된다. crit 파라미터의 값은 이름의 JSON 배열이며, 각 항목은 사용자 정의 파라미터를 나타낸다. crit는 JOSE 헤더의 선택할 수 있는 파라미터다.

앞에서 정의한 11개의 파라미터 중에서 7개는 JSON 페이로드에 서명하는 데 사용되는 키에 해당하는 공개키를 참조하는 방법을 설명한다. 키를 참조하는 세 가지 방법은 외부 참조, 내장 참고, 키 식별자 참조다. jku와 x5u 파라미터는 외부 참조 범주에 속한다. 둘 다 URI를 통해 키를 참조한다. jwk와 x5c 파라미터는 내장 참고 범주에 속한다. 파라미터별로 JOSE 헤더 자체에 키를 내장시키는 방법을 정의한다. kid, x5t, x5t#s256 파라미터는 키 식별자 참조 범주에 속한다. 세 가지 모두 식별자를 사용해 키를 찾는 방법을 정의한다. 그런 다음 7개의 파라미터를 모두 키 표현에 따라 JWK^{JSON Web Key}와 X.509의 두 가지 범주로 더 나눌 수 있다. jku, jwk, kid는 JWK 범주에 속하지만 x5u, x5c, x5t, x5t#s256은 X.509 범주에 속한다. JWS 토큰을 받았을 때 JOSE 헤더에는 위 파라미터 중 하나만 있으면 된다.

참고

jku, jwk, kid, x5u, x5c, x5t, x5t#s256이 JOSE 헤더에 있는 경우 무결성을 보호해야 한다. 그렇게 하지 않으면 공격자는 메시지 서명에 사용된 키를 수정하고 메시지 페이로드의 내용을 변경할 수 있다. 수신자 애플리케이션은 JWS 토큰의 서명을 검증한 후 서명과 연관된 키가 신뢰할 수 있는지 확인해야 한다. 수신자가 해당 키를 알고 있는지 확인해 신뢰 유효성 검사를 수행할 수 있다.

JWS 사양은 애플리케이션이 앞에 정의된 11개의 헤더 파라미터만을 사용하도록 제한하지 않는다. 새 헤더 파라미터를 도입하는 방법에는 공개용 헤더 이름과 개인용 헤더 이름의 두 가지 방법이 있다. 공공장소에서 사용하기 위한 헤더 파라미터는 충돌 방지 방식으로 도입해야 한다. 이러한 공개용 헤더 파라미터는 IANA JSON 웹 서명 및 암호 헤더 파라미터 레지스트리^{Web Signature and Encryption Header Parameters registry}에 등록하는 것이 좋다. 개인용 헤더 파라미터는 주로 토큰 발행자와 수신자가 서로를 잘 알고 있는 제한된 환경에서 사용된다. 충돌 가능성이 있으므로 이러한 개인용 헤더 파라미터는 주의해서 사용해야 한다. 수신자가 여러 토큰 발행자의 토큰을 수락할 때 개인용 헤더인 경우 동일한 파라미터의 의미가 발행자마다 다를 수 있다. 공개용 또는 개인용 헤더 파라미터는 JWS나 JWA 상세에 정의되지 않은 경우 헤더 이름이 앞에서 다룬 crit 헤더 파라미터에 포함해야 한다.

JWS 페이로드

JWS 페이로드는 서명해야 하는 메시지다. 메시지는 반드시 JSON 페이로드일 필요는 없고 무엇이든 가능하다. JSON 페이로드인 경우 JSON 값 전후에 공백이나 줄 바꿈이 포함될 수 있다. 직렬화된 JWS 토큰의 두 번째 요소는 JWS 페이로드의 base64url 인코딩 값을 전달한다.

JWS 서명

JWS 서명은 디지털 서명이나 MAC이며, JWS 페이로드와 JOSE 헤더를 통해 계산된다. 직렬화된 JWS 토큰의 세 번째 요소는 JWS 서명의 base64url 인코딩 값을 전달한다.

콤팩트 직렬화의 서명 절차

콤팩트 직렬화에서 JWS 토큰을 작성하는 데 필요한 모든 구성 요소를 다뤘다. 다음은 JWS 토큰을 작성하는 데 관련된 단계를 다룬다. JWS 토큰에는 세 가지 요소가 있다. 1 요소는 2단계에서, 2 요소는 4단계에서, 3 요소는 7단계에서 생성된다.

1. JWS 토큰의 암호화 특성을 나타내는 모든 헤더 파라미터를 포함해 JSON 객체를 빌드한다. 이를 JOSE 헤더라고 한다. 이 장의 앞부분에 있는 'JOSE 헤더' 절에서 토큰 발급자는 메시지 서명에 사용된 키에 해당하는 공개키를 JOSE 헤더에 알려야 한다. 이는 jku, jwk, kid, x5u, x5c, x5t, x5t#s256과 같은 헤더 파라미터를 통해 표현될 수 있다.

2. 1단계에서 UTF-8로 인코딩된 JOSE 헤더에 대해 base64url 인코딩 값을 계산해 JWS 토큰의 첫 번째 요소를 생성한다.

3. 페이로드나 서명할 콘텐츠를 구성한다. 이를 JWS 페이로드라고 한다. 페이로드는 반드시 JSON일 필요는 없으며, 모든 콘텐츠가 될 수 있다.

4. 3단계에서 JWS 페이로드의 base64url 인코딩 값을 계산해 JWS 토큰의 두 번째 요소를 생성한다.

5. 메시지를 작성해 디지털 서명이나 MAC을 계산한다. 메시지는 ASCII (BASE64URL-ENCODE(UTF8(JOSE Header)).BASE64URL-ENCODE(JWS Payload)) 로 구성된다.

6. JOSE 헤더 파라미터 **alg**로 정의된 서명 알고리즘에 따라 **5**단계에서 구성된 메시지를 통해 서명을 계산한다. 메시지는 JOSE 헤더에 알려진 공개키에 해당하는 개인키를 사용해 서명된다.

7. **6**단계에서 생성된 JWS 서명의 base64url 인코딩 값을 계산한다. 이는 직렬화된 JWS 토큰의 세 번째 요소다.

8. 이제 다음과 같은 방식으로 JWS 토큰을 작성하는 데 필요한 모든 요소를 갖추게 됐다. 명확성을 위해 줄 바꿈을 추가했다.

```
BASE64URL(UTF8(JWS Protected Header)).
BASE64URL(JWS Payload).
BASE64URL(JWS Signature)
```

JWS JSON 직렬화

JWS 콤팩트 직렬화와 달리 JWS JSON 직렬화는 다른 JOSE 헤더 파라미터와 함께 동일한 JWS 페이로드에서 여러 서명을 생성할 수 있다. JWS JSON 직렬화에서 최종 직렬화 양식은 서명된 페이로드를 모든 관련 메타데이터와 함께 JSON 객체로 포장한다. 이 JSON 객체에는 두 개의 최상위 요소인 payload, signatures, signatures 요소의 세 개 하위 요소인 protected, header, signature가 포함된다. 다음은 JWS JSON 직렬화로 직렬화된 JWS 토큰의 예다. URL 안전[safe]하거나 압축에 최적화돼 있지 않다. 동일한 페이로드를 통해 두 개의 서명을 전달하며, 각 서명과 주위의 메타데이터는 signatures 최상위 요소 아래 JSON 배열의 요소로 저장된다. 각 서명은 해당하는 kid 헤더 파라미터에 표시된 서로 다른 키를 사용해 서명한다. JSON 직렬화는 JOSE 헤더 파라미터를 선택적으로 서명하는 데에도 유용하다. 반대로 JWS 콤팩트 직렬화는 모든 JOSE 헤더를 서명한다.

```
{
    "payload":"eyJpc3MiOiJqb2UiLA0KICJleHAiOjEzMDA4MTkzOD",
```

```
    "signatures":[
        {
            "protected":"eyJhbGciOiJSUzI1NiJ9",
            "header":{"kid":"2014-06-29"},
            "signature":"cC4hiUPoj9Eetdgtv3hF80EGrhuB"
        },
        {
            "protected":"eyJhbGciOiJFUzI1NiJ9",
            "header":{"kid":"e909097a-ce81-4036-9562-d21d2992db0d"},
            "signature":"DtEhU3ljbEg8L38VWAfUAqOyKAM"
        }
    ]
}
```

JWS 페이로드

JSON 객체의 페이로드 최상위 요소에는 전체 JWS 페이로드의 base64url 인코딩 값이 포함된다. JWS 페이로드는 반드시 JSON 페이로드일 필요는 없으며, 모든 콘텐츠 유형이 될 수 있다. payload는 직렬화된 JWS 토큰에서 필수 요소다.

JWS 보호 헤더

JWS 보호 헤더는 서명이나 MAC 알고리즘으로 무결성을 보호해야 하는 헤더 파라미터를 갖는 JSON 객체다. 직렬화된 JSON 형식의 protected 파라미터는 JWS 보호 헤더의 base64url 인코딩 값을 나타낸다. protected 파라미터는 직렬화된 JWS 토큰의 최상위 요소는 아니다. 이 파라미터는 signatures JSON 배열에서 요소를 정의하는 데 사용되며, 서명해야 하는 base64url로 인코딩된 헤더 요소를 포함한다. 앞의 코드에서 첫 번째 protected 요소의 값을 base64url 디코딩하면 {"alg": "RS256"}이 표시된다. 보호 헤더 파라미터가 있는 경우 protected 파라미터를 포함해야 한다. signatures JSON 배열의 각 항목마다 하나의 protected 요소가 있다.

JWS 비보호 헤더

JWS 비보호 헤더는 서명이나 MAC 알고리즘으로 무결성이 보호되지 않는 헤더 파라미터를 포함하는 JSON 객체다. 직렬화된 JSON 형식의 header 파라미터는 JWS 비보호 헤더의 base64url 인코딩 값을 나타낸다. header 파라미터는 JSON 객체의 최상위 파라미터가 아니다. 이 파라미터는 signatures JSON 배열에서 요소를 정의하는 데 사용된다. header 파라미터에는 해당하는 서명과 관련된 보호되지 않은 헤더 요소가 포함되며, 이러한 요소는 서명되지 않는다. 보호 헤더와 비보호 헤더를 결합하면 궁극적으로 서명에 해당하는 JOSE 헤더가 파생된다. 앞의 코드에서 signatures JSON 배열의 첫 번째 항목에 해당하는 JOSE 헤더는 {"alg":"RS256", "kid":"2010-12-29"}다. header 요소는 JSON 객체로 표시되며, 비보호 헤더 파라미터가 있는 경우 포함해야 한다. signatures JSON 배열의 각 항목마다 하나의 header 요소가 있다.

JWS 서명

JSON 객체의 signatures 파라미터에는 JSON 객체 배열이 포함되며, 각 요소에는 서명이나 MAC(JWS 페이로드와 JWS 보호 헤더를 통한), 그리고 연관된 메타데이터가 포함된다. signature 파라미터는 필수 파라미터다. signatures 배열의 각 항목 안에 있는 signature 하위 요소는 보호 헤더 요소(protected 파라미터로 표시됨)와 JWS 페이로드에 대해 계산된 서명의 base64url 인코딩 값을 전달한다. signatures와 signature는 모두 필수 파라미터다.

참고

JSON 직렬화가 JOSE 헤더 파라미터를 선택적으로 서명하는 방법을 제공하지만, JWS 페이로드에서 파라미터를 선택적으로 서명하는 직접적인 방법은 제공하지 않는다. JWS 사양에 언급된 두 가지 직렬화 형식은 전체 JWS 페이로드를 서명한다. JSON 직렬화를 사용해 이에 대한 해결 방법이 있다. JOSE 헤더에서 선택적으로 서명해야 하는 페이로드 파라미터를 복제한 후

JSON 직렬화를 사용하면 헤더 파라미터에 선택적으로 서명할 수 있다.

JSON 직렬화의 서명 절차

JSON 직렬화에서 JWS 토큰을 작성하는 데 필요한 모든 요소를 다뤘다. 다음은 JWS 토큰 작성과 관련된 단계다.

1. 페이로드나 서명할 콘텐츠를 구성한다. 이는 JWS 페이로드라고 한다. 페이로드는 반드시 JSON일 필요는 없으며, 모든 콘텐츠가 될 수 있다. 직렬화된 JWS 토큰의 **payload** 요소는 base64url로 인코딩된 콘텐츠 값을 전달한다.

2. 페이로드에 대해 필요한 서명 수와 어떤 헤더 파라미터들만 서명해야 하는지 각각의 경우를 결정한다.

3. 무결성이 보호되거나 서명된 모든 헤더 파라미터를 포함해 JSON 객체를 빌드한다. 즉, 각 서명에 대한 JWS 보호 헤더를 구성한다. UTF-8로 인코딩된 JWS 보호 헤더의 base64url 인코딩 값은 직렬화된 JWS 토큰의 최상위 요소인 **signatures** 내부에 하위 요소인 **protected** 값을 생성한다.

4. 무결성 보호나 서명이 필요 없는 모든 헤더 파라미터를 포함해 JSON 객체를 빌드한다. 즉, 각 서명에 대한 JWS 비보호 헤더를 구성한다. 이는 직렬화된 JWS 토큰의 최상위 요소인 **signatures** 내부에 하위 요소인 **header**를 생성한다.

5. JWS 보호 헤더와 JWS 비보호 헤더는 모두 해당 서명의 암호화 특성을 나타낸다(signature 요소가 둘 이상 있을 수 있다). 이를 JOSE 헤더라고 한다. 이 장의 앞부분 'JOSE 헤더' 절에서 설명했던 것처럼 토큰 발급자는 메시지를 서명하는 데 사용된 키에 해당하는 공개키를 JOSE 헤더에 알려야 한다. 이는 **jku, jwk, kid, x5u, x5c, x5t, x5t#s256**과 같은 헤더 파라미터를 통해 표현될 수 있다.

6. 직렬화된 JWS 토큰의 signatures JSON 배열에 있는 각 항목에 대해 디지털 서명이나 MAC을 계산해 메시지를 빌드한다. 메시지는 ASCII(BASE64URL-ENCODE(UTF8(JWS Protected Header)).BASE64URL-ENCODE(JWS Payload))로 구성된다.

7. alg 헤더 파라미터에 정의된 서명 알고리즘에 따라 6단계에서 구성된 메시지의 서명을 계산한다. alg 파라미터는 JWS 보호 헤더나 JWS 비보호 헤더 내에 있을 수 있다. 메시지는 헤더에 게재된 공개키에 해당하는 개인키를 사용해 서명된다.

8. 7단계에서 생성된 JWS 서명의 base64url 인코딩 값을 계산해 직렬화된 JWS 토큰의 최상위 요소인 signatures 내에 하위 요소인 signature 값을 생성한다.

9. 모든 서명이 계산되면 최상위 요소인 signatures를 구성하고 JWS JSON 직렬화를 완료한다.

서명 유형

W3C에서 개발된 XML 서명 사양은 enveloping, enveloped, detached의 세 가지 서명 유형을 제안한다. 이 세 종류의 서명은 XML 문맥에서만 논의된다.

enveloping 서명을 사용하면 서명할 XML 내용이 서명 안에 있다. 즉, <ds:Signature xmlns: ds="http://www.w3.org/2000/09/xmldsig#"> 요소 안에 있다.

enveloped 서명을 사용하면 서명은 서명할 XML 내용 안에 있다. 즉, <ds:Signature xmlns: ds="http://www.w3.org/2000/09/xmldsig#"> 요소는 서명할 XML 페이로드의 상위 요소 내에 있다.

분리 서명(detached signature)을 사용하면 서명할 XML 내용과 해당 서명 간에 부모-자식 관계가 없다. 서명과 서명의 내용은 서로 분리된다.

XML 서명에 익숙한 사람은 JWS 사양에 정의된 모든 서명을 분리 서명으로 취급할 수 있다.

W3C의 XML 서명 사양은 XML 페이로드 서명에 대해서만 설명한다. 내용을 서명해야 하는 경우 먼저 XML 페이로드 내에 해당 내용을 내장하고 나서 서명해야 한다. 반대로 JWS 사양은 JSON에만 국한되지 않는다. JSON 페이로드 안에 감쌀 필요 없이 JWS로 내용을 서명할 수 있다.

JSON 페이로드와 HMAC-SHA256을 이용한 JWS 토큰 생성

다음의 자바 코드는 HMAC-SHA256을 사용해 JWS 토큰을 생성한다. https://github.com/apisecurity/samples/tree/master/ch07/sample02에서 메이븐 프로젝트로 전체 자바 샘플을 다운로드할 수 있다.

코드의 buildHmacSha256SignedJWT() 함수는 서명하는 데 공유키로 사용되는 비밀 값을 전달해 호출해야 한다. 비밀 값의 길이는 256비트 이상이어야 한다.

```
public static String buildHmacSha256SignedJSON(String sharedSecretString) throws
JOSEException {

    // 수신 제한 목록 생성
    List<String> aud = new ArrayList<String>();
    aud.add("https://app1.foo.com");
    aud.add("https://app2.foo.com");
    Date currentTime = new Date();

    // 클레임 세트 생성
    JWTClaimsSet jwtClaims = new JWTClaimsSet.Builder().
                    // issuer 값 설정
                    issuer("https://apress.com").
                    // subject 값 설정 - JWT는 이 subject에 속한다.
                    subject("john").
                    // 수신 제한을 위한 값을 설정
                    audience(aud).
                    // 만료 시간 10분으로 설정
                    expirationTime(new Date(new Date().getTime()
```

```
                          + 1000 * 60 * 10)).
                // 현재 시간부터 유효하게 설정
                notBeforeTime(currentTime).
                // 발행 시간을 현재 시간으로 설정
                issueTime(currentTime).
                // 생성된 UUID를 JWT 식별자로 설정
                jwtID(UUID.randomUUID().toString()).
                build();

    // HMAC-SHA256 알고리즘을 이용한 JWS 헤더 생성
    JWSHeader jswHeader = new JWSHeader(JWSAlgorithm.HS256);
    // 공급자 공유 암호로 서명자 생성
    JWSSigner signer = new MACSigner(sharedSecretString);
    // JWT 헤더와 바디를 이용한 서명된 JWT 생성
    SignedJWT signedJWT = new SignedJWT(jswHeader, jwtClaims);
    // HMAC-SHA256을 이용한 JWT 서명
    signedJWT.sign(signer);
    // base64url 인코딩 텍스트로 직렬화
    String jwtInText = signedJWT.serialize();
    // JWT 값 출력
    System.out.println(jwtInText);
    return jwtInText;
}
```

프로그램을 빌드하고 실행하려면 ch07/sample02 디렉터리에서 다음의 메이븐 명령을 실행한다.

```
\> mvn test -Psample02
```

위의 코드는 서명된 JSON 페이로드(JWS)인 다음의 결과를 출력한다. 코드를 반복해서 실행하면 프로그램을 실행할 때마다 currentTime 변수의 값이 변경되기 때문에 동일한 출력을 얻지 못할 수 있다.

```
eyJhbGciOiJIUzI1NiJ9.eyJleHAiOjE0MDIwMzkyOTIsInN1YiI6ImpvaG4iLCJuYmYiOjE0MDIwM
```

zg2OTIsImF1ZCI6WyJodHRwczpcL1wvYXBwMS5mb28uY29tIiwiaHR0cHM6XC9cL2FwcDIuZm9vLmN
vbSJdLCJpc3MiOiJodHRwczpcL1wvYXByZXNzLmNvbSIsImp0aSI6ImVkNjkwN2YwLWRRlOGEtNDMyN
i1hZDU2LWE5ZmE5NjA2YTVhOCIsImlhdCI6MTQwMjAzODY5Mn0.3v_pa-QFCRwoKU0RaP7pLOoxT57
okVuZMe_A0UcqQ8

다음의 자바 코드는 HMAC-SHA256을 사용해 서명된 JSON 메시지의 서명이 유효한지 확인하는 방법을 보여준다. 이를 위해서는 JSON 페이로드를 서명하는 데 사용되는 공유 비밀 값을 알아야 한다.

```java
public static boolean isValidHmacSha256Signature() throws JOSEException,
ParseException {
    String sharedSecretString = "ea9566bd-590d-4fe2-a441-d5f240050dbc";
    // base64url 인코딩 텍스트에서 서명된 JWT 가져오기
    String jwtInText = buildHmacSha256SignedJWT(sharedSecretString);
    // 공급자의 공유 비밀 값을 이용한 검증자 생성
    JWSVerifier verifier = new MACVerifier(sharedSecretString);
    // base64url 인코딩 텍스트를 이용한 서명된 JWS 토큰 생성
    SignedJWT signedJWT = SignedJWT.parse(jwtInText);
    // JWS 토큰의 서명 검증
    boolean isValid = signedJWT.verify(verifier);

    if (isValid) {
        System.out.println("valid JWT signature");
    } else {
        System.out.println("invalid JWT signature");
    }
    return isValid;
}
```

JSON 페이로드에서 RSA-SHA256을 사용한 JWS 토큰 생성

다음의 자바 코드는 RSA-SHA256을 사용해 JWS 토큰을 생성한다. https://github.com/apisecurity/samples/tree/master/ch07/sample03에서 메이븐 프로젝트로 전체 자바 샘플

을 다운로드할 수 있다. 먼저 generateKeyPair() 함수를 호출하고, PrivateKey(generate
KeyPair().getPrivateKey()) 함수를 buildRsaSha256SignedJSON() 함수로 전달해야 한다.

```java
public static KeyPair generateKeyPair() throws NoSuchAlgorithmException {
    // RSA 알고리즘으로 KeyPairGenerate를 인스턴스화한다.
    KeyPairGenerator keyGenerator = KeyPairGenerator.getInstance("RSA");
    // key 크기를 1024비트로 설정
    keyGenerator.initialize(1024);
    // 개인/공개키 쌍을 생성 후 반환
    return keyGenerator.genKeyPair();
}

public static String buildRsaSha256SignedJSON(PrivateKey privateKey) throws
JOSEException {
    // 수신 제한 목록 생성
    List<String> aud = new ArrayList<String>();
    aud.add("https://app1.foo.com");
    aud.add("https://app2.foo.com");

    Date currentTime = new Date();
    // 클레임 세트 생성
    JWTClaimsSet jwtClaims = new JWTClaimsSet.Builder().
                // issuer 값 설정
                issuer("https://apress.com").
                // subject 값 설정 - 이 subject는 JWT에 종속됨
                subject("john").
                // 수신 제한을 위한 값 설정
                audience(aud).
                // 만료 시간 10분으로 설정
                expirationTime(new Date(new Date().getTime()
                    + 1000 * 60 * 10)).
                // 현재 시간부터 유효하게 설정
                notBeforeTime(currentTime).
                // 발행 시간을 현재 시간으로 설정
                issueTime(currentTime).
                // 생성된 UUID를 JWT 식별자로 설정
```

```
                         jwtID(UUID.randomUUID().toString()).
                         build();

    // RSA-SHA256 알고리즘을 이용한 JWS 헤더 생성
    JWSHeader jswHeader = new JWSHeader(JWSAlgorithm.RS256);
    // RSA 개인키를 이용한 서명자 생성
    JWSSigner signer = new RSASSASigner((RSAPrivateKey)privateKey);
    // JWS 헤더와 JWT 바디를 이용한 서명된 JWT 생성
    SignedJWT signedJWT = new SignedJWT(jswHeader, jwtClaims);
    // HMAC-SHA256을 이용한 JWT 서명
    signedJWT.sign(signer);
    // base64 인코딩 텍스트로 직렬화
    String jwtInText = signedJWT.serialize();
    // JWT 값 출력
    System.out.println(jwtInText);
    return jwtInText;
}
```

다음의 자바 코드는 위 두 함수를 호출하는 방법을 보여준다.

```
KeyPair keyPair = generateKeyPair();
buildRsaSha256SignedJSON(keyPair.getPrivate());
```

프로그램을 빌드하고 실행하려면 ch07/sample03 디렉터리에서 다음의 메이븐 명령을 실행한다.

```
\> mvn test -Psample03
```

RSA-SHA256으로 서명된 JWS 토큰의 유효성을 검사하는 방법을 살펴보자. 메시지 서명에 사용된 PrivateKey(개인키)에 해당하는 PublicKey(공개키)를 알아야 한다.

```
public static boolean isValidRsaSha256Signature() throws
NoSuchAlgorithmException, JOSEException, ParseException {
    // 개인/공개키 쌍 생성
```

```
KeyPair keyPair = generateKeyPair();
// 메시지 서명에 사용될 개인키 가져오기
PrivateKey privateKey = keyPair.getPrivate();
// 메시지 서명을 검증하는 데 사용될 공개키 가져오기
PublicKey publicKey = keyPair.getPublic();
// base64url 인코딩 텍스트에서 서명된 JWT 가져오기
String jwtInText = buildRsaSha256SignedJWT(privateKey);
// 공급자 공유 암호 값을 이용한 검증자 생성
JWSVerifier verifier = new RSASSAVerifier((RSAPublicKey) publicKey);
// base64url 인코딩 텍스트를 이용한 서명된 JWT 생성
SignedJWT signedJWT = SignedJWT.parse(jwtInText);
// JWT의 서명 검증
boolean isValid = signedJWT.verify(verifier);

if (isValid) {
    System.out.println("valid JWT signature");
} else {
    System.out.println("invalid JWT signature");
}
return isValid;
}
```

JSON이 아닌 페이로드에서 HMAC-SHA256을 사용한 JWS 토큰 생성

다음의 자바 코드는 HMAC-SHA256을 사용해 JWS 토큰을 생성한다. https://github.com/apisecurity/samples/tree/master/ch07/sample04에서 메이븐 프로젝트로 전체 자바 샘플을 다운로드할 수 있다. 코드의 buildHmacSha256SignedNonJSON() 함수는 서명할 공유키로 사용되는 비밀 값을 전달해 호출해야 한다. 비밀 값의 길이는 256비트 이상이어야 한다.

```
public static String buildHmacSha256SignedJWT(String sharedSecretString) throws
JOSEException {
    // JSON이 아닌 페이로드를 이용한 HMAC으로 보호된 JWS 객체 생성
```

```
JWSObject jwsObject = new JWSObject(new JWSHeader(JWSAlgorithm.HS256), new
    Payload("Hello world!"));
// HMAC-SHA256 알고리즘을 이용한 JWS 헤더 생성
jwsObject.sign(new MACSigner(sharedSecretString));
// base64 인코딩 텍스트로 직렬화
String jwtInText = jwsObject.serialize();
// 직렬화된 JWS 토큰 값 출력
System.out.println(jwtInText);
return jwtInText;
}
```

프로그램을 빌드하고 실행하려면 ch07/sample04 디렉터리에서 다음의 메이븐 명령을 실행한다.

```
\> mvn test -Psample04
```

위의 코드는 JWS 콤팩트 직렬화를 사용하며, 다음과 같은 결과를 출력한다.

```
eyJhbGciOiJIUzI1NiJ9.SGVsbG8gd29ybGQh.zub7JG0FOh7EIKAgWMzx95w-nFpJdRMvUh_pMwd6
wnA
```

요약

- JSON은 이미 API에서 사실상의 메시지 교환 형식이 됐다.
- JSON 보안을 이해하는 것은 API 보안에서 중요한 역할을 한다.
- JSON 웹 토큰^{JWT, JSON Web Token}은 암호를 사용한 안전한 방식으로 이해 당사자 간에 데이터를 전송하는 컨테이너를 정의한다. RFC 7519로 2015년 5월에 IETF 표준이 됐다.

- JSON 웹 서명^{JWS, JSON Web Signature}과 JSON 웹 암호화^{JWE, JSON Web Encryption} 표준은 모두 JWT를 기반으로 구축된다.
- JWS 사양에 정의된 두 가지 유형의 직렬화 기술은 콤팩트 직렬화, JSON 직렬화가 있다.
- JWS 사양은 JSON에만 국한되지 않는다. JSON 페이로드로 감싸지 않고 JWS로 내용을 서명할 수 있다.

8장

JSON 웹 암호화를 이용한
메시지 수준 보안

7장에서는 JWT$^{JSON\ Web\ Token}$와 JWS$^{JSON\ Web\ Signature}$를 자세히 설명했다. 이 둘은 모두 IETF JOSE 워킹그룹에서 개발했다. 8장에서는 메시지를 암호화하려고 같은 IETF 워킹그룹에서 개발한 또 다른 주요 표준(JSON 페이로드일 필요는 없음)인 JSON 웹 암호화^{JWE}에 중점을 둔다. JWS와 마찬가지로 JWT는 JWE의 기초다. JWE는 JSON 기반 데이터 구조에서 암호화된 콘텐츠를 나타내는 방법을 표준화한다. JWE[1] 사양은 암호화된 페이로드를 나타내는 두 개의 직렬화된 양식(JWE 소형 직렬화와 JWE JSON 직렬화)을 정의한다. 이 두 가지 직렬화 기술은 다음에 자세히 설명한다. JWS와 마찬가지로 JWE 표준을 사용해 암호화된 메시지는 JSON 페이로드일 필요는 없으며 모든 콘텐츠일 수 있다. JWE 토큰이라는 용어는 JWE 사양에 정의된 직렬화 기술에 따라 직렬화된 양식의 암호화된 메시지(JSON이 아닌 모든 메시지)를 나타낸다.

---

1. The JSON Web Encryption specification, https://tools.ietf.org/html/rfc7516

JWE 콤팩트 직렬화

JWE 콤팩트^{Compact} 직렬화를 사용하면 JWE 토큰은 각각 5개의 주요 구성 요소로 구성되며 각각은 마침표(.)로 구분되는데, JOSE 헤더, JWE 암호화 키, JWE 초기화 벡터, JWE 암호문, JWE 인증 태그로 구분된다. 그림 8-1은 JWE 콤팩트 직렬화로 형성된 JWE 토큰의 구조를 보여준다.

그림 8-1. 콤팩트 직렬화된 JWE 토큰

JOSE 헤더

JOSE 헤더는 콤팩트 직렬화에서 생성된 JWE 토큰의 첫 번째 요소다. JOSE 헤더의 구조는 몇 가지 예외를 제외하고 7장에서 설명한 것과 같다. JWE에는 JSON 웹 서명^{JWS}에 의해 도입된 파라미터 외에도 JWE 토큰의 JOSE 헤더에 포함된 두 개의 새로운 파라미터(enc와 zip)가 도입됐다. 다음은 JWE 사양에 의해 정의된 모든 JOSE 헤더 파라미터다.

- **alg(algorithm):** CEK^{Content Encryption Key}를 암호화하는 데 사용되는 알고리즘의 이름이다. CEK는 대칭키로 평문 JSON 페이로드를 암호화한다. 평문이 CEK로 암호화되면 CEK 자체는 **alg** 파라미터의 값으로 식별된 알고리즘에 따라 다른 키로 암호화된다. 암호화된 CEK는 JWE 토큰의 JWE 암호화 키 섹션에 포함된다. 이는 JOSE 헤더의 필수 속성이다. 헤더에 이를 포함시키지 않으면 토큰 구문 분석 오류가 발생한다. **alg** 파라미터의 값은 문자열이며 JSON 웹 서명 및 JSON 알고리즘^{JWA2}에 의해 정의된 JSON 웹 서명 및 암호화 알고리즘 레지스트리에서 선택된다. **alg** 파라미터의 값을 이전

---

2. JWS 알고리즘은 JSON Web 알고리즘(JWA) 사양에서 정의되고 설명된다. https://tools.ietf.org/html/rfc7518

레지스트리에서 선택하지 않으면 충돌 방지 방식으로 정의해야 하지만, 특정 알고리즘이 모든 JWE 구현 때문에 식별된다는 보장은 없다. JWA 사양에 정의된 알고리즘을 항상 따르는 것이 좋다.

- **enc**: JOSE 헤더의 **enc** 파라미터는 콘텐츠 암호화에 사용되는 알고리즘의 이름을 나타낸다. 이 알고리즘은 AEAD^Authenticated Encryption with Associated Data가 있는 대칭 인증 암호화 알고리즘이어야 한다. 이는 JOSE 헤더의 필수 속성이다. 헤더에 이를 포함시키지 않으면 토큰 구문 분석 오류가 발생한다. **enc** 파라미터의 값은 문자열이며, 이는 JSON 웹 알고리즘^JWA 사양에 정의된 JSON 웹 서명 및 암호화 알고리즘 레지스트리에서 선택된다. **enc** 파라미터의 값을 이전 레지스트리에서 선택하지 않으면 충돌 방지 방식으로 정의해야 하지만 특정 알고리즘이 모든 JWE 구현에 의해 식별된다는 보장은 없다. JWA 사양에 정의된 알고리즘을 항상 따르는 것이 좋다.

- **zip**: JOSE 헤더의 **zip** 파라미터는 압축 알고리즘의 이름을 정의한다. 토큰 발행자가 압축을 사용하기로 결정하면 평문 JSON 페이로드가 암호화 전에 압축된다. 압축이 필수는 아니다. JWE 사양에서는 DEF를 압축 알고리즘으로 정의하지만 반드시 사용해야 하는 것은 아니다. 토큰 발행자는 자체 압축 알고리즘을 정의할 수 있다. 압축 알고리즘의 기본값은 JSON 웹 알고리즘^JWA 사양의 JSON 웹 암호화 압축 알고리즘 레지스트리에 정의돼 있다. 이는 선택적 파라미터다.

- **jku**: JOSE 헤더의 **jku** 파라미터는 JSON 웹 키^JWK**3** 세트를 가리키는 URL을 전달한다. 이 JWK 세트는 JSON으로 인코딩된 공개키 모음을 나타내며, 키 중 하나는 CEK^Content Encryption Key를 암호화하는 데 사용된다. 키 세트를 검색하는 데 사용된 프로토콜은 무결성 보호를 제공해야 한다. 키가 HTTP를 통해 검색되면 일반 HTTP 대신 HTTPS(또는 HTTP over TLS)를 사용해야 한다. 부록 C에서 TLS^Transport Layer Security를 자세히 설명한다. **jku**는 선택적 파라미터다.

---

3. JSON 웹 키(JWK)는 암호화 키를 나타내는 JSON 데이터 구조다. https://tools.ietf.org/html/rfc7517

- **jwk:** JOSE 헤더의 jwk 파라미터는 CEK를 암호화하는 데 사용되는 키에 해당하는 공개키를 나타낸다. 키는 JSON 웹 키[JWK] 사양에 따라 인코딩된다.[4] 이전에 다룬 jku 파라미터는 JWK 세트를 보유하는 링크를 가리키고 jwk 파라미터는 키를 JOSE 헤더 자체에 삽입한다. jwk는 선택적 파라미터다.

- **kid:** JOSE 헤더의 kid 파라미터는 CEK를 암호화하는 데 사용되는 키의 식별자를 나타낸다. 이 식별자를 사용해 JWE의 수신자는 키를 찾을 수 있어야 한다. 토큰 발급자가 JOSE 헤더의 kid 파라미터를 사용해 수신자에게 서명키에 대해 알리면 해당 키를 토큰 발급자와 수신자 간에 특정 방식으로 교환해야 한다. 이 키 교환이 발생하는 방식은 JWE 사양의 범위를 벗어난다. kid 파라미터의 값이 JWK를 참조하는 경우 이 파라미터의 값은 JWK의 kid 파라미터 값과 일치해야 한다. kid는 JOSE 헤더의 선택적 파라미터다.

- **x5u:** JOSE 헤더의 x5u 파라미터는 앞에서 설명한 jku 파라미터와 매우 비슷하다. 여기에서 URL은 JWK 세트를 가리키는 대신 X.509 인증서나 X.509 인증서 체인을 가리킨다. URL이 가리키는 리소스는 인증서나 인증서 체인을 PEM 인코딩 형식으로 보유해야 한다. 체인의 각 인증서는 구분기호[5] 사이에 "----- BEGIN CERTIFICATE -----" 및 "----- END CERTIFICATE -----"이 있어야 한다. CEK를 암호화하는 데 사용되는 키에 해당하는 공개키는 인증서 체인의 첫 번째 항목이어야 하며, 나머지는 중간 CA 및 루트 CA의 인증서다. x5u는 JOSE 헤더의 선택적 파라미터다.

- **x5c:** JOSE 헤더의 x5c 파라미터는 공개키에 해당하는 X.509 인증서(또는 인증서 체인)를 나타내며, CEK를 암호화하는 데 사용된다. 이는 이전에 다룬 jwk 파라미터와 유사하지만 이 경우 JWK 대신 X.509 인증서(또는 인증서 체인)다. 인증서나 인증서 체인은 인증서 값 문자열의 JSON 배열로 표시된다. 배열의 각 요소는 base64로 인코딩된 DER PKIX 인증서 값이어야 한

---

4. JSON 웹 키(JWK)는 암호화 키를 나타내는 JSON 데이터 구조다. https://tools.ietf.org/html/rfc7517

5. IKEv1/ISAKMP, IKEv2 및 PKIX의 인터넷 IP 보안 PKI 프로필(RFC 4945)은 6.1절에서 X.509 인증서의 구분자를 정의한다. https://tools.ietf.org/html/rfc4945

다. CEK를 암호화하는 데 사용되는 키에 해당하는 공개키는 JSON 배열의 첫 번째 항목이어야 하며, 나머지는 중간 CA 및 루트 CA의 인증서다. x5c 는 JOSE 헤더의 선택적 파라미터다.

- **x5t:** JOSE 헤더의 x5t 파라미터는 CEK를 암호화하는 데 사용되는 키에 해당하는 X.509 인증서의 base64url 인코딩 SHA-1 지문을 나타낸다. 이는 앞에서 다룬 kid 파라미터와 비슷하다. 이 두 파라미터 모두 키를 찾는 데 사용된다. 토큰 발급자가 JOSE 헤더의 x5t 파라미터를 사용해 수신자에게 서명키를 알리면 해당 키를 토큰 발급자와 수신자 간에 특정 방식으로 교환해야 한다. 이 키 교환이 발생하는 방식은 JWE 사양의 범위를 벗어난다. x5t는 JOSE 헤더의 선택적 파라미터다.

- **x5t#s256:** JOSE 헤더의 x5t#s256 파라미터는 CEK를 암호화하는 데 사용되는 키에 해당하는 X.509 인증서의 base64url 인코딩 SHA256 지문을 나타낸다. x5t#s256과 x5t의 유일한 차이점은 해싱 알고리즘이다. x5t#s256은 JOSE 헤더의 선택적 파라미터다.

- **typ:** JOSE 헤더의 typ 파라미터는 완전한 JWE의 매체 유형을 정의하는 데 사용된다. JWE를 처리하는 구성 요소 유형에는 JWE 구현과 JWE 애플리케이션의 두 가지 유형이 있다. Nimbus[6]는 자바의 JWE로 구현됐다. Nimbus 라이브러리는 JWE를 빌드하고 구문 분석하는 방법을 알고 있다. JWE 애플리케이션은 JWE를 내부적으로 사용하는 모든 것이 될 수 있다. JWE 애플리케이션은 JWE 구현을 사용해 JWE를 빌드하거나 구문 분석한다. 이 경우 typ 파라미터는 JWE 구현을 위한 또 다른 파라미터다. 그 값을 해석하려고 시도하지 않지만 JWE 애플리케이션은 그 값을 해석한다. typ 파라미터는 JWE 애플리케이션이 여러 유형의 객체가 있는 경우 콘텐츠를 구별하는 데 도움이 된다. JWS 콤팩트 직렬화를 사용하는 JWS 토큰과 JWE 콤팩트 직렬화를 사용하는 JWE 토큰의 경우 typ 파라미터의 값은 JOSE이고

---

6. Nimbus JWT 자바 구현, http://connect2id.com/products/nimbus-jose-jwt

JWS JSON 직렬화를 사용하는 JWS 토큰과 JWE JSON 직렬화를 사용하는 JWE 토큰의 경우 값은 JOSE+JSON이다(JWS 직렬화는 7장에서 설명했으며 JWE 직렬화는 이 장의 뒷부분에서 설명한다). **typ**는 JOSE 헤더의 선택적 파라미터다.

- **cty**: JOSE 헤더의 cty 파라미터는 JWE에서 보안 콘텐츠의 매체 유형을 나타내는 데 사용된다. 중첩된 JWT의 경우에만 이 파라미터를 사용하는 것이 좋다. 중첩된 JWT는 이 장의 뒷부분에서 설명하며 cty 파라미터의 정의는 여기에서 자세히 설명한다. cty는 JOSE 헤더의 선택적 파라미터다.

- **crit**: JOSE 헤더의 crit 파라미터는 JWE 수신자에게 JOSE 헤더에 JWE나 JWA 사양으로 정의되지 않은 사용자 정의 파라미터가 있음을 표시하는 데 사용된다. 수신자가 이러한 사용자 정의 파라미터를 해석하지 못하면 JWE 토큰은 유효하지 않은 것으로 간주된다. crit 파라미터의 값은 이름의 JSON 배열이며, 각 항목은 사용자 정의 파라미터를 나타낸다. crit는 JOSE 헤더의 선택적 파라미터다.

앞에서 정의한 13개의 파라미터 중 7개는 CEK를 암호화하는 데 사용되는 공개키를 참조하는 방법을 정의한다. 키를 참조하는 세 가지 방법은 외부 참조, 삽입 및 키 식별자다. jku 및 x5u 파라미터는 외부 참조에 속한다. 둘 다 URI를 통해 키를 참조한다. jwk 및 x5c 파라미터는 삽입 참조에 속한다. 각각은 JOSE 헤더 자체에 키를 포함시키는 방법을 정의한다. kid, x5t, x5t#s256 파라미터는 키 식별자 참조에 속한다. 세 가지 모두 식별자를 사용해 키를 찾는 방법을 정의한다. 그런 다음 7개의 파라미터를 모두 키 표현에 따라 JSON 웹 키[JWK]와 X.509의 두 가지 범주로 더 나눌 수 있다. jku, jwk, kid는 JWK에 속하지만 x5u, x5c, x5t, x5t#s256은 X.509 범주에 속한다. 일정 시간에 주어진 JWE 토큰의 JOSE 헤더에는 이전 파라미터 중 하나만 있으면 된다.

참고

암호화 대상인 JSON 페이로드에는 JSON 값 전후에 공백이나 줄 바꿈이 포함될 수 있다.

JWE 사양은 애플리케이션이 앞에서 말한 13개의 헤더 파라미터만 사용하도록 제한하지 않는다. 새 헤더 파라미터를 도입하는 방법에는 퍼블릭 헤더^{public header} 이름과 프라이빗 헤더^{private header} 이름 이렇게 두 가지가 있다. 퍼블릭 영역^{public place}에서 사용하려는 헤더 파라미터는 충돌 방지 방식으로 도입해야 한다. 이러한 퍼블릭 헤더^{public header} 파라미터를 IANA JSON 웹 서명 및 암호화 헤더 파라미터 레지스트리에 등록하는 것이 좋다. 프라이빗 헤더 파라미터는 주로 토큰 발행자와 수신자가 서로를 잘 알고 있는 제한된 환경에서 사용된다. 충돌 가능성이 있으므로 이러한 파라미터는 주의해서 사용해야 한다. 주어진 수신자가 여러 토큰 발행자의 토큰을 수락하는 경우 프라이빗 헤더인 경우 동일한 파라미터의 의미가 발행자마다 다를 수 있다. 두 경우 모두 퍼블릭이나 프라이빗 헤더 파라미터이든 JWE나 JWA 사양에 정의되지 않은 경우 헤더 이름은 앞에서 다룬 crit 헤더 파라미터에 포함돼야 한다.

JWE 암호화 키

JWE의 JWE 암호화 키를 이해하려면 먼저 JSON 페이로드가 암호화되는 방법을 이해해야 한다. JOSE 헤더의 enc 파라미터는 콘텐츠 암호화 알고리즘을 정의하며 연관된 데이터를 사용하는 대칭 인증 암호화^{AEAD} 알고리즘이어야 한다. JOSE 헤더의 alg 파라미터는 CEK를 암호화하기 위한 암호화 알고리즘을 정의한다. 이 알고리즘은 CEK를 래핑^{wrapping}하는 키 래핑 알고리즘이라고 부를 수도 있다.

인증된 암호화

암호화만이 데이터 기밀성을 제공한다. 특정 수신자만 암호화된 데이터를 해독하고 볼 수 있다. 모든 사람이 데이터를 볼 수는 없지만 암호화된 데이터에 접근할 수 있는 사람은 다른 메시지로 보내려고 데이터의 비트 스트림을 변경할 수 있다. 예를 들어 앨리스가 은행 계좌에서 밥의 계좌로 100달러를 이체하고 해당 메시지가 암호화된 경우 중간에 있는 이브는 그 안에 무엇이 있는지 볼 수 없다. 그러나 이브는 암호화된 데이터의 비트 스트림을 수정해 메시지를 변경할 수 있다(예, US $100에서 US $150). 거래를 통제하는 은행은 중간에 이브가 수행한 이러한 변화를 감지하지 못하고 합법적인 거래로 취급한다. 그렇기 때문에 암호화 자체가 항상 안전한 것은 아니며, 1970년대에는 이것이 은행 업계의 문제였다.

암호화와 달리 인증된 암호화는 데이터에 대한 기밀성, 무결성, 신뢰성을 동시에 제공한다. ISO/IEC 19772:2009는 6가지 인증된 암호화 모드(GCM, OCB 2.0, CCM, Key wrap, EAX, Encrypt-MAC)를 표준화했다. 관련 데이터를 사용한 인증된 암호화(AEAD, Authenticated Encryption with Associated Data)는 이 모델을 확장해 암호화되지 않은 AAD(Additional Authenticated Data)의 무결성과 신뢰성을 유지하는 기능을 추가한다. AAD는 AD(Associated Data)라고도 한다. AEAD 알고리즘은 암호화할 평문과 AAD의 두 가지 입력을 사용해 암호문과 인증 태그의 두 가지 출력을 생성한다. AAD는 인증될 데이터를 나타내지만 암호화되지는 않는다. 인증 태그는 암호문과 AAD의 무결성을 보장한다.

다음 JOSE 헤더를 살펴보자. 콘텐츠 암호화를 위해 A256GCM 알고리즘과 키 래핑을 위해 RSA-OAEP를 사용한다.

```
{"alg":"RSA-OAEP","enc":"A256GCM"}
```

A256GCM은 JWA 사양에 정의돼 있다. 256비트 길이의 키가 있는 GCM^{Galois/Counter Mode} 알고리즘의 AES^{Advanced Encryption Standard} 알고리즘을 사용하며, AEAD에 사용되는 대칭키 알고리즘이다. 대칭키는 주로 콘텐츠 암호화에 사용된다. 대칭키 암호화는 비대칭키 암호화보다 훨씬 빠르다. 동시에 비대칭키 암호화를 사용해 대용량 메시지를 암호화할 수 없다. RSA-OAEP도 JWA 사양에 정의돼 있다. 암호화 프로세스 중 토큰 발급자는 256비트 크기의 임의의 키를 생성하고 AES GCM 알고리즘에 따라 해당 키를 사용해 메시지를 암호화한다. 다음으로, 메시지를 암호화하는 데 사용되는 키는 비대칭 암호화 체계인 RSA-OAEP[7]를 사용해 암호화된다. RSA-OAEP 암호화 체계는 OAEP^{Optimal Asymmetric Encryption Padding} 방법과 함께 RSA 알고리즘을 사용한다. 마지막으로 암호화된 대칭키는 JWE의 JWE 암호화 헤더 부분에 있다.

---

7. RSA-OAEP는 공개키 암호화 체계로, OAEP(최적 비대칭 암호화 패딩) 방법으로 RSA 알고리즘을 사용한다.

키 관리 모드

키 관리 모드는 CEK에 대한 값을 도출하거나 계산하는 방법을 정의한다. JWE 사양은 다음에 나열된 5가지 키 관리 모드를 사용하며, 적절한 키 관리 모드는 JOSE 헤더에 정의된 alg 파라미터에 따라 결정된다.

1. key encryption: key encryption 모드에서 CEK의 값은 비대칭 암호화 알고리즘을 사용해 암호화된다. 예를 들어 JOSE 헤더의 alg 파라미터 값이 RSA-OAEP면 해당 키 관리 알고리즘은 기본 파라미터를 사용하는 RSAES OAEP다. alg 파라미터와 키 관리 알고리즘 간의 이러한 관계는 JWA 사양에 정의돼 있다. RSAES OAEP 알고리즘은 CEK의 값을 계산하려고 키 관리 모드로 key encryption를 사용한다.

2. key wrapping: key wrapping 모드에서 CEK의 값은 대칭키 래핑 알고리즘을 사용해 암호화된다. 예를 들어 JOSE 헤더의 alg 파라미터 값이 A128KW인 경우 해당 키 관리 알고리즘은 기본 초깃값을 가진 AES Key Wrap이며 128비트 키를 사용한다. AES Key Wrap 알고리즘은 키 관리 모드로, CEK의 값을 계산하려고 key wrapping을 사용한다.

3. direct key agreement: direct key agreement 모드에서는 CEK의 값이 key agreement 알고리즘에 따라 결정된다. 예를 들어 JOSE 헤더의 alg 파라미터 값이 ECDH-ES인 경우 해당 키 관리 알고리즘은 Concat KDF를 사용하는 타원 곡선 디피-헬먼(Diffie-hellman) static key agreement다. 이 알고리즘은 CEK의 값을 계산하려고 키 관리 모드로, direct key agreement를 사용한다.

4. key agreement with key wrapping: key wrapping 모드와 direct key agreement를 사용하는 경우 CEK의 값은 key agreement 알고리즘을 기반으로 결정되며, 대칭키 래핑 알고리즘을 사용해 암호화된다. 예를 들어 JOSE 헤더의 alg 파라미터 값이 ECDH-ES+A128KW인 경우 해당 키 관리 알고리즘은 Concat KDF를 사용하는 ECDH-ES이고, CEK는 A128KW로 래핑된다. 이 알고리즘은 CEK의 값을 계산하려고 키 관리 모드로, key wrapping과 direct key agreement를 사용한다.

5. direct encryption: direct encryption 모드에서 CEK의 값은 대칭키 값과 동일하며, 토큰 발급자와 수신자 간에 사전 공유된다. 예를 들어 JOSE 헤더의 alg 파라미터 값이 dir 이면 직접 암호화는 CEK 값을 도출하기 위한 키 관리 모드로 사용된다.

JWE 초기화 벡터

콘텐츠 암호화에 사용되는 일부 암호화 알고리즘은 암호화 프로세스 중에 초기화 벡터가 필요하다. 초기화 벡터는 무작위로 생성된 숫자며 데이터를 암호화하려고 비밀키와 함께 사용된다. 이는 암호화된 데이터에 임의성을 추가하고 동일한 비밀키를 사용해 동일한 데이터가 반복해서 암호화되더라도 결과가 반복되는 것을 방지한다. 토큰 수신자 측에서 메시지를 해독하려면 JWE 초기화 벡터 요소 중 JWE 토큰에 포함된 초기화 벡터를 알아야 한다. 콘텐츠 암호화 알고리즘에 초기화 벡터가 필요하지 않으면 이 요소의 값을 비워둬야 한다.

JWE 암호문

JWE 토큰의 네 번째 요소는 JWE 암호문의 base64url 인코딩 값이다. JWE 암호문은 헤더 파라미터 enc에 의해 정의된 암호화 알고리즘을 사용해 CEK, JWE 초기화 벡터와 AAD[Additional Authentication Data] 값을 사용해 평문 JSON 페이로드를 암호화해 계산된다. enc 헤더 파라미터로 정의된 알고리즘은 AEAD[Authenticated Encryption with Associated Data] 알고리즘이어야 한다. 평문 페이로드를 암호화하는 데 사용되는 AEAD 알고리즘을 사용하면 AAD를 지정할 수도 있다.

JWE 인증 태그

JWE 인증 태그의 base64url 인코딩 값은 JWE 토큰의 최종 요소다. 인증 태그의 값은 암호문과 함께 AEAD 암호화 프로세스 중에 생성된다. 인증 태그는 암호문과 AAD의 무결성을 보장한다.

암호화 절차(콤팩트 직렬화)

콤팩트 직렬화에서 JWE 토큰을 작성하는 데 필요한 모든 구성 요소를 설명했다. 다음은 JWE 토큰 빌드와 관련된 단계를 설명한다. JWE 토큰에는 5가지 요소가 있다. 1 요소는 6단계에서 생성되고, 2 요소는 3단계에서 생성되고, 3 요소는 4단계에서 생성되고, 4 요소는 10단계에서 생성되고, 5 요소는 11단계에서 생성된다.

1. CEK^{Content Encryption Key} 값을 결정하는 데 사용되는 알고리즘으로 키 관리 모드를 알아낸다. 이 알고리즘은 JOSE 헤더의 **alg** 파라미터에 의해 결정된다. JWE 토큰당 **alg** 파라미터가 하나씩 있다.

2. 1단계에서 선택한 키 관리 모드를 기반으로 CEK를 계산하고 JWE 암호화 키를 계산한다. CEK는 나중에 JSON 페이로드를 암호화하는 데 사용된다. JWE 토큰에는 JWE 암호화 키 요소가 하나만 있다.

3. 2단계에서 생성된 JWE 암호화 키의 base64url 인코딩 값을 계산한다. 이는 JWE 토큰의 두 번째 요소다.

4. JWE 초기화 벡터에 대한 임의의 값을 생성한다. 직렬화 기술과 관계없이 JWE 토큰은 JWE 초기화 벡터의 base64url 인코딩의 값을 전달한다. 이것이 JWE 토큰의 세 번째 요소다.

5. 토큰 압축이 필요한 경우 **zip** 헤더 파라미터에 정의된 압축 알고리즘에 따라 평문 JSON 페이로드를 압축해야 한다.

6. JOSE 헤더의 JSON 표현을 구성하고 UTF-8 인코딩된 JOSE 헤더의 base64url로 인코딩된 값을 찾는다. 이것이 JWE 토큰의 첫 번째 요소다.

7. JSON 페이로드를 암호화하려면 CEK(이미 보유), JWE 초기화 벡터(이미 보유), AAD^{Additional Authenticated Data}가 필요하다. 인코딩된 JOSE 헤더의 ASCII 값을 계산하고(6단계), 이 결과를 AAD로 사용한다.

8. **enc** 헤더 파라미터로 정의된 콘텐츠 암호화 알고리즘에 따라 CEK, JWE 초기화 벡터, AAD를 사용해 압축된 JSON 페이로드(5단계)를 암호화한다.

9. **enc** 헤더 파라미터로 정의된 알고리즘은 AEAD 알고리즘이며, 암호화 프로세스 후에 암호문과 인증 태그를 생성한다.

10. 9단계에서 생성된 암호문의 base64url로 인코딩된 값을 계산한다. 이는 JWE 토큰의 네 번째 요소다.

11. 9단계에서 생성된 인증 태그의 base64url로 인코딩된 값을 계산한다. 이는 JWE 토큰의 다섯 번째 요소다.

12. 이제 다음과 같은 방식으로 JWE 토큰을 구축하는 모든 요소를 갖게 된다. 줄 바꿈은 명확성을 위해 넣었다.

```
BASE64URL-ENCODE(UTF8(JWE Protected Header)).
BASE64URL-ENCODE(JWE Encrypted Key).
BASE64URL-ENCODE(JWE Initialization Vector).
BASE64URL-ENCODE(JWE Ciphertext).
BASE64URL-ENCODE(JWE Authentication Tag)
```

JSON 직렬화

JWE 콤팩트 직렬화와 달리 JWE JSON 직렬화는 동일한 JSON 페이로드를 통해 여러 수신자를 대상으로 암호화된 데이터를 생성할 수 있다. JWE JSON 직렬화에서 최종 직렬화 양식은 암호화된 JSON 페이로드를 JSON 객체로 나타낸다. 이 JSON 객체에는 보호, 비보호, 수신자, iv, 암호문, 태그의 6가지 최상위 요소가 포함된다. 다음은 JWE JSON 직렬화로 직렬화된 JWE 토큰의 예다.

```
{
    "protected":"eyJlbmMiOiJBMTI4Q0JDLUhTMjU2In0",
    "unprotected":{"jku":"https://server.example.com/keys.jwks"},
    "recipients":[
        {
            "header":{"alg":"RSA1_5","kid":"2011-04-29"},
            "encrypted_key":"UGhIOguC7IuEvf_NPVaXsGMoLOmwvc1GyqlIK..."
        },
        {
            "header":{"alg":"A128KW","kid":"7"},
            "encrypted_key":"6KB707dM9YTIgHtLvtgWQ8mKwb..."
```

```
    }
  ],
  "iv":"AxY8DCtDaGlsbGljb3RoZQ",
  "ciphertext":"KDlTtXchhZTGufMYmOYGS4HffxPSUrfmqCHXaI9wOGY",
  "tag":"Mz-VPPyU4RlcuYv1IwIvzw"
}
```

JWE 보호 헤더

JWE 보호 헤더는 AEAD 알고리즘으로 무결성을 보호해야 하는 헤더 파라미터를 포함하는 JSON 객체다. JWE 보호 헤더 내의 파라미터는 JWE 토큰의 모든 수신자에게 적용된다. 직렬화된 JSON 형식의 protected 파라미터는 JWE 보호 헤더를 base64url로 인코딩한 값을 나타낸다. 루트 레벨에는 JWE 토큰에 하나의 보호 요소만 있으며, JOSE 헤더에서 다룬 헤더 파라미터는 JWE 보호 헤더에서도 사용할 수 있다.

JWE 공유된 비보호 헤더

JWE 공유된 비보호^{Shared Unprotected} 헤더는 무결성이 보호되지 않은 헤더 파라미터를 포함하는 JSON 객체다. 직렬화된 JSON 양식의 unprotected 파라미터는 JWE 공유된 비보호 헤더를 나타낸다. 루트 레벨에는 JWE 토큰에 보호되지 않은 요소가 하나만 있으며, 앞서 다룬 JOSE 헤더에 있는 헤더 파라미터는 JWE 공유된 비보호 헤더에서도 사용할 수 있다.

JWE Per-Recipient 비보호 헤더

JWE Per-Recipient 비보호 헤더는 무결성이 보호되지 않은 헤더 파라미터를 포함하는 JSON 객체다. JWE Per-Recipient 비보호 헤더 내의 파라미터는 JWE 토큰의 특정 수신자에게만 적용된다. JWE 토큰에서 이 헤더 파라미터는 recipients 파라미터로 그룹화된다. recipients 파라미터는 JWE 토큰의 수신자 배열을 나타낸다. 각 멤버는 header 파라미터와 encryptedkey 파라미터로 구성된다.

- **header**: recipients 파라미터 안에 있는 header 파라미터는 무결성을 위해 받는 사람의 인증된 암호화를 통해 보호되지 않은 JWE 헤더 요소의 값을 나타낸다.
- **encryptedkey**: encryptedkey 파라미터는 암호화된 키를 base64url로 인코딩한 값을 나타낸다. 메시지 페이로드를 암호화하는 데 사용되는 키다. 키는 각 수신자마다 다른 방식으로 암호화될 수 있다.

JOSE 헤더에서 앞서 다룬 헤더 파라미터는 JWE Per-Recipient 비보호 헤더에서도 사용할 수 있다.

JWE 초기화 벡터

이 장의 앞부분에 있는 JWE 콤팩트 직렬화에서 설명한 것과 동일한 의미를 갖는다. JWE 토큰의 iv 파라미터는 암호화에 사용된 초기화 벡터의 값을 나타낸다.

JWE 암호문

JWE 암호문은 JWE 콤팩트 직렬화에서 설명한 것과 동일한 의미를 갖는다. JWE 토큰의 ciphertext 파라미터는 JWE 암호 텍스트를 base64url로 인코딩한 값을 전달한다.

JWE 인증 태그

JWE 콤팩트 직렬화에서 설명한 것과 동일한 의미를 갖는다. JWE 토큰의 **tag** 파라미터는 AWED 알고리즘을 사용한 암호화 프로세스의 결과인 JWE 인증 태그를 base64url로 인코딩한 값을 전달한다.

암호화 절차(JSON 직렬화)

JSON 직렬화에서 JWE 토큰을 빌드하는 데 필요한 모든 요소를 이야기했다. 다음은 JWE 토큰 빌드와 관련된 단계다.

1. CEK^{Content Encryption Key} 값을 결정하는 데 사용되는 알고리즘으로, 키 관리 모드를 알아낸다. 이 알고리즘은 JOSE 헤더의 alg 파라미터에 의해 결정된다. JWE JSON 직렬화에서 JOSE 헤더는 JWE 보호 헤더, JWE 공유된 비보호 헤더, Per-Recipient 비보호 헤더에 정의된 모든 파라미터를 결합해 빌드된다. Per-Recipient 비보호 헤더에 포함되면 수신자마다 alg 파라미터를 정의할 수 있다.

2. 1단계에서 선택한 키 관리 모드를 기반으로 CEK를 계산하고 JWE 암호화 키를 계산한다. CEK는 나중에 JSON 페이로드를 암호화하는 데 사용된다.

3. 2단계에서 생성된 JWE 암호화 키의 base64url 인코딩 값을 계산한다. 다시 한 번 이 값은 수신자별로 계산되며, 결괏값은 Per-Recipient 비보호 헤더 파라미터인 encryptedkey에 포함된다.

4. JWE 토큰의 각 수신자에 대해 1-3단계를 수행한다. 각 반복은 JWE 토큰의 recipients JSON 배열에 요소를 생성한다.

5. JWE 초기화 벡터에 대한 임의의 값을 생성한다. 직렬화 기술과 관계없이 JWE 토큰은 JWE 초기화 벡터를 base64url로 인코딩한 값을 전달한다.

6. 토큰 압축이 필요한 경우 zip 헤더 파라미터에 정의된 압축 알고리즘에 따라 평문의 JSON 페이로드를 압축해야 한다. zip 헤더 파라미터의 값은 JWE 보호 헤더나 JWE 공유된 비보호 헤더에서 정의할 수 있다.

7. JWE 보호 헤더, JWE 공유된 비보호 헤더, Per-Recipient 비보호 헤더의 JSON 표현을 구성한다.

8. JWE 보호 헤더의 base64url 인코딩 값을 UTF-8 인코딩으로 계산한다. 이 값은 직렬화된 JWE 토큰에서 protected 요소로 표시된다. JWE 보호 헤더

는 선택 사항이며, 존재하는 경우 헤더는 하나만 있을 수 있다. JWE 헤더가 없으면 protected 요소의 값이 비어 있다.

9. AAD$^{Additional\ Authenticated\ Data}$의 값을 생성하고 base64url로 인코딩된 값을 계산한다. 이 단계는 선택 사항이며, 있는 경우 10단계에서와 같이 base64url로 인코딩된 AAD 값이 입력 파라미터로 사용돼 JSON 페이로드를 암호화한다.

10. JSON 페이로드를 암호화하려면 CEK(이미 보유), JWE 초기화 벡터(이미 보유), AAD가 필요하다. 인코딩된 JWE 보호 헤더(8단계)의 ASCII 값을 계산하고 AAD로 사용한다. 9단계가 완료되면 AAD의 값은 ASCII(인코딩된 JWE 보호 헤더, BASE64URL-ENCODE(AAD))로 계산된다.

11. enc 헤더 파라미터로 정의된 콘텐츠 암호화 알고리즘에 따라 CEK, JWE 초기화 벡터와 AAD(10단계)를 사용해 압축된 JSON 페이로드(6단계)를 암호화한다.

12. enc 헤더 파라미터로 정의된 알고리즘은 AEAD 알고리즘이며, 암호화 프로세스 후에 암호문과 인증 태그를 생성한다.

13. 12단계에서 생성된 암호문의 base64url 인코딩 값을 계산한다.

14. 12단계에서 생성된 인증 태그의 base64url 인코딩 값을 계산한다.

이제 JSON 직렬화에서 JWE 토큰을 빌드하는 모든 요소를 만들었다.

참고

W3C의 XML 암호화 사양은 XML 페이로드 암호화에 관해서만 설명한다. 콘텐츠를 암호화해야 하는 경우 먼저 XML 페이로드 내에 해당 콘텐츠를 삽입한 후 암호화해야 한다. 반대로 JWE 사양은 JSON에만 국한되지 않는다. JSON 페이로드에 래핑하지 않고 JWE로 모든 콘텐츠를 암호화할 수 있다.

네스티드 JWT

JWS 토큰과 JWE 토큰 모두에서 페이로드는 어떤 내용이든 될 수 있다. JSON, XML 또는 무엇이든 가능하다. 네스티드[Nested] JWT에서 페이로드는 JWT 자체여야 한다. 즉, 다른 JWS나 JWE 토큰으로 묶인 JWT는 네스티드 JWT를 빌드한다. 네스티드 JWT는 중첩된[nested] 서명과 암호화를 수행하는 데 사용된다. 네스티드 JWT의 경우 cty 헤더 파라미터가 존재하고 값 JWT로 설정돼야 한다. 다음은 JWS를 사용해 페이로드에 서명한 다음 JWE를 사용해 JWS 토큰을 암호화하는 네스티드 JWT 작성 단계다.

1. 페이로드나 선택한 콘텐츠로 JWS 토큰을 빌드한다.
2. 사용하는 JWS 직렬화 기술을 기반으로 1단계는 JSON 직렬화를 사용하는 JSON 객체나 각 요소가 마침표(.)로 구분되는 3가지 요소 문자열(작은 직렬화)을 생성한다.
3. 2단계의 출력을 base64url 인코딩해 JWE 토큰에 대해 암호화할 페이로드로 사용한다.
4. JWE JOSE 헤더의 cty 헤더 파라미터 값을 JWT로 설정한다.
5. JWE 사양에 정의된 두 가지 직렬화 기술 중 하나에 따라 JWE를 빌드한다.

참고

먼저 서명하고 암호화하는 방법이 네스티드 JWT를 빌드할 때 선호되는 방법이다. 서명은 콘텐츠의 소유권을 서명자나 토큰 발급자에게 바인딩한다. 암호화된 내용이 아닌 원본 내용에 서명하는 것이 업계에서 인정받는 모범 사례다. 또한 먼저 서명하고 서명된 페이로드를 암호화하면 서명 자체도 암호화돼 중간에 있는 공격자가 서명을 제거할 수 없다. 서명과 모든 관련 메타데이터가 암호화되므로 공격자는 메시지를 보고 있는 토큰 발급자에 대한 세부 정보를 얻을 수 없다. 먼저 암호화하고 암호화된 페이로드에 서명하면 누구나 서명을 볼 수 있으며, 공격자는 메시지에서 서명을 제거할 수 있다.

JWE와 JWS

애플리케이션 개발자의 관점에서 주어진 메시지가 JWE 토큰인지 JWS 토큰인지 식별하고 이를 기반으로 처리를 시작하는 것이 매우 중요할 수 있다. 다음은 JWS 토큰과 JWE 토큰을 구별하는 데 사용할 수 있는 몇 가지 기술이다.

1. 콤팩트 직렬화를 사용하는 경우 JWS 토큰에는 마침표(.)로 구분되고 base64url로 인코딩된 3개의 요소가 있으며, JWE 토큰에는 마침표(.)로 구분되고 5개의 base64url로 인코딩된 요소가 있다.

2. JSON 직렬화를 사용하면 생성된 JSON 객체의 요소가 JWS 토큰과 JWE 토큰에서 다르다. 예를 들어 JWS 토큰에는 JWE 토큰에 없는 payload라는 최상위 요소가 있으며, JWE 토큰에는 JWS 토큰에 없는 ciphertext라는 최상위 요소가 있다.

3. JWE 토큰의 JOSE 헤더에는 enc 헤더 파라미터가 있지만 JWS 토큰의 JOSE 헤더에는 없다.

4. JWS 토큰의 JOSE 헤더에 있는 alg 파라미터의 값은 디지털 서명이나 MAC 알고리즘을 전달하거나 none을 나타내며, JWE 토큰의 JOSE 헤더에 있는 동일한 파라미터는 key encryption, key wrapping, direct key agreement와 key wrapping을 포함한 key agreement나 direct encryption 알고리즘을 전달한다.

JSON 페이로드를 RSA-OAEP과 AES를 이용해 JWE 토큰 생성하기

다음 자바 코드는 RSA-OAEP와 AES를 사용해 JWE 토큰을 생성한다. https://github.com/apisecurity/samples/tree/master/ch08/sample01에서 전체 자바 샘플을 메이븐 프로젝트로 다운로드할 수 있으며, 자바 8 이상에서 실행된다. 먼저 generateKeyPair() 메서드를 호출하고 publicKey(generateKeyPair().getPublicKey()) 메서드를 buildEncryptedJWT() 메서드로 전달해야 한다.

```
// 이 방법은 키 쌍을 생성하고 해당 공개키를 사용해 메시지를 암호화한다.
public static KeyPair generateKeyPair() throws NoSuchAlgorithmException {
    // RSA 알고리즘으로 KeyPairGenerate를 인스턴스화한다.
```

```
    KeyPairGenerator keyGenerator = KeyPairGenerator.getInstance("RSA");
    // 키 크기를 1024비트로 설정한다.
    keyGenerator.initialize(1024);
    // 개인/공개키 쌍을 생성해 반환한다.
    return keyGenerator.genKeyPair();
}
// 이 메서드는 제공된 공개키를 사용해 JWT 클레임 세트를 암호화하는 데 사용된다.
public static String buildEncryptedJWT(PublicKey publicKey) throws JOSEException
{
    // audience 제한 리스트를 만든다.
    List<String> aud = new ArrayList<String>();
    aud.add("https://app1.foo.com");
    aud.add("https://app2.foo.com");
    Date currentTime = new Date();
    // 클레임 세트를 생성한다.
    JWTClaimsSet jwtClaims = new JWTClaimsSet.Builder().
        // 발급자의 값을 설정한다.
        issuer("https://apress.com").
        // subject 값을 설정한다. - JWT는 이 subject에 속한다.
        subject("john").
        // audience 제한을 위한 값을 설정한다.
        audience(aud).
        // 만료 시간을 10분으로 설정한다.
        expirationTime(new Date(new Date().getTime() + 1000 * 60 * 10)).
        // 현재 시간으로 valid를 설정한다.
        notBeforeTime(currentTime).
        // 발급 시간을 현재 시간으로 설정한다.
        issueTime(currentTime).
        // JWT 식별자로 UUID를 생성한다.
        jwtID(UUID.randomUUID().toString()).build();
    // RSA-OAEP와 AES/GCM를 넣어 JWE헤더를 생성한다.
    JWEHeader jweHeader = new JWEHeader(JWEAlgorithm.RSA_OAEP,
EncryptionMethod.A128GCM);
    // RSA 공개키 encrypter를 생성한다.
```

```
JWEEncrypter encrypter = new RSAEncrypter((RSAPublicKey) publicKey);
// JWE 헤더와 JWT 페이로드로 암호화된 JWT를 생성한다.
EncryptedJWT encryptedJWT = new EncryptedJWT(jweHeader, jwtClaims);
// JWT를 암호화한다.
encryptedJWT.encrypt(encrypter);
// base64로 인코딩된 텍스트로 직렬화한다.
String jwtInText = encryptedJWT.serialize();
// JWT 값을 출력한다.
System.out.println(jwtInText);
return jwtInText;
}
```

다음 자바 코드는 이전 두 메서드를 호출하는 방법을 보여준다.

```
KeyPair keyPair = generateKeyPair();
buildEncryptedJWT(keyPair.getPublic());
```

프로그램을 빌드하고 실행하려고 ch08/sample01 디렉터리에서 다음 메이븐 명령을 실행한다.

```
\> mvn test -psample01
```

RSA–OAEP로 암호화된 JWT를 복호화하는 방법을 살펴볼 것이다. 메시지를 암호화하는 데 사용되는 PublicKey에 맞는 PrivateKey를 알아야 한다.

```
public static void decryptJWT() throws NoSuchAlgorithmException, JOSEException,
ParseException {
    // 개인/공개키 쌍을 생성한다.
    KeyPair keyPair = generateKeyPair();
    // 개인키를 가져온다. - 메시지를 복호화하는 데 사용된다.
    PrivateKey privateKey = keyPair.getPrivate();
    // 공개키를 가져온다. - 메시지를 암호화하는 데 사용된다.
    PublicKey publicKey = keyPair.getPublic();
    // base64로 인코딩된 텍스트로 암호화된 JWT를 가져온다.
```

```java
        String jwtInText = buildEncryptedJWT(publicKey);
        // decrypter를 생성한다.
        JWEDecrypter decrypter = new RSADecrypter((RSAPrivateKey) privateKey);
        // base64로 인코딩된 텍스트로 암호화된 JWT를 만든다.
        EncryptedJWT encryptedJWT = EncryptedJWT.parse(jwtInText);
        // JWT를 복호화한다.
        encryptedJWT.decrypt(decrypter);
        // JOSE 헤더의 값을 출력한다.
        System.out.println("JWE Header:" + encryptedJWT.getHeader());
        // JWE 콘텐츠 암호화키
        System.out.println("JWE Content Encryption Key: " + encryptedJWT.
    getEncryptedKey());
        // 초기화 벡터
        System.out.println("Initialization Vector: " + encryptedJWT.getIV());
        // 암호문
        System.out.println("Ciphertext : " + encryptedJWT.getCipherText());
        // 인증 태그
        System.out.println("Authentication Tag: " + encryptedJWT.getAuthTag());
        // JWT body의 값을 출력한다.
        System.out.println("Decrypted Payload: " + encryptedJWT.getPayload());
    }
```

앞 코드의 결과로 다음과 비슷한 것들이 출력된다.

```
JWE Header: {"alg":"RSA-OAEP","enc":"A128GCM"}
JWE Content Encryption Key: NbIuAjnNBwmwlbKiIpEzffU1duaQfxJpJaodkxDj
SC2s3tO76ZdUZ6YfPrwSZ6DU8F51pbEw2f2MK_C7kLpgWUl8hMHP7g2_Eh3y
Th5iK6Agx72o8IPwpD4woY7CVvIB_iJqz-cngZgNAikHjHzOC6JF748MwtgSiiyrI9BsmU
Initialization Vector: JPPFsk6yimrkohJf
Ciphertext: XF2kAcBrAX_4LSOGejsegoxEfb8kV58yFJSQ0_WOONP5wQ07HG
mMLTyR713ufXwannitR6d2eTDMFe1xkTFfF9ZskYj5qJ36rOvhGGhNqNdGEpsB
YK5wmPiRlk3tbUtd_DulQWEUKHqPc_VszWKFOlLQW5UgMeHndVi3JOZgiwN
gy9bvzacWazK8lTpxSQVf-NrD_zu_qPYJRisvbKI8dudv7ayKoE4mnQW_fUY-U10
AMy-7Bg4WQE4j6dfxMlQGoPOo
```

Authentication Tag: pZWfYyt2kO-VpHSW7btznA Decrypted Payload:
{

    "exp":1402116034,

    "sub":"john",

    "nbf":1402115434,

    "aud":["https:\/\/app1.foo.com "," https:\/\/app2.foo.com"],

    "iss":"https:\/\/apress.com",

    "jti":"a1b41dd4-ba4a-4584-b06d-8988e8f995bf",

    "iat":1402115434

}

JSON이 아닌 페이로드로 RSA-OAEP와 AES를 이용해 토큰 생성하기

다음 자바 코드는 RSA-OAEP와 JSON 이외의 페이로드에 대한 AES로 JWE 토큰을 생성한다. https://github.com/apisecurity/samples/tree/master/ch08/sample02에서 전체 자바 샘플을 메이븐 프로젝트로 다운로드할 수 있으며, 자바 8 이상에서 실행된다. 먼저 generateKeyPair() 메서드를 호출하고 publicKey(generateKeyPair().getPublicKey()) 메서드를 buildEncryptedJWT() 메서드에 전달해야 한다.

```java
// 이 방법은 키 쌍을 생성하고 해당 공개키를 사용해 메시지를 암호화한다.
public static KeyPair generateKeyPair() throws NoSuchAlgorithmException,
JOSEException {
    // RSA 알고리즘으로 KeyPairGenerate를 인스턴스화한다.
    KeyPairGenerator keyGenerator = KeyPairGenerator.getInstance("RSA");
    // 키 크기를 1024비트로 설정한다.
    keyGenerator.initialize(1024);
    // 개인/공개키 쌍을 생성하고 반환한다.
    return keyGenerator.genKeyPair();
}
// 이 방법은 제공된 공개키를 사용해 JSON이 아닌 페이로드를 암호화하는 데 사용된다.
public static String buildEncryptedJWT(PublicKey publicKey) throws JOSEException
```

```
{
    // RSA-OAEP 및 AES/GCM으로 JWE 헤더를 생성한다.
    JWEHeader jweHeader = new JWEHeader(JWEAlgorithm.RSA_OAEP,
EncryptionMethod.A128GCM);
    // RSA 공개키로 encrypter를 만든다.
    JWEEncrypter encrypter = new RSAEncrypter((RSAPublicKey) publicKey);
    // JSON이 아닌 페이로드로 JWE 객체 생성
    JWEObject jweObject = new JWEObject(jweHeader, new Payload("Hello world!"));
    // JWT를 암호화한다.
    jweObject.encrypt(encrypter);
    // base64로 인코딩된 텍스트로 직렬화한다.
    String jwtInText = jweObject.serialize();
    // JWT의 값을 출력한다.
    System.out.println(jwtInText);
    return jwtInText;
}
```

프로그램을 빌드하고 실행하려면 ch08/sample02 디렉터리에서 다음 메이븐 명령을 실행해야 한다.

```
\> mvn test -Psample02
```

네스티드 JWT 생성

다음 자바 코드는 RSA-OAEP 및 암호화용 AES 및 서명용 HMaC-SHA256을 사용해 중첩된 JWT를 생성한다. 중첩된 JWT는 서명된 JWT를 암호화해 구성된다. https://github.com/apisecurity/samples/tree/master/ch08/sample03에서 전체 자바 샘플을 메이븐 프로젝트로 다운로드할 수 있으며 자바 8 이상에서 실행된다. 먼저 공유된 시크릿(secret)으로 buildHmacSha256SignedJWT() 메서드를 호출하고 generateKeyPair().getPublicKey() 와 함께 출력을 buildNestedJwt() 메서드로 전달해야 한다.

```java
// 이 방법은 키 쌍을 생성하고 해당 공개키를 사용해 메시지를 암호화한다.
public static KeyPair generateKeyPair() throws NoSuchAlgorithmException {
    // RSA 알고리즘으로 KeyPairGenerate를 인스턴스화한다.
    KeyPairGenerator keyGenerator = KeyPairGenerator.getInstance("RSA");
    // 키 크기를 1024비트로 설정한다.
    keyGenerator.initialize(1024);
    // 개인/공개키 쌍을 생성하고 반환한다.
    return keyGenerator.genKeyPair();
}
// 이 메서드는 제공된 공유 비밀을 사용해 JWT 클레임 세트에 서명하는 데 사용된다.
public static SignedJWT buildHmacSha256SignedJWT(String sharedSecretString)
throws JOSEException {
    // audience 제한 리스트를 만든다.
    List<String> aud = new ArrayList<String>();
    aud.add("https://app1.foo.com");
    aud.add("https://app2.foo.com");
    Date currentTime = new Date();
    // 클레임 세트를 생성한다.
    JWTClaimsSet jwtClaims = new JWTClaimsSet.Builder().
        // 발급자의 값을 설정한다.
        issuer("https://apress.com").
        // subject 값을 설정한다. - JWT는 이 subject에 속한다.
        subject("john").
        // audience 제한을 위해 값을 설정한다.
        audience(aud).
        // 만료 시간을 10분으로 설정한다.
        expirationTime(new Date(new Date().getTime() + 1000 * 60 * 10)).
        // valid 값을 현재 시간으로 설정한다.
        notBeforeTime(currentTime).
        // 발급 시간을 현재 시간으로 설정한다.
        issueTime(currentTime).
        // 생성된 UUID를 JWT 식별자로 설정한다.
        jwtID(UUID.randomUUID().toString()).build();
    // HMAC-SHA256 알고리즘으로 JWS 헤더를 생성한다.
```

```
JWSHeader jswHeader = new JWSHeader(JWSAlgorithm.HS256);
// 공급자 공유 암호로 서명자를 만든다.
JWSSigner signer = new MACSigner(sharedSecretString);
// JWS 헤더와 JWT 본문으로 서명된 JWT를 생성한다.
SignedJWT signedJWT = new SignedJWT(jswHeader, jwtClaims);
// HMAC-SHA256으로 JWT를 서명한다.
signedJWT.sign(signer);
// base64로 인코딩된 텍스트로 직렬화한다.
String jwtInText = signedJWT.serialize();
// JWT 값을 출력한다.
System.out.println(jwtInText);
return signedJWT;
}
// 이 메서드는 제공된 공개키를 사용해 제공된 서명된 JWT나 JWS를 암호화하는 데 사용된다.
public static String buildNestedJWT(PublicKey publicKey, SignedJWT signedJwt)
throws JOSEException {
// RSA-OAEP와 AES/GCM으로 JWE 헤더를 생성한다.
JWEHeader jweHeader = new JWEHeader(JWEAlgorithm.RSA_OAEP,
EncryptionMethod.A128GCM);
// RSA 공개키로 encrypter를 만든다.
JWEEncrypter encrypter = new RSAEncrypter((RSAPublicKey) publicKey);
// 전달된 SignedJWT를 페이로드로 사용해 JWE 객체를 생성한다.
JWEObject jweObject = new JWEObject(jweHeader, new Payload(signedJwt));
// JWT를 암호화한다.
jweObject.encrypt(encrypter);
// base64로 인코딩된 텍스트로 직렬화한다.
String jwtInText = jweObject.serialize();
// JWT 값을 출력한다.
System.out.println(jwtInText);
return jwtInText;
}
```

프로그램을 빌드하고 실행하려면 ch08/sample03 디렉터리에서 다음 메이븐 명령을 실행해야 한다.

```
\> mvn test -psample03
```

요약

- JWE은 암호화된 방식으로 암호화된 콘텐츠를 표현하는 방법을 표준화한다.
- JWE는 암호화된 페이로드를 나타내는 두 개의 직렬화된 양식(JWE 콤팩트 직렬화와 JWE JSON 직렬화)을 정의한다.
- JWE 콤팩트 직렬화에서 JWE 토큰은 5개의 구성 요소로 구성되며, 각각은 마침표(.)로 구분된다. 5개의 구성 요소는 JOSE 헤더, JWE 암호화 키, JWE 초기화 벡터, JWE 암호문, JWE 인증 태그다.
- JWE JSON 직렬화는 동일한 페이로드를 통해 여러 수신자에게 암호화된 데이터 타깃팅을 생성할 수 있다.
- 네스티드 JWT에서 페이로드는 JWT 자체이어야 한다. 즉, 다른 JWS나 JWE 토큰으로 묶인 JWT는 네스티드 JWT를 빌드한다.
- 네스티드 JWT는 중첩된 서명과 암호화를 수행하는 데 사용된다.

9장

OAuth 2.0 프로필

OAuth 2.0은 위임된 권한을 위한 프레임워크다. 특정 엔터프라이즈 API의 보안 적용 사례를 모두 다루지는 않는다. 핵심 프레임워크 위에 구축된 OAuth 2.0 프로필은 OAuth 2.0을 엔터프라이즈급 배치에 사용할 수 있도록 보안 생태계를 구축한다. OAuth 2.0은 승인 유형과 토큰 유형을 통해 두 가지 확장성을 도입했다. OAuth 2.0 프로필은 이 확장성 위에 구축됐다. 9장에서는 토큰 내부 검사, 체인 API 호출, 동적 클라이언트 등록, 토큰 폐기를 위한 5가지 주요 OAuth 2.0 프로필을 설명한다.

토큰 내부 검사

OAuth 2.0은 자원 서버와 인가 서버 간의 통신을 위한 표준 API를 정의하지 않는다. 따라서 회사 고유의 독점 API는 자원 서버를 인가 서버에 연결하는 데 초점을 맞춘다. OAuth 2.0을 위한 토큰 내부 검사 프로필[1]은 표준 API가 인가 서버(그림

---

1. https://tools.ietf.org/html/rfc7662

9-1)에 의해 노출되도록 제안함으로써 이 차이를 메워 자원 서버가 인가 서버와
통신하고 토큰 메타데이터를 검색할 수 있게 한다.

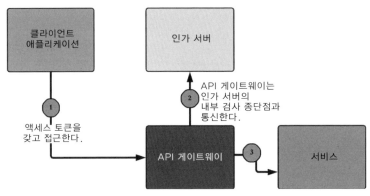

그림 9-1. OAuth 2.0 토큰 내부 검사

액세스 토큰을 소유한 모든 당사자는 토큰 내부 검사를 요청할 수 있다. 내부 검사
종단점은 보호될 수 있으며, 널리 사용되는 옵션은 상호 전송 계층 보안mTLS, mutual
Transport Layer Security과 OAuth 2.0 클라이언트 자격증명이다.

```
POST /introspection HTTP/1.1
Accept: application/x-www-form-urlencoded
Host: authz.server.com
Authorization: Basic czZCaGRSa3F0Mzo3RmpmcDBaQnIxS3REUmJuZlZkbUl3
                token=X3241Affw.423399JXJ&
                token_type_hint=access_token&
```

각 파라미터의 정의를 살펴보자.

- **token**: access_token이나 refresh_token의 값이다. 메타데이터를 가져와
  야 하는 토큰이다.
- **token_type_hint**: 토큰의 유형(access_token이나 refresh_token)이다. 이것
  은 선택 사항이며, 여기에 전달된 값은 내부 검사에 대한 응답을 생성하는
  과정에서 인가 서버의 작업을 최적화할 수 있다.

앞의 요청은 다음의 JSON 응답을 반환하는데, 내부 검사의 응답에 포함될 수 있는 모든 가능한 파라미터를 보여주지는 않는다.

```
HTTP/1.1 200 OK
Content-Type: application/json
Cache-Control: no-store
{
    "active": true,
    "client_id":"s6BhdRkqt3",
    "scope": "read write dolphin",
    "sub": "2309fj32kl",
    "aud": "http://my-resource/*"
}
```

내부 검사의 응답으로 예상되는 주요 파라미터들의 정의를 살펴보자.

- **active**: 토큰이 활성화됐는지 여부를 나타낸다. 활성화되려면 토큰이 만료되거나 폐기되지 않아야 한다. 인가 서버는 active를 정의하는 방법의 자체 기준을 정의할 수 있다. active는 내부 검사 응답에 포함돼야 하는 유일한 필수 파라미터다. 나머지 파라미터는 모두 선택 사항이다.
- **client_id**: 클라이언트와 토큰을 발행한 인가 서버와의 연결을 나타내는 식별자다.
- **scope**: 토큰과 관련해 승인된 범위다. 자원 서버는 API에 접근하는 데 필요한 범위가 토큰에 연결된 범위의 최소 하위 집합인지 확인해야 한다
- **sub**: 인가 승인 방식을 승인한 사용자의 주체 식별자, 즉 토큰이 나타내는 사용자의 식별자다. 이 식별자는 반드시 사람이 읽을 수 있는 식별자일 필요는 없지만 항상 고유한 값을 가져야 한다. 인가 서버는 각 인가 서버/자원 서버의 조합에 대해 고유한 주체를 생성할 수 있다. 이는 구현에 따라 다르며, 이를 지원하려면 인가 서버가 자원 서버를 고유하게 식별해야 한다. 프라이버시 측면에서 인가 서버는 자원 서버에 따라 다른 주체 식별자

를 유지해야 하며, 이러한 종류의 식별자를 지속적 가명$^{persistence\ pseudonym}$이라 한다. 인가 서버는 각 자원 서버마다 다른 가명을 발행하므로 자원 서버는 이 사용자가 접근하는 다른 서비스를 식별할 수 없다.

- **username:** 인가 승인 방식을 승인한 사용자의 식별자나 이 토큰이 나타내는 사용자의 식별자를 사람이 읽을 수 있는 형태로 전달한다. 자원 서버 종단에서 사용자와 관련된 것을 유지하려는 경우 username은 올바른 식별자가 아니다. username 값은 인가 서버 종단에서 구현되는 방법에 따라 때때로 변경될 수 있다.

- **aud:** 토큰에 허용된 대상이다. 이상적으로 해당 자원 서버를 나타내는 식별자를 전달해야 한다. 식별자와 일치하지 않으면 자원 서버는 즉시 토큰을 거부해야 한다. 이 aud 요소는 둘 이상의 식별자를 전달할 수 있으며, 이 경우 그중 하나가 해당하는 자원 서버의 식별자인지 확인해야 한다. 또한 일부 구현에서는 일대일로 문자열을 일치시키는 대신 정규표현식으로 일치시킬 수도 있다. 예를 들어 정규표현식 `http://*.my-resource.com`은 식별자 `http://foo.my-resource.com` 및 `http://bar.my-resource.com`을 전달하는 두 자원 서버 모두 일치하게 할 수 있다.

참고

aud 파라미터는 OAuth 2.0(https://tools.ietf.org/html/draft-tschofenig-OAuth-audience-00에 있는 대상 정보 인터넷 초안)에 정의된다. 이는 OAuth 토큰 요청 프로세스에 도입된 새로운 파라미터며, 토큰 유형과 무관하다.

- **exp:** 1970년 1월 1일부터 현재까지의 시간을 UTC 초 단위로 정의한 토큰 만료 시간이다. 활성 파라미터가 이미 응답에 있으므로 중복된 것처럼 보일 수 있다. 그러나 자원 서버는 이 파라미터를 이용해 인가 서버의 내부 검사 종단점과 통신하는 빈도를 최적화할 수 있다. 내부 검사 종단점은 원격에서 호출하므로 성능에 문제가 있을 수 있으며, 어떤 이유로 인해 다운

될 수도 있다. 이러한 경우 자원 서버는 내부 검사 응답을 전달하기 위한 캐시를 가질 수 있으며, 동일한 토큰을 반복해서 받을 때 캐시를 검사하고, 토큰이 만료되지 않은 경우 토큰을 유효한 것으로 받아들일 수 있다. 또한 유효한 캐시 만료 시간도 있어야 한다. 그렇지 않으면 인가 서버에서 토큰이 폐기되더라도 자원 서버는 알지 못할 것이다.

- **iat**: 1970년 1월 1일부터 토큰이 발행된 시점까지의 시간을 UTC 초 단위로 정의한 토큰 발행 시간이다.

- **nbf**: 1970년 1월 1일부터 토큰이 사용되지 않아야 하는 시점까지의 시간을 UTC 초 단위로 정의한다.

- **token_type**: 토큰의 유형을 나타낸다. 베어러 토큰, MAC 토큰(부록 G 참고) 또는 기타 유형일 수 있다.

- **iss**: 토큰 발행자를 나타내는 식별자를 전달한다. 자원 서버는 여러 발행자(또는 인가 서버)의 토큰을 승인할 수 있다. 자원 서버 종단에서 토큰 주체를 저장한다면 발행자에게만 고유하게 된다. 따라서 발급자와 함께 저장해야 한다. 여러 세입자가 있는 인가 서버에 자원 서버가 연결되는 경우가 있다. 이러한 경우 내부 검사 종단점은 동일하지만 세입자마다 토큰을 발행하는 발행자가 다를 것이다.

- **jti**: 인가 서버가 발행한 토큰의 고유 식별자다. jti는 인가 서버가 발행한 액세스 토큰이 JWT나 자체 포함된 액세스 토큰인 경우 주로 사용된다. 이는 액세스 토큰의 재생을 피하는 데 유용하다.

내부 검사 종단점의 응답을 검증하는 동안 자원 서버는 먼저 active 값이 true로 설정됐는지 확인해야 한다. 그런 다음 응답의 aud 값이 자원 서버나 자원과 연관된 aud URI와 일치하는지 확인해야 한다. 마지막으로 범위를 확인할 수 있다. 자원에 접근하는 데 필요한 범위는 내부 검사 응답에서 반환된 범위 값의 하위 집합이어야 한다. 자원 서버가 클라이언트나 자원 소유자를 기반으로 추가 접근 제어를 수행하려는 경우 sub와 client_id 값으로 할 수 있다.

체인 승인 방식

대상 제한이 OAuth 토큰에 적용되면 의도한 대상에 대해서만 사용될 수 있다. 대상 제한이 있는 API에 해당하는 액세스 토큰을 가져야만 API에 접근할 수 있다. 이 API가 다른 보호된 API와 통신해 클라이언트에 대한 응답을 형성하려는 경우 첫 번째 API는 두 번째 API를 인증해야 한다. 그렇게 하면 첫 번째 API는 클라이언트에서 처음에 받은 액세스 토큰만 전달할 수 없다. 두 번째 API에서 대상 제한 검증에 실패하기 때문이다. 체인 승인 방식 OAuth 2.0 프로필은 이 문제를 해결하는 표준 방법을 정의한다.

OAuth 체인 승인 방식 프로필에 따르면 첫 번째 자원 서버에서 호스팅되는 API는 인가 서버와 통신하고, 클라이언트에서 수신한 OAuth 액세스 토큰을 두 번째 자원 서버에서 호스팅되는 다른 API와 통신하는 데 사용할 수 있도록 새 토큰으로 교환해야 한다.

참고

OAuth 2.0 프로필에 대한 체인 승인 방식은 https://datatracker.ietf.org/doc/draft-hunt-OAuth-chain에 있다.

체인 승인 방식 요청은 첫 번째 자원 서버에서 인가 서버로 생성된다. grant_type 값은 http://OAuth.net/grant_type/chain으로 설정해야 하며, 클라이언트로부터 받은 OAuth 액세스 토큰을 포함해야 한다. scope 파라미터는 두 번째 자원에 필요한 범위를 공백으로 구분된 문자열로 표시해야 한다. scope는 액세스 토큰과 연관된 범위와 동일하거나 하위 집합이어야 한다. 차이가 있는 경우 인가 서버는 액세스 토큰을 발행할지 여부를 결정할 수 있다. 이는 자원 소유자와의 대역 외 협의에 따라 결정될 수 있다.

```
POST /token HTTP/1.1
```

```
Host: authz.server.net
Content-Type: application/x-www-form-urlencoded
grant_type=http://OAuth.net/grant_type/chain
oauth_token=dsddDLJkuiiuieqjhk238khjh
scope=read
```

이 요청은 다음의 JSON 응답을 반환한다. 응답에 수명이 제한된 액세스 토큰이 포함되지만 리프레시 토큰은 없어야 한다. 새로운 액세스 토큰을 얻으려면 첫 번째 자원 서버가 다시 한 번 본래의 액세스 토큰을 제시해야 한다.

```
HTTP/1.1 200 OK
Content-Type: application/json;charset=UTF-8
Cache-Control: no-store
Pragma: no-cache
{
    "access_token":"2YotnFZFEjr1zCsicMWpAA",
    "token_type":"베어러",
    "expires_in":1800,
}
```

첫 번째 자원 서버는 위 응답에서 온 액세스 토큰을 사용해 두 번째 자원 서버와 통신할 수 있다. 그런 다음 두 번째 자원 서버는 인가 서버와 통신해 액세스 토큰의 유효성을 검사한다(그림 9-2 참고).

이 책의 1판에서도 체인 승인 방식을 이야기했다. 그러나 그 이후로 이 사양은 별다른 진전이 없었다. 체인 승인 방식을 이미 사용 중인 경우라면 아직 초안 단계에 있지만 RFC에 더 가까운 OAuth 2.0 토큰 교환 사양으로 마이그레이션해야 한다. 다음 절에서는 OAuth 2.0 토큰 교환 초안 RFC를 설명한다.

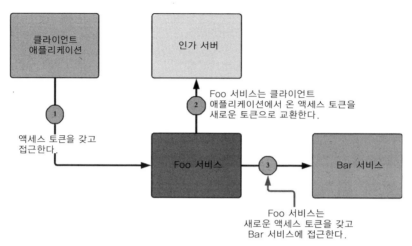

그림 9-2. OAuth 2.0 토큰 교환

토큰 교환

OAuth 2.0 토큰 교환은 현재 IETF 워킹그룹에서 논의된 국제 규격 원안이다. 이전에 설명한 체인 승인 방식 안으로 해결된 유사한 문제를 일부 개선해 해결한다. 체인 승인 방식과 마찬가지로 첫 번째 자원 서버가 클라이언트 애플리케이션으로부터 액세스 토큰을 수신하고 다른 자원 서버와 통신하려고 할 때 첫 번째 자원 서버는 다음과 같은 요청을 생성해 인가 서버와 통신한다. 그리고 클라이언트 애플리케이션에서 받은 액세스 토큰을 새로운 토큰으로 교환한다.

```
POST /token HTTP/1.1
Host: authz.server.net
Content-Type: application/x-www-form-urlencoded
grant_type=urn:ietf:params:OAuth:grant-type:token-exchange
subject_token=dsddDLJkuiiuieqjhk238khjh
subject_token_type=urn:ietf:params:OAuth:token-type:access_token
requested_token_type=urn:ietf:params:OAuth:token-type:access_token
resource=https://bar.example.com
scope=read
```

앞의 샘플 요청에는 포함할 수 있는 파라미터가 모두 포함되지는 않았다. 토큰 교환 요청에서 포함될 수 있는 주요 파라미터는 다음과 같다.

- **grant_type**: 토큰 교환과 관련된 요청이며, urn:ietf:params:OAuth:grant-type:token-exchange 값을 전달해야 하는 토큰 종단점을 나타낸다. 이는 필수 파라미터다.

- **resource**: 이 파라미터의 값은 대상 자원에 대한 참조를 나타낸다. 예를 들어 초기 요청이 foo API에 도달하고 bar API와 통신하려는 경우 resource 파라미터의 값은 bar API의 종단점을 전달한다. 이는 한 마이크로서비스가 다른 마이크로서비스를 인증해야 하는 마이크로서비스 배치에도 매우 유용하다. OAuth 2.0 인가 서버는 이 요청에 대해 액세스 제어 정책을 시행해 foo API가 bar API에 액세스할 수 있는지 여부를 확인할 수 있다. 이는 선택 가능한 파라미터다.

- **audience**: 이 파라미터의 값은 resource 파라미터와 동일한 목적으로 제공되지만 이 경우 audience 파라미터의 값은 절대 URL이 아닌 대상 자원의 참조다. 여러 대상 자원에 대해 동일한 토큰을 사용하려는 경우 audience 파라미터 안에 대상의 목록을 포함시킬 수 있다. 이는 선택 가능한 파라미터다.

- **scope**: 새 토큰과 관련된 범위 값을 나타낸다. 이 파라미터는 공백으로 구분되고 대소문자를 구분하는 문자열의 목록을 포함하고 있다. 이는 선택 가능한 파라미터다.

- **requested_token_type**: 요청 토큰의 유형을 나타내며, urn:ietf:params:OAuth:token-type:access_token, urn:ietf:params:OAuth:token-type:refresh_token, urn:ietf:params:OAuth:token-type:id_token, urn:ietf:params:OAuth:token-type:saml1, urn:ietf:params:OAuth:token-type:saml2 중 하나가 될 수 있다. 이는 선택 가능한 파라미터며, 누락된 경우 토큰 종단점은 반환할 토큰 유형을 결정할 수 있다. 위 목록에 없는 다른 토큰

유형을 사용하는 경우 requested_token_type으로 고유한 URI를 가질 수 있다.

- **subject_token**: 첫 번째 API가 받는 초기 토큰을 나타낸다. 이는 첫 번째 API를 처음 호출하는 엔티티의 ID를 전달하며, 필수 파라미터다.
- **subject_token_type**: subject_token의 유형을 나타내며, urn:ietf:params:OAuth:token-type:access_token, urn:ietf:params:OAuth:token-type:refresh_token, urn:ietf:params:OAuth:token-type:id_token, urn:ietf:params:OAuth:token-type:saml1, urn:ietf:params:OAuth:token-type:saml2 중 하나가 될 수 있다. 이는 필수 파라미터다. 위 목록에 없는 다른 토큰 유형을 사용하는 경우 subject_token_type으로 고유한 URI를 가질 수 있다.
- **actor_token**: 요청된 토큰을 사용하려는 엔티티의 ID를 나타내는 보안 토큰을 운반한다. resource 파라미터에서 설명한 예를 들면 foo API가 bar API와 대화하고 싶을 때 actor_token은 foo API를 나타낸다. 이는 선택 가능한 파라미터다.
- **actor_token_type**: actor_token의 유형을 나타내며, urn:ietf:params:OAuth:token-type:access_token, urn:ietf:params:OAuth:token-type:refresh_token, urn:ietf:params:OAuth:token-type:id_token, urn:ietf:params:OAuth:token-type:saml1, urn:ietf:params:OAuth:token-type:saml2 중 하나일 수 있다. 요청에 actor_token이 있을 때 이는 필수 파라미터다. 위 목록에 없는 다른 토큰 유형을 사용하는 경우 actor_token_type으로 고유한 URI를 가질 수 있다.

위 요청은 다음의 JSON 응답을 반환한다. 응답의 access_token 파라미터는 요청된 토큰을 전달하는 반면에 issued_token_type은 해당 유형을 나타낸다. 응답의 다른 파라미터 token_type, expires_in, scope, refresh_token은 4장에서 설명한 일반적인 OAuth 2.0 토큰 응답과 동일한 의미를 갖는다.

```
// C++HTTP/1.1 200 OK
Content-Type: application/json
Cache-Control: no-cache, no-store
{
    "access_token":"eyJhbGciOiJFUzI1NiIsImtpZCI6IjllciJ9 ",
    "issued_token_type":"urn:ietf:params:OAuth:token-type:access_token",
    "token_type":"베어러",
    "expires_in":60
}
```

동적 클라이언트 등록 프로필

OAuth 2.0 핵심 사양에 따르면 모든 OAuth 클라이언트는 OAuth 인가 서버에 등록되고, 상호작용 전에 클라이언트 식별자를 가져와야 한다. 동적 클라이언트 등록 OAuth 2.0 프로필[2]의 목적은 즉시 등록을 용이하게 하려고 표준 방식으로 클라이언트 등록을 하고자 종단점을 공개하는 것이다.

인가 서버에 의해 공개된 동적 등록 종단점은 보안이 적용되거나 적용되지 않을 수 있다. 보안이 적용된 경우 OAuth, HTTP 기본 인증[Basic Authentication], 상호 전송 계층 보안[mTLS, Mutual Transport Layer Security]이나 인가 서버가 원하는 기타 보안 프로토콜을 사용해 보호할 수 있다. 동적 클라이언트 등록 프로필은 등록 종단점을 통해 인증 프로토콜을 강제하지 않지만 TLS로 보안을 설정해야 한다. 인가 서버가 종단점을 공개하고 누구나 등록 가능하게 할 수도 있다. 등록을 위해 클라이언트 애플리케이션은 모든 메타데이터를 등록 종단점으로 전달해야 한다.

```
POST /register HTTP/1.1
Content-Type: application/json
Accept: application/json
Host: authz.server.com
```

---

2. https://tools.ietf.org/html/rfc7591

```
{
    "redirect_uris":["https://client.org/callback","https://client.org/ callback2"],
    "token_endpoint_auth_method":"client_secret_basic",
    "grant_types": ["authorization_code" , "implicit"],
    "response_types": ["code" , "token"],
}
```

클라이언트 등록 요청에서 중요한 파라미터 중 일부의 정의는 다음과 같다.

- **redirect_uris**: 클라이언트가 제어하는 URI 배열이다. 인가 승인 후 사용자가 redirect_uris 값 중 하나로 리다이렉트된다. 이러한 리다이렉트 URI는 전송 계층 보안^{TLS, Transport Layer Security}을 통해야만 한다.

- **token_endpoint_auth_method**: 토큰 종단점과 통신할 때 지원되는 인증 제도로, 이 값이 client_secret_basic이면 클라이언트는 클라이언트 ID와 클라이언트 비밀 값을 HTTP 기본 인가^{Basic Authorization} 헤더로 보낸다. 이 값이 client_secret_post인 경우 클라이언트 ID와 클라이언트 비밀 값은 HTTP POST 본문에 있다. 이 값이 none이면 클라이언트가 인증을 원하지 않는다는 뜻, 즉 OAuth 암시적 승인 방식의 경우나 단일 페이지 애플리케이션에서 인가 코드 승인 방식을 사용하는 경우에는 공용 클라이언트임을 의미한다. 이 RFC는 세 가지 클라이언트 인증 방법만 지원하지만 다른 OAuth 프로필은 자체 인증 방법을 도입할 수 있다. 예를 들어 현재 IETF OAuth 워킹그룹에서 논의 중인 RFC 초안인 OAuth 2.0 Mutual-TLS Client Authentication and Certificate-Bound Access Tokens에서는 tls_client_auth라는 새로운 인증 방법을 도입한다. 이는 토큰 종단점에 대한 클라이언트 인증이 상호 TLS로 발생함을 나타낸다.

- **grant_types**: 클라이언트가 지원하는 승인 방식을 나타낸다. 클라이언트 애플리케이션이 필요한 승인 방식만을 사용하도록 제한하는 것이 좋다. 예를 들어 클라이언트 애플리케이션이 단일 페이지 애플리케이션인 경우

authorization_code 승인 방식만을 사용해야 한다.

- **response_types:** 인가 서버로부터 예상되는 응답 유형을 나타낸다. 대부분의 경우 grant_types와 response_types 사이에 상관관계가 있으며, 일치하지 않는 항목을 선택하면 인가 서버는 등록 요청을 거부한다.

- **client_name:** 클라이언트 애플리케이션을 나타내는 사람이 읽을 수 있는 이름이다. 인가 서버는 로그인 과정에서 최종 사용자에게 클라이언트 이름을 표시한다. 최종 사용자가 로그인 과정에서 클라이언트 애플리케이션을 파악할 수 있도록 충분한 정보를 제공해야 한다.

- **client_uri:** 클라이언트 애플리케이션을 가리키는 URL이다. 인가 서버는 로그인이 진행되는 동안 클릭 가능한 방식으로 최종 사용자에게 이 URL을 표시한다.

- **logo_uri:** 클라이언트 애플리케이션의 로고를 가리키는 URL이다. 인가 서버는 로그인 과정에서 최종 사용자에게 로고를 표시한다.

- **scope:** 클라이언트가 인가 서버로부터 받은 요청 가능한 범위 값 목록이며, 공백으로 구분된 문자열이다.

- **contacts:** 클라이언트 애플리케이션 종단의 대표자 목록이다.

- **tos_uri:** 클라이언트 애플리케이션의 서비스 약관 문서를 가리키는 URL이다. 인가 서버는 로그인 과정에서 최종 사용자에게 이 링크를 표시한다.

- **policy_uri:** 클라이언트 애플리케이션의 개인 정보 보호 정책 문서를 가리키는 URL이다. 인가 서버는 로그인 과정에서 최종 사용자에게 이 링크를 표시한다.

- **jwks_uri:** 클라이언트의 공개키가 있는 JSON 웹 키 세트^{JWKS, JSON Web Key Set} 문서를 전달하는 종단점을 가리킨다. 인가 서버는 이 공개키를 사용해 클라이언트 애플리케이션이 서명한 모든 요청의 서명을 검증한다. 클라이언트 애플리케이션이 종단점을 통해 공개키를 관리할 수 없는 경우 jwks_uri 대신 jwks 파라미터로 JWKS 문서를 공유할 수 있다. 이 두 파라미터는

한 단일 요청에서 둘 중 하나만 있을 수 있다.

- **software_id**: client_id와 비슷하지만 큰 차이가 있다. client_id는 인가 서버에 의해 생성되며 주로 애플리케이션을 식별하는 데 사용된다. client_id는 애플리케이션 수명 동안 변경될 수 있지만, 반대로 software_id는 수명 주기 동안 애플리케이션에 고유하며, 애플리케이션 수명주기 동안 애플리케이션과 관련된 모든 메타데이터를 고유하게 나타낸다.
- **software_version**: software_id가 식별하는 클라이언트 애플리케이션의 버전이다.
- **software_statement**: 등록 요청의 특수 파라미터며, JSON 웹 토큰^{JWT, JSON Web Token}을 전달한다. 이 JWT에는 클라이언트와 관련해 앞에서 정의한 모든 메타데이터가 포함된다. JWT와 software_statement 파라미터 밖의 요청에 동일한 파라미터가 정의된 경우 software_statement 내의 파라미터가 우선한다.

인가 서버의 정책에 따라 등록 진행 여부를 결정할 수 있다. 등록을 계속하기로 결정하더라도 인가 서버는 클라이언트가 제안한 모든 파라미터를 승인할 필요는 없다. 예를 들어 클라이언트는 authorization_code와 implicit를 모두 승인 방식으로 사용하도록 제안할 수 있지만 인가 서버는 무엇을 허용할지 결정할 수 있다. token_endpoint_auth_method도 마찬가지다. 인가 서버가 지원 대상을 결정할 수 있다. 다음은 인가 서버 응답의 한 예다.

```
HTTP/1.1 200 OK
Content-Type: application/json
Cache-Control: no-store
Pragma: no-cache
{
    "client_id":"iuyiSgfgfhffgfh",
    "client_secret":"hkjhkiiu89hknhkjhuyjhk",
    "client_id_issued_at":2343276600,
```

```
    "client_secret_expires_at":2503286900,
    "redirect_uris":["https://client.org/callback","https://client.org/callback2"],
    "grant_types":"authorization_code",
    "token_endpoint_auth_method":"client_secret_basic",
}
```

각 파라미터의 정의는 다음과 같다.

- **client_id**: 클라이언트에게 부여된 고유한 식별자다.
- **client_secret**: client_id에 대응하는 클라이언트 비밀 값이다. 이것은 선택 가능하고, 예를 들면 공용 클라이언트들에게는 client_secret은 필요하지 않다.
- **client_id_issued_at**: 1970년 1월 1일 이후 지난 시간을 초로 나타낸 것이다.
- **client_secret_expires_at**: 1970년 1월 1일 이후 지난 시간을 초로 나타낸 것으로, 만료되지 않는 경우 0이다.
- **redirect_uris**: redirect_uris를 승인한다.
- **token_endpoint_auth_method**: 토큰 종단점에서 승인된 인증 방식이다.

참고

동적 클라이언트 등록 OAuth 2.0 프로필은 모바일 애플리케이션에서 매우 유용하다. OAuth로 보안된 모바일 클라이언트 애플리케이션은 클라이언트 ID와 클라이언트 비밀 값이 애플리케이션에 포함된다. 이러한 점은 지정된 애플리케이션의 모든 설치 과정에서 동일하다. 주어진 클라이언트 비밀 값이 제 기능을 발휘하지 못한다면 모든 설치 과정에 영향을 미치며, 도난당한 키를 사용해 불량 클라이언트 애플리케이션이 개발될 수 있다. 이러한 불량 클라이언트 애플리케이션은 서버에서 더 많은 트래픽을 생성하고 설정한 속도 제한을 초과해 서비스 거부 공격을 일으킬 수 있다. 동적 클라이언트 등록을 사용하면 주어진 애플리케이션의 모든 설치 과정에 대해 동일한 클라이언트 ID와 클라이언트 비밀 값을 설정할 필요가 없다. 설치 과정에서 애플리케이션은 인가 서버의 등록 종단점과 통신하고 매번 설치할 때마다 클라이언트 ID와 클라이언트 비밀 값을 생성할 수 있다.

토큰 폐지 프로필

두 당사자가 OAuth 토큰 폐지를 수행할 수 있다. 자원 소유자는 클라이언트에게 발급된 액세스 토큰을 취소할 수 있어야 하며, 클라이언트는 획득한 액세스 토큰이나 리프레시 토큰을 취소할 수 있어야 한다. 토큰 폐지 OAuth 2.0 프로필[3]은 후자를 다룬다. 인가 서버 끝에서 표준 토큰 폐지 종단점을 도입한다. 액세스 토큰이나 리프레시 토큰을 해지하려면 클라이언트가 폐지 종단점에 알려야 한다.

참고

2013년 10월, 버퍼(페이스북, 트위터 등을 교차 게시하는 데 사용할 수 있는 소셜 미디어 관리 서비스)에 대한 공격이 있었다. 버퍼는 OAuth를 사용해 페이스북과 트위터의 사용자 프로필에 접근했다. 버퍼는 공격을 받고 있음을 감지하면 페이스북, 트위터, 기타 소셜 미디어 사이트에서 모든 액세스 키를 폐지해 공격자가 사용자의 페이스북과 트위터 계정에 접근할 수 없게 했다.

클라이언트가 토큰 폐지 요청을 시작해야 한다. 클라이언트는 HTTP 기본 인증(클라이언트 ID와 클라이언트 비밀 값 사용), 상호 TLS나 인가 서버에서 제안한 다른 인증 메커니즘을 통해 인가 서버에 인증한 후 폐지 종단점과 통신할 수 있다. 요청은 액세스 토큰이나 리프레시 토큰과 토큰 유형(access_token이나 refresh_token)에 대해 인가 서버에 알리는 token_type_hint로 구성된다. token_type_hint 파라미터는 필요하지 않지만 인가 서버는 이를 이용해 검색 기준을 최적화할 수 있다.

다음은 요청의 한 예다.

```
POST /revoke HTTP/1.1
Host: server.example.com
Content-Type: application/x-www-form-urlencoded
Authorization: Basic czZCaGRSa3dsdsdI9iuiaHk99kjkh
token=dsd0lkjkkljkkllkdsdds&token_type_hint=access_token
```

---

3. https://tools.ietf.org/html/rfc7009

이 요청에 대한 응답으로 인가 서버는 먼저 클라이언트 자격증명의 유효성을 검증한 후 토큰 폐지를 진행해야 한다. 토큰이 리프레시 토큰인 경우 인가 서버는 해당 리프레시 토큰과 연관된 인가 승인에 대해 발행된 모든 액세스 토큰을 무효화해야 한다. 액세스 토큰인 경우 인가 서버에 따라 리프레시 토큰을 폐지할지 여부를 결정한다. 대부분의 경우 리프레시 토큰도 폐지하는 것이 이상적이다. 토큰 폐지가 성공적으로 완료되면 인가 서버는 HTTP 200 상태 코드를 클라이언트로 다시 보내야 한다.

요약

- 핵심 프레임워크 위에 구축된 OAuth 2.0 프로필은 엔터프라이즈 등급의 배치에 OAuth 2.0을 사용할 수 있게 보안 생태계를 구축한다.
- OAuth 2.0은 승인 방식과 토큰 유형을 통해 두 가지 확장점을 도입했다.
- OAuth 2.0 용 토큰 내부 검사 프로필은 인가 서버에 표준 API를 도입해, 자원 서버가 API와 통신하고 토큰 메타데이터를 검색할 수 있게 한다.
- OAuth 체인 승인 방식 프로필에 따르면 첫 번째 자원 서버에서 관리되는 API는 인가 서버와 통신해야 하고, 클라이언트에서 수신한 OAuth 액세스 토큰과 두 번째 자원 서버에서 관리되는 다른 API와 통신하는 데 사용될 수 있는 새로운 액세스 토큰을 교환한다.
- OAuth 2.0 토큰 교환은 현재 IETF 워킹그룹에서 논의된 국제 규격 원안으로, 체인 승인 방식 제안과 유사한 문제가 일부 개선됐다.
- 동적 클라이언트 등록 OAuth 2.0 프로필의 목적은 상황에 따른 등록을 용이하게 하기 위해 표준 방식으로 클라이언트 등록을 위한 종단점을 공개하는 것이다.
- 토큰 폐지 OAuth 2.0 프로필은 클라이언트가 액세스 토큰 또는 리프레시 토큰을 폐지하게 인가 서버에 표준 토큰 폐지 종단점을 도입한다.

10장

네이티브 모바일 앱을 통한 API 접근

지난 몇 년 동안 네이티브 모바일 앱이 많아졌다. 21세기 첫 10년 동안 전 세계 인터넷 사용자는 3억 5천만 명에서 20억 명 이상으로 증가했으며, 휴대전화 가입자는 7억 5천만 명에서 50억 명으로 늘어났으며, 현재 세계 인구는 약 70억 명에 가까운 60억 명에 이른다. 인터넷을 사용하려고 모바일 장치(가장 저렴한 장치)가 주로 사용된다.

보통 네이티브 모바일 애플리케이션을 신뢰할 수 없거나 퍼블릭 클라이언트로 취급한다. 자체 키나 자격증명을 보호할 수 없는 클라이언트 애플리케이션은 OAuth 용어로는 퍼블릭 클라이언트로 식별된다. 네이티브 모바일 앱은 사용자가 소유한 장치에서 실행되므로 모바일 장치에 접근할 수 있는 사용자는 애플리케이션이 숨겨놓은 키를 알아낼 수 있다. 이는 네이티브 모바일 애플리케이션에서 보안 API에 접근할 때 생각해봐야 하는 어려운 문제다.

10장에서는 네이티브 앱에서 OAuth 2.0을 사용하는 방법과 PKCE[Proof Key for Code Exchange]에 대한 모범 사례를 설명한다. PKCE는 코드 차단 공격으로부터 네이티브 앱을 보호하고 브라우저가 없는 환경에서 네이티브 앱을 보호하는 방법이다.

모바일 싱글 사인온(SSO)

사용자가 애플리케이션에 로그인하는 데 평균 20초가 걸린다. 사용자가 자원에 접근해야 할 때마다 패스워드를 입력할 필요가 없으므로 시간이 절약되고 생산성이 향상되며, 여러 로그인 이벤트와 패스워드를 잊어버렸을 때의 좌절감을 줄여준다. 싱글 사인온[SSO]을 사용하는 경우 사용자는 기억하고 업데이트할 패스워드와 기억해야 할 패스워드 규칙이 하나뿐이다. 초기 로그인을 통해 일반적으로 하루 종일이나 한 주 동안 모든 자원에 접근할 수 있다.

회사 직원이 모바일 장치에서 접근할 수 있도록 여러 모바일 애플리케이션을 제공하는 경우 각 애플리케이션에 독립적으로 다시 로그인하게 요청하는 것이 어렵다. 아마도 그 앱들 모두가 동일한 자격증명 저장소를 공유하고 있을 수 있다. 이는 페이스북 사용자가 페이스북 자격증명을 사용해 여러 타사 모바일 애플리케이션에 로그인하는 경우와 유사하다. 페이스북 로그인을 사용하면 페이스북 한 번만 로그인하는 것으로 페이스북 로그인을 사용하는 다른 애플리케이션에 자동으로 로그인된다.

모바일 세계에서 네이티브 앱 로그인은 사용자 자격증명 직접 요청, WebView 사용, 시스템 브라우저 사용의 세 가지 방식으로 수행된다.

자격증명을 직접 이용한 로그인

이 접근 방식을 통해 사용자는 네이티브 앱 자체에 자격증명을 직접 제공한다(그림 10-1 참고). 그리고 앱은 API(또는 OAuth 2.0 패스워드 승인 유형)를 사용해 사용자를 인증한다. 이 방법은 네이티브 앱을 신뢰할 수 있다고 가정한다. 네이티브 앱이 타사 ID 공급자를 사용해 로그인하는 경우 이를 사용해서는 안 된다. 타사 ID 공급자가 로그인 API를 제공하거나 OAuth 2.0 패스워드 승인 유형을 지원하지 않으면 이 방법을 사용하지 못할 수도 있다. 또한 이 접근 방식을 사용하면 사용자는 피싱 공격에 취약하게 된다. 공격자는 사용자를 속여 원래 앱과 동일한 모양과 느낌의 네이티브 앱을 설치한 다음 사용자가 자신의 자격증명을 공유하게 유도함으로써 피싱 공격을 일으킬 수 있다. 이 위험 외에도 직접 자격증명을 사용해 로그인해도 여러 네이티브 앱이 있는 경우 싱글 사인온 환경을 구축하는 데 도움이 되지 않는다. 개별 애플리케이션에 로그인하려면 자격증명을 사용해야 한다.

그림 10-1. 사용자가 로그인할 때 자격증명을 직접 제공하는 Chase 은행 앱

WebView를 이용한 로그인

네이티브 앱 개발자는 앱에서 WebView를 사용해 브라우저를 임베드하고 HTML, 자바스크립트, CSS와 같은 웹 기술을 사용할 수 있다. 로그인 절차 중에 네이티브 앱은 시스템 브라우저를 WebView에 로드하고 HTTP 리다이렉션을 사용해 사용자를 해당 ID 공급자에게 전달한다. 예를 들어 페이스북으로 사용자를 네이티브

앱 인증을 하려면 먼저 시스템 브라우저를 WebView에 로드한 다음 사용자를 페이스북으로 리다이렉션해야 한다. WebView에 로드된 브라우저에서 발생하는 상황은 브라우저를 사용해 페이스북을 통해 웹 앱에 로그인할 때 표시되는 절차와 같다.

WebView 기반 접근 방식은 더 나은 사용자 경험을 제공하기 때문에 하이브리드 네이티브 앱을 빌드하는 데 널리 사용됐다. 사용자는 브라우저가 WebView에 로드되는 것을 알 수 없다. 모든 것이 동일한 네이티브 앱에서 발생하는 것처럼 보인다.

또한 몇 가지 주요 단점이 있다. 네이티브 앱의 WebView에 로드된 브라우저 아래의 웹 세션은 여러 네이티브 앱 간에 공유되지 않는다. 예를 들어 WebView에 로드된 브라우저를 통해 페이스북으로 하나의 네이티브 앱에 로그인하는 경우 사용자를 facebook.com으로 리다이렉션하게 해야 하고, 여러 네이티브 앱이 동일한 접근 방식을 따르는 경우 사용자는 페이스북에 다시 로그인해야 한다. 한 WebView의 facebook.com에서 생성된 웹 세션이 다른 네이티브 앱의 다른 WebView와 공유되지 않기 때문이다. 따라서 네이티브 앱 간의 싱글 사인온^{SSO}은 WebView 접근 방식처럼 동작하지 않는다.

시스템 브라우저를 이용한 로그인

네이티브 앱에 로그인하는 이 방법은 앞 절에서 설명한 것과 비슷하지만 WebView 대신 네이티브 앱이 시스템 브라우저를 동작시킨다(그림 10-2 참고). 시스템 브라우저 자체는 또 다른 네이티브 앱이다. 이 접근 방식의 사용자 경험은 사용자가 로그인 프로세스 중에 두 개의 네이티브 앱 간에 전환해야 하기 때문에 WebView 접근 방식만큼 매끄럽지 않지만 보안 측면에서 이것이 최선의 접근 방법이다. 또한 이는 모바일 환경에서 싱글 사인온 경험을 가질 수 있는 유일한 방법이다. WebView 접근 방식과 달리 시스템 브라우저를 사용하면 사용자의 단일 웹 세션을 관리할 수 있다. 예를 들어 동일한 시스템 브라우저를 통해 페이스북 로그인을 사용하는 여러 네이티브 앱이 있는 경우 사용자는 페이스북에 한 번만 로그인하면 된다. 시스템 브라우저를 사용해 facebook.com 도메인에서 웹 세션을 생성하면 다른 네이티브 앱의 후속 로그인 요청에 대해 사용자가 자동으로 로그인된다. 다음 절에서는 OAuth 2.0을 안전하게 사용해 사용 사례를 구축하는 방법을 살펴본다.

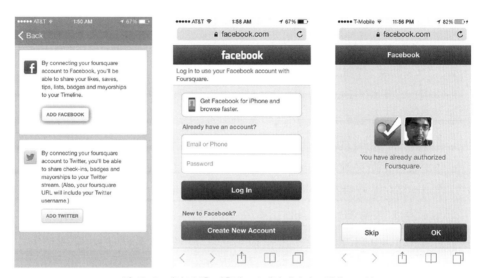

그림 10-2. 페이스북을 이용해 포스퀘어 네이티브 앱에 로그인

네이티브 모바일 앱에서 OAuth 2.0 사용

OAuth 2.0은 사실상 모바일 애플리케이션 인증의 표준이 됐다. 보안 설계에서 네이티브 앱을 신뢰해서는 안 된다. 단일 페이지 애플리케이션과 매우 유사하다. 다음은 OAuth 2.0을 사용해 네이티브 모바일 앱에 로그인할 때 발생하는 일련의 이벤트를 나타낸다.

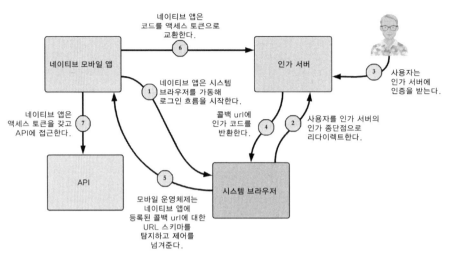

그림 10-3. OAuth 2.0를 이용한 일반적인 네이티브 모바일 앱 로그인 절차

1. 모바일 앱 개발자는 해당 ID 공급자나 OAuth 2.0 인가 서버에 애플리케이션을 등록하고 `client_id`를 얻어야 한다. 클라이언트 패스워드 없이 OAuth 2.0 인가 코드 승인 유형을 사용하는 것이 좋다. 네이티브 앱은 신뢰할 수 없는 클라이언트이므로 클라이언트 암호를 가질 필요가 없다. 일부는 네이티브 앱에 암시적 승인 유형을 사용했지만 고유한 보안 문제가 있으므로 더 이상 권장하지 않는다.

2. WebView 대신 iOS9 이상 버전에서 `SFSafariViewController`이나 안드로이드용 Chrome Custom Tabs를 사용한다. 이 웹 컨트롤러는 애플리케이션 내에 배치할 수 있는 컨트롤에서 네이티브 시스템 브라우저의 모든 이점을 제공한다. 그런 다음 1단계에서 얻은 `client_id`를 애플리케이션에 임베드할 수 있다. `client_id`를 앱에 포함시키면 해당 네이티브 앱의 모든 인스턴스에 대해 동일하게 된다. 각기 다른 앱에 설치된 앱의 각 인스턴스를 차별화하려는 경우 앱 시작 시 OAuth 2.0 동적 클라이언트 등록 프로필에 정의된 프로토콜에 따라 각 인스턴스에 대해 `client_id`를 동적으로 생성할 수 있다. 자세한 내용은 9장을 참고한다.

3. 앱을 설치하는 동안 모바일 운영체제에 앱별 커스텀 URL 스키마를 등록해야 한다. 이 URL 스키마는 앱 등록 시 1단계에서 사용한 콜백 URL이나 리다이렉션 URI와 일치해야 한다. 커스텀 URL 스키마를 사용하면 모바일 운영체제가 다른 외부 애플리케이션(예, 시스템 브라우저)에서 제어권을 앱으로 다시 전달할 수 있다. 브라우저에서 앱 고유의 커스텀 URI 스키마로 일부 파라미터를 보내면 모바일 운영체제가 이를 추적하고 해당 파라미터를 사용해 해당 네이티브 앱을 호출한다.

4. 사용자가 네이티브 앱에서 로그인을 클릭하면 시스템 브라우저를 가동시키고 OAuth 2.0 인가 코드 승인 유형(그림 10-3 참고)에 정의된 프로토콜을 따라야 한다. 이에 대해서는 4장에서 자세히 다뤘다.

5. 사용자가 ID 공급자에 인증한 후 브라우저는 사용자를 등록된 리다이렉션 URI로 다시 리다이렉션한다. 이는 실제로 모바일 운영체제에 등록된 커스텀 URL 스키마다.

6. 시스템 브라우저에서 커스텀 URL 스키마에 대한 인가 코드를 수신하면 모바일 운영체제는 해당 네이티브 앱을 실행하고 제어권을 전달한다.

7. 네이티브 앱은 인가 서버의 토큰 종단점과 통신하고 인가 코드를 액세스 토큰으로 교환한다.

8. 네이티브 앱은 액세스 토큰을 사용해 API에 접근한다.

앱 간 통신

시스템 브라우저 자체는 또 다른 네이티브 앱이다. 앱 간 통신 방법으로 커스텀 URL 스키마를 사용해 인가 서버에서 인가 코드를 받는다. 모바일 환경에서 사용 가능한 앱 간 통신 방법에는 프라이빗 URI 스키마(커스텀 URL 스키마라고도 함), Claimed HTTPS URI 스키마, 루프백 URI 스키마 등 여러 방법이 있다.

프라이빗 URI 스키마

앞 절에서 프라이빗 URI 스키마가 어떻게 동작하는지 이야기했다. 브라우저가 프라이빗 URI 스키마를 사용하면 해당 URI 스키마에 등록된 해당 네이티브 앱을 호출하고 제어권을 넘겨준다. RFC 7595[1]는 URI 스키마에 대한 지침과 등록 절차를 정의하며, 이에 따라 제어되는 도메인 이름을 프라이빗 URI 스키마와 반대 순서로 사용하는 것이 좋다. 예를 들어 app.foo.com을 소유한 경우 프라이빗 URI 스키마는 com.foo.app이어야 한다. 완전한 프라이빗 URI 스키마는 com.foo.app:/OAuth2/redirect처럼 보일 수 있으며, 스키마 구성 요소 바로 뒤에 슬래시가 하나만 나타난다.

동일한 모바일 환경에서 프라이빗 URI 스키마는 서로 충돌할 수 있다. 예를 들어 동일한 URI 스키마에 대해 두 개의 앱이 등록될 수 있다. 이상적으로는 식별자를 선택할 때 앞에서 논의한 규칙을 따르는 경우에는 발생하지 않아야 한다. 그러나 여전히 공격자가 이 기술을 사용해 코드 가로채기[code interception] 공격을 수행할 수 있다. 이러한 공격을 방지하려면 프라이빗 URI 스키마와 함께 PKCE[Proof Key for Code Exchange]를 사용해야 한다. 이후 절에서 PKCE를 설명한다.

Claimed HTTPS URI 스키마

앞 절에서 설명한 프라이빗 URI 스키마와 마찬가지로 브라우저가 해당 페이지를 로드하는 대신 Claimed HTTPS URI 스키마를 볼 때 해당 네이티브 앱으로 제어권을 넘겨준다. 지원되는 모바일 운영체제에서 제어할 수 있는 HTTPS 도메인을 요구할 수 있다. Claimed HTTPS URI 스키마는 https://app.foo.com/OAuth2/redirect처럼 보일 수 있다. 프라이빗 URI 스키마와 달리 브라우저는 리다이렉션하기 전에 Claimed HTTPS URI의 ID를 확인한다. 이러한 이유로 Claimed HTTPS URI 스키마를 사용하는 것을 권장한다.

---

1. https://tools.ietf.org/html/rfc7595#section-3.8

루프백 인터페이스

이 방법을 사용하면 네이티브 앱이 장치 자체의 지정된 포트에서 수신 대기한다. 즉, 네이티브 앱은 간단한 웹 서버 역할을 한다. 예를 들어 리다이렉션 URI는 http://127.0.0.1:5000/OAuth2/redirect와 같다. 루프백 인터페이스(127.0.0.1)를 사용하고 있기 때문에 브라우저가 이 URL을 볼 때 5000번 포트의 모바일 장치에서 수신 대기하는 서비스로 제어권을 넘겨준다. 이 방법의 문제점은 앱이 해당 포트를 이용하지 못할 수 있다는 것이다. 모바일 장치에 이미 동일한 포트를 사용하는 다른 앱이 있는 경우 해당 포트를 사용할 수 없다.

PKCE

PKCE^{Proof Key for Code Exchange}는 모바일 환경에서 코드 가로채기 공격(14장에서 다뤘음)을 완화하는 방법으로 RFC 7636에 정의돼 있다. 앞 절에서 설명한 것처럼 커스텀 URL 스키마를 사용해 OAuth 인가 서버에서 인가 코드를 가져올 때 같은 커스텀 URL 스키마로 등록된 다른 앱으로 이동하는 경우가 있다. 공격자는 코드를 훔치려는 의도로 이를 이용할 수 있다.

인가 코드가 잘못된 앱에 도달하면 잘못된 앱에서 이를 액세스 토큰으로 교환한 다음 해당 API에 접근할 수 있다. 모바일 환경에서 클라이언트 시크릿 없이 인가 코드를 사용하고 원본 앱의 클라이언트 ID는 공개돼 있기 때문에 공격자는 인가 서버의 토큰 종단점과 통신해 액세스 토큰으로 코드를 교환하는 데 아무런 문제가 없다.

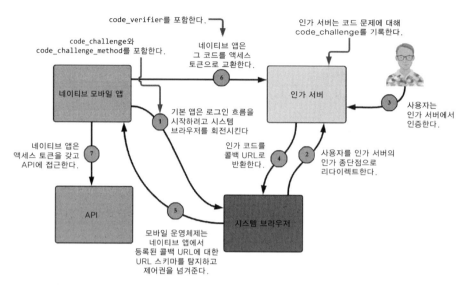

그림 10-4. OAuth 2.0과 PKCE를 이용해 네이티브 모바일 앱에서 로그인하는 일반적인 절차

PKCE가 코드 가로채기 공격을 어떻게 해결하는지 알아본다.

1. 네이티브 모바일 앱은 사용자를 인가 서버로 리다이렉션하기 전에 임의의 값을 생성한다. 이를 code_verifier라고 한다. code_verifier의 값은 최소 43자, 최대 128자여야 한다.

2. 다음으로 앱은 code_verifier의 SHA256을 계산하고 패딩없이 base64url 로 인코딩된(부록 E 참고) 표현을 찾아야 한다. SHA256 해싱 알고리즘은 항상 256비트의 해시를 생성하므로 base64url 인코딩 시 항상 패딩이 발생하며 = 기호가 들어간다. PKCE RFC에 따르면 이 패딩을 제거해야 하며 SHA256 해시, base64url 인코딩, 패딩되지 않은 code_verifier인 code_challenge라는 값을 사용한다.

3. 이제 네이티브 앱이 인가 코드 요청을 시작하고 사용자를 인가 서버로 리다이렉션할 때 code_challenge 및 code_challenge_method 쿼리 파라미터와 함께 다음과 같은 방식으로 요청 URL을 구성해야 한다. code_challenge_method는 해싱 알고리즘의 이름을 나타낸다.

```
https://idp.foo.com/authorization?client_id=FFGFGOIPI7898778&s
copeopenid&redirect_uri=com.foo.app:/OAuth2/redirect&response_
type=code&code_challenge=YzfcdAoRg7rAfj9_Fllh7XZ6BBl4PIHC-
xoMrfqvWUc&code_challenge_method=S256"
```

4. 인가 코드를 발행할 때 인가 서버는 발행된 인가 코드에 대해 제공된 code_
   challenge를 기록해야 한다. 일부 인가 서버는 code_challenge를 코드 자
   체에 삽입할 수 있다.

5. 네이티브 앱이 인가 코드를 받으면 인가 서버의 토큰 종단점과 통신해 코
   드를 액세스 토큰으로 교환할 수 있다. 그러나 PKCE를 따르는 경우 토큰
   요청과 함께 code_verifier(code_challenge에 해당)를 보내야 한다.

```
curl -k --user "XDFHKKJURJSHJD" -d "code=XDFHKKJURJSHJD&grant_
type=authorization_code&client_id=FFGFGOIPI7898778
&redirect_uri=com.foo.app:/OAuth2/redirect&code_
verifier=ewewewoiuojslkdjsd9sadoidjalskdjsdsdewewewoiuojslkd
jsd9sadoidjalskdjsdsd" https://idp.foo.com/token
```

6. 공격자의 앱이 인가 코드를 받으면 원본 앱만 code_verifier를 알고 있기
   때문에 여전히 접근 코드로 교환할 수 없다.

7. 인가 서버가 토큰 요청과 함께 code_verifier를 수신하면 SHA256 해시,
   base64url로 인코딩되고 채워지지 않은 값을 찾아 기록된 code_challenge와
   비교한다. 이 두 가지가 일치하면 액세스 토큰을 발행한다.

브라우저리스 앱

지금까지 이 장에서는 웹 브라우저를 가동시킬 수 있는 모바일 장치에 대해서만
설명했다. 스마트 TV, 스마트 스피커, 프린터 등과 같은 웹 브라우저가 없는 입력
제한이 있는 장치에서 실행되는 애플리케이션에서 OAuth 보안 API를 사용해야

하는 요구가 계속 증가하고 있다. 이 절에서는 OAuth 2.0 디바이스 인가 승인을 사용해 브라우저가 없는 앱에서 OAuth 2.0 보호 API에 접근하는 방법을 설명한다. 어쨌든 디바이스 인가 승인은 지원되는 모바일 장치에서 실행되는 네이티브 앱과 관련해 앞에서 설명한 접근 방식을 대신하지 않는다.

OAuth 2.0 디바이스 인가 승인

OAuth 2.0 디바이스 인가 승인[2]은 RFC 8628이며 IETF OAuth 워킹그룹에서 발표했다. 이 RFC에 따르면 디바이스 인가 승인 유형을 사용하는 디바이스는 다음 요구 사항을 충족해야 한다.

- 장치가 이미 인터넷이나 네트워크에 연결돼 있으며 인가 서버에 접근할 수 있다.
- 장치는 아웃바운드outbound HTTPS 요청을 수행할 수 있다.
- 장치는 사용자에게 URI와 코드 시퀀스를 보여주거나 통신할 수 있다.
- 사용자에게는 요청을 처리할 수 있는 보조 장치(예, 개인용 컴퓨터나 스마트 폰)가 있다.

디바이스 인가 승인은 다음과 같이 동작한다. 스마트 TV에서 유튜브 앱을 실행 중이고 유튜브 계정에 접근하려면 스마트 TV가 필요하다고 가정하겠다. 이 경우 유튜브는 OAuth 인가 서버와 자원 서버의 역할을 하며, 스마트 TV에서 실행되는 유튜브 앱은 OAuth 클라이언트 애플리케이션이다.

---

2. https://tools.ietf.org/html/rfc8628

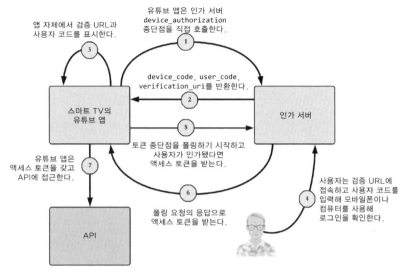

그림 10-5. OAuth 2.0을 이용한 브라우저리스(Browser-less) 앱에서의 일반적인 로그인 절차

1. 사용자가 TV를 리모컨으로 가져와서 유튜브 앱을 클릭해 자신의 유튜브 계정을 앱과 연결한다.

2. 스마트 TV에서 실행되는 유튜브 앱에는 내장 클라이언트 ID가 있으며 HTTPS를 통해 직접 HTTP 요청을 인증 서버로 보낸다.

```
POST /device_authorization HTTP/1.1
Host: idp.youtube.com
Content-Type: application/x-www-form-urlencoded
client_id=XDFHKKJURJSHJD
```

3. 이전 요청에 응답해 인가 서버는 device_code, user_code, 검증 URI를 다시 반환한다. device_code와 user_code 모두 만료 시간이 있으며, expires_in 파라미터(초)를 통해 클라이언트 앱과 통신한다.

```
HTTP/1.1 200 OK
Content-Type: application/json Cache-Control: no-store
{
```

```
"device_code": "GmRhmhcxhwAzkoEqiMEg_DnyEysNkuNhszIySk9eS",
"user_code": "WDJB-MJHT",
"verification_uri": "https://youtube.com/device",
"verification_uri_complete":
    "https://youtube.com/device?user_code=WDJB-MJHT",
"expires_in": 1800,
"interval": 5
}
```

4. 유튜브 클라이언트 앱은 사용자에게 (이전 응답에서) 제공된 검증 URI를 접속하고 (이전 응답에서) 제공된 사용자 코드로 승인 요청을 확인하게 한다.

5. 이제 사용자는 보조 장치(노트북이나 휴대폰)를 사용해 검증 URI에 접속해야 한다. 해당 작업이 진행되는 동안 유튜브 앱은 사용자가 인가 요청을 확인했는지 확인하려고 인증 서버를 계속 폴링한다. 폴링 전에 클라이언트가 대기해야 하는 최소 시간이나 폴링 간격은 이전 파라미터 아래의 간격 파라미터에서 인가 서버에 의해 지정된다. 인가 서버의 토큰 종단점에 대한 폴 요청에는 세 개의 파라미터가 포함된다. grant_type 파라미터는 urn:ietf:params:OAuth:grant-type:device_code 값을 가져야 하므로 인가 서버는 이 요청을 처리하는 방법을 알고 있어야 한다. device_code 파라미터는 첫 번째 응답으로 인가 서버에서 발행한 디바이스 코드를 전달하고 client_id 파라미터는 유튜브 앱의 클라이언트 식별자를 전달한다.

```
POST /token HTTP/1.1
Host: idp.youtube.com
Content-Type: application/x-www-form-urlencoded

grant_type=urn%3Aietf%3Aparams%3AOAuth%3Agrant-type%3Adevice_code
&device_code=GmRhmhcxhwAzkoEqiMEg_DnyEysNkuNhszIySk9eS
&client_id=459691054427
```

6. 사용자는 제공된 검증 URI에 접속해 사용자 코드를 입력한 후 인가 요청을 확인한다.

7. 사용자가 인가 요청을 확인하면 인가 서버는 5단계의 요청에 대해 다음과 같이 응답한다. 이는 OAuth 2.0 인가 서버 토큰 종단점의 표준 응답이다.

```
HTTP/1.1 200 OK
Content-Type: application/json;charset=UTF-8 Cache-Control: no-store
Pragma: no-cache
{
    "access_token":"2YotnFZFEjr1zCsicMWpAA",
    "token_type":"Bearer",
    "expires_in":3600,
    "refresh_token":"tGzv3JOkF0XG5Qx2TlKWIA",
}
```

8. 이제 유튜브 앱은 이 액세스 토큰을 사용해 사용자 대신 유튜브 API에 접근할 수 있다.

요약

- OAuth 2.0에는 여러 승인 유형이 있다. 그러나 OAuth 2.0을 사용해 네이티브 모바일 앱에서 API에 접근하는 동안 PKCE^Proof Key for Code Exchange와 함께 인가 코드 승인 유형을 사용하는 것이 좋다.
- PKCE는 코드 가로채기 공격에서 네이티브 앱을 보호한다.
- 스마트 TV, 스마트 스피커, 프린터 등과 같은 브라우저가 없는 장치의 사용이 인기를 얻고 있다.
- OAuth 2.0 디바이스 인가 승인은 브라우저가 없는 장치에서 OAuth 2.0을 사용하고 API에 접근하기 위한 표준 절차를 정의한다.

11장

OAuth 2.0 토큰 바인딩

대부분의 OAuth 2.0 배포판은 베어러^{Bearer} 토큰에 의존한다. 베어러 토큰은 '현금'과 같다. 내가 10달러를 훔친다면 스타벅스에서 그것을 사용해 커피 한 잔을 구입할 수 있다. 10달러 지폐를 소유하고 있음을 증명할 필요는 없다. 현금과 달리 신용카드를 사용하는 경우 소유권을 증명해야 한다. 내가 그것을 소유하고 있음을 증명해야 한다. 거래를 승인하려면 서명해야 하며, 카드의 서명과 비교해 확인된다. 베어러 토큰은 현금과 같아 도난당하면 공격자는 이 토큰을 사용해 원래 소유자인 척할 수 있다. 신용카드는 소유 증명$^{PoP, Proof of Possession}$ 토큰과 같다.

OAuth 2.0은 클라이언트, 인가 서버와 자원 서버 간의 모든 상호작용에 전송 계층 보안$^{TLS, Transport Layer Security}$을 사용하는 것이 좋다. 이를 통해 복잡한 암호화를 사용하지 않고도 OAuth 2.0 모델을 아주 간단하게 만들 수는 있지만, 동시에 베어러 토큰과 관련된 모든 위험을 동반한다. 방어에는 2번째 단계가 없다. 또한 모든 사람이 OAuth 2.0 베어러 토큰을 사용한다는(기본 TLS 통신만 신뢰하면 된다는) 아이디어에 완전히 매료된 것은 아니다. 베어러 토큰으로 인해 OAuth 2.0 사용을 꺼리는 금융 분야에서 종사하는 여러 사람을 만났다.

공격자는 다음 방법 중 하나를 사용해 인가 서버에서 클라이언트로 전송되는 권한 코드/액세스 토큰/리프레시 토큰(자세한 내용은 4장을 참고)을 도청하려고 시도할 수 있다.

- 브라우저에 설치된 멀웨어(공용 클라이언트)
- 브라우저 히스토리(공용 클라이언트/URI 조각)
- 클라이언트와 인가 서버 또는 자원 서버 간의 TLS 통신을 가로챈다(하트 블리드 및 로그 잼과 같은 TLS 계층의 취약점을 악용).
- TLS는 종단 간 방식이 아닌 점대점 방식이므로 프록시 서버에 액세스할 수 있는 공격자는 단순히 모든 토큰을 기록할 수 있다. 또한 많은 프로덕션 배포판에서 TLS 연결은 가장자리에서 종료되며, 그 이후부터는 새로운 TLS 연결을 하거나 암호화되지 않은 HTTP 연결을 한다. 두 경우 모두 토큰이 채널에서 없어지면 더 이상 안전하지 않다.

토큰 바인딩의 이해

OAuth 2.0 토큰 바인딩은 보안 토큰을 TLS 계층에 암호화 방식으로 바인딩해 토큰 내보내기와 재생 공격을 방지한다. 토큰 바인딩은 TLS에 의존하며 토큰을 TLS 연결 자체에 바인딩하기 때문에 토큰을 훔치는 사람은 다른 채널을 통해 토큰을 사용할 수 없다.

토큰 바인딩 프로토콜은 세 가지 주요 단계로 나눌 수 있다(그림 11-1 참고).

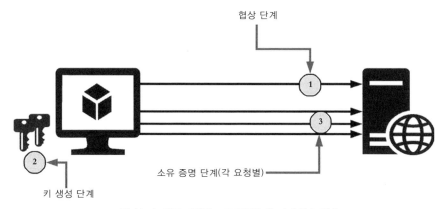

그림 11-1. 토큰 바인딩 프로토콜의 세 가지 주요 단계

토큰 바인딩 협상

협상 단계에서 클라이언트와 서버는 파라미터 집합을 협상해 서로 간의 토큰 바인딩에 사용한다. 이는 TLS 핸드셰이크(부록 C 참고) 중에 발생하므로 애플리케이션 계층 프로토콜과 무관하다. 이에 대해서는 다음 절에서 자세히 설명한다. 토큰 바인딩 협상은 RFC 8472에 정의돼 있다. 이 단계에서는 키를 협상하지 않고 메타데이터만 협상한다.

키 생성

키 생성 단계에서 클라이언트는 협상 단계에서 협상된 파라미터에 따라 키 쌍을 생성한다. 클라이언트는 대부분의 경우 통신하는 각 호스트에 대한 키 쌍을 갖는다.

소유 증명

소유 증명 단계에서 클라이언트는 키 생성 단계에서 생성된 키를 사용해 소유 여부를 증명한다. 키 생성 단계에서 키가 합의되면 클라이언트는 TLS 연결에서 내보내진 키 자료^{EKM, Exported Keying Material}에 서명해 키 소유를 증명한다. RFC 5705에 따르면 애플리케이션이 TLS 마스터 시크릿에서 파생된 특수 용도의 키 자료를 얻을 수 있다(부록 C 참고). RFC 8471은 서명과 기타 주요 자료를 포함하는 토큰 바인딩 메시지의 구조를 정의하지만, 클라이언트에서 서버로 토큰 바인딩 메시지를 전달하는 방법은 정의하지 않는다. 이를 정의하는 것은 상위 수준의 프로토콜에 달려 있다. RFC 8473은 HTTP 연결을 통해 토큰 바인딩 메시지를 전달하는 방법을 정의한다(그림 11-2 참고).

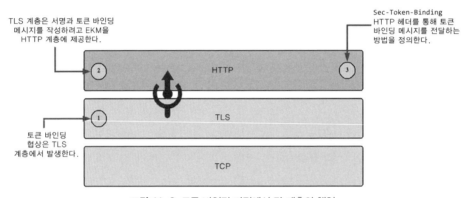

그림 11-2. 토큰 바인딩 과정에서 각 계층의 책임

토큰 바인딩 프로토콜 협상을 위한 TLS 확장

보안 토큰을 TLS 연결에 바인딩하려면 클라이언트와 서버가 먼저 토큰 바인딩 프로토콜(이후에 다룬다) 버전 및 토큰 바인딩 키와 관련된 파라미터(서명 알고리즘, 길이)에 동의해야 한다. 이는 TLS 1.2와 이전 버전에서는 추가 네트워크 통신 없이 새로운 TLS 확장으로 수행된다.

토큰 바인딩 프로토콜 버전은 토큰 바인딩 프로토콜(RFC 8471)에 의해 정의된 프로토콜 버전을 나타내며, 주요 파라미터는 동일한 사양에 의해 정의된다.

클라이언트는 토큰 바인딩 TLS 확장을 사용해 지원되는 최고 토큰 바인딩 프로토콜 버전과 키 파라미터를 나타낸다. 이는 TLS 핸드셰이크의 Client Hello 메시지에서 발생한다. 토큰 바인딩 사양을 지원하려면 클라이언트와 서버 모두 토큰 바인딩 프로토콜 협상 확장을 지원해야 한다.

서버는 토큰 바인딩 TLS 확장을 사용해 토큰 바인딩 프로토콜에 대한 지원을 나타내고 프로토콜 버전과 키 파라미터를 선택한다. 토큰 바인딩을 지원하고 토큰 바인딩 확장을 포함하는 Client Hello 메시지를 수신하는 서버는 필요한 조건이 충족되면 Server Hello에 토큰 바인딩 확장을 포함한다.

토큰 바인딩 확장이 Server Hello에 포함되고 클라이언트가 서버가 선택한 토큰 바인딩 프로토콜 버전을 지원하는 경우 버전과 주요 파라미터가 클라이언트와 서버 사이에서 협상됐으며, 최종적으로 TLS 연결이 될 것임을 의미한다. 서버가 선택한 토큰 바인딩 프로토콜 버전을 클라이언트가 지원하지 않으면 토큰 바인딩 없이 연결이 진행된다.

클라이언트와 서버 간에 새로운 TLS 연결이 협상될 때마다(TLS 핸드셰이크) 토큰 바인딩 협상도 수행된다. 협상이 TLS 연결에 의해 반복적으로 발생하더라도 토큰 바인딩(나중에 자세히 다룬다)은 오래 지속된다. 토큰 바인딩은 지정된 클라이언트와 서버 간의 여러 TLS 연결과 TLS 세션을 포함한다.

실제로 엔진엑스[Nginx](https://github.com/google/ngx_token_binding)와 아파치(https://github.com/zmartzone/mod_token_binding)는 토큰 바인딩을 지원한다. 자바에서 토큰 바인딩 프로토콜 협상 TLS 확장의 구현은 https://github.com/pingidentity/java10-token-binding-negotiation에서 제공된다.

키 생성

토큰 바인딩 프로토콜 사양(RFC 8471)은 키 생성과 관련된 파라미터를 정의한다. 이들은 협상 단계에서 합의된 것들이다.

- 협상 단계에서 `rsa2048_pkcs1.5` 키 파라미터를 사용하는 경우 SHA256을 해시 함수로 RFC 3447에 정의된 RSASSA-PKCS1-v1_5 서명 체계를 사용해 서명이 생성된다.
- 협상 단계에서 `rsa2048_pss` 키 파라미터를 사용하는 경우 SHA256을 해시 함수로 RFC 3447에 정의된 RSASSA-PSS 서명 체계를 사용해 서명이 생성된다.
- 협상 단계에서 `ecdsap256` 키 파라미터를 사용하는 경우 ANSI.X9-62.2005 와 FIPS.186-4.2013에 정의된 Curve P-256과 SHA256을 사용해 ECDSA로 서명이 생성된다.

브라우저가 클라이언트 역할을 하는 경우 브라우저 스스로 키를 생성해 서버의 호스트 이름에 대해 키를 관리해야 한다. 크롬^{Chrome} 브라우저용의 개발 상태는 www.chromestatus.com/feature/5097603234529280에서 확인할 수 있다. 한편으로 토큰 바인딩은 브라우저에만 해당되는 것이 아니라 클라이언트의 두께에 관계없이 클라이언트와 서버 간의 모든 상호작용에 유용하다.

소유 증명

토큰 바인딩은 서버에 대한 모든 TLS 연결에서 사용자 에이전트(또는 클라이언트)가 대상 서버당 비밀/공개키 쌍(아마 신뢰할 수 있는 플랫폼 모듈$^{TPM, Trusted Platform Module}$과 같은 보안 하드웨어 모듈 내에서)을 생성하고, 공개키를 서버에 제공하고, 해당 개인키의 소유를 증명함으로써 설정된다. 생성된 공개키는 클라이언트와 서버 간의 토큰 바인딩 ID에 반영된다. 서버 종단에서 검증은 두 단계로 수행된다.

첫째, 토큰 바인딩 메시지를 수신하는 서버는 메시지의 키 파라미터가 협상한 토큰 바인딩 파라미터와 일치하는지 확인한 다음, 토큰 바인딩 메시지에 포함된 서명을 검증해야 한다. 모든 키 파라미터와 서명은 토큰 바인딩 메시지에 포함된다.

토큰 바인딩 메시지의 구조는 토큰 바인딩 프로토콜 사양(RFC 8471)에 정의돼 있다. 토큰 바인딩 메시지는 여러 토큰 바인딩을 가질 수 있다(그림 11-3 참고). 주어진 토큰 바인딩에는 토큰 바인딩 ID, 제공되거나 참조되는 토큰 바인딩 유형(나중에 다룬다), 확장 및 TLS 계층에서 내보내진 키 자료^{EKM, Exported Key Material}의 연속에 대한 서명, 토큰 바인딩 유형과 키 파라미터를 포함한다. 토큰 바인딩 ID는 토큰 바인딩 협상에 동의한 키 파라미터와 함께 파생된 공개키를 나타낸다.

클라이언트와 서버 간에 TLS 연결이 설정되면 EKM은 클라이언트 쪽과 서버 쪽에서 동일하다. 따라서 서명을 확인하려고 서버는 TLS 연결하에 EKM을 추출하고 토큰 바인딩 메시지 자체에 포함된 토큰 바인딩 유형과 키 파라미터를 사용할 수 있다. 서명은 내장된 공개키에 대해 검증된다(그림 11-3 참고).

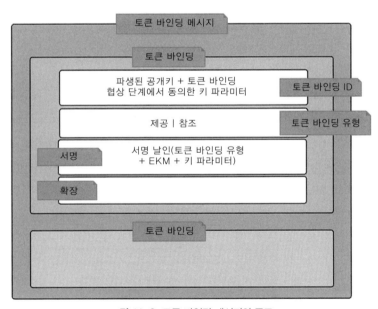

그림 11-3. 토큰 바인딩 메시지의 구조

클라이언트에서 서버로 토큰 바인딩 메시지를 전달하는 방법은 토큰 바인딩 프로토콜 사양이 아닌 HTTP 사양이나 RFC 8473용 토큰 바인딩에 정의돼 있다. 즉, 핵심 토큰 바인딩 사양은 상위 레벨 프로토콜이 결정한다. HTTP 사양용 토큰 바인딩에는 Sec-Token-Binding이라는 새로운 HTTP 헤더가 도입됐으며, 이 헤더는 토큰 바인딩 메시지의 base64url 인코딩 값을 전달한다. Sec-Token-Binding 헤더 필드는 절대 HTTP 응답에 포함되면 안 되고, HTTP 요청에서 단 한 번만 포함해야 한다.

토큰 바인딩 메시지가 유효한 것으로 승인되면 다음 단계는 해당 HTTP 연결에 포함된 보안 토큰이 바인딩되는지 확인하는 것이다. 쿠키 및 OAuth 2.0 토큰과 같은 다양한 보안 토큰을 HTTP로 전송할 수 있다. OAuth 2.0의 경우 인가 코드, 액세스 토큰, 리프레시 토큰이 HTTP 연결에 바인딩되는 방법은 OAuth 2.0 토큰 바인딩 사양(https://tools.ietf.org/html/draft-ietf-OAuth-token-binding-08)에 정의돼 있다.

OAuth 2.0 리프레시 토큰을 위한 토큰 바인딩

OAuth 2.0 리프레시 토큰의 토큰 바인딩 작동 방식을 살펴보자. 인가 코드 및 액세스 토큰과 달리 리프레시 토큰은 클라이언트와 인가 서버 사이에서만 사용된다. OAuth 2.0 인가 코드 승인 방식에서 클라이언트는 먼저 인가 코드를 가져온 다음 OAuth 2.0 인가 서버의 토큰 종단점과 통신해 액세스 토큰과 리프레시 토큰으로 교환한다(자세한 내용은 4장 참고). 다음의 과정은 클라이언트가 인가 코드를 이미 갖고 있다고 가정한다(그림 11-4 참고).

그림 11-4. OAuth 2.0 리프레시 승인 방식

1. 클라이언트와 인가 서버 간의 연결은 TLS여야 한다.
2. TLS 핸드셰이크 자체에서 OAuth 2.0 토큰 바인딩을 지원하는 클라이언트

는 OAuth 2.0 토큰 바인딩을 지원하는 인가 서버와 필수 파라미터를 협상
한다.

3. TLS 핸드셰이크가 완료되면 OAuth 2.0 클라이언트는 비밀키와 공개키를
생성하고, 비밀키로 TLS 연결에서 내보낸 키 자료^{EKM}에 서명하고, 토큰 바인딩 메시지를 작성한다(정확히 말하면 클라이언트는 EKM + 토큰 바인딩 유형 + 키 파라미터에 서명한다).

4. base64url로 인코딩된 토큰 바인딩 메시지는 클라이언트와 OAuth 2.0 인가
서버 간의 연결에 대한 Sec-Token-Binding HTTP 헤더에 값으로 추가된다.

5. 클라이언트는 Sec-Token-Binding HTTP 헤더와 함께 표준 OAuth 요청을
토큰 종단점으로 보낸다.

6. 인가 서버는 서명을 포함해 Sec-Token-Binding 헤더의 값을 검증하고 발
행된 리프레시 토큰에 대해 토큰 바인딩 ID(토큰 바인딩 메시지에도 포함됨)를
기록한다. 프로세스를 상태 비저장^{Stateless}으로 만들려고 인가 서버는 토큰
바인딩 ID의 해시를 리프레시 토큰 자체에 포함할 수 있으므로 별도로 기
억하거나 저장할 필요는 없다.

7. 이후에 OAuth 2.0 클라이언트는 동일한 토큰 종단점에 대해 액세스 토큰
을 갱신하고자 리프레시 토큰을 사용하려고 한다. 이제 클라이언트는 토
큰 바인딩 메시지를 생성하려고 사용된 것과 동일한 개인키와 공개키 쌍
을 사용해야 하고, 다시 한 번 Sec-Token-Binding HTTP 헤더에 base64url
로 인코딩된 값을 포함시킨다. 토큰 바인딩 메시지는 리프레시 토큰이 처
음 발행된 경우와 동일한 토큰 바인딩 ID를 갖고 있어야 한다.

8. OAuth 2.0 인가 서버는 이제 Sec-Token-Binding HTTP 헤더의 유효성을 검
사해야 하며, 바인딩 메시지의 토큰 바인딩 ID가 동일한 요청의 리프레시
토큰에 있는 원래의 토큰 바인딩 ID와 동일한지 확인해야 한다. 이 검사는
원래의 토큰 바인딩 밖에서 리프레시 토큰이 사용될 수 없게 한다. 인가 서
버가 토큰 바인딩 ID의 해시 값을 리프레시 토큰 자체에 내장하기로 결정

한 경우 이제 Sec-Token-Binding HTTP 헤더에서 토큰 바인딩 ID의 해시를 계산해 내장된 것과 비교해야 한다.

9. 누군가가 리프레시 토큰을 훔쳐서 원래의 토큰 바인딩 밖에서 사용하려고 한다면 클라이언트와 서버 간의 연결에 해당하는 비밀/공개키 쌍도 훔쳐야 한다.

토큰 바인딩에는 두 가지 유형이 있으며, 리프레시 토큰과 관련해 다뤘던 것은 제공된 토큰 바인딩이라고 한다. 이는 클라이언트와 서버 간에 직접 토큰을 교환할 때 사용된다. 다른 유형은 참조 토큰 바인딩이라고 하는데, 토큰을 요청할 때 사용되며 다른 서버에 액세스 토큰 등을 제공하려고 사용된다. 액세스 토큰은 클라이언트와 인가 서버 간의 연결에서 발행되지만 클라이언트와 자원 서버 간의 연결에서 사용된다.

OAuth 2.0 인가 코드/액세스 토큰을 위한 토큰 바인딩

인가 코드 승인 방식에서 액세스 토큰에 대한 토큰 바인딩의 작동 방식을 살펴보자. OAuth 2.0 인가 코드 승인 방식에서 클라이언트는 먼저 브라우저(사용자 에이전트)를 통해 인가 코드를 가져온 다음, OAuth 2.0 인가 서버의 토큰 종단점과 통신해 액세스 토큰과 리프레시 토큰으로 교환한다(그림 11-5 참고).

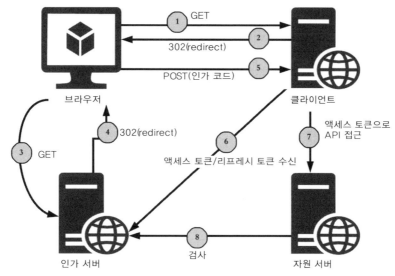

그림 11-5. OAuth 2.0 인가 코드 흐름도

1. 최종 사용자가 브라우저의 OAuth 2.0 클라이언트 애플리케이션에서 로그인 링크를 클릭하면 브라우저는 웹 서버에서 실행 중인 클라이언트 애플리케이션에 대해 HTTP GET 요청을 수행해야 하며, 브라우저는 먼저 OAuth 2.0 클라이언트와 TLS 연결을 설정해야 한다. TLS 핸드셰이크 자체에서 OAuth 2.0 토큰 바인딩을 지원하는 브라우저는 클라이언트 애플리케이션과 필요한 파라미터를 협상하며, OAuth 2.0 토큰 바인딩도 지원한다. TLS 핸드셰이크가 완료되면 브라우저는 비밀키와 공개키(클라이언트 도메인용)를 생성하고 비밀키로 TLS 연결에서 내보낸 키 자료^{EKM, Exported Key Material}에 서명하고 토큰 바인딩 메시지를 작성한다. base64url로 인코딩된 토큰 바인딩 메시지는 브라우저와 OAuth 2.0 클라이언트 간의 연결(HTTP GET)에 대한 `Sec-Token-Binding` HTTP 헤더의 값으로 추가된다.

2. 1단계(모든 토큰 바인딩 유효성 검사가 완료됐다고 가정)에 대한 응답으로 클라이언트는 브라우저에 302 응답을 보내 사용자를 OAuth 2.0 인가 서버로 리다이렉션하도록 요청한다. 또한 클라이언트는 응답에 `Include-Referred-`

Token-Binding-ID HTTP 헤더를 포함하며, 이는 true로 설정된다. 이는 인가 서버에 요청할 때 브라우저와 클라이언트 사이에 설정된 토큰 바인딩 ID를 포함하도록 브라우저에 지시한다. 또한 클라이언트 애플리케이션은 요청에 code_challenge와 code_challenge_method라는 두 개의 추가 파라미터를 포함한다. 이러한 파라미터는 PKCE[Proof Key for Code Exchange] 또는 OAuth 2.0의 RFC 7636에 정의돼 있다. 토큰 바인딩에서 이 두 파라미터는 정적 값인 code_challenge=referred_tb와 code_challenge_method= referred_tb를 전달한다.

3. 브라우저는 TLS 핸드셰이크 과정에서 인가 서버와 필요한 파라미터를 협상한다. TLS 핸드셰이크가 완료되면 브라우저는 비밀키와 공개키(인가 서버 도메인용)를 생성하고, 비밀키로 기본 TLS 연결에서 내보낸 키 자료[EKM, Exported Key Material]를 서명하고 토큰 바인딩 메시지를 작성한다. 클라이언트는 표준 OAuth 요청을 Sec-Token-Binding HTTP 헤더와 함께 인가 종단점으로 보낸다. 이 Sec-Token-Binding HTTP 헤더에는 이제 두 개의 토큰 바인딩(하나의 토큰 바인딩 메시지에서 그림 11-3 참고)이 있는데, 하나는 브라우저와 인가 서버 간의 연결을 위한 것이고 다른 하나는 브라우저와 클라이언트 애플리케이션을 위한 것이다(참조 바인딩).

4. 인가 서버는 브라우저를 통해 사용자를 인가 코드와 함께 OAuth 클라이언트 애플리케이션으로 다시 리다이렉션한다. 인가 코드는 참조 토큰 바인딩에서 토큰 바인딩 ID에 대해 발행된다.

5. 브라우저는 클라이언트 애플리케이션에 POST를 수행하며, 여기에는 인가 서버의 인가 코드도 포함된다. 브라우저는 자신과 클라이언트 애플리케이션 사이에 설정된 동일한 토큰 바인딩 ID를 사용하고 Sec-Token-Binding HTTP 헤더를 추가한다.

6. 클라이언트 애플리케이션이 인가 코드를 받으면(Sec-Token-Binding 유효성 검사에 성공한 경우) 이제 인가 서버의 토큰 종단점과 통신한다. 그 전에 클라

이언트는 인가 서버와 토큰 바인딩을 설정해야 한다. 토큰 요청에는 code_verifier 파라미터(PKCE RFC에 정의됨)도 포함되는데, 이 파라미터는 클라이언트와 브라우저 사이에 제공된 토큰 바인딩 ID(인가 코드에 첨부된 토큰 바인딩 ID)를 전달한다. 인가 서버가 발행할 액세스 토큰은 보호되는 자원에 대해 사용되므로 클라이언트는 자신과 자원 서버 사이의 토큰 바인딩을 이 토큰 바인딩 메시지에 참조 바인딩으로 포함시켜야 한다. 토큰 요청을 수신하면 OAuth 2.0 인가 서버는 이제 Sec-Token-Binding HTTP 헤더의 유효성을 검사한 다음 code_verifier 파라미터의 토큰 바인딩 ID가 인가 코드 발행 시점에 첨부된 원래 토큰 바인딩 ID와 동일한지 확인해야 한다. 이 검사는 코드가 원래 토큰 바인딩의 외부에서 사용될 수 없는지 확인한다. 그런 다음 인가 서버는 참조 토큰 바인딩과 엮인 액세스 토큰과 클라이언트 및 인가 서버 사이의 연결에 엮인 리프레시 토큰을 발행한다.

7. 클라이언트 애플리케이션은 이제 액세스 토큰을 전달하는 자원 서버에서 API를 호출한다. 클라이언트와 자원 서버 간에 토큰 바인딩이 수행된다.

8. 이제 자원 서버는 인가 서버의 내부 검사 종단점과 통신하고 액세스 토큰에 연결된 바인딩 ID를 다시 반환하므로 자원 서버는 자신과 클라이언트 애플리케이션 간에 사용된 동일한 바인딩 ID인지 확인할 수 있다.

TLS 종료

많은 운영 배치에는 TLS 연결을 종료하는 리버스 프록시가 포함된다. 리버스 프록시는 클라이언트와 서버 사이에 있는 아파치나 엔진엑스 서버에 있을 수 있다. 리버스 프록시에서 연결이 종료되면 서버는 TLS 계층에서 어떤 일이 발생했는지 전혀 알 수 없다. 보안 토큰이 유입되는 TLS 연결과 엮이게 하려면 서버는 토큰 바인딩 ID를 알아야 한다. 초안 사양(https://tools.ietf.org/html/draft-ietf-tokbind-ttrp-09)인 'TLS 종료 리버스 프록시를 사용한 HTTPS 토큰 바인딩'은 바인딩 ID가 리버스 프록시에서 백엔드 서버로 전달되는 방식을 HTTP 헤더로 표준화한다. 제공 토큰 바인딩 ID와 참조 토큰 바인딩 ID의 HTTP 헤더는 이 사양에서 소개한다(그림 11-6 참고).

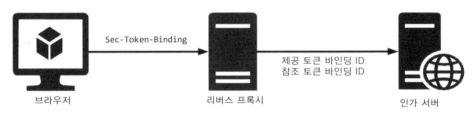

그림 11-6. 리버스 프록시는 제공 토큰 바인딩 ID와 참조 토큰 바인딩 ID의 HTTP 헤더를 백엔드 서버로 전달한다.

요약

- OAuth 2.0 토큰 바인딩 초안은 보안 토큰을 TLS 계층에 암호화 방식으로 엮어 토큰 내보내기 및 재생 공격을 방지한다.
- 토큰 바인딩은 TLS에 의존하며, 토큰을 TLS 연결 자체에 바인딩하므로 토큰을 훔친 사람은 다른 채널을 통해 토큰을 사용할 수 없다.
- 토큰 바인딩 프로토콜은 협상 단계, 키 생성 단계, 소유 증명 단계의 세 가지 주요 단계로 분류할 수 있다.
- 협상 단계에서, 클라이언트와 서버는 파라미터 집합을 협상해 둘 사이의 토큰 바인딩에 사용한다.
- 키 생성 단계에서, 클라이언트는 협상 단계에서 협상된 파라미터에 따라 키 쌍을 생성한다.
- 소유 증명 단계에서, 클라이언트는 키 생성 단계에서 생성된 키를 사용해 소유를 증명한다.

12장

API 접근 페더레이팅

Quocirca(분석 및 리서치 회사)가 수행한 조사 중 하나에 따르면 이제는 많은 비즈니스에서 내부 애플리케이션보다 엔터프라이즈 애플리케이션과 상호작용하는 외부 사용자가 더 많다. 유럽에서는 58%의 비즈니스가 다른 회사나 소비자의 사용자와 직접 거래한다. 영국에서만 그 수치는 65%다.

최근의 역사를 살펴보면 오늘날 대부분의 기업은 인수, 합병, 파트너십을 통해 성장한다. Dealogic에 따르면 미국에서만도 2013년 첫 9개월 동안 합병과 인수 규모는 총 8,521억 달러에 달했다. 이는 전년도 같은 기간에 비해 39% 증가한 것이며, 2008년 이후 총 9개월간 최고다. 이것이 API 보안에 어떤 의미일까? 국경을 넘어 여러 이기종 보안 시스템을 처리할 수 있어야 한다는 것이다.

페더레이션 활성화

API 보안과 관련해 페더레이션Federation은 고유한 ID 관리 시스템이나 고유한 엔터프라이즈에 사용자 ID를 전달하는 것에 관한 것이다. API를 파트너에게 공개하는 간단한 사용 사례부터 알아본다. 다른 파트너로부터 이 API의 사용자를 어떻게 인증할까? 이러한 사용자는 외부 파트너에 속하며 해당 파트너가 관리한다. HTTP 기본 인증이 작동하지 않는다. 외부 사용자의 자격증명에 접근할 수 없으며 동시에 파트너는 방화벽 외부의 LDAP나 데이터베이스 연결을 외부 당사자에게 노출하지 않는다. 페더레이션 시나리오에서는 사용자 이름과 암호를 묻는 것이 간단하지 않다. OAuth 2.0이 작동할까? OAuth로 보안된 API에 접근하려면 클라이언트는 API 소유자가 발행하거나 API가 신뢰하는 엔티티가 발행한 액세스 토큰을 제시해야 한다. 외부 당사자의 사용자는 먼저 API가 신뢰하는 OAuth 인가 서버로 인증한 후 액세스 토큰을 확보해야 한다. 이상적으로 API가 신뢰하는 인가 서버는 API와 동일한 도메인에서 온 것이다.

인가 코드 승인 유형이나 암시적 승인 유형은 인가 서버에서 사용자를 인증하는 방법을 요구하지 않는다. 이 유형을 결정하는 것은 인가 서버에 달려 있다. 사용자가 인가 서버에 로컬인 경우 사용자 이름과 패스워드나 다른 다이렉트 인증 프로토콜을 사용할 수 있다. 사용자가 외부 요소에서 온 경우 일종의 브로커 인증을 사용해야 한다.

브로커 인증

인증 시 브로커 인증을 사용하면 로컬 인가 서버(API와 동일한 도메인에서 실행)가 외부의 개별 사용자를 신뢰할 필요가 없다. 대신 지정된 파트너 도메인에서 브로커를 신뢰할 수 있다(그림 12-1 참고). 각 파트너는 자신의 사용자를 인증하기 때문에 (직접 인증을 통해) 신뢰할 수 있고 신뢰할 수 있는 방식으로 인증 결정을 로컬 OAuth 인가 서버로 다시 전달해야 하는 신뢰 브로커를 보유해야 한다. 실제로 사용자(이 경우 파트너 직원) 홈 도메인에서 실행되는 ID 제공자는 신뢰 브로커의 역할을 한다.

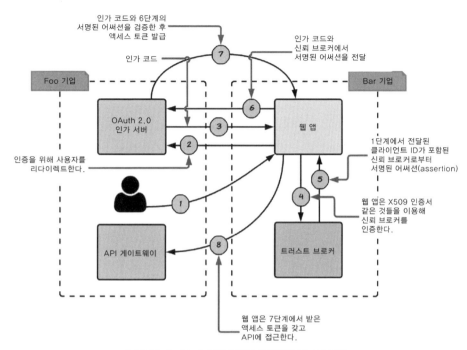

그림 12-1. OAuth 클라이언트 앱에서의 브로커 인증

파트너의 브로커와 로컬 OAuth 인가 서버(또는 두 개의 페더레이션 도메인) 간의 신뢰 관계는 대역 외에서 설정해야 한다. 즉, 양 당사자 간의 사전 합의에 따라 설립돼야 한다. 대부분의 시나리오에서 서로 다른 요소 간의 신뢰 관계는 X.509 인증서를 통해 설정된다. 다음은 샘플 브로커 인증 사용 사례다.

OAuth 원칙을 생각해보면 페더레이션 시나리오에서 자원 소유자, 자원 서버, 인가 서버, 클라이언트 애플리케이션의 4가지 요소를 처리해야 한다. 이러한 모든 요소는 동일한 도메인이나 다른 도메인에 상주할 수 있다.

가장 간단한 시나리오로는 다음의 사례가 있다. 자원 소유자(사용자), 자원 서버(API 게이트웨이), 인가 서버는 단일 도메인에 있고 클라이언트 애플리케이션(웹 앱)은 다른 도메인에 있다. 예를 들어 Foo 기업의 직원이고 Bar 기업에서 호스팅하는 웹 애플리케이션에 접근하려고 한다(그림 12-1 참고). Bar 기업에서 웹 애플리케이션에 로그인하면 Foo 기업에서 호스팅되는 API에 접근해야 한다. OAuth 용어를 사용하면 자원 소유자이며 자원 서버에서 API가 호스팅된다. 사용자와 API는 모두 Foo 도메인에서 온 것이다. Bar 기업에서 호스팅하는 웹 애플리케이션은 OAuth 클라이언트 애플리케이션이다.

그림 12-1은 OAuth 클라이언트 애플리케이션에서 브로커 인증이 작동하는 방식을 보여준다.

- Foo 기업의 자원 소유자(사용자)는 Bar 기업의 웹 애플리케이션을 방문한다(1단계).
- 사용자를 인증하려고 웹 애플리케이션은 사용자를 자원 소유자의 홈 도메인인 Foo 기업의 OAuth 인가 서버로 리다이렉션한다(2단계). OAuth 인가 코드 승인 유형을 사용하려면 웹 애플리케이션은 리다이렉션 중에 인가 코드 승인 요청과 함께 클라이언트 ID도 전달해야 한다. 현재 인가 서버는 클라이언트 애플리케이션을 인증하지 않고 존재 여부만 확인한다. 페더레이션 시나리오에서 인가 서버는 각각의 모든 개별 애플리케이션(또는 OAuth 클라이언트)을 신뢰할 필요가 없다. 오히려 해당 도메인을 신뢰한다. 인가 서버는 신뢰할 수 있는 도메인에 속한 모든 클라이언트의 인가 승인 요청을 승인한다. 또한 클라이언트 등록 비용을 피할 수 있다. Bar 기업에서 각 클라이언트 애플리케이션을 등록할 필요는 없다. 대신 Foo 기업의 인가 서버와 Bar 기업의 신뢰 브로커 간에 신뢰 관계를 구축할 수 있다. 인가 코드 승인 단계 동안 인가 서버만 클라이언트 ID를 기록해야 한다. 클라이언트의 존재 여부를 확인할 필요는 없다.

참고

OAuth 클라이언트 ID는 비밀로 취급되지 않는다. 누구나 공개적으로 볼 수 있다.

- 클라이언트 애플리케이션이 인가 서버에서 인가 승인 코드를 받으면(3단계), 다음 단계는 유효한 액세스 토큰으로 교환하는 것이다. 이 단계에는 클라이언트 인증이 필요하다.
- 인가 서버는 개별 애플리케이션을 신뢰하지 않기 때문에 웹 애플리케이션은 먼저 자체 도메인의 자체 신뢰 브로커에 인증하고(4단계) 서명된 어써션^{assertion}을 받아야 한다(5단계). 서명된 어써션은 Foo 기업의 인가 서버에 대한 증거 토큰으로 사용할 수 있다.
- 인가 서버는 어써션의 서명을 확인하고 신뢰할 수 있는 요소가 서명한 경우 해당 액세스 토큰을 클라이언트 애플리케이션에 반환한다(6단계와 7단계).
- 클라이언트 애플리케이션은 액세스 토큰을 사용해 자원 소유자 대신 Foo 기업의 API에 접근하거나(8단계) Foo 기업의 사용자 종단점과 통신해 사용자에 대한 자세한 정보를 얻을 수 있다.

참고

옥스포드 영어 사전에 따르면 어써션(assertion)의 정의는 '자신감 있고 강력한 사실이나 믿음의 진술'이다. 여기에 있는 사실이나 신념은 이 주장을 가져오는 요소가 신뢰 브로커에서 인증된 요소라는 것이다. 어써션에 서명하지 않으면 중간에 있는 사람이 변경할 수 있다. 일단 신뢰 브로커(또는 어써션 당사자)가 개인키로 어써션에 서명하면 중간에 있는 누구도 이를 변경할 수 없다. 변경된 경우 서명 확인 중에 인가 서버에서 변경 사항을 감지할 수 있다. 서명은 신뢰 브로커의 해당 공개키를 사용해 유효성이 검사된다.

보안 어써션 마크업 언어(SAML)

보안 어써션 마크업 언어^{SAML, Security Assertion Markup Language}는 XML 기반 데이터 형식으로 이해 당사자 간에 인증, 인가, ID 관련 데이터를 교환하기 위한 OASIS 표준이다. SAML 1.0은 2002년 OASIS 표준으로 채택됐으며, 2003년에는 SAML 1.1이

OASIS 표준으로 비준됐다. 동시에 Liberty Alliance는 ID 페더레이션 프레임워크 Identity Federation Framework를 OASIS에 기증했다. SAML 2.0은 SAML 1.1, Liberty Alliance 의 ID 페더레이션 프레임워크와 Shibboleth 1.3을 통합해 2005년 OASIS 표준이 됐 다. SAML 2.0에는 4가지 기본 요소가 있다.

- **어써션:** 인증, 인가, 속성 어써션
- **프로토콜**Protocol**:** SAML 어써션을 패키징하기 위한 요청과 응답 요소
- **바인딩**Bindings**:** 이해 당사자 간에 SAML 메시지를 전송하는 방법이다. HTTP 바인딩과 SOAP 바인딩이 두 가지 예다. 신뢰 브로커가 SOAP 메시지를 사 용해 SAML 어써션을 전송하는 경우 SAML에 대한 SOAP 바인딩을 사용해 야 한다.
- **프로필**Profiles**:** 특정 사용 사례를 해결하려고 어써션, 프로토콜, 바인딩을 결 합하는 방법이다. SAML 2.0 Web SSO^Single Sign-On 프로필은 SAML을 통해 다 른 서비스 공급자 간에 SSO를 설정하는 표준 방법을 정의한다.

참고

http://blog.facilelogin.com/2011/11/depth-of-saml-saml-summary.html의 블로그 게 시물에 SAML에 대한 수준 높은 개요가 있다.

SAML 2.0 클라이언트 인증

OAuth 2.0용 SAML 2.0 프로필을 사용해 클라이언트 인증을 달성하려면 액세스 토 큰 요청에서 파라미터 `client_assertion_type`을 `urn:ietf:params:OAuth:client-assertion-type:saml2-bearer` 값과 함께 사용할 수 있다(그림 12-1의 6단계 참고). OAuth 절차는 2단계에서 시작한다.

이제 각 단계에 대해 알아본다. 다음은 Bar 기업의 웹 애플리케이션에서 시작한

샘플 인가 코드 승인 요청을 보여준다.

```
GET /authorize?response_type=code
            &client_id=wiuo879hkjhkjhk3232
            &state=xyz
            &redirect_uri=https://bar.com/cb
HTTP/1.1
Host: auth.foo.com
```

요청된 인가 코드를 포함해 다음과 같은 응답을 받는다.

```
HTTP/1.1 302 Found
Location: https://bar.com/cb?code=SplwqeZQwqwKJjklje&state=xyz
```

지금까지는 일반적인 OAuth 인가 코드 절차다. 이제 웹 애플리케이션이 자체 도메인의 신뢰 브로커와 통신해 SAML 어써션을 가져와야 한다. 이 단계는 OAuth 범위를 벗어난다. 이 인증은 웹 애플리케이션에서 신뢰 브로커로의 시스템 간 인증이므로 SOAP 기반 WS-Trust 프로토콜을 사용해 SAML 어써션이나 OAuth 2.0 토큰 위임 프로필과 같은 다른 프로토콜을 얻을 수 있다. 웹 애플리케이션은 사용자가 로그인할 때마다 이 작업을 수행할 필요가 없다. SAML 어써션의 수명에 의해 제어되는 일회성 작업일 수 있다. 다음은 신뢰 브로커에서 얻은 샘플 SAML 어써션이다.

```
<saml:Assertion >
    <saml:Issuer>bar.com</saml:Issuer>
    <ds:Signature>
        <ds:SignedInfo></ds:SignedInfo>
        <ds:SignatureValue></ds:SignatureValue>
        <ds:KeyInfo></ds:KeyInfo>
    </ds:Signature>
    <saml:Subject>
        <saml:NameID>18982198kjk2121</saml:NameID>
```

```
    <saml:SubjectConfirmation>
    <saml:SubjectConfirmationData
        NotOnOrAfter="2019-10-05T19:30:14.654Z"
        Recipient="https://foo.com/OAuth2/token"/>
    </saml:SubjectConfirmation>
    </saml:Subject>
    <saml:Conditions
        NotBefore="2019-10-05T19:25:14.654Z"
        NotOnOrAfter="2019-10-05T19:30:14.654Z">
            <saml:AudienceRestriction>
                <saml:Audience>
                    https://foo.com/OAuth2/token
                </saml:Audience>
            </saml:AudienceRestriction>
    </saml:Conditions>
    <saml:AuthnStatement AuthnInstant="2019-10-05T19:25:14.655Z">
        <saml:AuthnContext>
            <saml:AuthnContextClassRef>
                urn:oasis:names:tc:SAML:2.0:ac:classes:unspecified
            </saml:AuthnContextClassRef>
        </saml:AuthnContext>
    </saml:AuthnStatement>
</saml:Assertion>
```

OAuth 절차에서 이 SAML 어써션을 사용해 클라이언트를 인증하려면 다음 규칙을 따라야 한다.

- 어써션에는 토큰 발급 요소를 식별하는 Issuer 요소의 고유 식별자가 있어야 한다. 이 경우 Bar 기업의 브로커다.
- 어써션에는 클라이언트 애플리케이션(웹 애플리케이션)을 고유하게 식별하는 Subject 요소 내에 NameID 요소가 있어야 한다. 이는 인가 서버에서 클라이언트 애플리케이션의 클라이언트 ID로 취급된다.
- SubjectConfirmation 메서드는 urn:oasis:names:tc:SAML:2.0:cm:bearer

로 설정해야 한다.

- 어써션 발급자가 클라이언트를 인증하는 경우 어써션에는 단일 Authn Statement가 있어야 한다.

참고

WS-Trust는 SOAP 메시지 보안을 위한 OASIS 표준이다. WS-Security 표준 위에 구축된 WS-Trust는 두 신뢰 도메인 사이에서 토큰(SAML)으로 래핑된 ID 정보를 교환하기 위한 프로토콜을 정의한다. http://blog.facilelogin.com/2010/05/ws-trust-with-fresh-banana-service.html의 블로그 게시물에서는 WS-Trust를 잘 설명하고 있다. 최신 WS-Trust 사양은 http://docs.oasis-open.org/ws-sx/ws-trust/v1.4/errata01/ws-trust-1.4-errata01-complete.html에 있다.

클라이언트 웹 애플리케이션이 신뢰 브로커로부터 SAML 어써션을 가져오면 어써션을 base64url로 인코딩해 액세스 토큰 요청과 함께 인가 서버로 보내야 한다. 다음 샘플 HTTP POST 메시지에서 client_assertion_type은 urn:ietf:params:OAuth:client-assertion-type:saml2-bearer로 설정되고 base64url로 인코딩된다(부록 E 참고). SAML 어써션은 client_assertion 파라미터로 설정된다.

```
POST /token HTTP/1.1
Host: auth.foo.com
Content-Type: application/x-www-form-urlencoded
grant_type=authorization_code&code=SplwqeZQwqwKJjklje
&client_assertion_type=urn:ietf:params:OAuth:client-assertion-type:saml2-bearer
&client_assertion=HdsjkkbKLew...[omitted for brevity]...OT
```

인가 서버는 액세스 토큰 요청을 받으면 SAML 어써션의 유효성을 검사한다. 유효한 경우(신뢰할 수 있는 당사자가 서명한 경우) 리프레시 토큰과 함께 액세스 토큰이 발급된다.

OAuth 2.0을 위한 SAML 승인 유형

앞 절에서는 SAML 어써션을 사용해 클라이언트 애플리케이션을 인증하는 방법을 설명했다. 이것이 OAuth의 맥락에 속하는 하나의 페더레이션 사용 사례다. 클라이언트 애플리케이션이 실행 중인 Bar 기업 내부에서 신뢰 브로커가 실행되고 있었다. 자원 서버(API), 인가 서버, 클라이언트 애플리케이션이 동일한 도메인(Bar 기업)에서 실행되고 사용자가 외부 도메인(Foo 기업)에서 실행되는 실제 사용 사례를 생각해볼 수 있다. 여기서 최종 사용자는 SAML 어써션을 사용해 웹 애플리케이션을 인증한다(그림 12-2 참고). 사용자 도메인의 신뢰 브로커(SAML ID 제공자)가 이 어써션을 발행한다. 클라이언트 애플리케이션은 이 어써션을 사용해 로컬 인가 서버와 통신해 로그인한 사용자 대신 API에 접근하기 위한 액세스 토큰을 얻는다.

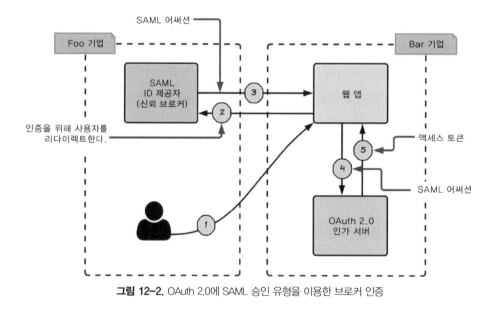

그림 12-2. OAuth 2.0에 SAML 승인 유형을 이용한 브로커 인증

그림 12-2는 OAuth 2.0에 대한 SAML 승인 유형의 브로커 인증이 작동하는 방식을 보여준다.

- 처음 세 단계는 OAuth 범위를 벗어난다. 자원 소유자는 먼저 SAML 2.0 Web SSO를 통해 Bar 기업 소유의 웹 애플리케이션에 로그인한다.
- SAML 2.0 웹 SSO 절차는 사용자를 Foo 기업의 SAML ID 제공자로 리다이렉션해 웹 애플리케이션에서 시작한다(2단계).
- 사용자가 SAML ID 제공자를 인증하면 SAML ID 제공자가 SAML 응답을 생성해(어써션을 래핑) 웹 애플리케이션으로 다시 보낸다(3단계). 웹 애플리케이션은 SAML 어써션에서 서명의 유효성을 검사하고 신뢰할 수 있는 ID 제공자가 서명한 경우 사용자가 웹 애플리케이션에 로그인할 수 있게 한다.
- 사용자가 웹 애플리케이션에 로그인하면 웹 애플리케이션은 자체 내부 인가 서버와 통신해 SAML 어써션을 액세스 토큰으로 교환해야 한다(4, 5단계). 이를 수행하는 방법은 SAML 2.0 OAuth 2.0 클라이언트 인증 및 인가 승인 사양(RFC 7522)에 정의돼 있다.

다음은 웹 애플리케이션에서 인가 서버로의 POST 메시지 샘플이다. grant_type의 값은 urn:ietf:params:OAuth:grant-type:saml2-bearer여야 하며 base64url로 인코딩된 SAML 어써션은 assertion 파라미터의 값으로 설정된다.

참고

SAML 베어러 승인 유형에 따라 리프레시 토큰이 발행되지 않는다. 액세스 토큰의 수명은 SAML 베어러 어써션의 수명을 넘으면 안 된다.

```
POST /token HTTP/1.1
Host: auth.bar.com
Content-Type: application/x-www-form-urlencoded
grant_type=urn:ietf:params:OAuth:grant-type:saml2-bearer
&assertion=QBNhbWxwOl...[omitted for brevity]...OT4
```

이 요청은 인가 서버에서 확인된다. SAML 어써션은 다시 서명을 통해 확인된다.

신뢰할 수 있는 ID 제공자가 서명한 경우 인가 서버는 유효한 액세스 토큰을 발급한다.

SAML 베어러 인가 승인 유형에 따라 발급된 액세스 토큰의 범위는 자원 소유자가 대역 외에서 설정해야 한다. 여기서 대역 외는 SAML 승인 유형이 사용될 때 자원 소유자가 주어진 자원과 연관된 범위와 관련해 자원 서버/인가 서버와 사전 동의함을 나타낸다. 클라이언트 애플리케이션은 인가 승인 요청에 범위 파라미터를 포함할 수 있지만, 범위 파라미터의 값은 자원 소유자가 대역 외에서 정의한 범위의 하위 집합이어야 한다. 인가 승인 요청에 범위 파라미터가 포함되지 않은 경우 액세스 토큰은 대역 외 설정 범위를 상속한다.

앞서 이야기한 두 페더레이션 사용 사례는 자원 서버와 인가 서버가 동일한 도메인에서 실행되고 있다고 가정한다. 그렇지 않은 경우 자원 서버는 클라이언트가 자원에 접근하려고 할 때 접근 서버의 유효성을 검사하려고 인가 서버에 의해 노출된 API를 호출해야 한다. 인가 서버가 OAuth Introspection 사양(9장에서 설명)을 지원하는 경우 자원 서버는 Introspection 종단점과 통신해 토큰의 활성화 여부 및 토큰과 관련된 범위를 확인할 수 있다. 그런 다음 자원 서버는 자원에 접근하는 데 필요한 범위 세트가 토큰에 있는지 확인할 수 있다.

OAuth 2.0을 위한 JWT 승인 유형

RFC 7523에 정의된 OAuth 2.0용 JSON 웹 토큰^{JWT} 프로필은 자체 인가 승인 유형과 클라이언트 인증 메커니즘을 정의해 OAuth 2.0 핵심 사양을 확장한다. OAuth 2.0의 인가 승인은 자원 소유자가 자원에 접근하려고 OAuth 2.0 클라이언트에 부여한 임시 자격증명의 추상 표현이다. OAuth 2.0 핵심 사양은 인가 코드, 암시적, 자원 소유자 암호, 클라이언트 자격증명의 네 가지 승인 유형을 정의한다. 이러한 인가 승인 유형 각각은 자원 소유자가 자신이 소유한 자원에 OAuth 2.0 클라이언트에 위임된 접근 권한을 부여할 수 있는 방법을 고유한 방식으로 정의한다. 이 장에서 설명하는 JWT 승인 유형은 JWT를 OAuth 2.0 액세스 토큰으로 교환하는 방법을 정의한다. RFC 7523은 JWT 인가 승인 유형 외에도 OAuth 2.0 인가 서버와의 상호작용에서 OAuth 2.0 클라이언트를 인증하는 방법을 정의한다. OAuth 2.0은 대부분의 경우 클라이언트 ID와 클라이언트 패스워드를 사용하는 HTTP 기본 인증이지만 클라이언트 인증을 위한 구체적인 방법을 정의하지 않는다. RFC 7523은 JWT를 사용해 OAuth 2.0 클라이언트를 인증하는 방법을 정의한다.

JWT 인가 승인 유형은 클라이언트가 JWT를 소유하고 있다고 가정한다. 이 JWT는 자체 발행 JWT이거나 ID 제공자로부터 얻은 JWT일 수 있다. 누가 JWT에 서명했는지에 따라 자체 발행 JWT를 ID 제공자가 발행한 JWT와 구별할 수 있다. 클라이언트 자체에서 자체 발행 JWT에 서명하는 반면 ID 제공자는 ID 제공자 발행 JWT에 서명한다. 두 경우 모두 OAuth 인가 서버는 JWT의 발행자를 신뢰해야 한다. 다음은 grant_type 파라미터의 값이 urn:ietf:params:OAuth:grant-type:jwt-bearer로 설정된 샘플 JWT 인가 승인 요청을 보여준다.

```
POST /token HTTP/1.1
Host: auth.bar.com
Content-Type: application/x-www-form-urlencoded

grant_type=urn%3Aietf%3Aparams%3AOAuth%3Agrant-type%3Ajwt-bearer&assertion=
eyJhbGciOiJFUzI1NiIsImtpZCI6IjE2In0.
eyJpc3Mi[...omitted for brevity...].
J9l-ZhwP[...omitted for brevity...]
```

RFC 7521인 OAuth 2.0 클라이언트 인증 및 인가 승인에 대한 어써션 프레임워크는 다음에 나열된 대로 JWT 인가 승인 요청의 파라미터를 정의한다.

- **grant_type:** 인가 서버가 이해하는 어써션 형식을 정의하는 필수 파라미터다. grant_type의 값은 절대 URI며 urn:ietf:params:OAuth:grant-type:jwt-bearer여야 한다.
- **assertion:** 토큰을 전달하는 필수 파라미터다. 예를 들어 JWT 인가 승인

유형의 경우 어써션 파라미터는 base64url 인코딩 JWT를 전달하며 단일 JWT만 포함해야 한다. 어써션에 JWT가 여러 개인 경우 인가 서버는 인가 승인 요청을 거부한다.

- **scope:** 선택적 파라미터다. 인가 코드 및 암시적 승인 유형과 달리 JWT 승인 유형에는 요청된 범위에 대한 자원 소유자의 동의를 얻는 방법이 없다. 이 경우 인가 서버는 대역 외 메커니즘을 통해 자원 소유자의 동의를 설정한다. 인가 승인 요청에 scope 파라미터의 값이 있으면 대역 외의 설정된 범위와 정확하게 일치하거나 그보다 작아야 한다.

참고

OAuth 인가 서버는 JWT 인가 승인 유형에서 refresh_token을 발행하지 않는다. access_token이 만료되면 OAuth 클라이언트는 새 JWT를 가져오거나(JWT가 만료된 경우) 동일하게 유효한 JWT를 사용해 새 access_token을 가져와야 한다. access_token의 수명은 해당 JWT의 수명과 일치해야 한다.

JWT 승인 유형 애플리케이션

JWT 인가 승인 유형의 여러 애플리케이션이 있다. 일반 사용자나 자원 소유자가 OpenID 커넥트(6장)를 통해 웹 애플리케이션에 로그인한 다음 웹 애플리케이션이 로그인한 사용자 대신 API에 접근해야 하는 일반적인 사용 사례를 알아볼 것이다. 그리고 그것은 OAuth 2.0으로 보안된다. 그림 12-3은 이 사용 사례와 관련된 주요 상호작용을 보여준다.

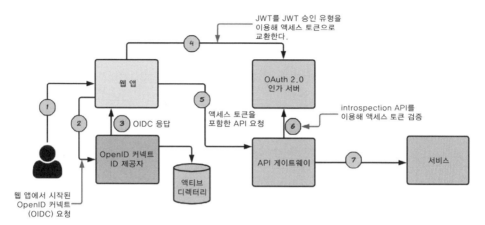

그림 12-3. JWT 승인 유형의 실제 사례

다음은 그림 12-3에 표시된 모든 상호작용을 숫자로 나열한 것이다.

- 최종 사용자는 웹 애플리케이션을 방문한다(1단계).

- 2단계에서 사용자는 OpenID 커넥트 서버로 리다이렉션되고 연결된 액티브 디렉터리에 대해 인증된다. 인증 후 사용자는 인가 코드(OAuth 2.0 인가코드 승인 유형을 사용한다고 가정)와 함께 웹 애플리케이션으로 다시 리다이렉션된다.

- 웹 애플리케이션은 OpenID 커넥트 서버와 직접 통신하고 이전 단계의 인가 코드를 ID 토큰과 액세스 토큰으로 교환한다. ID 토큰 자체는 JWT며 OpenID 커넥트 서버에서 서명한다(3단계).

- 이제 웹 애플리케이션은 로그인한 사용자 대신 API를 호출해야 한다. API에서 신뢰하는 OAuth 인가 서버와 통신하고 JWT 인가 승인 유형을 사용해 3단계에서 JAuth를 OAuth 액세스 토큰으로 교환한다. OAuth 인가 서버는 JWT의 유효성을 검사하고 신뢰할 수 있는 ID 제공자가 서명하고 있는지 확인한다. 이 경우 OAuth 인가 서버는 OpenID 커넥트 ID 제공자를 신뢰한다(4단계).

- 5단계에서 웹 애플리케이션은 4단계의 액세스 토큰으로 API를 호출한다.

- API를 호스팅하는 애플리케이션 서버는 액세스 토큰을 발급한 OAuth 인가 서버와 통신해 액세스 토큰의 유효성을 검사한다(6단계).

JWT 클라이언트 인증

OAuth 2.0 사양은 OAuth 클라이언트를 OAuth 인가 서버에 인증하는 구체적인 방법을 정의하지 않는다. 대부분 client_id와 client_secret을 사용한 HTTP 기본 인증이다. RFC 7523은 JWT로 OAuth 클라이언트를 인증하는 방법을 정의한다. JWT 클라이언트 인증은 특정 승인 유형으로 제한되지 않는다. 모든 OAuth 승인 유형과 함께 사용할 수 있다. OAuth 2.0의 또 다른 장점은 OAuth 승인 유형이 클라이언트 인증과 분리돼 있다는 것이다. 다음은 JWT 클라이언트 인증을 사용하는 인가 코드 승인 유형으로 OAuth 인가 서버에 대한 샘플 요청을 보여준다.

```
POST /token HTTP/1.1
Host: auth.bar.com
Content-Type: application/x-www-form-urlencoded

grant_type=authorization_code&
code=n0esc3NRze7LTCu7iYzS6a5acc3f0ogp4&
client_assertion_type=urn%3Aietf%3Aparams%3AOAuth%3Aclient-assertion-
type%3Ajwt-bearer&
client_assertion=eyJhbGciOiJSUzI1NiIsImtpZCI6IjIyIn0.
eyJpc3Mi[...omitted for brevity...].
cC4hiUPo[...omitted for brevity...]
```

RFC 7523은 클라이언트 인증을 수행하려고 토큰 종단점에 대한 OAuth 요청의 세 가지 추가 파라미터 client_assertion_type, client_assertion, client_id(선택 사항)를 사용한다. RFC 7521인 OAuth 2.0 클라이언트 인증 및 인가 승인에 대한 어써션 프레임워크는 이러한 파라미터를 정의한다. 다음은 그 정의들에 대한 설명이다.

- **client_assertion_type**: 이 파라미터는 OAuth 인가 서버가 이해하는 어써

션 형식을 정의하는 필수 파라미터다. client_assertion_type의 값은 절대 URI다. JWT 클라이언트 인증의 경우 이 파라미터는 urn:ietf:params:OAuth:client-assertion-type:jwt-bearer 값을 가져야 한다.

- **client_assertion**: 토큰을 전달하는 필수 파라미터다. 예를 들어 JWT 클라이언트 인증의 경우 client_assertion 파라미터는 base64url로 인코딩된 JWT를 전달하며 단일 JWT만 포함해야 한다. 어써션에 JWT가 여러 개인 경우 인가 서버는 승인 요청을 거부한다.

- **client_id**: 선택적 파라미터다. 이상적으로 client_id는 client_assertion 자체 내에 있어야 한다. 이 파라미터에 값이 있으면 client_assertion 내의 client_id 값과 일치해야 한다. 인가 서버가 먼저 클라이언트를 식별하려고 어써션을 파싱할 필요가 없으므로 요청 자체에 client_id 파라미터를 사용하는 것이 유용할 수 있다.

JWT 클라이언트 인증 애플리케이션

JWT 클라이언트 인증은 client_id 및 client_secret과 함께 HTTP 기본 인증을 사용하는 대신 JWT를 사용해 OAuth 인가 서버에 클라이언트를 인증하는 데 사용된다. 누군가 HTTP 기본 인증을 통해 JWT 클라이언트 인증을 선택하는 이유는 무엇일까?

예를 들어 foo와 bar라는 두 기업이 있다고 가정한다. foo 기업은 API 세트를 호스팅하며, bar 기업은 해당 API에 대해 애플리케이션을 개발하는 개발자 세트를 보유하고 있다. 이 책에서 다룬 대부분의 OAuth 예제와 마찬가지로 bar 기업은 API에 접근하려면 client_id와 client_secret을 얻으려고 foo 기업에 등록해야 한다. bar 기업은 여러 애플리케이션(웹 애플리케이션, 모바일 애플리케이션, 리치 클라이언트 애플리케이션)을 개발하기 때문에 foo 기업에서 얻은 동일한 client_id와 client_secret을 여러 개발자 간에 공유해야 한다. 이러한 개발자 중 한 명이 비밀키를 다른 사람에게 전달하거나 오용할 수 있기 때문에 이는 약간 위험하다. 이 문제를 해결하려고 JWT 클라이언트 인증을 사용할 수 있다. bar 기업은 client_id와 client_secret을 개발자와 공유하는 대신 키 쌍(공개키 및 개인키)을 작성하고 회사의 인증기관(CA) 키로 공개키에 서명한 후 이를 개발자들에게 전달할 수 있다. 이제 공유 client_id와 client_secret 대신 각 개발자는 회사 CA가 서명한 자체 공개키와 개인키를 갖게 된다. foo 기업의 OAuth 인가 서버와 통신할 때 애플리케이션은 자체 개인키가 JWT에 서명하는 JWT 클라이언트 인증을 사용하며, 토큰은 해당 공개키를 전달한다. 다음 코드 조각은 샘플 디코딩된 JWS 헤더와 페이로드를 보여준다. 7장에서는 JWS와 JWT와의 관계를 자세히 설명한다.

```
{
    "alg": "RS256"
    "x5c": [
        "MIIE3jCCA8agAwIBAgICAwEwDQYJKoZIhvcNAQEFBQ......",
        "MIIE3jewlJJMddds9AgICAwEwDQYJKoZIhvUjEcNAQ......",
        ]
}
{
    "sub": "3MVG9uudbyLbNPZN8rZTCj6IwpJpGBv49",
    "aud": "https://login.foo.com",
    "nbf": 1457330111,
    "iss": "bar.com",
    "exp": 1457330711,
    "iat": 1457330111,
    "jti": "44688e78-2d30-4e88-8b86-a6e25cd411fd"
}
```

foo 기업의 인가 서버는 먼저 첨부된 공개키(이전 코드 조각의 x5c 파라미터 값)로 JWT를 확인한 후 해당 공개키가 bar 기업의 인증서에 의해 서명됐는지 확인해야 한다. 확인된 경우 유효한 JWT며 클라이언트 인증을 성공적으로 완료한다. 또한 bar 기업에 대해 작성된 원래 client_id의 값은 JWT의 주체로 설정된다.

여전히 문제가 있다. 지정된 개발자가 사임하거나 인증서가 잘못 사용된 것으로 확인된 경우 해당 개발자의 인증서를 어떻게 취소해야 할까? 이를 쉽게 하게 하려고 인가 서버는 `client_id`에 의해 CRL(인증서 해지 목록)을 유지해야 한다. 즉, 각 `client_id`는 자체 인증서 해지 목록을 유지할 수 있다. 인증서를 해지하려면 클라이언트(이 경우 bar 기업)가 인가 서버에 호스팅된 CRL API와 통신해야 한다. CRL API는 이 모델을 지원하려고 OAuth 인가 서버에서 호스팅해야 하는 사용자 정의 API다. 이 API는 OAuth 2.0 클라이언트 자격증명 승인 유형으로 보안돼야 한다. CRL 업데이트 요청을 받으면 API를 호출하는 클라이언트에 해당하는 CRL을 업데이트하고 클라이언트 인증이 발생할 때마다 인가 서버는 CRL에 대해 JWT의 공용 인증서를 확인해야 한다. 일치하는 것이 있으면 요청을 즉시 거절해야 한다. 또한 특정 클라이언트의 CRL이 업데이트될 때 해지된 공개 인증서에 대해 발급된 모든 액세스 토큰과 리프레시 토큰도 해지해야 한다. CRL을 지원하는 데 걸리는 오버헤드가 걱정되는 경우 수명이 짧은 인증서를 사용하고 해지를 잊어버릴 수 있다. 그림 12-4는 foo와 bar 기업 간의 상호작용을 보여준다.

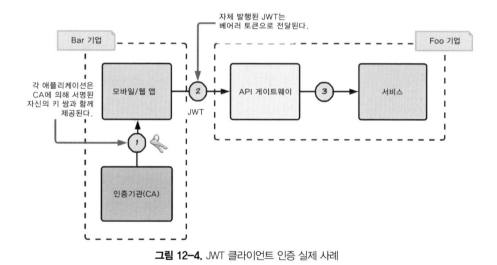

그림 12-4. JWT 클라이언트 인증 실제 사례

JWT 파싱과 검증

OAuth 인가 서버는 JWT 승인 유형과 클라이언트 인증 모두에서 JWT를 파싱하고 유효성을 검증해야 한다. 다음은 토큰 유효성 검사 기준들이다.

- JWT에는 iss 파라미터가 있어야 한다. iss 파라미터는 JWT의 발행자를 나타낸다. 대소문자를 구분하는 문자열 값으로 처리된다. 이상적으로 이는 클레임 세트의 어써션 당사자를 나타낸다. 구글이 JWT를 발행하면 iss의 값은 accounts.google.com이다. 이는 JWT의 발행자가 누구인지를 수신자에게 표시한다.

- JWT에는 서브파라미터가 있어야 한다. 토큰 발행자나 어써션 당사자는 특정 요소에 대해 JWT를 발행하고 JWT에 임베드된 클레임은 일반적으로 이 요소를 나타내며 서브파라미터로 식별된다. 부속 파라미터의 값은 대소문자를 구분하는 문자열 값이다. JWT 클라이언트 인증의 경우 서브파라미터의 값은 해당 client_id를 전달해야 하지만 인가 승인의 경우 액세스 토큰이 요청되는 권한 있는 접근자나 자원 서버가 된다.

- JWT에는 aud 파라미터가 있어야 한다. 토큰 발행자는 JWT를 의도된 수신자나 수신자 목록으로 발행한다. 이는 수신자 파라미터로 표시된다. 수신자나 수신자 목록은 JWT를 파싱하고 유효성을 검증하는 방법을 알아야 한다. 유효성 검사를 수행하기 전에 토큰 수령인은 먼저 특정 JWT의 사용 여부를 확인해야 하며 바로 거부하면 안 된다. aud 파라미터의 값은 대소문자를 구분하는 문자열 값이나 문자열 배열일 수 있다. 토큰 발행자는 토큰을 발행하기 전에 토큰의 의도된 수신자(또는 수신자)가 누구인지 알고 있어야 하며, aud 파라미터의 값은 토큰 발행자와 수신자 사이의 사전 합의된 값이어야 한다. 실제로 정규 표현식을 사용해 토큰의 대상을 확인할 수도 있다. 예를 들어 토큰의 aud 값은 *.apress.com일 수 있지만 apress.com 도메인의 각 수신자는 foo.apress.com, bar.apress.com과 같은 고유한 aud

값을 가질 수 있다. 각 수신자는 aud 값과 정확히 일치하는 것을 찾는 대신 토큰의 aud 값이 정규식과 일치하는지 확인할 수 있다. 그러면 수신자가 apress.com의 하위 도메인이 있는 JWT를 사용할 수 있다.

- JWT에는 exp 파라미터가 있어야 한다. 각 JWT는 만료 시간을 전달한다. JWT 토큰의 수신자는 토큰이 만료된 경우 이를 거부해야 한다. 발급자는 만료 시간의 가치를 결정할 수 있다. JWT 사양은 최상의 토큰 만료 시간을 결정하는 방법에 대한 지침을 권장하거나 제공하지 않는다. 이러한 권장 사항을 제공하려고 내부적으로 JWT를 사용하는 다른 사양의 책임이다. exp 파라미터의 값은 만료 시간(토큰 발행 시간부터)을 1970-01-01T00:00:00Z UTC에서 현재 시간까지 경과된 시간에 초 단위로 추가해 계산된다. 토큰 발급자의 시계가 시간대와 상관없이 수신자의 시계와 동기화되지 않으면 만료 시간 유효성 검사에 실패할 수 있다. 이 문제를 해결하려고 각 수신자는 클럭 스큐^{clock skew}로 몇 분을 추가할 수 있다.

- JWT는 nbf 파라미터를 가질 수 있다. 다시 말해 필수는 아니다. nbf 파라미터의 값이 현재 시간보다 큰 경우 토큰 수신자는 이를 거부해야 한다. JWT는 nbf 파라미터에 표시된 값보다 사용하기에 충분하지 않다. nbf 파라미터의 값은 1970-01-01T00:00:00Z UTC에서 현재 시간까지 경과된 시간에 초 단위로 추가해 계산된다.

- JWT는 iat 파라미터를 가질 수 있다. JWT의 iat 파라미터는 토큰 발행자가 계산한 JWT의 발행 시간을 나타낸다. iat 파라미터의 값은 1970-01-01T00:00:00Z UTC에서 토큰이 발행될 때 현재 시간까지 경과된 시간(초)이다.

- JWT는 디지털 서명되거나 발행자가 정의한 메시지 인증 코드^{MAC, Message Authentication Code}를 갖고 있어야 한다.

요약

- ID 페더레이션은 사용자 ID를 경계 밖으로 전달하는 것이다. 이러한 경계는 별개의 기업이나 동일한 기업 내 별개의 ID 관리 시스템 사이일 수 있다.

- 두 가지 OAuth 2.0 프로필(SAML 2.0 승인 유형과 JWT 승인 유형)은 API 보안을 위한 페더레이션 시나리오 구축에 중점을 둔다.

- RFC 7522에 정의된 OAuth 2.0의 SAML 프로필은 OAuth 2.0 핵심 사양의 기능을 확장한다. SAML 어써션을 기반으로 새로운 인가 승인 유형과 OAuth 2.0 클라이언트를 인증하는 방법을 소개한다.

- RFC 7523에 정의된 OAuth 2.0용 JSON 웹 토큰^{JWT} 프로필은 OAuth 2.0 핵심 사양의 기능을 확장한다. 새로운 인가 승인 유형과 JWT를 기반으로 OAuth 2.0 클라이언트를 인증하는 방법을 소개한다.

13장

사용자 관리 액세스

OAuth 2.0은 액세스 위임용 인가 프레임워크를 도입했다. 밥은 페이스북 자격증명을 공유하지 않고도 자신의 페이스북 애플리케이션에 대한 읽기 권한을 서드파티 애플리케이션에 위임할 수 있다. 사용자 접근 관리 규약^{UMA, User-Managed Access}('우마'로 발음)은 이 모델 수준을 확장해서 밥은 서드파티 애플리케이션뿐만 아니라 동일한 서드파티 애플리케이션을 사용하는 피터에게 권한을 위임할 수 있다.

UMA는 OAuth 2.0 프로필이다. OAuth 2.0은 인가 서버와 자원 서버를 분리시킨다. UMA는 한 단계 더 나아가 중앙 집중식 인가 서버에서 분산된 자원 서버 집합을 제어할 수 있다. 또한 자원 소유자는 인가 서버에서 일련의 정책을 정의할 수 있으며, 이 정책은 클라이언트가 보호된 자원에 대한 액세스 권한이 부여될 때 확인될 수 있다. 이것으로 임의의 클라이언트나 요청 당사자의 액세스 요청을 승인하려고 자원 소유자가 필요하지 않게 된다. 인가 서버는 자원 소유자가 정의한 정책에 따라 결정을 내릴 수 있다.

이 장에서는 최신 버전의 UMA 2.0을 다룬다. UMA의 변천사에 대한 자세한 내용은 '부록 D: UMA의 발전'을 참고한다.

사용 예

Chase Bank, Bank of America, Wells Fargo에 은행 계좌가 있다고 가정해보자. 피터라는 재무 관리자를 고용했으며, 그는 여러 은행 계좌에서 정보를 가져와 예산을 좀 더 잘 세우고 전반적인 재무 상태를 이해하는 데 도움을 주는 개인 재무 관리 _{PFM, Personal Financial Management} 애플리케이션을 통해 모든 은행 계좌를 관리한다. 여기서 피터가 당신의 은행 계좌에 액세스하는 데 PFM을 사용한다면 피터에 대한 액세스 권한을 제한해야 한다. 우리는 모든 은행이 API를 통해 기능을 공개하고, PFM은 은행 API를 사용해 데이터를 검색한다고 가정한다.

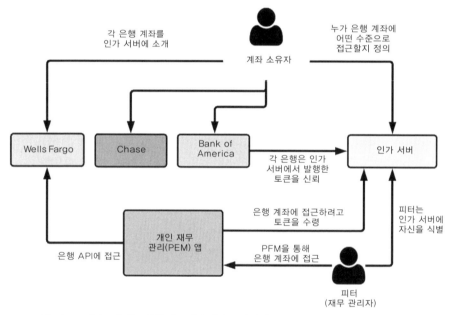

그림 13-1. 계좌 소유자는 개인 재무 관리 앱을 통해 자신의 계좌 관리를 재무 관리자에게 위임한다.

매우 높은 수준에서 UMA가 이 문제를 해결하는 방법을 살펴보겠다(그림 13-1 참고). 먼저 모든 은행이 신뢰하는 인가 서버에서 액세스 제어 정책을 정의해야 한다. 이 인가 정책에 따르면 피터는 PFM 앱을 통해 Wells Fargo, Chase, Bank of America 은행 계좌에 대한 읽기 액세스 권한을 부여 받아야 한다. 그런 다음 각 은행을 인가 서버에 소개해서 피터가 은행 계좌에 액세스하려고 할 때마다 각 은행은 인가 서버와 통신해 피터가 이를 수행해도 되는지를 묻는다. 피터가 PFM 앱을 통해 은행 계좌에 액세스하려면 PFM 앱이 먼저 인가 서버와 통신하고 피터를 대신해 토큰을 가져와야 한다. 이 프로세스 동안 토큰을 발행하기 전에 인가 서버는 사용자가 정의한 액세스 제어 정책을 확인한다.

다른 예를 보자. 구글 문서가 있다고 가정해보자. 당신은 이 정보를 모든 사람과 공유하고 싶지 않고, foo와 bar 회사의 관리 팀 사람들과 공유하고 싶다(그림 13-2 참고). 이것이 UMA로 어떻게 작동하는지 살펴보자.

먼저 구글이 신뢰하는 인가 서버가 있으므로 누군가 구글 문서에 액세스하려고 할 때마다 구글은 인가 서버와 대화해 해당 사용자에게 액세스 권한이 있는지 확인한다. 또한 인가 서버에서 정책을 정의하면 foo와 bar 회사의 관리자만 구글 문서에 액세스할 수 있다.

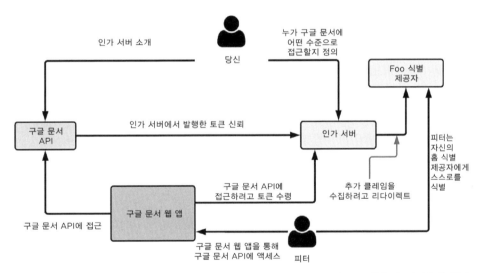

그림 13-2. 구글 문서 소유자는 특정 역할을 가진 다른 회사로부터 구글 문서에 대한 접근 권한을 서드파티에 위임한다.

피터가 구글 문서에 액세스하려고 하면 구글이 인가 서버로 리다이렉트한다. 그런 다음 인가 서버는 피터를 Foo 식별 제공자(또는 피터의 홈 식별 제공자)로 리다이렉트한다. Foo 식별 제공자는 피터를 인증하고 인가 서버에 대한 클레임으로서 피터의 역할을 돌려보낸다. 이제 인가 서버가 피터의 역할과 피터가 속한 회사를 알고 있으므로 피터가 관리자 역할에 속하는 경우 구글 문서 앱에 토큰을 발행해 구글 문서 API를 통해 해당 구글 문서를 검색하는 데 사용할 수 있다.

UMA 2.0 역할

UMA는 4장의 OAuth 2.0에서 다룬 4가지 역할(자원 소유자, 자원 서버, 클라이언트, 인가 서버) 외에 한 가지 역할을 더 소개한다. 다음은 UMA와 관련된 5가지 역할을 모두 나열한 것이다.

1. **자원 소유자:** 앞의 두 가지 사용 사례에서 당신은 자원 소유자다. 첫 번째의 경우는 은행 계좌를 소유하고, 두 번째 사용 사례는 구글 문서를 소유한 것이다.

2. **자원 서버:** 이곳은 보호되고 있는 자원을 호스팅하는 장소다. 앞의 첫 번째 사용 사례에서 각 은행은 자원 서버며, 두 번째 사용 사례에서는 구글 문서 API를 호스팅하는 서버가 자원 서버다.

3. **클라이언트:** 자원 소유자 대신 자원에 액세스하려는 애플리케이션이다. 앞의 첫 번째 사용 사례에서 개인 재무 관리^{PFM, Personal Financial Management} 애플리케이션은 클라이언트이고, 두 번째 사용 사례에서는 구글 문서 웹 애플리케이션이다.

4. **인가 서버:** 이것은 엔티티며, 클라이언트 애플리케이션에 OAuth 2.0 액세스 토큰을 발행하는 보안 토큰 서비스^{STS, Security Token Service} 역할을 한다.

5. **요청 당사자:** 이것은 UMA의 새로운 역할이다. 앞의 첫 번째 사용 사례에서 재무 관리자인 피터가 요청 당사자고, 두 번째 사용 사례에서는 Foo 회사의 관리자인 피터가 요청 당사자다. 요청 당사자는 자원 소유자 대신 클라이언트 애플리케이션을 통해 자원에 액세스한다.

UMA 프로토콜

Kantara Initiative에서 개발한 UMA 프로토콜을 정의하는 두 가지 사양이 있다. 핵심 사양은 'UMA 2.0 Grant for OAuth 2.0 Authorization'이라고 한다. 다른 하나는 'Federated Authorization for UMA 2.0'이라고 하며 옵션이다.

승인 방식은 OAuth 2.0 아키텍처의 확장점이다. UMA 2.0 승인 방식은 요청 당사자 역할을 지원하도록 OAuth 2.0을 확장하고, 인가 서버로부터 요청 당사자를 대신해 액세스 토큰을 얻으려고 클라이언트 애플리케이션이 따라야 하는 흐름을 정의한다.

앞에서 설명한 첫 번째 사용 사례로 UMA 2.0 작동 방식을 단계별로 살펴보자.

1. 먼저 계좌 소유자는 각 은행을 UMA 인가 서버에 소개해야 한다. 여기서는 OAuth 2.0 인가 코드 승인 방식을 따르고 Chase Bank에 액세스 토큰을 제공한다. UMA는 이 토큰에 보호 API 액세스 토큰[PAT, Protection API Access Token]이라는 특별한 이름을 줬다.

2. Chase Bank는 주어진 액세스 토큰이나 PAT를 사용해 인가 서버에 자원을 등록한다. 다음은 자원 등록을 위한 샘플 cURL 명령이다. 다음 명령의 $PAT는 PAT의 자리 표시자다. 여기서는 계좌 소유자의 계좌를 자원으로 등록한다.

```
\> curl -v -X POST -H "Authorization:Bearer $PAT"
-H "Content-Type: application/json" -d '{"resource_scopes":["view"],
"description":"bank account details", "name":"accounts/1112019209",
"type":"/accounts"}' https://as.uma.example.com/uma/resourceregistration
```

3. 개인 재무 관리[PFM, Personal Financial Management] 애플리케이션을 통해 피터는 토큰 없이 Chase Bank 계정에 액세스하려고 한다.

```
\> curl -X GET https://chase.com/apis/accounts/1112019209
```

4. PFM의 요청에 토큰이 없으므로 은행 API는 인가 서버의 종단점과 권한 티켓과 함께 401 HTTP 오류 코드를 응답한다. 이 권한 티켓은 PFM이 Chase Bank의 /accounts API에 GET을 수행하는 데 필요한 권한 수준을 나타낸다. 즉, PFM은 주어진 권한 티켓에서 부여 받은 권한을 갖고, 제공된 인가 서버로부터 액세스 토큰을 가져와야 한다.

5. 권한 티켓을 생성하려면 Chase Bank가 인가 서버와 통신해야 한다. 다음 cURL 명령에 따라 Chase Bank는 resource_id와 resource_scope도 전달한다. 권한 API는 OAuth 2.0을 통해 보호되므로 액세스하려고 Chase Bank는 유효한 액세스 토큰을 전달해야 한다. UMA는 이 토큰에 특별한 이름을 부여하는데, 1단계에서 Chase Bank에서 습득한 보호 API 액세스 토큰[PAT, Protection API Access Token]이 바로 그것이다.

```
\> curl -v -X POST -H "Authorization:Bearer $PAT" -H "Content-Type:
application/json" -d '[{"resource_id":"accounts/1112019209",
"resource_scopes":["view"]}]' https://as.uma.example.com/uma/permission
{"ticket":"1qw32s-2q1e2s-1rt32g-r4wf2e"}
```

6. 이제 Chase Bank는 PFM 애플리케이션에 다음과 같은 401 응답을 보낸다.

```
HTTP/1.1 401 Unauthorized
WWW-Authenticate: UMA realm="chase" as_uri="https://as.uma.example.com"
ticket="1qw32s-2q1e2s-1rt32g-r4wf2e "
```

7. 이제 클라이언트 애플리케이션이나 PFM이 인가 서버와 통신해야 한다. 이때까지 피터나 요청 당사자가 이미 클라이언트 앱에 로그인했다고 가정할 수 있다. 해당 로그인이 OpenID 커넥트를 통해 이뤄졌다면 PFM에는 피터를 나타내는 ID 토큰이 있다. PFM은 다음의 cURL 명령에서 ID 토큰

(claim_token)과 Chase Bank에서 받은 권한 티켓(ticket)을 인가 서버로 전달한다. claim_token은 요청에서 선택 가능한 파라미터며, 존재하는 경우 claim_token의 형식을 정의하는 claim_token_format 파라미터도 있어야 한다. 다음의 cURL 명령에서 ID 토큰 형식의 claim_token을 사용하는데, 이는 SAML 토큰이 될 수도 있다. 여기서 $APP_CLIENTID와 $APP_CLIENTSECRET은 각각 OAuth 2.0 인가 서버에 애플리케이션(PFM)을 등록할 때 얻는 OAuth 2.0 클라이언트 ID와 클라이언트 시크릿이다. $IDTOKEN은 OpenID 커넥트 ID 토큰의 자리 표시자고, $TICKET은 권한 티켓의 자리 표시자다. grant_type 파라미터의 값은 urn:ietf:params:OAuth:grant-type:uma-ticket으로 설정해야 한다. 다음의 cURL 명령은 예시일 뿐이며, 모든 선택 가능한 파라미터를 포함하지는 않는다.

```
\> curl -v -X POST --basic -u $APP_CLIENTID:$APP_CLIENTSECRET
   -H "Content-Type: application/x-www-form-urlencoded;
   charset=UTF-8" -k -d
   "grant_type=urn:ietf:params:OAuth:grant-type:uma-ticket&
   claim_token=$IDTOKEN&
   claim_token_format=http://openid.net/specs/openid-
   connect-core-1_0.html#IDToken&
   ticket=$TICKET"
   https://as.uma.example.com/uma/token
```

8. 이전 요청에 대한 응답으로 클라이언트 애플리케이션은 UMA가 요청 당사자 토큰RPT, Requesting Party Token을 호출하기 위한 액세스 토큰을 가져오고, 인가 서버가 액세스 토큰을 반환하기 전에 계정 소유자(또는 자원 소유자)가 정의한 모든 인가 정책들을 내부적으로 평가해 피터가 해당 은행 계좌에 액세스할 수 있는지 확인한다.

```
{
   "token_type":"bearer",
```

```
    "expires_in":3600,
    "refresh_token":"22b157546b26c2d6c0165c4ef6b3f736",
    "access_token":"cac93e1d29e45bf6d84073dbfb460"
}
```

9. 이제 애플리케이션(PFM)은 이전 단계에서 받은 RPT를 갖고 Chase Bank 계좌에 액세스하려고 시도한다.

```
\> curl -X GET -H "Authorization: Bearer cac93e1d29e45bf6d84073dbfb460"
https://chase.com/apis/accounts/1112019209
```

10. Chase Bank API는 이제 내부 검사 종단점(9장 참고)과 통신해 제공된 RPT의 유효성을 검사하고, 토큰이 유효한 경우 해당하는 데이터로 응답한다. 내부 검사 종단점이 보호된 경우 Chase Bank API는 인증을 위해 HTTP 인가 헤더에서 PAT를 전달해야 한다.

```
\> curl -H "Authorization:Bearer $PAT" -H
'Content-Type:application/x-www-form-urlencoded' -X POST --data
"token=cac93e1d29e45bf6d84073dbfb460"
https://as.uma.example.com/uma/introspection

HTTP/1.1 200 OK
Content-Type: application/json
Cache-Control: no-store
{
    "active": true,
    "client_id":"s6BhdRkqt3",
    "scope": "view",
    "sub": "peter",
    "aud": "accounts/1112019209"
}
```

11. Chase Bank가 토큰이 유효하고 필요한 모든 범위를 전달하는 것을 확인하

면 요청된 데이터로 클라이언트 애플리케이션(PFM)에 다시 응답한다.

참고

이 책의 저자가 오픈소스 WSO2 Identity Server를 사용해 UMA 워킹그룹에서 수행한 UMA 2.0 데모 기록은 www.youtube.com/watch?v=66aGc5AV7P4에서 확인할 수 있다.

대화형 클레임 수집

앞 절의 7번째 단계에서, 요청 당사자가 이미 클라이언트 애플리케이션에 로그인 하고 클라이언트 애플리케이션이 요청 당사자의 클레임(예를 들면 ID 토큰이나 SAML 토큰 형식)을 알고 있다고 가정했다. 클라이언트 애플리케이션은 권한 티켓 과 함께 claim_token 파라미터에 있는 이러한 클레임들을 인가 서버의 토큰 종단 점에 전달한다. 이러한 클라이언트 애플리케이션에서 인가 서버로의 요청은 직 접 요청이다. 클라이언트 애플리케이션이 해당 정책을 기반으로 인가 결정을 내 리는 데 인가 서버에 필요한 충분한 클레임이 없다는 것을 확인한 경우 클라이언 트 애플리케이션은 대화형 클레임 수집을 사용할 수 있다. 대화형 클레임 수집 중 에 클라이언트 애플리케이션은 요청 당사자를 UMA 인가 서버로 리다이렉션한 다. 이는 우리가 외부 회사와 구글 문서를 공유하는 것과 관련해 이번 장 시작 부분 의 두 번째 사용 사례에서 다룬 내용이다. 다음은 클라이언트 애플리케이션이 요 청 당사자를 인가 서버로 리다이렉션하려고 생성한 샘플 요청이다.

```
Host: as.uma.example.com
GET /uma/rqp_claims?client_id=$APP_CLIENTID
&ticket=$TICKET
&claims_redirect_uri=https://client.example.com/redirect_claims
&state=abc
```

앞의 샘플은 브라우저를 통해 전달되는 HTTP 리다이렉션 요청이다. 여기서 `$APP_CLIENTID`는 UMA 인가 서버에 애플리케이션을 등록할 때 얻은 OAuth 2.0 클라이언트 ID고, `$TICKET`은 클라이언트 애플리케이션이 자원 서버에서 받은 권한 티켓의 자리 표시자다(앞 절의 6단계 참고). `claim_redirect_uri` 값은 클라이언트 애플리케이션에서 호스팅되는 종단점을 향하는 응답을 돌려보내는 인가 서버를 나타낸다.

인가 서버가 클레임을 수집하는 방법은 UMA 사양의 범위를 벗어난다. 이상적으로는 요청 당사자를 자신의 홈 ID 공급자로 다시 리다이렉션하고, 요청된 클레임을 다시 가져 오는 것이 좋다(그림 13-2 참고). 클레임 수집이 완료되면 인가 서버는 다음과 같이 권한 티켓을 갖고 사용자를 `claim_redirect_uri` 종단점으로 다시 리다이렉션한다. 인가 서버는 이 권한 티켓에 관해 수집한 모든 클레임을 추적한다.

```
HTTP/1.1 302 Found
Location: https://client.example.com/redirect_claims?
ticket=cHJpdmFFjeSBpcyBjb250ZXh0LCBjb250cm9s&state=abc
```

이제 클라이언트 애플리케이션은 요청 당사자 토큰[RPT, Requesting Party Token]을 얻으려고 이전의 권한 티켓을 사용해 인가 서버의 토큰 종단점과 통신한다. 이는 앞 절의 7단계에서 다룬 것과 유사하지만, 여기서는 `claim_token`을 보내지 않는다.

```
\> curl -v -X POST --basic -u $APP_CLIENTID:$APP_CLIENTSECRET
   -H "Content-Type: application/x-www-form-urlencoded;
   charset=UTF-8" -k -d
   "grant_type=urn:ietf:params:OAuth:grant-type:uma-ticket&
   ticket=$TICKET"
   https://as.uma.example.com/uma/token
```

이전 요청에 대한 응답으로 클라이언트 애플리케이션은 UMA가 RPT를 호출하기 위한 액세스 토큰을 가져오고, 인가 서버가 액세스 토큰을 반환하기 전에 계정 소유자(또는 자원 소유자)가 정의한 모든 인가 정책을 내부적으로 평가해서 피터가 해당 은행 계좌에 액세스할 수 있는지 확인한다.

```
{
    "token_type":"bearer",
    "expires_in":3600,
    "refresh_token":"22b157546b26c2d6c0165c4ef6b3f736",
    "access_token":"cac93e1d29e45bf6d84073dbfb460"
}
```

요약

- 사용자 접근 관리 규약UMA, User-Managed Access은 OAuth 2.0 핵심 사양 위에 프로필로 구축된 새로운 표준이다

- UMA는 여전히 공급업체들이 거의 쓰고 있지는 않지만 가까운 미래에 매우 인정받는 표준이 될 것이다.

- UMA 프로토콜을 정의하는 Kantara Initiative에서 개발된 두 가지 사양이 있다. 핵심 사양은 UMA 2.0 Grant for OAuth 2.0 Authorization이라고 한다. 다른 하나는 Federated Authorization for UMA 2.0이라고 하며, 옵션이다.

- UMA는 OAuth 2.0에서 사용되는 4가지 역할(인가 서버, 자원 서버, 자원 소유자, 클라이언트 애플리케이션) 외에도 요청 당사자라는 새로운 역할을 도입한다.

14장

OAuth 2.0 보안

이미 알고 있듯이 OAuth 2.0은 인증 프레임워크다. 프레임워크이므로 애플리케이션 개발자에게 여러 옵션을 제공한다. 사용 사례와 OAuth 2.0 사용 방법에 따라 올바른 옵션을 선택하는 것은 애플리케이션 개발자의 몫이다. OAuth 2.0을 안전하게 사용하는 데 도움이 되는 지침서는 거의 없다. OAuth IETF 워킹그룹에서 생성한 OAuth 2.0 위협 모델 및 보안 고려 사항(RFC 6819)은 포괄적인 위협 모델을 기반으로 OAuth 2.0 사양의 사항을 넘어 OAuth 2.0에 대한 추가 보안 고려 사항을 정의한다. 문서 작성 시점의 초안인 OAuth 2.0 보안 모범 사례 문서는 RFC 6819가 게시된 이후 OAuth 2.0과 관련된 새로운 위협을 설명한다. 또한 OpenID 재단의 FAPI^{Financial-grade API} 워킹그룹은 OAuth 2.0을 안전하게 사용해 재무 등급 애플리케이션을 구축하는 방법의 지침을 발표했다. 14장에서는 OAuth 2.0에 대해 가능한 일련의 공격을 살펴보고 이를 대응하는 방법을 설명한다.

ID 제공자 혼합

OAuth 2.0은 접근 위임에 관한 것이지만 여전히 사람들은 로그인을 위해 작동하도록 해결한다. 페이스북으로 로그인하는 방식이다. 다시 OAuth 2.0 위에 구축된 OpenID 커넥트(6장 참고)는 인증에 OAuth 2.0을 사용하는 올바른 방법이다. ID 및 접근 관리 도메인의 주요 공급업체 중 한 곳에서 수행한 최근 연구에 따르면 새로운 개발의 대부분은 지난 몇 년 동안 SAML 2.0을 통해 OAuth 2.0/OpenID 커넥트를 선택한 엔터프라이즈 수준에서 발생했다. 대개 OAuth 2.0 보안은 화제가 되고 있다. 2016년 데니얼 펫[Daniel Fett], 랄프 쿠스터[Ralf Küsters], 귀도 스미스[Guido Schmitz]는 OAuth 2.0 보안에 대한 연구를 수행하고 논문을 발표했다.[1] ID 제공자 혼합은 논문에서 강조된 공격 중 하나다. ID 제공자는 실제로 4장에서 다룬 OAuth 2.0 토큰이나 OAuth 2.0 인증 서버를 발급하는 요소다.

ID 제공자 혼합의 작동 방식을 이해해보자(그림 14-1 참고).

1. 이 공격은 로그인을 위한 여러 ID 제공자(IdP) 옵션을 제공하는 OAuth 2.0 클라이언트 애플리케이션에서 발생한다. `foo.idp`와 `evil.idp`를 가정한다. 클라이언트 애플리케이션이 `evil.idp`가 나쁘다는 것을 알지 못한다고 가정한다. 또한 나쁜 경우가 될 수 있다. idp는 진정한 ID 제공자로, 공격을 받을 수 있다.

2. 피해자는 브라우저에서 `foo.idp`를 선택하고 공격자는 요청을 가로채고 선택을 `evil.idp`로 변경한다. 여기서는 브라우저와 클라이언트 애플리케이션 간의 통신이 TLS[Transport Layer Security]로 보호되지 않는다고 가정한다. OAuth 2.0 사양은 이에 대해 언급하지 않으며 웹 애플리케이션 개발자에게 달려 있다. 이 절차에는 기밀 데이터가 전달되지 않기 때문에 대부분의 경우 웹 애플리케이션 개발자는 TLS 사용을 걱정하지 않을 수 있다. 동시

---

1. OAuth 2.0에 대한 포괄적인 공식 보안 분석(A Comprehensive Formal Security Analysis of OAuth 2.0), https://arxiv.org/pdf/1601.01229.pdf

에 과거에 TLS 구현에서 발견된 취약점은 거의 없었다(주로 openssl). 따라서 공격자는 TLS를 사용하더라도 브라우저와 클라이언트 애플리케이션(웹 서버) 간의 통신을 가로채려고 이러한 취약점을 이용할 수 있다.

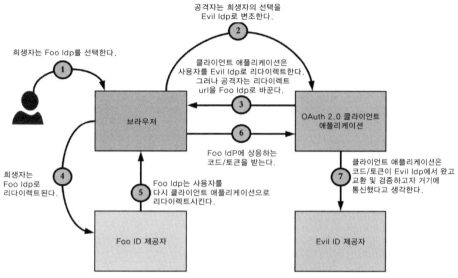

그림 14-1. ID 제공자 혼합 공격

3. 공격자는 사용자의 ID 제공자 선택을 변경했으므로 클라이언트 애플리케이션은 사용자가 foo.idp를 선택하더라도 evil.idp라고 생각하고 사용자를 evil.idp로 리다이렉션한다. 클라이언트 애플리케이션은 통신을 차단한 공격자로부터 수정된 요청만 받게 된다.

4. 공격자는 리다이렉션을 가로채 foo.idp로 이동하게 리다이렉션을 수정한다. 리다이렉션이 작동하는 방식은 웹 서버(이 경우 클라이언트 애플리케이션)가 302 상태 코드와 HTTP Location 헤더를 사용해 브라우저에 응답을 다시 보내는 것이다. 브라우저와 클라이언트 애플리케이션 간의 통신이 TLS가 아니면 HTTP Location 헤더에 HTTPS URL이 포함돼 있어도 이 응답이 보호되지 않는다. 이미 가정했던 것처럼 공격자는 브라우저와 클라이언트 애플리케이션 간의 통신을 가로챌 수 있다. 그러면 공격자는 Location

헤더를 수정해 원래 선택인 **foo.idp**로 이동한다.

5. 클라이언트 애플리케이션은 코드나 토큰(권한 유형에 따라)을 가져와서 **evil.idp**와 통신해 유효성을 검사한다. 인증 서버(또는 ID 제공자)는 인증 코드(코드 승인 유형이 사용되는 경우)를 클라이언트 애플리케이션에 있는 콜백 URL로 다시 보낸다. 인증 코드를 살펴보면 클라이언트 애플리케이션은 코드가 속한 ID 제공자를 결정할 수 없다. 그래서 세션 변수에 따라 ID 제공자를 추적한다고 가정한다. 따라서 3단계에 따라 클라이언트 애플리케이션은 그것이 **evil.idp**라고 생각하고 **evil.idp**와 통신해 토큰을 확인한다.

6. **evil.idp**는 **foo.idp**에서 사용자의 액세스 토큰이나 인증 코드를 보유한다. 암시적 승인 유형인 경우 액세스 토큰이고 그렇지 않은 경우 인증 코드다. 대부분의 경우 모바일 앱에서 사람들은 모든 클라이언트 인스턴스에 동일한 클라이언트 ID와 클라이언트 암호를 포함시켰다. 따라서 자신의 단말기에 대한 루트 접근 권한을 가진 공격자는 권한 부여를 통해 키가 무엇인지 파악할 수 있다. 코드, 액세스 토큰을 얻을 수 있다.

앞의 공격이 실제로 수행되고 있다는 기록은 없지만 동시에 완전히 배제할 수는 없다. 이러한 공격을 방지할 수 있는 몇 가지 옵션이 있으며, 1번 옵션을 사용하는 것이 매우 간단하고 쉽게 문제를 해결할 수 있다.

1. 각 ID 제공자별로 별도의 콜백 URL이 있어야 한다. 이를 통해 클라이언트 애플리케이션은 응답이 속하는 ID 제공자를 알게 된다. 합법적인 ID 제공자는 항상 클라이언트 애플리케이션과 관련된 콜백 URL을 존중하고 이를 사용한다. 또한 클라이언트 애플리케이션은 콜백 URL의 값을 브라우저 세션에 연결하고 사용자가 리다이렉션되면 브라우저 세션의 콜백 URL의 값과 일치하는지를 보고 해당 위치가 올바른지 확인한다.

2. IETF 초안 사양: OAuth 2.0 IdP 혼합 완화(https://tools.ietf.org/html/draft-ietf-

OAuth-mix-up-mitigation-01)에 정의된 완화 단계를 따라야 한다. 이 사양에서는 인가 응답과 함께 인가 서버에서 클라이언트로 완화 데이터 세트를 다시 보내도록 제안한다. 인가 서버가 클라이언트에 제공한 완화 데이터에는 인가 서버를 식별하는 데 사용되는 **발급자 ID**와 응답이 올바른 인가 서버에서 왔으며 제공된 것임을 확인하는 데 사용되는 **클라이언트 ID**가 포함된다. 이런 방식으로 OAuth 2.0 클라이언트는 토큰을 검증하려고 토큰 종단점이나 종단점을 식별해 응답을 받은 인가 서버를 확인할 수 있다.

사이트 간 요청 위조(CSRF)

일반적으로 사이트 간 요청 위조CSRF, Cross-Site Request Forgery 공격은 로그인한 피해자의 브라우저가 피해자의 세션 쿠키와 기타 자동으로 포함된 인증 정보를 포함해 위조된 HTTP 요청을 취약한 웹 애플리케이션으로 보내게 한다. 이러한 공격을 통해 공격자는 피해자의 브라우저가 요청을 생성하게 할 수 있으며, 취약한 애플리케이션은 피해자의 합법적인 요청이라고 생각한다. OWASPOpen Web Application Security Project는 이를 2017년 보고서[2]에서 웹 애플리케이션의 주요 보안 위험 중 하나로 선정했다.

취약한 웹 애플리케이션을 악용하려고 CSAuth를 OAuth 2.0과 함께 사용하는 방법을 살펴보자(그림 14-2 참고).

1. 공격자는 해당 ID 제공자의 계정으로 대상 웹 사이트(OAuth 2.0 클라이언트)에 로그인하려고 한다. 여기서는 침입자가 ID 제공자에 해당 OAuth 2.0 클라이언트 애플리케이션에서 신뢰하는 유효한 계정을 갖고 있다고 가정한다.

---

2. OWASP TOP 10 2017 버전은 다음 경로에서 확인할 수 있다. https://github.com/OWASP/Top10/raw/master/2017/OWASP%20Top%2010-2017%20(en).pdf

2. 공격자는 대상 웹 사이트로의 리다이렉션을 차단하고 인증 코드를 캡처한다. 대상 웹 사이트는 코드를 볼 수 없다. OAuth 2.0에서는 인가 코드를 한 번만 사용해도 된다. OAuth 2.0 클라이언트 애플리케이션에서 이를 보고 액세스 토큰으로 교환하는 경우 더 이상 유효하지 않으므로 공격자는 인가 코드가 클라이언트 애플리케이션에 절대 도달하지 않게 해야 한다. 인가 코드는 공격자의 브라우저를 통해 클라이언트로 전달되므로 쉽게 차단할 수 있다.

3. 공격자는 대상 사이트에 대한 콜백 URL을 구성하고 피해자가 이를 클릭하게 한다. 실제로 공격자가 2단계에서 복사할 수 있는 콜백 URL과 같다. 여기서 공격자는 피해자의 이메일에 링크를 보내거나 링크를 클릭하게 속일 수 있다.

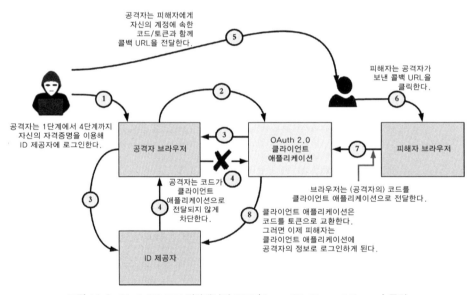

그림 14-2. OAuth 2.0 코드 절차에서의 CSRF(Cross-Site Request Forgery) 공격

4. 피해자는 링크를 클릭하고 계정이 공격자에게 연결된 상태에서 대상 웹 사이트에 로그인하고 자신의 신용카드 정보를 추가한다. 인가 코드는 공격

자에 속하므로 피해자는 공격자의 계정으로 대상 웹 사이트에 로그인한다. 이것은 많은 웹 사이트가 OAuth 2.0으로 사용자를 인증하려고 따르는 패턴이다. 페이스북 로그인도 같은 방식으로 작동한다. 웹 사이트가 인가 코드를 받으면 인가 서버와 통신해 액세스 토큰으로 교환한다. 그런 다음 해당 액세스 토큰을 사용해 웹 사이트는 인가 서버의 다른 종단점과 통신해 사용자 정보를 찾는다. 이 경우 코드가 공격자에 속하기 때문에 인가 서버에서 반환된 사용자 정보가 자신과 관련돼 있으므로 피해자는 이제 공격자의 계정으로 대상 웹 사이트에 로그인하게 된다.

5. 공격자는 유효한 자격증명으로 대상 웹 사이트에 로그인하고 피해자의 신용카드를 사용해 상품을 구매한다.

다음 모범 사례를 따르면 앞의 공격을 완화할 수 있다.

- 수명이 짧은 인가 코드를 사용한다. 인가 코드가 곧 만료되면 공격자가 공격을 시작할 시간이 거의 없다. 예를 들어 링크드인에서 발급한 인가 코드는 30초 후에 만료된다. 인가 코드의 수명은 몇 초 안으로 설정돼야 한다.
- OAuth 2.0 사양에 정의된 대로 state 파라미터를 사용한다. 이는 일반적으로 CSRF 공격을 완화하는 데 사용되는 주요 파라미터 중 하나다. 클라이언트 애플리케이션은 난수(또는 문자열)를 생성하고 인가 요청과 함께 인가 서버로 전달해야 한다. 또한 클라이언트 애플리케이션은 사용자를 인가 서버로 리다이렉션하기 전에 생성된 state 값을 현재 사용자 세션(브라우저 세션)에 추가해야 한다. OAuth 2.0 사양에 따라 인가 서버는 인가 코드와 동일한 state 값을 redirect_uri(클라이언트 애플리케이션으로)로 되돌려야 한다. 클라이언트는 인가 서버에서 반환된 state 값을 사용자의 현재 세션에 저장된 값으로 확인해야 한다. 일치하지 않으면 계속 진행하지 않는다. 공격으로 되돌아가면 공격자가 피해자에게 보낸 조작된 링크를 피해자가 클릭할 때 이전에 생성된 피해자의 세션에 연결된 것과 동일한 state 값이

전달되지 않는다(또는 대부분 피해자의 세션에는 state 값이 없음). 또는 공격자가 정확히 동일한 state 값을 생성하는 방법을 모른다. 따라서 공격이 성공하지 못하므로 클라이언트 애플리케이션이 요청을 거부한다.

- PKCE^{ProofKey for Code Exchange}를 사용한다. PKCE(RFC 7636)는 주로 네이티브 모바일 앱을 대상으로 하는 인가 코드 차단 공격으로부터 OAuth 2.0 클라이언트 애플리케이션을 보호하려고 도입됐다. `code_verifier`가 사용자의 브라우저 세션에 연결되면 PKCE를 사용해 CSRF공격으로부터 사용자를 보호할 수도 있다. PKCE는 10장에서 자세히 다뤘다.

토큰 재사용

OAuth 2.0 토큰은 인가 서버가 클라이언트 소유자에게 발행해 자원 소유자 대신 자원에 접근한다. 이 토큰은 클라이언트가 사용하며 자원 서버가 유효한 토큰인지 확인한다. 자원 서버가 공격자의 통제하에 있고 원래 클라이언트를 가장해 다른 자원에 접근하려고 전송된 토큰을 재사용하려면 어떻게 해야 할까? 여기서 기본 가정은 동일한 인가 서버를 신뢰하는 여러 자원 서버가 있다는 것이다. 예를 들어 마이크로서비스 배포판에는 동일한 인가 서버를 신뢰하는 OAuth 2.0으로 보호되는 여러 마이크로서비스가 있을 수 있다.

제공된 토큰이 접근하기에 충분할 정도로 자원 서버 측에서 어떻게 확인할까? 한 가지 접근 방식은 적절한 범위의 액세스 토큰을 갖는 것이다. 범위는 자원 서버에 의해 정의되고 인가 서버를 업데이트한다. 각 자원 범위를 해당 자원 서버에 고유한 URN^{Uniform Resource Name}으로 규정하는 경우 모든 자원 서버에 범위가 겹칠 수 없으며 각 자원 서버는 해당 범위를 고유하게 식별하는 방법을 알고 있다. 토큰을 수락하기 전에 토큰이 알려진 범위로 발행됐는지 확인해야 한다.

이렇게 해도 문제가 완전히 해결되지는 않는다. 클라이언트가 모든 리소스에 접근하려고 모든 범위의 단일 액세스 토큰을 얻으려는 경우에도 악의적인 클라이언트는 해당 액세스 토큰을 사용해 원래 클라이언트를 가장하고 다른 자원에 접근할 수 있다. 이를 극복하려고 클라이언트는 먼저 모든 범위의 액세스 토큰을 얻은다음 (9장에서 다룬) OAuth 2.0 토큰 교환 사양에 따라 액세스 토큰을 교환해 다른범위의 여러 액세스 토큰을 얻을 수 있다. 지정된 자원 서버는 해당 특정 자원 서버와 관련된 범위만 있는 액세스 토큰만 볼 수 있다.

토큰 재사용의 다른 예를 볼 수 있다. 여기서는 페이스북으로 OAuth 2.0 클라이언트 애플리케이션에 로그인한다고 가정한다. 이제 클라이언트는 페이스북의 사용자 정보 종단점(https://graph.facebook.com/me)에 접근하고 사용자를 찾는 데 충분한 액세스 토큰을 갖고 있다. 이 클라이언트 애플리케이션은 공격자 아래에 있으며, 공격자는 다음과 같이 동일한 액세스 토큰으로 암시적 승인 유형을 사용하는다른 클라이언트 애플리케이션에 접근하려고 한다.

```
https://target-app/callback?access_token=<access_token>
```

대상 클라이언트 애플리케이션에 적절한 보안 검사가 없으면 선행 URL을 통해 공격자가 클라이언트 애플리케이션에 원래 사용자로 로그인할 수 있다. 이를 어떻게 해결할 수 있을까?

다음과 같은 여러 선택지가 있다.

- 인증에 OAuth 2.0을 사용하지 않고 OpenID 커넥트를 사용한다. 인가 서버가 발급한 ID 토큰(OpenID 커넥트를 통해)에는 aud(audience)라는 요소가 있으며, 그 값은 클라이언트 애플리케이션에 해당하는 클라이언트 ID다. 각 애플리케이션은 사용자를 수락하기 전에 aud 값을 알고 있어야 한다. 공격자가 ID 토큰을 재사용하려고 하면 두 번째 클라이언트 애플리케이션에서 대상 유효성 검사가 실패하기 때문에(두 번째 애플리케이션이 다른 aud 값을 기대하므로) 토큰이 작동하지 않는다.
- 페이스북 로그인은 OpenID 커넥트를 사용하지 않으며, 올바른 구현이 없

는 페이스북 애플리케이션에 대해 이전 공격을 수행할 수 있다. 앞의 위협을 극복하려고 페이스북에 도입한 옵션은 거의 없다. 한 가지 방법은 문서화되지 않은 API(https://graph.facebook.com/app?access_token=<access_token>)를 사용해 액세스 토큰 메타데이터를 얻는 것이다. 그러면 해당 액세스 토큰이 발행된 애플리케이션의 세부 사항이 JSON 메시지로 반환된다. 귀하의 요청이 아닌 경우 요청을 거부해야 한다.

- 인가 서버의 표준 토큰 내부 검사 종단점을 사용해 토큰 메타데이터를 찾아야 한다. 응답에는 OAuth 2.0 애플리케이션에 해당하는 `client_ id`가 있으며, 사용자의 것이 아닌 경우 로그인 요청을 거부한다.

토큰 재사용의 또 다른 맛이 있다. 오히려 이를 토큰 오용이라고 한다. 단일 페이지 애플리케이션[SPA, Single-Page Application]과 함께 암시적 승인 유형을 사용하면 최종 사용자가 액세스 토큰을 브라우저에서 볼 수 있다. 합법적인 사용자이므로 그 사용자가 액세스 토큰을 보는 것은 큰 문제가 되지 않는다. 그러나 문제는 사용자가 브라우저(또는 앱)에서 액세스 토큰을 가져와 일부 API 호출을 자동화하거나 스크립팅해 정상적인 시나리오에서는 예상하지 않는 서버에 더 많은 부하를 생성한다는 것이다. 또한 API 호출 비용이 있다. 대부분의 클라이언트 애플리케이션에는 스로틀 제한이 있다. 즉, 주어진 애플리케이션은 1분이나 고정된 시간 동안 n번만 호출할 수 있다. 한 사용자가 스크립트를 사용해 API를 호출하려고 시도하면 애플리케이션의 전체 스로틀 제한이 없어져 동일한 애플리케이션의 다른 사용자에게 바람직하지 않은 영향을 줄 수 있다. 이러한 시나리오를 극복하려고 권장되는 접근 방식은 애플리케이션뿐만 아니라 애플리케이션별로, 사용자별로 스로틀 제한을 도입하는 것이다. 이런 식으로 사용자가 자신의 스로틀 한계를 외식하고 싶다면 나가서 따로 해야 한다. 다른 해결책은 11장에서 다룬 토큰 바인딩을 사용하는 것이다. 토큰 바인딩을 사용하면 액세스 토큰이 기본 TLS 연결에 바인딩되며 사용자가 이를 내보내고 다른 곳에서 사용할 수 없다.

토큰 노출/export

OAuth 2.0 배포판의 90% 이상이 퍼블릭/인터넷 규모뿐만 아니라 엔터프라이즈 수준의 베어러 토큰을 기반으로 한다. 무기명 토큰을 사용하는 것은 현금을 사용하는 것과 같다. 스타벅스에서 커피 한 잔을 사거나 현금으로 지불할 때 10달러짜리 지폐를 어떻게 얻었는지에 대해 혹은 진짜 주인인지로 귀찮게 하지 않을 것이다. OAuth 2.0 베어러 토큰은 이와 비슷하다. 누군가가 주머니에서 10달러짜리 지폐를 훔치는 것처럼 토큰을 네트워크에서 꺼내면 원래 소유자처럼 사용할 수 있다.

OAuth 2.0을 사용할 때마다 TLS를 사용하는 것은 권고가 아닌 의무다. TLS를 사용하더라도 다양한 기법으로 중간자 공격을 수행할 수 있다. 대부분의 경우 TLS 구현의 취약점은 TLS로 보호되는 통신 채널을 가로채는 데 사용된다. 2015년 5월에 발견된 Logjam 공격으로 중간자 공격자가 취약한 TLS 연결을 512비트 export-grade 암호화로 다운그레이드할 수 있었다. 이를 통해 침입자는 연결을 통해 전달된 모든 데이터를 읽고 수정할 수 있었다.

공격자가 토큰에 접근하지 못하게 하기 위한 예방책으로 염려할 사항이 몇 가지 있다.

- 항상 TLS 사용하기(특히 TLS 1.2 이상의 버전)
- 클라이언트, 인가 서버, 자원 서버의 모든 TLS 수준 취약점을 해결하기
- 토큰 값은 128비트 길이보다 커야 하고 암호화적으로 강력한 난수나 의사 난수 시퀀스로 구성하기
- 토큰을 일반 텍스트로 저장하지 말고 솔트salt에 적용된 해시로 저장하기
- 접근/갱신 토큰을 로그에 쓰지 않기
- TLS 브리징에 TLS 터널링을 사용하기
- 토큰 유출과 관련된 위험, 기본 접근 권한 승인 기간(SAML 부여(RFC 7522) 또는 JWT 부여(RFC 7523)) 및 공격자가 유효한 정보를 추측하거나 생성하는 데 필요한 시간을 기준으로 각 토큰의 수명을 결정하기

- 인증 코드 재사용을 방지하기(일회용으로 사용하기)
- 일회성 액세스 토큰을 사용하기. OAuth 2.0 암시적 승인 유형에서 액세스 토큰은 URI 프래그먼트^{fragment}로 제공되며, 이는 브라우저 기록에 있다. 이러한 경우 클라이언트 애플리케이션(SPA)에서 새 액세스 토큰으로 교환해 즉시 무효화할 수 있다.
- 강력한 클라이언트 자격증명을 사용하기. 대부분의 애플리케이션은 클라이언트 ID와 클라이언트 암호를 사용해 클라이언트 애플리케이션을 인가 서버에 인증한다. 유선 네트워크로 자격증명을 전달하는 대신 클라이언트는 SAML이나 JWT 어써션을 사용해 인증할 수 있다.

앞의 방법 외에도 OAuth 2.0 접근/갱신 토큰과 인가 코드를 암호화된 방식으로 지정된 TLS 채널에 바인딩할 수 있으므로 다른 곳에서는 내보내거나 사용할 수 없다. 이 부분을 다루려고 IETF 토큰 바인딩 워킹그룹에서 개발된 사양은 거의 없다.

11장에서 다룬 토큰 바인딩 프로토콜을 사용하면 클라이언트/서버 애플리케이션이 여러 TLS 세션 및 연결에 걸쳐 오래 지속되고, 고유하게 식별 가능한 TLS 바인딩을 만들 수 있다. 그런 다음 애플리케이션은 보안 토큰을 TLS 계층에 암호화 방식으로 바인딩해 토큰 내보내기와 재전송 공격을 방지할 수 있다. 프라이버시를 보호하려고 토큰 바인딩 식별자는 TLS를 통해서만 전달되며, 언제든지 사용자가 재설정할 수 있다.

OAuth 2.0 토큰 바인딩 사양(11장에서 다뤘다)은 토큰, 인가 코드, 갱신 토큰에 접근하려고 토큰 바인딩을 적용하는 방법을 정의한다. 이 토큰은 OAuth 토큰을 클라이언트의 토큰 바인딩 키 쌍에 암호화 방식으로 바인딩하며, 토큰을 사용하려는 TLS 연결에서 이를 보유하고 있다. 토큰 바인딩을 사용하면 중간자, 토큰 export, 재전송 공격으로부터 OAuth 토큰을 보호할 수 있다.

오픈 리다이렉트

오픈 리다이렉터redirector는 자원 서버(또는 OAuth 2.0 클라이언트 애플리케이션) 끝에서 호스팅되는 종단점으로, 요청에서 URL을 쿼리 파라미터로 수락한 다음 사용자를 해당 URL로 리다이렉션한다. 공격자는 자원 서버에서 인가 서버로의 인가 승인 요청에서 redirect_uri를 수정해 자신이 소유한 종단점을 가리키는 오픈 리다이렉터 URL을 포함할 수 있다. 이를 위해 공격자는 피해자의 브라우저와 인가 서버나 피해자의 브라우저와 자원 서버 간의 통신 채널을 가로채야 한다(그림 14-3 참고).

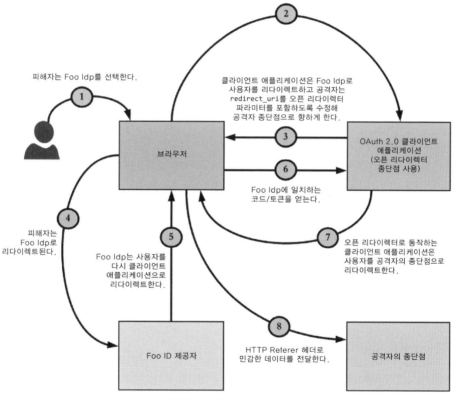

그림 14-3. 오픈 리다이렉터 공격

요청이 인가 서버에 도달하고 인증 후 사용자는 제공된 redirect_uri로 리다이렉션되며, 이 경로는 공격자의 종단점을 가리키는 오픈 리다이렉터 쿼리 파라미터도 포함한다. redirect_uri에 대한 수정 사항을 감지하려고 인가 서버는 사전 등록된 URL에 대해 검사를 수행할 수 있다. 그러나 일부 인가 서버 구현은 URL의 도메인 부분에 대해서만 걱정하고 정확한 일대일 매치를 무시한다. 따라서 쿼리 파라미터에 대한 모든 변경 사항이 드러나지 않는다.

사용자가 오픈 리다이렉터 종단점으로 리다이렉션되면 사용자를 다시 오픈 리다이렉터 쿼리 파라미터에 정의된 값(URL)으로 리다이렉션해 공격자의 종단점으로 이동시킨다. 공격자의 종단점에 대한 이 요청에서 HTTP Referer 헤더는 인가 코드(인가 서버에 의해 클라이언트 애플리케이션에 쿼리 파라미터로 전송됨)를 포함한 일부 민감한 데이터를 전달할 수 있다.

오픈 리다이렉터 공격을 막는 방법은 다음과 같다.

- redirect_uri에 대해 인가 서버에서 엄격한 유효성 검증을 시행한다. 정확한 일대일 매치나 정규식 매치가 방법이 될 수 있다.
- 오픈 리다이렉터에서 리다이렉션 URL의 유효성을 검사하고 소유한 도메인으로만 리다이렉션해야 한다.
- 인가 요청의 무결성을 보호하려고 4장에서 설명한 대로 JAR[JWT Secured Authorization Request] 또는 PAR[Pushed Authorization Requests]을 사용해 공격자가 오픈 리다이렉터 쿼리 파라미터(redirect_uri)를 포함하는 요청을 수정할 수 없게 한다.

코드 차단 공격

네이티브 모바일 앱에서 코드 차단 공격[Code Interception Attack]이 발생할 수 있다. 네이티브 앱의 OAuth 2.0 인가 요청은 외부 사용자 에이전트(주로 사용자 브라우저)를 통해서만 이뤄져야 한다. 네이티브 앱 사양에 대한 OAuth 2.0(10장에서 다룸)은 보안 및 유용성 이유와 네이티브 앱 및 인가 서버가 이 모범 사례를 구현할 수 있는 방법을 자세히 설명한다.

모바일 환경에서 싱글 사인온을 수행하는 방법은 앱에서 시스템 브라우저를 실행한 다음 거기서 OAuth 2.0 절차를 시작하는 것이다. 브라우저에서 인가 코드가 인가 서버에서 redirect_uri로 다시 반환되면 네이티브 앱으로 코드를 전달하는 방법이 있어야 한다. 이는 모바일 OS에 의해 처리되며 각 앱은 모바일 OS에 URL 스키마를 등록해야 한다. 요청이 특정 URL에 도달하면 모바일 OS는 해당 네이티브 앱으로 제어권을 전달한다. 그러나 여기서 위험은 동일한 URL 스키마에 등록된 여러 개의 앱이 있을 수 있으며, 악성 앱이 인증 코드를 보유할 가능성이 있다는 것이다. 많은 모바일 앱이 해당 특정 앱의 모든 인스턴스에 대해 동일한 클라이언트 ID와 클라이언트 패스워드를 포함하므로 공격자는 그것들이 무엇인지 알 수 있다. 클라이언트 ID와 클라이언트 패스워드를 알고 인가 코드에 접근하면 악의적인 앱이 최종 사용자 대신 액세스 토큰을 얻을 수 있다.

10장에서 자세히 다룬 PKCE[Proof Key for Code Exchange]가 이러한 공격을 막으려고 도입됐다. 다음은 동작 방식이다.

1. OAuth 2.0 클라이언트 앱은 난수(code_verifier)를 생성하고 SHA256 해시 (code_challenge)를 찾는다.
2. OAuth 2.0 클라이언트 앱은 인가 요청의 해싱 메서드와 함께 code_challenge를 인가 서버로 보낸다.
3. 인가 서버는 발행된 인가 코드에 대해 code_challenge를 기록하고 코드로 응답한다.
4. 클라이언트는 인가 코드와 함께 code_verifier를 토큰 종단점으로 보낸다.
5. 인가 서버는 제공된 code_verifier의 해시를 찾고 저장된 code_challenge 와 비교한다. 일치하지 않으면 요청을 거부한다.

이 방법을 사용하면 인가 코드에 접근할 수 있는 악성 앱이 code_verifier의 값을 모르기 때문에 액세스 토큰으로 교환할 수 없다.

암시적 승인 유형에서의 보안 결함

OAuth 2.0 암시적 승인 유형(그림 14-4 참고)은 이제 폐기됐다. 이는 주로 단일 페이지 애플리케이션과 네이티브 모바일 애플리케이션에서 사용됐지만 더 이상은 사용되지 않는다. 두 경우 모두 인가 코드 승인 유형을 사용하는 것이 좋다. 다음과 같이 암시적 승인 유형에서 발견된 보안 결함이 몇 개 있으며 IETF OAuth 워킹그룹은 공식적으로 애플리케이션이 더 이상 암시적 승인 유형을 사용해서는 안 된다고 발표했다.

* 암시적 승인 유형의 경우 액세스 토큰은 URI 프래그먼트로 제공되며 웹 브라우저 주소 창에 남아 있다(그림 14-4의 5단계). 웹 브라우저가 주소 창에 브라우저 기록으로 남기는 것은 브라우저 기록에 접근하는 모든 사람이 토큰을 훔칠 수 있다.
* 액세스 토큰은 웹 브라우저 주소 창에 남아 있으므로 해당 웹 페이지에서 시작된 API 호출은 HTTP 참조 헤더에 액세스 토큰과 함께 주소 창의 전체 URL을 전달한다. 이를 통해 외부 API 종단점이 액세스 토큰이 무엇인지 확인하고 (HTTP Referer 헤더를 보고) 오용할 수 있다.

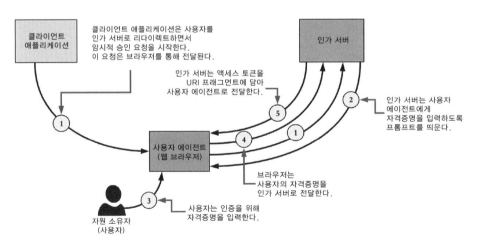

그림 14-4. OAuth 2.0 암시적 승인 절차

구글 문서 피싱 공격

공격자는 2017년 5월 구글 사용자를 대상으로 대규모 피싱 공격을 시작하려고 구글 문서라는 가짜 OAuth 2.0 앱을 매체로 사용했다. 첫 번째 대상은 미디어 회사와 홍보[PR] 대행사였다. 연락처가 많으므로 공격자가 연락처 목록의 이메일 주소를 사용해 공격을 확산시켰다. 구글에서 앱을 삭제하기 전에 한 시간 동안 바이러스에 감염됐다.

이는 공격자가 악용한 OAuth 2.0 프로토콜의 결함일까? 아니면 구글이 구현한 방식의 결함일까? 이 공격을 막는 더 좋은 방법이 있을까?

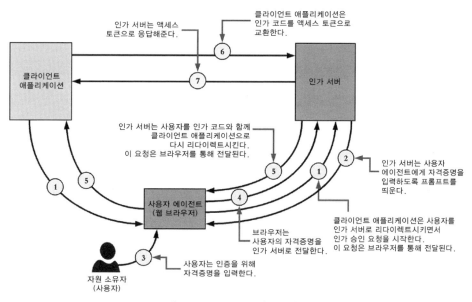

그림 14-5. OAuth 2.0 인가 승인 절차

오늘날 웹에서 볼 수 있는 거의 모든 애플리케이션은 OAuth 2.0의 인가 코드 승인 절차를 사용한다. 공격자는 알려진 애플리케이션 이름(구글 문서)으로 사용자를 속여 그림 14-5의 3단계를 악용했다. 또한 공격자는 구글이 문서 공유에 사용하는 것과 유사한 이메일 템플릿을 사용해 사용자가 링크를 클릭하게 했다. 이메일이

나 동의 화면을 주의 깊게 본 사람은 수상한 점을 발견했을 수도 있지만 불행하게 도 많은 사람이 크게 신경 쓰지 않았다.

OAuth 2.0의 결함이나 구글의 구현 방식이 아니다. 피싱은 사이버 보안의 주요 위협이다. 그것은 적절한 사용자 교육 이외의 그러한 공격을 막을 방법이 없다는 것을 의미할까? 앞으로 그러한 공격을 막으려고 구글이 할 수 있는 기본 조치가 있다. 동의 화면을 보면 '구글 문서'가 사용자의 신뢰를 얻는 데 사용되는 핵심 문구다. 구글에서 OAuth 2.0 앱을 만들 때 원하는 이름을 선택할 수 있다. 이는 침입자가 사용자를 잘못 안내하는 데 도움이 된다. 구글은 알려진 이름을 쉽게 필터링하고 앱 개발자가 사용자를 속이려고 이름을 선택하지 못하게 할 수 있다.

또 다른 주요 문제는 구글이 동의 페이지에 애플리케이션의 도메인 이름을 표시하지 않고 애플리케이션 이름만 표시한다는 것이다. 동의 페이지에 도메인 이름이 눈에 띄게 표시되면 사용자가 어디로 가는지 알아볼 수 있다. 또한 동의 페이지의 애플리케이션 이미지에도 사용자는 속을 수 있다. 공격자가 의도적으로 구글 드라이브 이미지를 선택했다. 이러한 OAuth 애플리케이션이 모두 승인 프로세스를 거쳐 공개적으로 시작하기 전에 이러한 실수를 방지할 수 있다. 페이스북은 이미 그런 과정을 따른다. 페이스북 애플리케이션을 만들 때는 먼저 애플리케이션 소유자만 로그인할 수 있다. 일반 사용자에게 애플리케이션을 시작하려면 승인 프로세스를 거쳐야 한다.

G Suite는 기업에서 널리 사용된다. 구글은 도메인 사용자가 회사 자격증명으로 접근할 수 있는 애플리케이션을 도메인 관리자가 허용 목록에 추가해 제어할 수 있게 한다. 이를 통해 서드파티 앱과 중요한 회사 문서에 대한 접근 권한을 자신도 모르게 공유하게 되는 피싱 공격을 받는 사용자를 줄일 수 있다.

구글에 대한 피싱 공격은 다양한 OAuth 절차에서 피싱 예방 기술을 어떻게 사용할 수 있는지 평가하고 생각하기 위해 좋다. 예를 들어 크롬 보안 팀은 잘못된 인증서에 대한 크롬 경고 페이지를 디자인할 때 많은 노력을 기울였다. 그들은 색상,

텍스트 정렬, 표시할 이미지를 선택하려고 수많은 연구를 수행했다. 구글은 피싱에 맞서려고 더 밝은 아이디어를 제시할 것이다.

요약

- OAuth 2.0은 실제 사용 사례를 제공하기 위한 접근 위임의 사실상 표준이다. 주변에 거대한 생태계가 있고 채택률이 높다.

- OAuth를 사용할 때마다 보안 모범 사례를 따르고 준수해야 하며 항상 모범 사례를 시행하는 검증된 라이브러리와 제품을 사용해야 한다.

- OAuth IETF 워킹그룹에서 생성한 OAuth 2.0 위협 모델과 보안 고려 사항 (RFC 6819)은 포괄적인 위협 모델을 기반으로 OAuth 2.0 사양의 사항을 넘어 OAuth 2.0에 대한 추가 보안 고려 사항을 정의한다.

- 작성 당시의 초안인 OAuth 2.0 보안 모범 사례 문서는 RFC 6819가 발표된 이후 OAuth 2.0과 관련된 새로운 위협을 설명한다.

- OpenID 파운데이션Foundation의 FAPIFinancial-grade API 워킹그룹은 OAuth 2.0을 안전하게 사용해 재무 등급 애플리케이션을 작성하는 방법의 지침을 발표했다.

15장

패턴과 연습

지금까지 14개 장과 7개 부록을 통해 API를 보호하는 다양한 방법과 그에 대한 이론적 배경을 알아봤다. 15장에서는 가장 일반적인 기업의 보안 문제를 해결하기 위한 일련의 API 보안 패턴을 제시한다.

신뢰할 수 있는 서브시스템을 통한 직접 인증

중소기업에 여러 API가 있다고 가정하자. 회사 직원들은 하나의 웹 애플리케이션을 통해 회사 방화벽 뒤에 있는 여러 API에 접근할 수 있다. 모든 사용자 데이터는 마이크로소프트 액티브 디렉터리^{AD, Active Directory}에 저장되며, 웹 애플리케이션은 사용자 인증을 위해 AD에 직접 연결된다. 이 웹 애플리케이션은 사용자와 관련된 데이터를 검색하려고 로그인한 사용자 ID를 백엔드 API에 전달한다.

그림 15-1은 간단하게 이 문제의 솔루션을 보여주는데, 직접 인증 패턴을 사용해야 한다. 사용자 인증은 프론트엔드 웹 애플리케이션에서 발생하며, 일단 사용자 인증이 완료되면 애플리케이션은 백엔드 API에 접근해야 한다. 여기서 주목할 점

은 이 웹 애플리케이션이 로그인한 사용자 ID를 API로 전달한다는 점이다. 사용자 ID를 API로 전달하는 방법은 웹 애플리케이션이 사용자 인식 방식으로 API를 호출해야 함을 의미한다.

웹 애플리케이션과 API는 모두 동일한 신뢰 도메인에 있으므로 웹 애플리케이션은 최종 사용자를 인증하고, 백엔드 API는 웹 애플리케이션이 전달한 모든 데이터를 신뢰한다. 이를 신뢰할 수 있는 서브시스템 패턴이라 부른다. 이 웹 애플리케이션은 신뢰할 수 있는 서브시스템으로 동작하며, 이 경우 API를 보호하는 가장 좋은 방법은 상호 전송 계층 보안mTLS, Mutual Transport Layer Security을 이용하는 것이다. 웹 애플리케이션이 생성한 모든 요청은 mTLS로 보호되며, 웹 애플리케이션 외에 누구도 API에 접근할 수 없다(3장 참고).

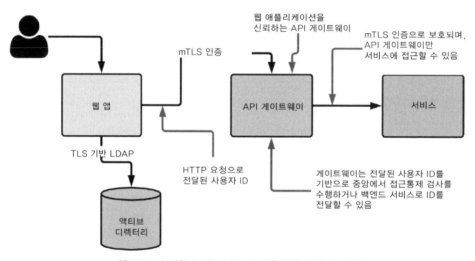

그림 15-1. 신뢰할 수 있는 서브시스템을 통한 직접 인증 패턴

일부는 TLS가 추가하는 오버헤드로 인해 TLS 사용을 거부하고 웹 애플리케이션과 API를 제공하는 컨테이너 사이에 보안이 네트워크 수준에서 통제되는 환경을 구축하는 데 의존한다. 네트워크 수준의 보안은 웹 애플리케이션 서버 외에 어떤 구성 요소도 API를 제공하는 컨테이너와 통신할 수 없음을 보증해야 한다. 이를 신

뢰 네트워크 패턴이라 부르며, 시간이 지남에 따라 이 패턴은 적절하지 않은 패턴이 됐다. 신뢰 네트워크 패턴의 반대는 네트워크를 신뢰하지 않는 제로 신뢰 네트워크 패턴이다. 네트워크를 신뢰할 수 없는 경우 자원(또는 이 경우 API)에 더 가깝게 보안 검사를 시행해야 한다. API를 보호하려고 mTLS를 사용하는 것이 여기에서 가장 이상적인 솔루션이다.

위임된 접근 통제를 통한 단일 사용자 인증

중소기업에 여러 API가 있다고 가정하자. 회사 직원들은 여러 웹 애플리케이션을 통해 회사 방화벽 뒤에 있는 여러 API에 접근할 수 있다. 모든 사용자 데이터는 마이크로소프트 AD에 저장되며 모든 웹 애플리케이션은 사용자 인증을 위해 SAML^{Security Assertion Markup Language} 2.0을 지원하는 ID 제공자와 연결된다. 이 웹 애플리케이션들은 로그인한 사용자 대신 백엔드 API에 접근해야 한다.

여기서 주목할 점은 "웹 애플리케이션들은 로그인한 사용자 대신 백엔드 API에 접근해야 한다."는 마지막 문장이며, 이는 접근 위임 프로토콜(OAuth)이 필요함을 의미한다. 그러나 사용자들은 자신의 인증 정보를 웹 애플리케이션에 직접 제공하지 않고 SAML 2.0 ID 제공자를 통해 인증한다.

위임된 접근 통제를 통한 싱글 사인온^{SSO, Single Sign-On} 패턴의 경우 웹 애플리케이션이 SAML 2.0 웹 SSO 프로토콜을 통해 전달받은 SAML 토큰을 OAuth 액세스 토큰으로 교환하는 방법을 찾아야 한다. 교환 방법은 OAuth 2.0 규격을 위한 SAML 승인 방식으로 정의돼 있다(12장 참고). 그림 15-2의 3단계에서와 같이 웹 애플리케이션이 SAML 토큰을 받으면 OAuth 2.0 인가 서버와 통신함으로써 SAML 토큰을 액세스 토큰으로 교환해야 한다.

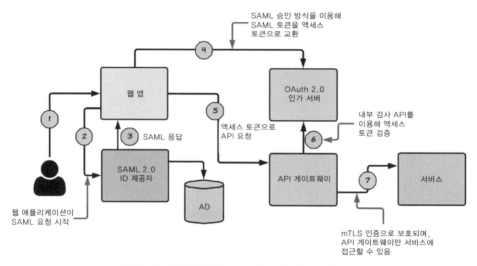

그림 15-2. 위임된 접근 통제를 통한 단일 사용자 인증 패턴

이 인가 서버는 SAML 2.0 ID 제공자를 신뢰해야 한다. 일단 웹 애플리케이션이 액세스 토큰을 갖게 되면 애플리케이션은 토큰을 사용해 백엔드 API에 액세스할 수 있다. OAuth 2.0을 위한 SAML 승인 방식은 리프레시 기능을 제공하지 않는다. OAuth 2.0 인가 서버에서 발급한 액세스 토큰의 수명은 권한 부여를 위해 사용하는 SAML 토큰의 수명과 일치해야 한다.

사용자가 유효한 SAML 토큰으로 웹 애플리케이션에 로그인한 이후부터 웹 애플리케이션은 사용자를 위한 세션을 생성하므로 SAML 토큰의 수명에 대해 걱정할 필요는 없다. 다만 이로 인해 몇 가지 문제가 발생할 수 있다. 예를 들어 SAML 토큰은 만료됐으나 사용자는 여전히 웹 애플리케이션에 유효한 브라우저 세션을 갖고 있을 수 있다.

SAML 토큰이 만료됐으므로 사용자 로그인 시 얻은 해당 OAuth 2.0 액세스 토큰역시 만료되리라 예상할 수 있다. 웹 애플리케이션이 백엔드 API에 접근을 시도하면 액세스 토큰이 만료됐기 때문에 접근은 거부될 것이다.

위와 같은 시나리오에서 웹 애플리케이션은 SAML 2.0 ID 제공자로 사용자를 다시 리다이렉션하고 새로운 SAML 토큰을 얻어 해당 토큰을 새로운 액세스 토큰으로 교환해야 한다. SAML 2.0 ID 제공자의 세션이 여전히 유효한 경우 이러한 리다이렉션은 최종 사용자에게 보이지 않을 수 있다.

위임된 윈도우 인증을 통한 단일 사용자 인증

중소기업에 여러 API가 있다고 가정하자. 회사 직원들은 다중 웹 애플리케이션을 통해 회사 방화벽 뒤에 있는 여러 API에 접근할 수 있다. 모든 사용자 데이터는 마이크로소프트 AD에 저장되며 모든 웹 애플리케이션은 SAML 2.0 ID 제공자에 연결돼 사용자를 인증한다. 이 웹 애플리케이션들은 로그인한 사용자를 대신해 백엔드 API에 접근해야 한다. 모든 사용자는 윈도우 도메인에 있으며, 일단 자신의 워크스테이션으로 로그인하면 애플리케이션은 사용자의 자격증명을 위해 사용자에게 인증 정보 제공을 요구하지 않아야 한다.

여기서 주목할 점은 "모든 사용자는 윈도우 도메인에 있으며 일단 자신의 워크스테이션으로 로그인하면 애플리케이션은 사용자의 자격증명을 위해 사용자에게 인증 정보 제공을 요구하지 않아야 한다."는 점이다.

이미 알고 있는 위임된 접근 통제를 통한 SSO 패턴(두 번째 패턴)을 이용해 솔루션을 확장해야 한다. 두 번째 패턴의 경우 사용자들은 자신의 AD 계정과 패스워드를 사용해 SAML 2.0 ID 제공자에 로그인한다. 그러나 위임된 윈도우 인증을 통한 SSO 패턴에서는 허용되지 않는다. 대신 IWA^{Integrated Windows Authentication}를 사용해 SAML 2.0 ID 제공자를 보호할 수 있다. IWA를 사용하도록 SAML 2.0 ID 제공자를 구성하면 인증을 위해 사용자를 ID 제공자로 리다이렉션하고, 위임된 접근 통제를 통한 SSO 패턴의 경우와 마찬가지로 SAML 응답이 웹 애플리케이션으로 전달되며 사용자를 자동으로 인증한다. 나머지 흐름은 변경되지 않는다.

위임된 접근 통제를 통한 자격증명 프록시

중소기업에 여러 API가 있다고 가정하자. 회사 직원들뿐만 아니라 신뢰할 수 있는 파트너사의 직원들도 웹 애플리케이션을 통해 여러 API에 접근할 수 있다. 모든 내부 사용자 데이터는 마이크로소프트 AD에 저장되며 모든 웹 애플리케이션은 SAML 2.0 ID 제공자에 연결돼 사용자를 인증한다. 이 웹 애플리케이션들은 로그인한 사용자를 대신해 백엔드 API에 접근해야 한다.

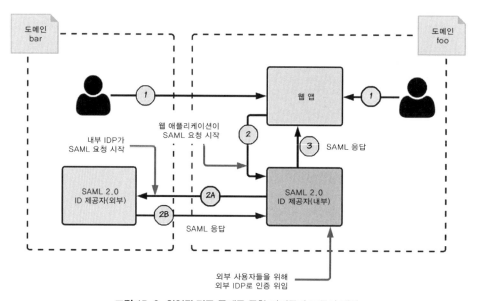

그림 15-3. 위임된 접근 통제를 통한 자격증명 프록시 패턴

이 사례는 위임된 접근 통제를 통한 SSO 패턴 사용의 확장이다. 여기서 주목할 점은 "회사 직원들뿐만 아니라 신뢰할 수 있는 파트너사의 직원들도 웹 애플리케이션들을 통해 여러 API에 접근할 수 있다."는 점이다. 이제 여러분은 회사 도메인을 넘어서야 한다. 그림 15-2의 모든 내용은 변경되지 않는다. SAML 2.0 ID 제공자의 인증 메커니즘을 변경하기만 하면 된다(그림 15-3 참고).

최종 사용자의 도메인과 관계없이 클라이언트 웹 애플리케이션은 자체 도메인의 ID 제공자만을 신뢰한다. 내부 및 외부 사용자들은 먼저 내부(또는 로컬) SAML ID

제공자로 리다이렉션된다. 로컬 ID 제공자는 사용자에게 자신의 AD 계정과 패스워드를 이용해 인증할지(내부 사용자의 경우) 또는 자신에게 해당하는 도메인을 이용해 인증할지 여부를 선택할 수 있도록 옵션을 제공해야 한다. 그런 다음 내부 ID 제공자는 외부 사용자의 홈 도메인에서 실행 중인 해당 ID 제공자로 사용자를 리다이렉션할 수 있다. 이제 외부 ID 제공자는 SAML 응답을 내부 ID 제공자에게 전달한다.

외부 ID 제공자는 SAML 토큰에 서명한다. 서명이 유효하고 신뢰할 수 있는 외부 ID 제공자의 서명이라면 내부 ID 제공자는 호출한 애플리케이션에 자체적으로 서명한 새로운 SAML 토큰을 발급한다. 그런 다음 그림 15-2와 같은 흐름을 계속한다.

참고

이 방법의 한 가지 장점은 내부 애플리케이션은 자신의 ID 제공자만 신뢰하면 된다는 것이다. 내부 ID 제공자는 자신의 도메인 밖에 다른 ID 제공자들과의 사이에서 신뢰를 중개한다. 이 시나리오에서 외부 ID 제공자는 SAML과도 통신하지만 항상 통신하리라 예상할 수는 없다. 다른 프로토콜을 지원하는 ID 제공자도 있다. 다른 프로토콜을 지원하는 시나리오에서 내부 ID 제공자는 다른 프로토콜들 사이에서 ID 어써션을 변환할 수 있어야 한다.

위임된 접근 통제를 통한 JSON 웹 토큰

중소기업에 여러 API가 있다고 가정하자. 회사 직원들은 웹 애플리케이션들을 통해 회사 방화벽 뒤에 있는 여러 API에 접근할 수 있다. 모든 내부 사용자 데이터는 마이크로소프트 AD에 저장되며, 모든 웹 애플리케이션은 OpenID 커넥트 ID 제공자에 연결돼 사용자를 인증한다. 이 웹 애플리케이션들은 로그인한 사용자를 대신해 백엔드 API에 접근해야 한다.

이 사례는 위임된 접근 통제를 통한 SSO 패턴 사용의 확장이기도 하다. 여기서 주목할 점은 "모든 웹 애플리케이션은 OpenID 커넥트 ID 제공자에 연결돼 사용자를 인증한다."는 점이다. 그림 15-2에서 보여주는 SAML ID 제공자를 그림15-4에서 나타내는 OpenID 커넥트 ID 제공자로 교체해야 한다. 또한 이러한 교체는 접근 위임 프로토콜(OAuth)이 필요함을 의미한다.

그러나 이 경우 사용자들은 자신의 인증 정보를 웹 애플리케이션에 직접 제공하지 않고 대신 OpenID ID 제공자를 통해 인증한다. 따라서 OpenID 커넥트 인증에서 전달받은 ID 토큰을 OAuth 액세스 토큰으로 교환하는 방법을 찾아야 한다. 교환 방법은 OAuth 2.0 규격을 위한 JWT 승인 방식으로 정의돼 있다(12장 참고). 3단계에서 웹 애플리케이션이 JWT인 ID 토큰을 전달받으면 OAuth 2.0 인가 서버와 통신함으로써 ID 토큰을 액세스 토큰으로 교환해야 한다. 이 인가 서버는 OpenID 커넥트 ID 제공자를 신뢰해야 한다. 웹 애플리케이션이 액세스 토큰을 받으면 애플리케이션은 토큰을 사용해 백엔드 API에 접근할 수 있다.

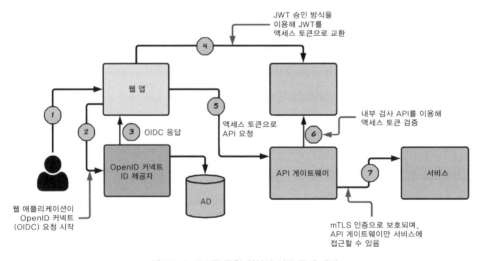

그림 15-4. JWT를 통한 위임된 접근 통제 패턴

참고

누군가 ID 토큰과 함께 액세스 토큰을 직접 얻는 경우 OpenID 커넥트에서 제공받은 ID 토큰을 액세스 토큰으로 교환할 이유가 있는가? OpenID 커넥트 서버와 OAuth 인가 서버가 동일한

경우 이러한 과정은 필요하지 않다. 동일하지 않은 경우 OAuth 2.0용 JWT 베어러 권한 부여 유형을 사용하고 ID 토큰을 액세스 토큰으로 교환해야 한다. 액세스 토큰 발급자는 OpenID 커넥트 ID 제공자를 신뢰해야 한다.

JSON 웹 서명을 통한 부인 방지

그림 15-5에서 볼 수 있듯이 모바일 애플리케이션을 통해 자신의 고객에게 API를 공개해야 하는 금융 분야의 중소기업을 가정해보자. 한 가지 주요 요구 사항은 모든 API 호출이 부인 방지를 지원해야 한다는 점이다. 여기서 주목할 점은 "모든 API 호출이 부인 방지를 지원해야 한다."는 문장이다. 자신의 신원을 증명하고, API를 통해 비즈니스 트랜잭션을 수행하는 경우 나중에 이 트랜잭션을 거부하거나 트랜잭션 사실을 부인할 수 없다. 부인할 수 없음을 보장하는 이 속성을 부인 방지라고 한다. 기본적으로 한 번이라도 하면 영원히 소유할 수 있다(자세한 내용은 2장 참고).

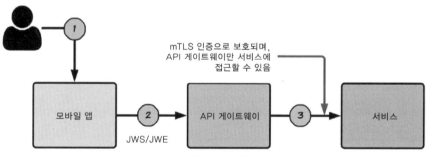

그림 15-5. JSON 웹 서명을 통한 부인 방지 패턴

부인 방지는 제 3자가 언제든지 검증할 수 있고 위조 불가능한 방식으로 데이터의 출처와 무결성에 대한 증거를 제공해야 한다. 트랜잭션이 한 번 시작되면 트랜잭션의 무결성 유지와 향후 검증을 위해 사용자 신원, 날짜, 시간, 트랜잭션 세부 사항을 비롯해 트랜잭션의 내용에 변경이 있어서는 안 된다. 부인 방지는 트랜잭션

이 완료되고, 확정된 이후 트랜잭션이 변경되지 않고 기록되게 보증해야 한다.

인가되지 않은 수정을 방지하려면 로그는 보관되고 적절히 보호돼야 한다. 트랜잭션 부인 분쟁이 있을 때마다 다른 로그나 데이터와 함께 트랜잭션 로그를 검색해 개시자, 날짜 및 시간, 트랜잭션 기록 등을 확인할 수 있다. 부인 방지를 달성하는 방법은 서명을 통하는 것이다. 각각의 메시지는 최종 사용자에게만 알려진 키로 서명돼야만 한다.

이 경우 금융 기관은 개별 고객에게 키 쌍을 발급해야 하며, 금융 기관의 통제하에 있는 인증기관은 발급된 키에 서명한다. 인증기관은 개인키가 아닌 쌍이 되는 공개키의 인증서만을 저장해야 한다. 고객은 자신의 모바일 장치에 개인키를 저장할 수 있으며, 저장된 개인키를 이용해 모바일 애플리케이션을 사용할 수 있다. 모바일 애플리케이션에서 생성한 모든 API 호출은 사용자의 개인키로 서명돼야 하며, 금융 기관의 공개키로 암호화돼야 한다.

메시지에 서명하려고 모바일 애플리케이션 접근 위임에 JSON 웹 서명(7장 참고)을 사용할 수 있으며, 메시지 암호화를 위해 JSON 웹 암호화(8장 참고)를 사용할 수 있다. 동일한 데이터 페이로드에 대해 서명과 암호화를 모두 사용하는 경우 먼저 메시지에 서명한 다음 서명된 데이터 페이로드를 법적 동의를 위해 암호화해야 한다.

사슬로 연결된 접근 위임

생수를 판매하는 중소기업에 API(Water API)가 있다고 가정하자. 등록된 사용자는 소비하는 생수의 양을 업데이트하는 데 이 API를 이용할 수 있다. 등록된 모든 사용자는 안드로이드 앱, iOS 앱, 웹 애플리케이션 등 클라이언트 애플리케이션을 통해 API에 접근할 수 있다.

회사는 API만 제공하므로 누구나 클라이언트 애플리케이션을 개발할 수 있다.

Water API의 모든 사용자 데이터는 마이크로소프트 AD에 저장되며, 클라이언트 애플리케이션은 사용자들에 대한 정보를 찾으려고 API에 직접 접근할 수 없어야 한다. 오직 Water API의 등록된 사용자만이 접근할 수 있다. 등록된 사용자만 자신의 정보를 볼 수 있어야 하며, 동시에 사용자가 소비하는 생수의 양을 업데이트할 때마다 Water API는 MyHealth.org에서 유지 관리하는 사용자의 의료 기록을 업데이트해야 한다. 또한 사용자는 MyHealth.org에 개인 기록을 갖고 있으며, 개인 기록 역시 API(MyHealth API)를 노출한다. Water API는 MyHealth API를 호출해 사용자를 대신해 사용자 기록을 업데이트해야 한다.

요약하면 모바일 애플리케이션은 최종 사용자를 대신해 Water API에 접근하고, 이후 Water API는 최종 사용자를 대신해 MyHealth API에 접근해야 한다. Water API와 MyHealth API는 두 개의 독립된 도메인에 있으며, 이는 접근 위임 프로토콜이 필요함을 의미한다.

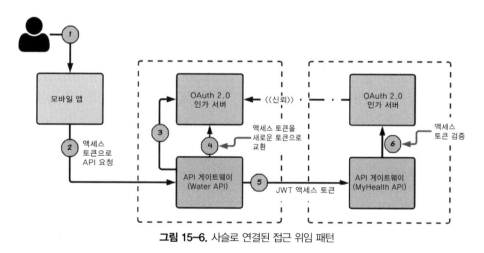

그림 15-6. 사슬로 연결된 접근 위임 패턴

여기서 다시 한 번 주목할 점은 "Water API는 MyHealth.org에서 유지 관리하는 사용자의 의료 기록을 업데이트해야 한다."는 문장이다. 여기에는 두 가지 솔루션이 있다. 첫 번째 솔루션에서 최종 사용자는 MyHealth.org에서 Water API(OAuth 클라이언트 역할을 함)에 대한 액세스 토큰을 가져와야 하며, Water API는 내부적으로 사용자 이름에 대한 토큰을 저장해야 한다. 사용자가 모바일 애플리케이션을 통해 업데이트를 Water API로 보낼 때마다 Water API는 먼저 자체 레코드를 업데이트한 다음 최종 사용자에 대응하는 MyHealth 액세스 토큰을 찾아 이를 이용해 MyHealth API에 접근한다. 이 접근 방식을 사용하면 Water API는 MyHealth API 액세스 토큰을 저장해야 하는 부하가 있으므로 필요할 때마다 액세스 토큰을 새로 고쳐야 한다.

두 번째 솔루션은 그림 15-6에 설명돼 있으며, OAuth 2.0 토큰 위임 프로필을 기반으로 구축돼 있다(9장 참고). 모바일 애플리케이션은 최종 사용자를 대신해 Water API에 접근하려고 유효한 액세스 토큰을 전달해야 한다. 3단계에서 Water API는 자체 인가 서버와 통신해 액세스 토큰의 유효성을 검증한다. 그런 다음 4단계에서 Water API는 모바일 애플리케이션에서 얻은 액세스 토큰을 JWT 액세스 토큰으로 교환한다. JWT 액세스 토큰은 의미 있는 데이터를 전달하는 특수 액세스 토큰으로, Water API 도메인에 있는 인가 서버가 이 토큰에 서명한다. JWT에는 최종 사용자의 로컬 식별자(Water API에 해당)와 MyHealth 도메인에 있는 매핑된 식별자가 포함된다. 최종 사용자는 Water API 도메인에서 이 작업을 허용해야 한다.

6단계에서 Water API는 JWT 액세스 토큰을 이용해 MyHealth API에 접근한다. MyHealth API는 자체 인가 서버와 통신해 JWT 액세스 토큰의 서명을 확인하고, 유효성을 검증한다. 신뢰할 수 있는 객체가 서명한 경우 액세스 토큰을 유효한 것으로 간주한다.

JWT는 MyHealth 도메인에 매핑된 사용자 계정을 포함하고 있으므로 MyHealth 도메인에 해당하는 로컬 사용자 레코드를 식별할 수 있다. 그러나 로컬 사용자 레코드를 식별하는 것은 보안 문제를 야기한다. Water API 도메인에 있는 사용자들이 매핑된 MyHealth 식별자를 사용해 자신의 프로필을 업데이트할 수 있다면 사용자들은 모든 사용자 식별자와 MyHealth 식별자를 매핑시킬 수 있게 돼 보안 허점으로 이어진다. 이러한 문제를 피하려면 OpenID 커넥트 인증으로 계정 매핑 단계를 보호해야 한다. 사용자가 자신의 MyHealth 계정 식별자를 추가하려고 하면 Water API 도메인은 OpenID 커넥트 인증을 시작하고 해당 ID 토큰을 받는다. 그런 다음 ID 토큰에 있는 사용자 식별자로 계정 매핑이 수행된다.

신뢰할 수 있는 마스터 접근 위임

대기업에 여러 API가 있다고 가정하자. API는 여러 부서에서 제공하며, 각 부서는 서로 다른 운영 배포 환경에서의 벤더 비 호환성으로 인해 자체 OAuth 2.0 인가 서버를 운영한다. 회사 직원들은 소속 부서에 관계없이 웹 애플리케이션을 통해 회사 방화벽 뒤에 있는 여러 API에 접근할 수 있다.

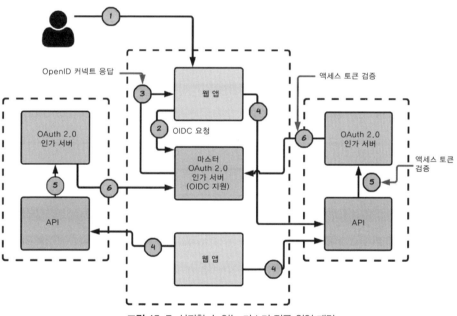

그림 15-7. 신뢰할 수 있는 마스터 접근 위임 패턴

모든 사용자 데이터는 중앙 집중식 AD에 저장되며, 모든 웹 애플리케이션은 중앙 집중식 OAuth 2.0 인가 서버(OpenID 커넥트 역시 지원)에 연결돼 사용자를 인증한

다. 웹 애플리케이션은 로그인한 사용자를 대신해 백엔드 API에 접근해야 한다. 이 API는 자체 인가 서버가 있는 여타 부서에서 제공할 수 있다. 회사 역시 중앙 집중식 OAuth 2.0 인가 서버를 갖고 있어 이 중앙 집중식 인가 서버의 액세스 토큰을 가진 직원은 여러 부서에서 제공하는 모든 API에 접근할 수 있어야 한다.

마스터 접근 위임 패턴은 또다시 위임된 접근 통제를 통한 SSO 패턴을 이용하는 확장 버전이다. 여러분은 마스터 OAuth 2.0 인가 서버와 여러 보조 인가 서버를 갖고 있으며, 마스터 인가 서버에서 발행한 액세스 토큰은 보조 인가 서버들의 제어하에 있는 모든 API에 충분히 접근할 수 있어야 한다. 다시 말해 그림 15-7의 3단계에서 볼 수 있듯이 웹 애플리케이션으로 전달되는 액세스 토큰은 모든 API에 접근할 수 있는 권한이 있어야 한다.

이를 가능하게 하려면 액세스 토큰을 독립적으로 만들어야 한다. iss(발급자) 필드가 있는 액세스 토큰을 JWT로 만드는 것이 이상적이다. 4단계에서 웹 애플리케이션은 액세스 토큰을 이용해 API에 접근한다. 5단계에서 API는 자체 인가 서버와 통신해 토큰의 유효성을 검사한다. 이 자체 인가 서버는 JWT 헤더를 보고 자체 인가 서버가 해당 토큰을 발급했는지 또는 다른 인가 서버가 해당 토큰을 발급했는지 확인할 수 있다. 마스터 인가 서버가 해당 토큰을 발급한 경우 보조 인가 서버는 마스터 인가 서버의 OAuth 내부 검사 종단점과 통신해 토큰에 대한 더욱 자세한 정보를 확인할 수 있다. 이러한 내부 검사 응답은 토큰의 활성 여부를 지정하고, 액세스 토큰과 연관된 범위를 식별한다. 내부 검사 응답을 이용해 보조 인가 서버는 XACML^{eXtensible Access Control Markup Language} 요청을 만들고, XACML PDP^{Policy Decision Point}를 호출할 수 있다. XACML 응답이 허용되는 것으로 평가되면 웹 애플리케이션은 API에 접근할 수 있다. XACML은 강력한 도구지만 접근 통제 정책을 정의하는 데 있어서는 다소 복잡하다. 최근에 세분화된 접근 통제 정책을 만드는 데 널리 사용되는 OPA^{Open Policy Agent} 프로젝트를 확인할 수도 있다.

위임된 접근 통제를 통한 자원 보안 토큰 서비스

글로벌 조직에 여러 API가 있고 서로 다른 지역으로 분산된 여러 API 클라이언트가 있다고 가정하자. 각각의 지역은 다른 지역들과 독립적으로 운영된다. 현재 클라이언트와 API는 모두 보안에 취약하다. API, 클라이언트 측면에서 어떠한 변경도 가하지 않고, API를 보호해야 한다.

소프트웨어 공학의 간단한 이론을 기반으로 하는 간접 계층을 도입하면 문제를 해결할 수 있다. 이를 위해 두 개의 인터셉터를 도입해야 한다. 하나는 클라이언트 영역에 있으며 클라이언트에서 생성한 모든 보안에 취약한 메시지를 가로챈다. 다른 하나는 API 영역에 있으며 모든 API 요청을 가로챈다. 이 인터셉터를 제외한 다른 요소는 보안에 취약한 방식으로 API에 접근할 수 없다.

인터셉터를 도입하는 이러한 제약은 네트워크 레벨에서 적용할 수 있다. 외부에서 생성된 API로 향하는 모든 요청은 API 인터셉터를 통할 수밖에 없다. 아마 물리적으로 동일한 머신에 API 인터셉터와 API를 모두 배치했을 것이다. 또한 이 구성요소를 PEP^Policy Enforcement Point나 API 게이트웨이로 부를 수 있다. PEP는 들어오는 모든 API 요청의 보안을 검증한다. 클라이언트 영역에 있는 이 인터셉터는 클라이언트에서 생성한 보안에 취약한 메시지에 반드시 필요한 보안 파라미터를 추가해 API로 보내는 역할을 담당한다. 이와 같은 방식으로 클라이언트나 API 양측에 어떠한 변경도 가하지 않고, API를 보호할 수 있다.

하지만 여전히 도전과제가 남아있다. API 게이트웨이에서 API를 어떻게 보호해야 하는가? 도메인 간 시나리오로 OAuth 2.0용 JWT 승인 방식을 이용하는 것이 확실한 선택이다. 그림 15-8은 솔루션이 어떻게 구현되는지 설명한다. 1단계에서 인터셉터는 클라이언트 애플리케이션에서 생성한 보안에 취약한 요청을 가로챈다. 그런 다음 자체 보안 토큰 서비스^STS, Security Token Service와 통신해야 한다. 2단계에서 인터셉터는 STS에 접근하려고 기본 사용자 계정과 OAuth 2.0 클라이언트 어써션 승인 방식을 이용한다. STS는 요청을 인증하고, API 영역에 있는 STS를 토큰의 대상으로 하는 자체 포함 액세스 토큰(JWT)을 발급한다.

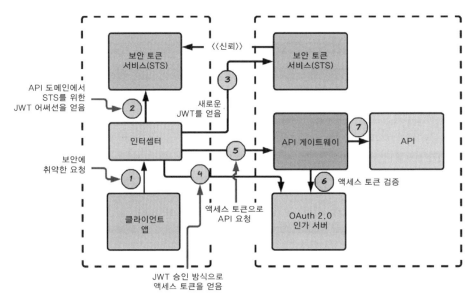

그림 15-8. 위임된 접근 통제를 통한 자원 보안 토큰 서비스 패턴

3단계에서 클라이언트 측 인터셉터는 JWT 토큰을 이용해 API 영역에서 STS에 인증하고, 9장에서 다룬 OAuth 2.0 토큰 위임 프로필에 따라 새로운 JWT 토큰을 얻는다. 이 새로운 JWT 토큰의 대상은 API 영역에서 실행되는 OAuth 2.0 인가 서버로 새로운 JWT 토큰을 발급하기 전 API 영역에 있는 STS는 서명을 검증하고 신뢰할 수 있는 객체가 서명했는지 확인해야 한다.

이 시나리오를 수행하려고 API 영역에 있는 STS는 클라이언트 측 STS를 신뢰해야 한다. 하지만 OAuth 2.0 인가 서버는 자체 STS만을 신뢰하기 때문에 4단계 과정이 필요하다. 4단계는 OAuth 2.0용 JWT 승인 방식으로 시작하며, 클라이언트 인터셉터는 API 영역에 있는 STS가 발급한 JWT 토큰을 액세스 토큰으로 교환한다. 그런 다음 5단계에서 해당 액세스 토큰을 이용해 API에 접근한다.

API 영역에 있는 PEP는 요청을 가로채고, 액세스 토큰의 유효성을 검증하고자 인가 서버를 호출한다. 토큰이 유효하면 PEP는 요청이 API에 도달하게 한다(7단계).

유선으로 인증 정보를 전달하지 않는 위임된 접근 권한

기업에서 직원들에게 API를 공개하려 한다고 가정하자. 그러나 사용자 인증 정보는 절대 유선으로 전달되지 않아야 한다. 이는 간단한 솔루션을 갖는 복잡하지 않은 문제다. OAuth 2.0 베어러 토큰과 HTTP 기본 인증은 모두 유선으로 사용자 인증 정보를 가져온다. 이 두 가지 접근 방식 모두 통신 채널 보호를 위해 TLS를 이용하더라도 여전히 일부 기업은 통신 채널을 통해 사용자 인증 정보가 전달되는 것, 즉 유선으로 베어러 토큰이 전달되는 것을 걱정한다.

HTTP 다이제스트 인증을 이용하거나 OAuth 2.0 MAC 토큰(부록 G)을 이용하는 등 몇 가지 선택 사항이 있다. 각각의 API를 위해 액세스 토큰이 생성되기 때문에 OAuth 2.0 MAC 토큰을 이용하는 것이 HTTP 다이제스트 인증을 이용하는 것보다 더 나은 접근 방법이다. 또한 사용자는 패스워드 변경 없이 필요한 경우 OAuth 2.0 MAC 토큰을 취소할 수 있다. 그러나 OAuth 2.0 MAC 토큰 프로필은 아직 충분히 발전하지 않았다. 다른 접근 방법으로는 11장에서 다룬 토큰 바인딩을 하는 OAuth 2.0을 사용하는 것이다. 토큰 바인딩을 하는 베어러 토큰을 이용하더라도 TLS 채널 아래에 토큰을 묶기 때문에 어느 누구라도 토큰을 내보내 다른 곳에서 이용할 수 없다.

이 문제를 해결하려고 IETF OAuth 워킹그룹에서 논의된 초안 이상의 제안이 거의 없다. 'OAuth 2.0 Mutual-TLS 클라이언트 인증 및 인증서 바인딩 액세스 토큰'이 그중 하나며, https://tools.ietf.org/html/draft-ietf-OAuth-mtls-17에서 확인할 수 있다.

요약

- API 보안은 끊임없이 발전하는 주제다.
- 점점 더 많은 표준과 사양이 나타나고 있으며, 대부분 OAuth 2.0 사양을 중심으로 구축한다.
- JSON 주위의 보안은 또 다른 발전 영역이며, IETF JOSE 워킹그룹이 현재 작업 중이다.
- 이 책 이상으로 계속 진행하려면 IETF OAuth 워킹그룹, IETF JOSE 워킹그룹, OpenID 재단 및 칸타라[Kantara] 협회를 주시하는 것을 적극 권장한다.

인증 위임의 진화

인증 위임은 API를 보호하는 데 있어 중요한 역할을 한다. 오늘날 웹상에 있는 대부분의 자원은 API를 통해 노출된다. 페이스북^{Facebook} API는 페이스북 타임라인을 노출하고, 트위터^{Twitter} API는 트위터 피드를 노출하고, 플리커^{Flickr} API는 플리커 사진을 노출하고, Google Calendar API는 구글 캘린더를 노출한다. 여러분은 특정 자원(페이스북 타임라인, 트위터 피드 등)의 소유자가 될 수는 있지만, API의 직접적인 소비자가 될 수는 없다. 여러분을 대신해 API에 접근하기를 원하는 제 3자가 있을 수 있다. 예를 들어 페이스북 앱은 여러분을 대신해 플리커 사진을 가져오려고 할 수 있다. 여러분을 대신해 여러분이 소유한 자원에 접근하려는 제 3자와 인증 정보를 공유하는 패턴은 적절하지 않다. 2006년 이전에 개발된 대부분의 웹 기반 애플리케이션과 API는 인증 정보를 공유하는 방법을 활용해 인증 위임을 용이하게 했다. 2006년 이후, 많은 공급업체는 인증 정보를 공유하지 않고 인증 위임 문제를 해결하기 위한 자체 독점적인 방법을 개발하기 시작했다. 구현된 방법 중 인기를 얻은 방법으로 Yahoo BBAuth, Google AuthSub, 플리커 인증이 있다.

일반적인 인증 위임 모델에는 위임자, 수임자, 서비스 제공자의 세 가지 주요 역할이 있다. 위임자는 자원을 소유하며 자원 소유자라고도 한다. 수임자는 위임자를 대신해 서비스에 접근하고자 한다. 위임자는 서비스에 접근할 수 있게 제한된 권한을 수임자에게 위임한다. 서비스 제공자는 보호된 서비스를 제공하고 수임자의 적법성을 검증한다. 서비스 제공자는 자원 서버라고도 한다.

직접 위임과 중개 위임

뒤로 한 발 물러나 실제 사례를 살펴보자(그림 A-1 참고). 플리커는 인기 있는 클라우드 기반의 사진 저장 및 공유 서비스다. 플리커에 저장된 사진은 자원이고, 플리커는 자원 서버나 서비스 제공자다. 여러분이 플리커 계정을 갖고 있다고 가정하자. 여러분은 계정에 있는 사진 자원의 소유자(또는 위임자)다. 또한 여러분은 스냅피쉬Snapfish 계정도 갖고 있다. 스냅피쉬는 휴렛팩커드HP, Hewlett-Packard가 소유한 웹기반의 사진 공유 및 인쇄 서비스다. 스냅피쉬에서 여러분의 플리커 사진을 어떻게 인쇄할 수 있을까? 이를 위해서는 먼저 스냅피쉬가 플리커에서 해당 사진을 가져와야 한다. 스냅피쉬가 사진을 가져오려면 권한이 있어야 하며, 권한이 있으려면 여러분이 스냅피쉬에 권한을 위임해야 한다. 여러분이 권한 위임자이고 스냅피쉬가 권한 수임자다. 사진을 가져올 수 있는 권한 외에 스냅피쉬는 여러분의 플리커 사진으로 다음 어떤 작업도 할 수 없다.

- 여러분의 플리커 계정에 접근(비공개 콘텐츠 포함)
- 계정에 있는 사진과 비디오를 업로드, 편집과 교체
- 다른 회원의 사진과 비디오에 상호작용(댓글 달기, 메모 추가, 즐겨 찾기)

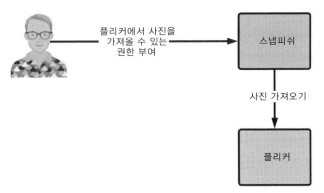

그림 A-1. 직접 위임. 자원 소유자는 클라이언트 애플리케이션에 권한을 위임한다.

이제 스냅피쉬는 위임된 권한으로 여러분을 대신해 여러분의 플리커 계정에 접근할 수 있다. 이 모델을 직접 위임이라고 한다. 위임자는 자신의 권한 중 일부를 수임자에게 직접 위임한다. 다른 모델을 간접 위임이라고 한다. 먼저 위임자는 중간 수임자에게 권한을 위임하고, 해당 중간 수임자는 다른 수임자에게 권한을 위임한다. 이를 중개 위임이라고도 한다(그림 A-2 참고).

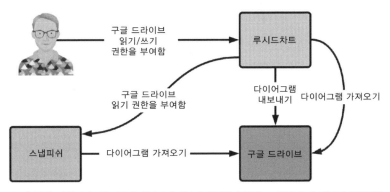

그림 A-2. 중개 위임. 자원 소유자는 중개 애플리케이션에 권한을 위임하고, 해당 중개 애플리케이션은 다른 애플리케이션에 권한을 위임한다.

여러분이 루시드차트^{Lucidchart} 계정을 갖고 있다고 가정하자. 루시드차트는 다양한 다이어그램을 그리는 데 사용할 수 있는 클라우드 기반의 디자인 도구다. 또한 루시드차트는 구글 드라이브와 통합된다. 여러분의 루시드차트 계정에서 여러분은 완성된 다이어그램을 구글 드라이브에 게시할 수 있다. 이를 위해 루시드차트는 여러분을 대신해 구글 드라이브 API에 접근할 수 있는 권한이 필요하고, 여러분은 루시드차트에 관련 권한을 위임해야 한다. 여러분이 루시드차트에서 무언가를 인쇄하고자 한다면 루시드차트는 스냅피쉬 Printing API를 호출한다. 스냅피쉬는 여러분의 구글 드라이브에 저장된 다이어그램에 접근해야 한다. 루시드차트는 여러분이 루시드차트에 위임한 권한 중 일부를 스냅피쉬에 위임해야 한다. 여러분이 루시드차트에 읽기/쓰기 권한을 부여했더라도 여러분의 구글 드라이브에 접근해 선택한 그림을 인쇄하려면 루시드차트는 스냅피쉬에 읽기 권한만 부여하면 된다.

진화

인증 위임의 현대 역사는 2006년 이전과 2006년 이후의 두 시대로 구분할 수 있다. 2006년 이전에는 인증 정보를 공유하는 방법이 대부분의 인증 위임을 주도했다. 트위터, 슬라이드쉐어^{SlideShare} 및 거의 모든 웹 애플리케이션은 인증 정보를 공유하는 방법을 이용해 제 3자의 API에 접근했다. 그림 A-3에서 볼 수 있듯이 2006년 이전에 트위터 계정을 만들었을 때 트위터는 여러분의 이메일 주소록에 접근해 여러분의 친구들을 트위터에 가입하도록 초대하려고 여러분에게 이메일 계정 인증 정보를 요청했다. 흥미롭게도 트위터는 "우리는 귀하의 로그인 정보를 저장하지 않고 귀하의 패스워드는 안전하게 전송됩니다. 우리는 귀하의 허가 없이 이메일을 보내지 않습니다."라는 메시지를 표시해 사용자의 신뢰를 얻었다. 하지만 누가 알겠는가? 트위터가 여러분의 모든 이메일을 읽고 싶어 했다면 또는 여러분의 이메일 계정에 원하는 것을 하고 싶어 했다면 아주 쉽게 할 수 있었을 것이다.

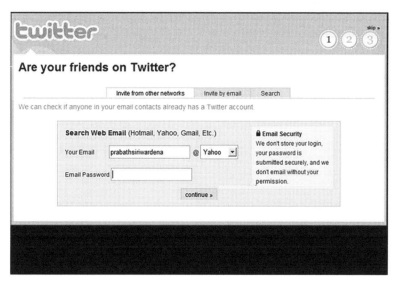

그림 A-3. 트위터, 2006 이전

슬라이드쉐어도 동일하게 했다. 슬라이드쉐어는 클라우드 기반의 슬라이드 제공 및 공유 서비스다. 2006년 이전에 여러분이 슬라이드쉐어에서 블로거^{Blogger} 블로그로 슬라이드들을 게시했다면 그림 A-4에서 볼 수 있듯이 여러분은 블로거 사용자 이름과 패스워드를 슬라이드쉐어에 제공해야 했다. 슬라이드쉐어는 블로거 인증 정보를 이용해 Blogger API에 접근하고, 선택한 슬라이드들을 여러분의 블로그에 게시했다. 슬라이드쉐어가 원했다면 슬라이드쉐어는 게시된 블로그 게시물들을 수정하고, 제거하는 등의 작업을 할 수 있었다.

그림 A-4. 슬라이드쉐어, 2006 이전

단지 두 가지 예시만 보여줬지만 2006년 이전 시대에는 이러한 애플리케이션들이 가득했다. 2006년 4월에 도입된 구글 캘린더도 비슷한 접근 방법을 따랐다. 여러분의 구글 캘린더에 이벤트를 생성하려는 제 3의 애플리케이션은 먼저 여러분에게 구글 인증 정보를 요청해야 했고, 이를 이용해 Google Calendar API에 접근해야 했다. 이러한 접근은 인터넷 커뮤니티에서 용납되지 않는 방법이었고, 구글은 API를 보호하는 새롭고 더 나은 방법을 발명하도록 강요받았다. 그 결과, 2006년 말에 Google AuthSub이 도입됐다. Google AuthSub은 2006년 이후 시대의 인증 위임의 시작이었다.

Google ClientLogin

Google ClientLogin 배포 초기 단계에서 Google Data API는 ClientLogin과 AuthSub이라는 두 가지 비표준 보안 프로토콜로 보호됐다. ClientLogin은 이미 설치된 애플리케이션에서 사용하기 위한 의도로 개발됐다. 간단한 데스크톱 애플리케이션에서 모바일 애플리케이션까지 다양한 애플리케이션이 ClientLogin을 사용할 수 있지만, 웹 애플리케이션의 경우에는 AuthSub을 사용하는 방법이 권장됐다.

참고

전체 Google ClientLogin 문서는 https://developers.google.com/accounts/docs/AuthForInstalledApps/에서 볼 수 있다. ClientLogin API는 2012년 4월 20일부로 지원이 중단됐다. 구글의 지원 중단 정책에 따라 2015년 4월 20일까지는 동일하게 동작했다.

그림 A-5에서 볼 수 있듯이 Google ClientLogin은 패스워드 공유를 통해 인증 위임을 사용한다. 사용자는 첫 번째 단계에서 자신의 구글 인증 정보를 설치된 애플리케이션과 공유해야 한다. 그런 다음 설치된 애플리케이션은 사용자 인증 정보에서 요청 토큰을 생성하고, 구글 계정 인가 서비스를 호출한다. 유효성 검사 이후 구글 계정 인가 서비스는 캡차^{CAPTCHA} 챌린지를 응답으로 다시 전송한다. 사용자

는 캡차에 응답해야 하고, 구글 계정 인가 서비스는 이를 다시 확인한다. 성공적으로 사용자가 확인되면 구글 계정 인가 서비스는 토큰을 애플리케이션에 발급한다. 그런 다음 애플리케이션은 토큰을 이용해 구글 서비스에 접근할 수 있다.

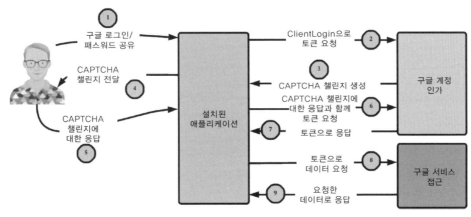

그림 A–5. Google ClientLogin

Google AuthSub

2006년 이후 시대에 Google AuthSub은 웹 애플리케이션들이 Google API에 접근할 때 권장되는 인증 프로토콜이었다. ClientLogin과 달리 AuthSub은 인증 정보 공유가 필요하지 않다. 사용자는 제 3의 웹 애플리케이션을 위해 인증 정보를 제공할 필요가 없다. 대신 사용자는 구글에 직접 인증 정보를 제공하고, 구글은 제한된 권한을 가진 임시 토큰을 제 3의 웹 애플리케이션과 공유한다. 해당하는 제 3의 임시 토큰을 이용해 Google API에 접근한다. 그림 A-6은 프로토콜 흐름을 자세히 설명한다.

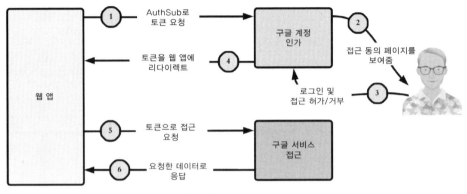

그림 A-6. Google AuthSub

최종 사용자가 웹 애플리케이션에 방문함으로써 프로토콜 흐름이 시작된다. 웹
애플리케이션은 AuthSub 요청과 함께 구글 계정 인가 서비스로 사용자를 리다이
렉션한다. 구글은 애플리케이션이 요청하는 접근 권한을 사용자에게 알리고, 사
용자는 로그인을 통해 요청을 승인할 수 있다. 사용자가 승인하면 구글 계정 인가
서비스는 웹 애플리케이션에 임시 토큰을 제공한다. 이제 웹 애플리케이션은 해
당 임시 토큰을 이용해 Google API에 접근할 수 있다.

참고

전체 Google AuthSub 문서는 https://developers.google.com/accounts/docs/AuthSub/
에서 볼 수 있다. Google Data API로 AuthSub을 사용하는 방법은 https://developers.
google.com/gdata/docs/auth/authsub/에 설명돼 있다. AuthSub API는 2012년 4월 20일
부로 지원이 중단됐다. 구글의 지원 중단 정책에 따라 2015년 4월 20일까지는 동일하게 동작
했다.

플리커 인증 API

플리커는 야후! 소유의 인기 있는 이미지/비디오 호스팅 서비스다. 플리커는 (2005년
야후!에 인수되기 전인) 2004년에 출시됐으며, 2005년에는 퍼블릭 API를 경유하는 자

체 서비스를 공개했다. 당시 플리커는 퍼블릭 API를 가진 몇 안 되는 회사 중 하나였고, 심지어 Google Calendar API 공개 이전이었다. 플리커는 2006년 이전에 인증 정보를 공유하지 않고 인증 위임 모델을 따랐던 몇 안 되는 애플리케이션 중 하나였다. 플리커 이후에 나온 대부분의 구현은 플리커 인증 API의 영향을 많이 받았다. Google AuthSub나 ClientLogin과 달리 플리커 모델은 서명 기반이었다. 애플리케이션은 자체 애플리케이션 시크릿으로 각 요청에 서명해야 한다.

야후! 브라우저 기반 인증(BBAuth)

야후! BBAuth는 제 3의 애플리케이션이 제한된 권한으로 야후! 데이터에 접근할 수 있도록 접근 권한을 부여하는 일반적인 방법으로, 2006년 9월에 출시됐다. 야후! 사진과 야후! 메일은 BBAuth를 처음 지원하는 서비스였다. Google AuthSub와 마찬가지로 BBAuth는 플리커에서 사용된 것과 동일한 개념을 차용했다(그림 A-7 참고).

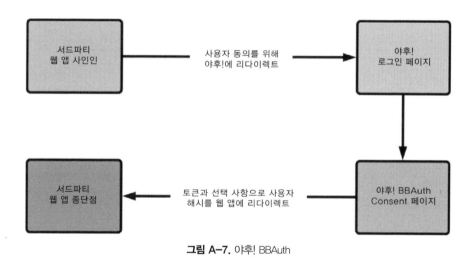

그림 A-7. 야후! BBAuth

사용자가 서드파티 웹 애플리케이션에 방문함으로써 흐름이 시작된다. 웹 애플리케이션은 야후!로 사용자를 리다이렉션한다. 여기에서 사용자는 로그인을 해야 하고, 서드파티 애플리케이션에서 온 접근 요청을 승인해야 한다. 사용자가 승인하면 야후!는 임시 토큰과 함께 웹 애플리케이션으로 사용자를 리다이렉션한다. 이제 서드파티 웹 애플리케이션은 임시 토큰을 이용해 제한된 권한으로 야후!에 있는 사용자 데이터에 접근할 수 있다.

참고

야후! BBAuth에 대한 전체 가이드는 http://developer.yahoo.com/bbauth/를 참고한다.

OAuth

구글 AuthSub, 야후! BBAuth, 플리커 인증은 모두 공통 표준 위임 모델을 만들기 위한 대화를 시작하는 데 상당한 기여를 했다. OAuth 1.0은 인증 위임 표준화를 위한 첫 번째 단계였다. OAuth의 뿌리는 블레인 쿡^{Blaine Cook}이 트위터를 위한 OpenID 구현을 개발하기 시작한 2006년 11월로 거슬러 올라간다. 동시에 매그놀리아^{Magnolia} 소셜 북마크 사이트의 래리 할프^{Larry Halff}는 권한 부여 모델을 OpenID와 통합하는 것을 고려하고 있었다(이 무렵, OpenID는 Web 2.0 커뮤니티에서 많은 관심을 끌기 시작했다). 래리는 트위터와 매그놀리아를 위한 OpenID의 사용을 논의하기 시작했고, OpenID를 통해 트위터 API에 대한 접근 권한을 위임할 수 있는 방법이 없음을 알게 됐다. 블레인과 래리는 크리스 메시나^{Chris Messina}, 드윗 클린턴^{DeWitt Clinton}, 에런 해머^{Eran Hammer}와 함께 2007년 4월에 표준 접근 위임 프로토콜을 만들기 위한 토론을 시작했다. 이후 표준 접근 위임 프로토콜은 OAuth가 됐다. OAuth 1.0에서 제안한 접근 위임 모델은 구글, 야후!, 플리커가 이미 갖고 있는 것과 크게 다르지 않았다.

참고

OpenID는 분산 SSO을 위해 OpenID 재단에서 개발한 표준이다. OpenID 2.0 최종 사양은 http://openid.net/specs/openid-authentication-2_0.html/에서 확인할 수 있다.

OAuth 1.0 핵심 사양은 2007년 12월에 발표됐다. 이후 2008년 제 73차 IETF^{Internet} Engineering Task Force 회의에서 IETF 주도하에 OAuth 개발이 결정됐다. IETF에서 OAuth를 개발하는 데 시간이 조금 걸렸고, 세션 고정 공격[1]과 관련된 보안 문제를 해결하려고 2009년 6월에 커뮤니티 사양으로 OAuth 1.0a가 발표됐다. IETF 주도 하에 2010년 4월에 OAuth 1.0이 RFC 5849로 발표됐다.

참고

OAuth 1.0 커뮤니티 사양은 http://OAuth.net/core/1.0/에서 확인할 수 있으며, OAuth 1.0a 사양은 http://OAuth.net/core/1.0a/에서 확인할 수 있다. 부록 B에서 OAuth 1.0에 대해 자세히 설명한다.

2009년 11월에 IIW^{Internet Identity Workshop}에서 마이크로소프트의 딕 하르트^{Dick Hardt}, 구글의 브라이언 이튼^{Brian Eaton}, 야후!의 알렌 톰^{Allen Tom}은 접근 위임을 위한 새로운 드래프트 스펙을 발표했다. 이 사양은 WRAP^{Web Resource Authorization Profiles}라 불렸고, 일부 자체 제한 사항을 해결하려고 OAuth 1.0 모델 위에 만들어졌다. 2009년 12월에 WRAP는 더 이상 OAuth 2.0을 위해 사용되지 않는다.

참고

IETF OAuth 워킹그룹에 기여한 WRAP 사양은 http://tools.ietf.org/html/draft-hardt-OAuth-01/에서 확인할 수 있다.

OAuth 커뮤니티와 IETF 워킹그룹이 OAuth를 개발하는 동안 OpenID 커뮤니티는 OAuth와 OpenID를 통합하는 모델에 대해 논의하기 시작했다. 2009년 시작된 이러한 노력은 OpenID/OAuth 하이브리드 확장이라 불렸다(그림 A-8 참고). 이 확장은 결합된 사용자 승인을 허용하려고 OAuth 인증 요청을 OpenID 인증 요청에 포

---

1. 세션 고정 공격, www.owasp.org/index.php/Session_fixation

함하는 방법을 설명한다. 보안상의 이유로 OAuth 액세스 토큰은 OpenID 인증 응답으로 반환되지 않는다. 대신 액세스 토큰을 얻는 메커니즘이 제공된다.

참고

OpenID/OAuth 확장에 대한 최종 사양은 http://step2.googlecode.com/svn/spec/openid_oauth_extension/latest/openid_oauth_extension.html/에서 확인할 수 있다.

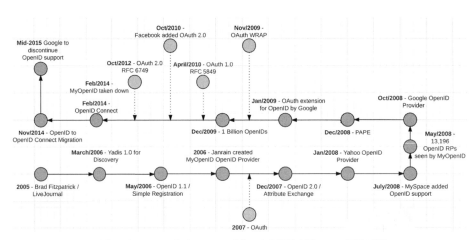

그림 A-8. OpenID에서 OpenID 커넥트까지 신원 식별 프로토콜의 진화

OAuth 1.0은 접근 위임을 위한 좋은 기반을 제공했다. 그러나 주로 유용성과 확장성 측면에서 OAuth 1.0에 대한 비판이 발생했다. 결과적으로 OAuth 2.0은 표준 프로토콜이 아닌 권한 부여 프레임워크로 개발됐다. OAuth 2.0은 2012년 10월에 IETF 주도하에 RFC 6749가 됐다.

OAuth 1.0

OAuth 1.0은 인증 위임의 표준화를 향한 첫 번째 단계였다. OAuth는 인증 위임 트랜잭션에 세 당사자를 포함한다. 위임자(사용자라고도 함)는 자신의 자원에 대한 접근 권한을 제 3자에게 할당한다. 대리자(소비자라고도 함)는 사용자를 대신해 자원에 접근한다. 실제 자원을 호스팅하는 애플리케이션을 서비스 제공자라 한다. 이 용어는 OAuth.net의 OAuth 1.0 사양의 첫 번째 릴리스에서 도입됐다. OAuth 사양은 IETF 워킹그룹에 도입됐을 때 약간 변경됐다. OAuth 1.0, RFC 5849에서 사용자(위임자)는 자원 소유자, 소비자(대리자)는 클라이언트, 서비스 제공자는 서버라 한다.

참고

OAuth 1.0 커뮤니티 사양은 http://OAuth.net/core/1.0/에서 확인할 수 있으며, OAuth 1.0a는 http://OAuth.net/core/1.0a/에서 확인할 수 있다. OAuth 1.0, RFC 5849는 OAuth 1.0 커뮤니티 버전과 1.0a 버전을 쓸모없게 했다. RFC 5849는 http://tools.ietf.org/html/rfc5849/에서 확인할 수 있다.

토큰 댄스

토큰 기반의 인증은 모자이크 넷스케이프^{Mosaic Netscape} 0.9 베타 버전이 쿠키 지원을 추가한 1994년으로 거슬러 올라간다. 동일한 사용자가 특정 웹 사이트를 다시 방문하고 있는지 여부를 식별하는 데 처음으로 쿠키가 이용됐다. 강력한 인증 방식은 아니라 할지라도 쿠키를 인증에 사용한 것은 역사상 처음 있는 일이었다. 이후 대부분의 브라우저는 쿠키 지원을 추가했고, 이를 인증 방식으로 이용하기 시작했다. 웹 사이트에 로그인하려고 사용자는 자신의 계정과 패스워드를 제공한다. 사용자가 성공적으로 인증되면 웹 서버는 해당 사용자를 위한 세션을 만들고, 세션 식별자는 쿠키에 기록된다. 이후, 각 요청에 대해 이미 인증된 세션을 재사용하고자 사용자는 쿠키를 첨부해야 한다. 이것이 가장 널리 이용되는 토큰 기반의 인증 형식이다.

참고

RFC 6265(http://tools.ietf.org/html/rfc6265/ 참고)는 HTTP 문맥에서 쿠키 사양을 정의한다.

토큰: 서버가 발급하고, 클라이언트가 이미 갖고 있는 자원이나 권한 부여를 요청한 자원의 소유자와 인증된 요청을 연결하려고 사용하는 고유 식별자(ID)다. 토큰에는 클라이언트가 토큰의 소유권과 자원 소유자를 대신하는 권한을 확립하고자 이용하는 매칭되는 공유 시크릿이 있다.

— OAuth 1.0 RFC 5849

이 부록은 여러분이 RFC 5849에서 제공하는 토큰의 정식 정의를 이해하는 데 도움이 된다. OAuth는 자체 프로토콜 흐름의 여러 단계에서 토큰을 이용한다(그림 B-1 참고). OAuth 1.0 핸드셰이크에는 임시 인증 정보 요청 단계, 자원 소유자 권한 부여 단계, 토큰 인증 정보 요청 단계의 세 가지 주요 단계가 정의돼 있다.

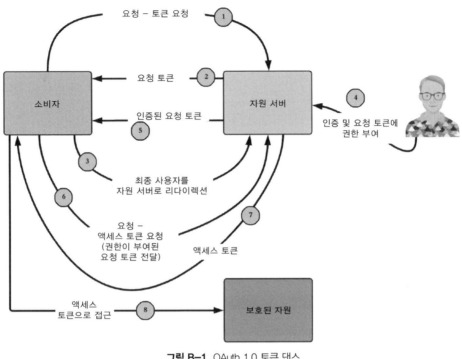

요청 - 토큰 요청 ①

요청 토큰 ②

인증된 요청 토큰 ⑤

소비자

자원 서버

인증 및 요청 토큰에 권한 부여 ④

③

최종 사용자를
자원 서버로 리다이렉션

⑥

요청 -
액세스 토큰 요청
(권한이 부여된
요청 토큰 전달)

액세스 토큰 ⑦

액세스
토큰으로 접근 ⑧

보호된 자원

그림 B-1. OAuth 1.0 토큰 댄스

참고

OAuth 1.0 토큰 댄스의 세 단계는 모두 전송 계층 보안(TLS, Transport Layer Security) 위에서 일어나야 한다. 토큰을 훔친 사람은 누구나 토큰을 이용할 수 있는 베어러 토큰이 존재하기 때문이다. 베어러 토큰은 현금과 같다. 여러분이 누군가에게서 10달러를 훔친다면 여러분은 이 10달러를 이용해 스타벅스에서 커피를 살 수 있고, 계산원은 여러분이 이 10달러를 어떻게 벌었는지 질문하지 않을 것이다.

임시 인증 정보 요청 단계

임시 인증 정보 요청 단계에서 OAuth 클라이언트는 자원 서버에서 호스팅되는 임시 인증 정보 요청 종단점에 HTTP POST 요청을 보낸다.

```
POST /oauth/request-token HTTP/1.1
Host: server.com
Authorization: OAuth realm="simple",
oauth_consumer_key="dsdsddDdsdsds",
oauth_signature_method="HMAC-SHA1",
oauth_callback="http://client.net/client_cb",
oauth_signature="dsDSdsdsdsdddsdsdsd"
```

이 권한 부여 요청에서 헤더는 다음과 같은 파라미터로 구성된다.

- **OAuth**: 권한 부여 헤더의 유형을 식별하기 위해 사용하는 키워드다. 권한 부여 헤더에는 OAuth 값이 있어야 한다.
- **realm**: 자원 서버에 알려진 식별자다. realm 값을 보면 자원 서버가 OAuth 클라이언트를 인증하는 방법을 찾을 수 있다. 여기 realm 값은 부록 F에서 다루는 HTTP 기본 인증과 동일한 목적으로 사용된다.
- **oauth_consumer_key**: 자원 서버가 OAuth 클라이언트에 발급한 고유 식별자다. 이 키는 클라이언트와 자원 서버 양측에 알려진 비밀키와 연결된다.
- **oauth_signature_method**: oauth_signature를 생성하려고 사용하는 메서드다. 서명 메서드 파라미터로 PLAINTEXT, HMAC-SHA1, 또는 RSA-SHA1이 사용될 수 있다. PLAINTEXT는 서명이 없음을 의미하고, HMAC-SHA1은 공유키가 서명에 이용됐음을 의미하고, RSA-SHA1은 RSA 개인키가 서명에 이용됐음을 의미한다. OAuth 사양은 어떤 서명 메서드도 강제하지 않는다. 자원 서버는 자체 요구 사항에 따라 특정 서명 메서드를 강제할 수 있다.
- **oauth_signature**: oauth_signature_method에서 정의한 메서드에 따라 계산된 서명이다.

참고

oauth_signature_method로 PLAINTEXT를 이용하면 oauth_signature는 &가 뒤에 붙는 클라

이언트(소비자) 시크릿이 된다. 예를 들어 consumer_key와 대응하는 클라이언트 시크릿이
Ddedkljlj878dskjds이면 oauth_signature 값은 Ddedkljlj878dskjds&가 된다.

- **oauth_callback**: 클라이언트가 제어하는 절대 URI다. 다음 단계에서 자원
  소유자가 접근 요청을 승인하면 자원 서버는 자원 소유자를 다시 oauth_
  callback URI로 리다이렉션해야 한다. 클라이언트와 자원 서버 사이에 리
  다이렉션이 미리 설정된 경우 oauth_callback 값을 oob로 설정해 대역 외
  ^{out of band}임을 나타내야 한다.

임시 인증 정보 요청은 클라이언트를 인증한다. 클라이언트는 자원 서버에 등록
된 객체여야 한다. 클라이언트 등록 프로세스는 OAuth 사양의 범위를 벗어난다.
임시 인증 정보 요청은 클라이언트에서 자원 서버로의 직접적인 HTTP POST 요청
이며, 사용자는 이 단계를 인지하지 못한다. 클라이언트는 임시 인증 정보 요청에
대해 아래 응답을 받는다. 임시 인증 정보 요청과 응답은 모두 TLS를 거쳐야 한다.

```
HTTP/1.1 200 OK
Content-Type: application/x-www-form-urlencoded
oauth_token=bhgdjgdds&
oauth_token_secret=dsdasdasdse&
oauth_callback_confirmed=true
```

각 파라미터의 정의는 다음과 같다.

- **oauth_token**: 자원 서버가 생성한 식별자다. 이 식별자는 향후 클라이언
  트가 자원 서버로 만드는 요청에서 oauth_token_secret 값을 식별하고자
  이용된다. 이 식별자는 oauth_token_secret을 oauth_consumer_key에 연
  결한다.
- **oauth_token_secret**: 자원 서버가 생성한 공유 시크릿이다. 클라이언트는
  향후 요청에서 oauth_signature를 생성하려고 이를 이용한다.

- **oauth_callback_confirmed**: 이 파라미터 값은 존재해야 하며, true로 설정해야 한다. 이 파라미터는 클라이언트가 자원 서버에 보낸 HTTP 요청에서 oauth_callback을 수신했는지 여부를 확인하는 데 도움이 된다.

임시 인증 정보 요청 단계를 시작하려면 먼저 클라이언트는 자원 서버에 등록돼 있어야 하며, 클라이언트 키/한 쌍의 클라이언트 시크릿을 갖고 있어야 한다. 이 단계가 끝나면 클라이언트는 oauth_token과 oauth_token_secret을 갖게 된다.

자원 소유자 권한 부여 단계

자원 소유자 권한 부여 단계에서 클라이언트는 사용자나 자원 소유자가 권한을 부여하는 이전 단계에서 받은 oauth_token을 가져와야 한다. 클라이언트는 아래 HTTP GET 요청을 이용해 사용자를 자원 서버로 리다이렉션한다. 이전 단계에서 받은 oauth_token은 쿼리 파라미터로 추가된다. 요청이 자원 서버에 도달하면 자원 서버는 제공된 토큰에 해당하는 클라이언트를 알고, 자체 로그인 페이지를 통해 사용자에게 클라이언트의 이름을 보여준다. 사용자는 우선 인증한 이후에 토큰에 권한을 부여해야 한다.

```
GET /authorize_token?oauth_token= bhgdjgdds HTTP/1.1
Host: server.com
```

자원 소유자의 승인 이후 자원 서버는 사용자를 클라이언트에 해당하는 oauth_callback URL로 리다이렉션한다.

```
GET /client_cb?x=1&oauth_token=dsdsdsdd&oauth_verifier=dsdsdsds HTTP/1.1
Host: client.net
```

각 파라미터의 정의는 다음과 같다.

- **oauth_token**: 자원 서버가 생성한 식별자다. 이 식별자는 향후 클라이언

트가 자원 서버로 만드는 요청에서 oauth_verifier 값을 식별하고자 이용된다. 이 식별자는 oauth_verifier를 oauth_consumer_key에 연결한다.

- **oauth_verifier**: 자원 서버가 생성한 공유 검증 코드다. 클라이언트는 향후 요청에서 oauth_signature를 생성하려고 이를 이용한다.

참고

클라이언트가 oauth_callback URL을 등록하지 않은 경우 자원 서버는 자원 소유자에게 검증 코드를 보여준다. 자원 소유자는 검증 코드를 가져와 클라이언트에게 수동으로 제공해야 한다. 자원 소유자가 클라이언트에게 검증 코드를 제공하는 프로세스는 OAuth 사양의 범위를 벗어난다.

자원 소유자 권한 부여 단계를 시작하려고 클라이언트는 oauth_token과 oauth_token_secret에 접근해야 한다. 이 단계가 끝나면 클라이언트는 새로운 oauth_token과 oauth_verifier를 갖게 된다.

토큰 인증 정보 요청 단계

토큰 인증 정보 요청 단계에서 클라이언트는 자원 서버에서 호스팅되는 액세스 토큰 종단점에 직접적인 HTTP POST 요청이나 GET 요청을 보낸다.

```
POST /access_token HTTP/1.1
Host: server.com
Authorization: OAuth realm="simple",
oauth_consumer_key="dsdsddDdsdsds",
oauth_token="bhgdjgdds",
oauth_signature_method="PLAINTEXT",
oauth_verifier="dsdsdsds",
oauth_signature="fdfsdfdfdfdfsfffdf"
```

이 권한 부여 요청에 헤더는 다음과 같은 파라미터로 구성된다.

- **OAuth**: 권한 부여 헤더의 유형을 식별하려고 사용하는 키워드다. 권한 부여 헤더에는 OAuth 값이 있어야 한다.
- **realm**: 자원 서버에 알려진 식별자다. realm 값을 보면 자원 서버가 OAuth 클라이언트를 인증하는 방법을 결정할 수 있다. 여기 realm 값은 HTTP 기본 인증과 동일한 목적으로 사용된다.
- **oauth_consumer_key**: 자원 서버가 OAuth 클라이언트에 발급한 고유 식별자다. 이 키는 클라이언트와 자원 서버 양측에 알려진 비밀키와 연결된다.
- **oauth_signature_method**: oauth_signature를 생성하려고 사용하는 메서드다. 서명 메서드 파라미터로 PLAINTEXT, HMAC-SHA1, 또는 RSA-SHA1을 사용할 수 있다. PLAINTEXT는 서명이 없음을 의미하고, HMAC-SHA1은 공유키가 서명에 이용됐음을 의미하고, RSA-SHA1은 RSA 개인키가 서명에 이용됐음을 의미한다. OAuth 사양은 어떤 서명 메서드도 강제하지 않는다. 자원 서버는 자체 요구 사항에 따라 특정 서명 메서드를 강제할 수 있다.
- **oauth_signature**: oauth_signature_method에서 정의한 방법에 따라 계산된 서명이다.
- **oauth_token**: 임시 인증 정보 요청 단계에서 반환된 임시 인증 정보 식별자다.
- **oauth_verifier**: 자원 소유자 권한 부여 단계에서 반환된 검증 코드다.

자원 서버는 액세스 토큰 요청의 유효성을 검사한 이후 다음 응답을 클라이언트에 다시 보낸다.

```
HTTP/1.1 200 OK
Content-Type: application/x-www-form-urlencoded
oauth_token=dsdsdsdsdweoio998s&oauth_token_secret=ioui789kjhk
```

각 파라미터의 정의는 다음과 같다.

- **oauth_token**: 자원 서버가 생성한 식별자다. 이 식별자는 향후 클라이언트가 자원 서버로 만드는 요청에서 oauth_token_secret 값을 식별하고자 이용된다. 이 식별자는 oauth_token_secret을 oauth_consumer_key에 연결한다.
- **oauth_token_secret**: 자원 서버가 생성한 공유 시크릿이다. 클라이언트는 향후 요청에서 oauth_signature를 생성하려고 이를 이용한다.

토큰 인증 정보 요청 단계를 시작하려고 클라이언트는 첫 번째 단계에서 oauth_token에 접근해야 하고, 두 번째 단계에서 oauth_verifier에 접근해야 한다. 이 단계가 끝나면 클라이언트는 새로운 oauth_token과 새로운 oauth_token_secret을 갖게 된다.

OAuth 1.0을 사용하는 보호된 비즈니스 API 호출

OAuth 토큰 댄스가 끝나면 다음과 같은 토큰들이 OAuth 클라이언트 측에서 유지돼야 한다.

- **oauth_consumer_key**: 클라이언트를 고유하게 식별하려고 자원 서버가 생성한 식별자다. 클라이언트는 자원 서버에 등록할 때 oauth_consumer_key를 얻는다. 등록 프로세스는 OAuth 사양의 범위를 벗어난다.
- **oauth_consumer_secret**: 자원 서버가 생성한 공유 시크릿이다. 클라이언트는 자원 서버에 등록할 때 oauth_consumer_secret을 얻는다. 등록 프로세스는 OAuth 사양의 범위를 벗어난다. oauth_consumer_secret은 유선으로 절대 전송되지 않는다.
- **oauth_token**: 토큰 인증 정보 요청 단계가 끝날 때 자원 서버가 생성한 식별자다.
- **oauth_token_secret**: 토큰 인증 정보 요청 단계가 끝날 때 자원 서버가 생

성한 공유 시크릿이다.

다음은 OAuth 1.0을 사용하는 보호된 API에 접근하기 위한 샘플 HTTP 요청이다. 여기서는 이름(name=pavithra)이라는 하나의 인자 값을 HTTP POST 요청으로 학생 API에 보낸다. 이전에 설명한 파라미터들 이외에도 파라미터로 oauth_timestamp 와 oauth_nonce가 있다. API 게이트웨이(또는 모든 종류의 인터셉터)는 해당 요청을 가로채고, 권한 부여 헤더의 유효성을 검증하려고 토큰 발급자와 통신한다. 모두 괜찮아 보이면 API 게이트웨이는 해당 요청을 비즈니스 서비스(API 뒤편)로 라우팅한 다음과 같은 해당 응답을 다시 보낸다.

```
POST /student?name=pavithra HTTP/1.1
Host: server.com
Content-Type: application/x-www-form-urlencoded
Authorization: OAuth realm="simple",
oauth_consumer_key="dsdsddDdsdsds ",
oauth_token="dsdsdsdsdweoio998s",
oauth_signature_method="HMAC-SHA1",
oauth_timestamp="1474343201",
oauth_nonce="rerwerweJHKjhkdsjhkhj",
oauth_signature="bYT5CMsGcbgUdFHObYMEfcx6bsw%3D"
```

oauth_timestamp와 oauth_nonce 파라미터의 정의는 다음과 같다.

- **oauth_timestamp**: 1970년 1월 1일 00:00:00 GMT 이후로 센 초 수[number of seconds]로, 양의 정수다.
- **oauth_nonce**: 클라이언트가 요청에 추가한 랜덤하게 생성한 고윳값이다. nonce는 재생 공격을 피하려고 사용한다. 자원 서버는 이전에 본 nonce를 사용하는 모든 요청을 거부해야 한다.

oauth_signature 이해

'토큰 댄스' 절에서 다룬 세 단계 중 임시 인증 정보 요청 단계와 토큰 인증 정보 요청 단계의 두 단계에서 oauth_signature가 필요하다. 또한 보호된 자원이나 보안 API로의 모든 클라이언트 요청에는 oauth_signature가 필요하다. OAuth 사양은 PLAINTEXT, HMAC-SHA1, RSA-SHA1의 세 가지 종류의 서명 메서드를 정의한다. 앞서 설명한 것처럼 PLAINTEXT는 서명이 없음을 의미하고, HMAC-SHA1은 공유키가 서명에 이용됐음을 의미하고, RSA-SHA1은 RSA 개인키가 서명에 이용됐음을 의미한다. OAuth 사양은 어떤 서명 메서드도 강제하지 않는다. 자원 서버는 자체 요구사항에 따라 특정 서명 방법을 강제할 수 있다. 서명을 위한 기본 문자열을 어떻게 생성하는지가 각 서명 메서드의 과제다. 가장 간단한 사례인 PLAINTEXT부터 시작해보자(표 B-1 참고).

표 B-1. PLAINTEXT 서명 메서드를 사용한 서명 계산

단계	oauth_signature
임시 인증 정보 요청 단계	consumer_secret&
토큰 인증 정보 요청 단계	consumer_secret&oauth_token_secret

oauth_signature_method로 PLAINTEXT를 이용하면 oauth_signature는 &가 뒤에 붙는 인코딩된 클라이언트(소비자) 시크릿이 된다. 예를 들어 consumer_key와 대응하는 클라이언트 시크릿이 Ddedkljlj878dskjds면 oauth_signature 값은 Ddedkljlj878dskjds&가 된다. 이 경우 유선으로 전달되는 비밀키를 보호하려고 TLS를 이용해야 한다. PLAINTEXT를 이용하는 oauth_signature 계산은 임시 인증 정보 요청 단계에서만 유효하다. 토큰 인증 정보 요청 단계에서 oauth_signature는 인코딩된 클라이언트 시크릿 뒤에 공유 토큰 시크릿을 추가로 포함한다. 예를 들어 consumer_key와 대응하는 클라이언트 시크릿 값이 Ddedkljlj878dskjds고, 공유 토큰 시크릿 값이 ekhjkhkhrure면 oauth_signature 값은 Ddedkljlj878dskjds&ekhjkhkhrure이

된다. 이 경우 공유 토큰 시크릿은 임시 인증 정보 요청 단계에서 반환된 oauth_token_secret이다. HMAC-SHA1과 RSA-SHA1 서명 메서드의 경우 먼저 서명을 위한 기본 문자열을 생성해야 한다. 이에 대해서는 다음 절에서 다룬다.

임시 인증 정보 요청 단계에서 기본 문자열 생성

임시 인증 정보 요청 단계부터 시작하자. 다음은 이 단계에서 생성된 샘플 OAuth 요청이다.

```
POST /oauth/request-token HTTP/1.1
Host: server.com
Authorization: OAuth realm="simple",
oauth_consumer_key="dsdsddDdsdsds",
oauth_signature_method="HMAC-SHA1",
oauth_callback="http://client.net/client_cb",
oauth_signature="dsDSdsdsdsdddsdsdsd"
```

1단계: HTTP 요청 헤더(GET 또는 POST)의 대문자 값을 가져온다.

```
POST
```

2단계: 스키마와 HTTP 호스트 헤더의 값을 소문자로 가져온다. HTTP 기본 포트가 아닌 경우 해당 포트까지 포함돼야 한다.

```
http://server.com
```

3단계: 요청 자원 URI에서 경로와 쿼리 컴포넌트를 가져온다.

```
/oauth/request-token
```

4단계: oauth_signature를 제외한 &(줄 바꿈 없음)로 연결된 모든 OAuth 프로토콜 파라미터들을 가져온다.

```
oauth_consumer_key="dsdsddDdsdsds"&
oauth_signature_method="HMAC-SHA1"&
oauth_callback="http://client.net/client_cb"
```

5단계: 2단계와 3단계의 결괏값을 연결한다.

```
http://server.com/oauth/request-token
```

6단계: 5단계와 4단계의 결괏값을 &(줄 바꿈 없음)로 연결한다.

```
http://server.com/oauth/access-token&
oauth_consumer_key="dsdsddDdsdsds"&
oauth_signature_method="HMAC-SHA1"&
oauth_callback="http://client.net/client_cb"
```

7단계: 6단계의 결괏값을 URL 인코딩(줄 바꿈 없음)한다.

```
http%3A%2F%2Fserver.com%2FOAuth%2F
access-token&%26%20oauth_consumer_key%3D%22dsdsddDdsdsds%22%26
oauth_signature_method%3D%22HMAC-SHA1%22%26
oauth_callback%3D%22http%3A%2F%2Fclient.net%2Fclient_cb%22
```

8단계: 1단계와 7단계의 결괏값을 &(줄 바꿈 없음)로 연결한다. 그러면 oauth_signature를 계산하기 위한 최종 기본 문자열이 생성된다.

```
POST&http%3A%2F%2Fserver.com%2FOAuth%2F
access-token&%26%20oauth_consumer_key%3D%22dsdsddDdsdsds%22%26
oauth_signature_method%3D%22HMAC-SHA1%22%26
oauth_callback%3D%22http%3A%2F%2Fclient.net%2Fclient_cb%22
```

토큰 인증 정보 요청 단계에서 기본 문자열 생성

이제 토큰 인증 정보 요청 단계에서 기본 문자열을 계산하는 방법을 살펴보자. 다음은 이 단계에서 생성된 샘플 OAuth 요청이다.

```
POST /access_token HTTP/1.1
Host: server.com
Authorization: OAuth realm="simple",
oauth_consumer_key="dsdsddDdsdsds",
oauth_token="bhgdjgdds",
oauth_signature_method="HMAC-SHA1",
oauth_verifier="dsdsdsds",
oauth_signature="fdfsdfdfdfdfsfffdf"
```

1단계: HTTP 요청 헤더(GET 또는 POST)의 대문자 값을 가져온다.

```
POST
```

2단계: 스키마와 HTTP 호스트 헤더의 값을 소문자로 가져온다. HTTP 기본 포트가 아닌 경우 해당 포트까지 포함해야 한다.

```
http://server.com
```

3단계: 요청 자원 URI에서 경로와 쿼리 컴포넌트를 가져온다.

```
/oauth/access-token
```

4단계: oauth_signature를 제외한 &(줄 바꿈 없음)로 연결된 모든 OAuth 프로토콜 파라미터들을 가져온다.

```
oauth_consumer_key="dsdsddDdsdsds"&
oauth_token="bhgdjgdds"&
```

```
oauth_signature_method="HMAC-SHA1"&
oauth_verifier="dsdsdsds"
```

5단계: 2단계와 3단계의 결괏값을 연결한다.

```
http://server.com/oauth/access-token
```

6단계: 5단계와 4단계의 결괏값을 &(줄 바꿈 없음)로 연결한다.

```
http://server.com/oauth/request-token&
oauth_consumer_key="dsdsddDdsdsds"&
oauth_token="bhgdjgdds"&
oauth_signature_method="HMAC-SHA1"&
oauth_verifier="dsdsdsds"
```

7단계: 6단계의 결괏값을 URL 인코딩(줄 바꿈 없음)한다.

```
http%3A%2F%2Fserver.com%2FOAuth%2F
request-token%26oauth_consumer_key%3D%22dsdsddDdsdsds%22%26
oauth_token%3D%22%20bhgdjgdds%22%26
oauth_signature_method%3D%22HMAC-SHA1%22%26
oauth_verifier%3D%22%20dsdsdsds%22%20
```

8단계: 1단계와 7단계의 결괏값을 &(줄 바꿈 없음)로 연결한다. 그러면 oauth_signature를 계산하기 위한 최종 기본 문자열이 생성된다.

```
POST&http%3A%2F%2Fserver.com%2FOAuth%2F
request-token%26oauth_consumer_key%3D%22dsdsddDdsdsds%22%26
oauth_token%3D%22%20bhgdjgdds%22%26
oauth_signature_method%3D%22HMAC-SHA1%22%26
oauth_verifier%3D%22%20dsdsdsds%22%20
```

서명 생성

각 단계에서 기본 문자열을 계산했다면 다음 단계는 서명 메서드에 따라 서명을 생성하는 것이다. 임시 인증 정보 요청 단계에서 HMAC-SHA1을 서명 메서드로 이용하는 경우 서명은 다음과 같은 방식으로 유도된다.

```
oauth_signature= HMAC-SHA1(key, text)
oauth_signature= HMAC-SHA1(consumer_secret&, base-string)
```

토큰 인증 정보 요청 단계에서 키는 클라이언트 시크릿 뒤에 공유 토큰 시크릿을 추가로 포함한다. 예를 들어 consumer_key와 대응하는 클라이언트 시크릿 값이 Ddedkljlj878dskjds고, 공유 토큰 시크릿 값이 ekhjkhkhrure면 키 값은 Ddedkljlj878dskjds&ekhjkhkhrure가 된다. 이 경우 공유 토큰 시크릿은 임시 인증 정보 요청 단계에서 반환된 oauth_token_secret이다.

```
oauth_signature= HMAC-SHA1(consumer_secret&oauth_token_secret, base-string)
```

두 단계에서 모두 RSA-SHA1을 oauth_signature_method로 이용하는 경우 OAuth 클라이언트는 자원 서버에 자신의 클라이언트 키에 해당하는 RSA 공개키를 등록해야 한다. RSA-SHA1의 경우 단계에 관계없이 다음과 같은 방식으로 서명을 계산하면 된다.

```
oauth_signature= RSA-SHA1(RSA private key, base-string)
```

API 호출에서 기본 문자열 생성

토큰 댄스 이외에도 각 비즈니스 API 호출에서 역시 oauth_signature를 생성해야 한다. 다음과 같은 샘플 요청에서 OAuth 클라이언트는 쿼리 파라미터를 이용해 학생 API를 호출한다. 이 경우 기본 문자열을 계산하는 방법을 살펴보자.

```
POST /student?name=pavithra HTTP/1.1
Host: server.com
Content-Type: application/x-www-form-urlencoded
Authorization: OAuth realm="simple",
oauth_consumer_key="dsdsddDdsdsds ",
oauth_token="dsdsdsdsdweoio998s",
oauth_signature_method="HMAC-SHA1",
oauth_timestamp="1474343201",
oauth_nonce="rerwerweJHKjhkdsjhkhj",
oauth_signature="bYT5CMsGcbgUdFHObYMEfcx6bsw%3D"
```

1단계: HTTP 요청 헤더(GET 또는 POST)의 대문자 값을 가져온다.

```
POST
```

2단계: 스키마와 HTTP 호스트 헤더의 값을 소문자로 가져온다. HTTP 기본 포트가 아닌 경우 해당 포트까지 포함돼야 한다.

```
http:// server.com
```

3단계: 요청 자원 URI에서 경로와 쿼리 컴포넌트를 가져온다.

```
/student?name=pavithra
```

4단계: oauth_signature를 제외한 &(줄 바꿈 없음)로 연결된 모든 OAuth 프로토콜 파라미터들을 가져온다.

```
oauth_consumer_key="dsdsddDdsdsds"&
oauth_token="dsdsdsdsdweoio998s"&
oauth_signature_method="HMAC-SHA1"&
oauth_timestamp="1474343201"&
oauth_nonce="rerwerweJHKjhkdsjhkhj"
```

5단계: 2단계와 3단계의 결괏값을 연결한다.

```
http://server.com/student?name=pavithra
```

6단계: 5단계와 4단계의 결괏값을 &(줄 바꿈 없음)로 연결한다.

```
http://server.com/student?name=pavithra&
oauth_consumer_key="dsdsddDdsdsds"&
oauth_token="dsdsdsdsdweoio998s"&
oauth_signature_method="HMAC-SHA1"&
oauth_timestamp="1474343201"&
oauth_nonce="rerwerweJHKjhkdsjhkhj"
```

7단계: 6단계의 결괏값을 URL 인코딩(줄 바꿈 없음)한다.

```
http%3A%2F%2Fserver.com%2Fstudent%3Fname%3Dpavithra%26
oauth_consumer_key%3D%22dsdsddDdsdsds%20%22%26
oauth_token%3D%22dsdsdsdsdweoio998s%22%26
oauth_signature_method%3D%22HMAC-SHA1%22%26
oauth_timestamp%3D%221474343201%22%26
oauth_nonce%3D%22rerwerweJHKjhkdsjhkhj%22
```

8단계: 1단계와 7단계의 결괏값을 &(줄 바꿈 없음)로 연결한다. 그러면 oauth_signature를 계산하기 위한 최종 기본 문자열이 생성된다.

```
POST& http%3A%2F%2Fserver.com%2Fstudent%3Fname%3Dpavithra%26
oauth_consumer_key%3D%22dsdsddDdsdsds%20%22%26
oauth_token%3D%22dsdsdsdsdweoio998s%22%26
oauth_signature_method%3D%22HMAC-SHA1%22%26
oauth_timestamp%3D%221474343201%22%26
oauth_nonce%3D%22rerwerweJHKjhkdsjhkhj%22
```

기본 문자열을 갖고 있다면 다음과 같은 방식으로 HMAC-SHA1과 RSA-SHA1 서명 메서드를 갖는 OAuth 서명이 계산된다. oauth_token_secret 값은 토큰 인증 정보 요청 단계에서 유도된다.

```
oauth_signature= HMAC-SHA1(consumer_secret&oauth_token_secret, base-string)
oauth_signature= RSA-SHA1(RSA private key, base-string)
```

삼각 OAuth와 이각 OAuth

지금까지 다룬 OAuth 흐름은 자원 소유자, 클라이언트, 자원 서버의 세 당사자를
포함한다. 클라이언트는 자원 소유자를 대신해 자원 서버가 호스팅하는 자원에
접근한다. 이러한 접근은 OAuth에서 가장 일반적인 패턴이며, 세 당사자가 포함
된 삼각[3-legged] OAuth라고도 한다. 이각[2-legged] OAuth는 두 당사자만을 갖고 있다.
클라이언트가 자원 소유자가 된다. 이각 OAuth에는 접근 위임이 없다.

참고

이각 OAuth는 IETF에 도달하지 못했다. 초기 드래프트 사양은 http://OAuth.googlecode.
com/svn/spec/ext/consumer_request/1.0/drafts/2/spec.html/에서 확인할 수 있다.

앞서 다룬 학생 API가 이각 OAuth로 보호되는 경우 클라이언트의 요청은 다음
과 같이 보인다. oauth_token 값은 빈 문자열이 된다. 이각 OAuth에는 토큰 댄스
가 없다. oauth_consumer_key와 consumer_secret만 필요하다. HMAC-SHA1 서명은
consumer_secret을 키로 이용해 생성된다.

```
POST /student?name=pavithra HTTP/1.1
Host: server.com
Content-Type: application/x-www-form-urlencoded
Authorization: OAuth realm="simple",
oauth_consumer_key="dsdsddDdsdsds ",
oauth_token="",
```

```
oauth_signature_method="HMAC-SHA1",

oauth_timestamp="1474343201",

oauth_nonce="rerwerweJHKjhkdsjhkhj",

oauth_signature="bYT5CMsGcbgUdFHObYMEfcx6bsw%3D"
```

참고

HTTP 기본 인증과 이각 OAuth 모두 자원 소유자는 클라이언트 역할을 하며 API를 직접 호출한다. HTTP 기본 인증을 이용하면 여러분은 유선으로 인증 정보를 전달하게 된다. 때문에 HTTP 기본 인증은 TLS를 거쳐야 한다. 이각 OAuth를 이용하면 유선으로 consumer_secret을 전달하지 않으므로 TLS를 이용할 필요가 없다.

HTTP 다이제스트 인증은 이각 OAuth와 매우 유사하게 보인다. 두 경우 모두 유선으로 인증 정보를 전달하지 않는다. 다만 HTTP 다이제스트 인증은 사용자를 인증하는 반면에 이각 OAuth는 자원 소유자를 대신해 애플리케이션을 인증한다는 것이 다르다. 주어진 자원 소유자는 여러 애플리케이션을 가질 수 있으며, 각 애플리케이션은 자체 소유의 클라이언트 키와 클라이언트 시크릿을 가질 수 있다.

OAuth WRAP

2009년 11월 OAuth 1.0 모델을 기반으로 구축된 WRAP^{Web Resource Authorization Profiles}이라는 접근 위임을 위한 새로운 드래프트 사양이 제안됐다. 이후 WRAP는 OAuth 2.0에 지지하며 폐지됐다.

참고

IETF에 제출된 WRAP 프로필의 초기 초안은 http://tools.ietf.org/html/draft-hardt-OAuth-01/에서 확인할 수 있다.

OAuth 1.0과 달리 WRAP는 서명 체계에 의존하지 않았다. 높은 수준에서의 사용자 경험은 OAuth 1.0과 동일했지만 WRAP는 접근 위임 흐름에 인가 서버라는 새로운 구성 요소를 도입했다. OAuth 1.0에서와 달리 토큰을 얻는 것과 관련된 모든 통신은 이제 클라이언트와 자원 서버가 아닌 인가 서버 사이에 발생한다. 클라이언트는 먼저 자신의 클라이언트 키와 콜백^{callback} URL을 이용해 사용자를 인가 서버로 리다이렉션한다. 이후 사용자가 클라이언트의 접근을 승인하면 사용자는 검증 코드와 함께 콜백 URL로 다시 리다이렉션된다. 그런 다음 클라이언트는 액세스 토큰을 얻고자 검증 코드를 이용해 인가 서버의 액세스 토큰 종단점을 직접 호출해야 한다. 이후 클라이언트는 모든 API 호출에 대해 액세스 토큰만 포함하면 된다(모든 API 호출은 TLS를 거쳐야 함).

```
https://friendfeed-api.com/v2/feed/home?wrap_access_token=dsdsdrwerwr
```

참고

2009년 11월, 페이스북(Facebook)은 마이크로소프트(Microsoft), 구글(Google), 야후!(Yahoo), 기타 여러 업체와 함께 웹 인증을 위한 개방형 표준을 지원하기로 약속하며, Open Web 재단에 가입했다. 이러한 약속을 지키면서 2009년 12월, 페이스북은 몇 달 전에 인수한 프렌드피드 (FriendFeed)에 OAuth WRAP 지원을 추가했다.

OAuth WRAP는 OAuth 2.0을 향한 초기 단계 중 하나였으며, 액세스 토큰을 획득하기 위한 자율 클라이언트 프로필과 사용자 권한 위임 프로필의 두 가지 유형의 프로필을 도입했다. 자율 클라이언트 프로필에서 클라이언트는 자원 소유자가 되거나 자원 소유자를 대신해 동작한다. 즉, 자원 소유자는 자원에 접근하는 객체며, 이는 OAuth 1.0에서의 이각 OAuth 모델과 동일하다. 사용자 권한 위임 프로필에서 클라이언트는 자원 소유자를 대신해 동작한다. OAuth 1.0에는 이 프로필 개념이 없었으며, 단일 흐름으로 제한됐다. OAuth WRAP가 도입한 이 확장성은 이후 OAuth 2.0의 핵심 부분이 됐다.

클라이언트 계정과 패스워드 프로필

OAuth WRAP 사양은 클라이언트 계정과 패스워드 프로필 및 증명 프로필의 두 가지 자율 클라이언트 프로필을 도입했다. 클라이언트 계정과 패스워드 프로필은 액세스 토큰을 얻으려고 인가 서버에서 클라이언트나 자원 소유자의 인증 정보를 이용한다. 이 패턴은 최종 사용자가 관여하지 않는 서버 간 인증에 주로 이용된다. 다음 cURL 명령은 인가 서버의 WRAP 토큰 종단점에 세 가지 속성을 갖는 HTTP POST 요청을 만든다. wrap_name은 사용자 이름이고, wrap_password는 사용자 이름에 대응하는 패스워드다. wrap_scope는 클라이언트에 필요한 기대 접근 권한의 수준으로 선택 파라미터다.

```
\> curl -v -k -X POST
    -H "Content-Type: application/x-www-form-urlencoded;charset=UTF-8"
    -d "wrap_name=admin&
        wrap_password=admin&
        wrap_scope=read_profile"
        https://authorization-server/wrap/token
```

이 요청은 wrap_access_token, wrap_refresh_token, wrap_access_token_expires_in 파라미터를 반환한다. wrap_access_token_expires_in은 wrap_access_token의 수명을 초 단위로 나타내는 선택 파라미터다. wrap_access_token이 만료되면 wrap_refresh_token을 이용해 새로운 액세스 토큰을 얻을 수 있다. OAuth WRAP는 처음으로 이 토큰 새로 고침 기능을 도입했다. 다음에 보이듯이 액세스 토큰 새로 고침 요청에는 파라미터로 wrap_refresh_token만 필요하며, 이 요청은 새로운 wrap_access_token을 반환한다. 새로운 wrap_refresh_token을 반환하지는 않는다. 첫 번째 액세스 토큰 요청에서 획득한 동일 wrap_refresh_token이 후속 액세스 토큰을 이용할 수 있도록 새롭게 고치는 데 사용할 수 있다.

```
\> curl -v -k -X POST
```

```
    -H "Content-Type: application/x-www-form-urlencoded;charset=UTF-8"
    -d "wrap_refresh_token=Xkjk78iuiuh876jhhkwkjhewew"
        https://authorization-server/wrap/token
```

증명 프로필

증명 프로필은 OAuth WRAP이 도입한 또 다른 프로필로 자율 클라이언트 프로필에 포함된다. 증명 프로필을 클라이언트가 어떻게 해서든지 증명(예를 들면 SAML 토큰)을 획득하고, 획득한 증명 정보를 이용해 wrap_access_token을 획득한다고 가정한다. 다음의 샘플 cURL 명령은 인가 서버의 WRAP 토큰 종단점에 세 가지 속성을 갖는 HTTP POST 요청을 만든다. wrap_assertion_format은 인가 서버에 알려진 방식으로 해당 요청에 포함된 증명 유형이고, wrap_assertion은 인코딩된 증명 내용이다. wrap_scope는 클라이언트에 필요한 기대 접근 권한의 수준으로 선택 파라미터다.

```
\> curl -v -k -X POST
    -H "Content-Type: application/x-www-form-urlencoded;charset=UTF-8"
    -d "wrap_assertion_format=saml20&
        wrap_assertion=encoded-assertion&
        wrap_scope=read_profile"
        https://authorization-server/wrap/token
```

증명 프로필에 wrap_refresh_token이 없다는 점을 제외하면 클라이언트 계정과 패스워드 프로필과 같이 응답은 동일하다.

사용자 이름과 패스워드 프로필

WRAP 사용자 권한 위임 프로필은 사용자 이름과 패스워드 프로필, 웹 앱 프로필, 리치 앱 프로필의 세 가지 프로필을 도입했다. 사용자 이름과 패스워드 프로필은 주로 이미 설치된 신뢰할 수 있는 애플리케이션에 권장된다. 애플리케이션은 클라이언트며, 최종 사용자나 자원 소유자는 애플리케이션에 사용자 이름과 패스워드를 제공해야 한다. 이후 애플리케이션은 사용자 이름과 패스워드를 액세스 토큰으로 교환하고, 애플리케이션에 액세스 토큰을 저장한다.

다음의 cURL 명령은 인가 서버의 WRAP 토큰 종단점에 네 가지 속성을 갖는 HTTP POST 요청을 만든다. wrap_client_id는 애플리케이션을 위한 식별자고, wrap_username은 최종 사용자의 사용자 이름이다. wrap_password는 사용자 이름에 대응하는 패스워드다. wrap_scope는 클라이언트에 필요한 기대 접근 권한의 수준으로 선택 파라미터다.

```
\> curl -v -k -X POST
    -H "Content-Type: application/x-www-form-urlencoded;charset=UTF-8"
    -d "wrap_client_id=app1&
        wrap_username=admin&
        wrap_password=admin&
        wrap_scope=read_profile"
        https://authorization-server/wrap/token
```

이 요청은 wrap_access_token과 wrap_access_token_expires_in 파라미터를 반환한다. wrap_access_token_expires_in은 wrap_access_token의 수명을 초 단위로 나타내는 선택 파라미터다. 인가 서버가 어떤 악의적인 접근 패턴을 감지한 경우 서버는 wrap_access_token을 클라이언트 애플리케이션에 보내는 대신 wrap_verification_url을 반환한다. 이 URL을 사용자 브라우저에 불러들이거나 방문하도록 안내하는 것은 클라이언트 애플리케이션의 책임이며, 사용자는 해당 단계를 완료하면 검증이 완료됐음을 클라이언트 애플리케이션에 나타내야 한다. 그러면 클라이언트 애플리케이션은 토큰 요청을 다시 시작할 수 있다. 검증 URL을 보내는 대신 인가 서버는 클라이언트 애플리케이션을 통해 캡차CAPTCHA 검증을 시행할 수도 있다. 여기서 인가 서버는 클라이언트 애플리케이션이 해당 캡차를 불러들일 수 있는 주소를 나타내는 wrap_captcha_url을 다시 보낸다. 주소가 사용자 브라우저에 불러들여지고 최종 사용자로부터 응답을 받으면 클라이언트 애플리케이션은 토큰 요청과 함께 이를 인가 서버에 다시 알려야 한다.

```
\> curl -v -k -X POST
    -H "Content-Type: application/x-www-form-urlencoded;charset=UTF-8"
    -d "wrap_captcha_url=url-encoded-captcha-url&
        wrap_captch_solution-solution&
        wrap_client_id=app1&
        wrap_username=admin&
        wrap_password=admin&
        wrap_scope=read_profile"
        https://authorization-server/wrap/token
```

웹 앱 프로필

WRAP 사용자 권한 위임 프로필에 정의된 웹 앱 프로필은 웹 애플리케이션이 최종 사용자를 대신해 사용자에게 속한 자원에 접근해야 하는 경우 주로 권장된다. 웹 애플리케이션은 액세스 토큰을 얻으려고 2단계 프로세스를 따른다. 인가 서버에 서 검증 코드를 가져온 다음 이를 액세스 토큰으로 교환한다. 최종 사용자는 클라 이언트 웹 애플리케이션을 방문함으로써 첫 번째 단계를 시작해야 한다. 그런 다음 사용자는 인가 서버로 리다이렉션된다. 다음의 예는 적절한 WRAP 파라미터를 이용해 사용자가 인가 서버로 리다이렉션되는 방법을 보여준다.

```
https://authorization-server/wrap/authorize?
        wrap_client_id=0rhQErXIX49svVYoXJGt0DWBuFca&
        wrap_callback=https%3A%2F%2Fmycallback&
        wrap_client_state=client-state&
        wrap_scope=read_profile
```

wrap_client_id는 클라이언트 웹 애플리케이션을 위한 식별자고, wrap_callback 은 인가 서버에서 성공적으로 인증이 완료된 이후 사용자가 리다이렉션되는 URL 이다. wrap_client_state와 wrap_scope는 모두 선택 파라미터로 wrap_client_ state의 모든 값은 클라이언트 웹 애플리케이션으로 다시 반환돼야 한다. 최종 사용자의 승인 이후 wrap_verification_code와 기타 관련 파라미터들은 쿼리 파라미터로 클라이언트 웹 애플리케이션과 연결된 콜백 URL로 반환된다.

다음 단계는 이 검증 코드를 액세스 토큰으로 교환하는 것이다.

```
\> curl -v -k -X POST
    -H "Content-Type: application/x-www-form-urlencoded;charset=UTF-8"
    -d "wrap_client_id=0rhQErXIX49svVYoXJGt0DWBuFca &
        wrap_client_secret=weqeKJHjhkhkihjk&
        wrap_verification_code=dsadkjljljrrer&
        wrap_callback=https://mycallback"
        https://authorization-server/wrap/token
```

위 cURL 명령은 인가 서버의 WRAP 토큰 종단점에 네 가지 속성을 갖는 HTTP POST 요청을 만든다. wrap_client_id는 애플리케이션을 위한 식별자고, wrap_client_secret은 wrap_client_id에 대응하는 패스워드다. wrap_verification_code는 이전 단계에서 반환된 검증 코드고, wrap_callback은 검증 코드가 보내진 콜백 URL이다. 이 요청은 wrap_access_token, wrap_refresh_token, wrap_access_token_expires_in 파라미터를 반환한다. wrap_access_token_expires_in은 wrap_access_token의 수명을 초 단위로 나타내는 선택 파라미터다. wrap_access_token이 만료되면 wrap_refresh_token을 이용해 새로운 액세스 토큰을 얻을 수 있다.

리치 앱 프로필

WRAP 사용자 권한 위임 프로필에 정의된 리치 앱 프로필은 브라우저에서도 동작할 수 있는 OAuth 클라이언트 애플리케이션이 이미 설치된 시나리오에서 거의 일반적으로 이용된다. 하이브리드 모바일 앱은 가장 좋은 예다. 프로토콜 흐름은 웹앱 프로필의 흐름과 매우 유사하다. 리치 클라이언트 애플리케이션은 액세스 토큰을 얻으려고 2단계 프로세스를 따른다. 인가 서버에서 검증 코드를 가져온 다음

이를 액세스 토큰으로 교환한다. 최종 사용자는 리치 클라이언트 애플리케이션을 방문함으로써 첫 번째 단계를 시작해야 한다. 그런 다음 애플리케이션은 브라우저를 생성하고 사용자를 인가 서버로 리다이렉션한다.

```
https://authorization-server/wrap/authorize?
        wrap_client_id=0rhQErXIX49svVYoXJGt0DWBuFca&
        wrap_callback=https%3A%2F%2Fmycallback&
        wrap_client_state=client-state&
        wrap_scope=read_profile
```

wrap_client_id는 리치 클라이언트 애플리케이션을 위한 식별자고, wrap_callback은 인가 서버에서 성공적으로 인증이 완료된 이후 사용자가 리다이렉션 되는 URL이다. wrap_client_state와 wrap_scope는 모두 선택 파라미터로 wrap_client_state의 모든 값은 콜백 URL로 다시 반환된다. 최종 사용자의 승인 이후 wrap_verification_code가 리치 클라이언트 애플리케이션으로 반환된다.

다음 단계는 이 검증 코드를 액세스 토큰으로 교환하는 것이다.

```
\> curl -v -k -X POST
    -H "Content-Type: application/x-www-form-urlencoded;charset=UTF-8"
    -d "wrap_client_id=0rhQErXIX49svVYoXJGt0DWBuFca&
        wrap_verification_code=dsadkjljljrrer&
        wrap_callback=https://mycallback"
        https://authorization-server/wrap/token
```

위 cURL 명령은 인가 서버의 WRAP 토큰 종단점에 세 가지 속성을 갖는 HTTP POST 요청을 만든다. wrap_client_id는 애플리케이션을 위한 식별자고, wrap_verification_code는 이전 단계에서 반환된 검증 코드다. wrap_callback은 검증 코드가 보내진 콜백 URL이다. 이 요청은 wrap_access_token, wrap_refresh_token, wrap_access_token_expires_in 파라미터를 반환한다. wrap_access_token_expires_in은 wrap_access_token의 수명을 초 단위로 나타내는 선택 파라미터다. wrap_ access_token이 만료되면 wrap_refresh_token을 이용해 새로운 액세스 토큰을 얻을 수 있다. 웹 앱 프로필에서와 달리 리치 앱 프로필은 액세스 토큰 요청에서 wrap_client_secret을 보낼 필요가 없다.

WRAP로 보호된 API 접근

이전에 설명한 모든 프로필은 액세스 토큰을 얻는 방법을 설명한다. 액세스 토큰을 갖고 있으면 나머지 흐름은 WRAP 프로필과 독립적이다. 다음의 cURL 명령은 WRAP로 보호된 자원이나 API에 접근하는 방법을 보여주며, 이는 반드시 TLS 위에서 일어나야 한다.

```
\> curl -H "Authorization: WRAP
        access_token=cac93e1d29e45bf6d84073dbfb460"
        https://localhost:8080/recipe
```

OAuth 2.0에 WRAP

OAuth WRAP는 OAuth 1.0에서 발견된 확장성 관련 많은 제약 사항과 단점을 분류할 수 있었다. OAuth 1.0은 플리커^Flickr 인증, 구글 AuthSub, 야후! BBAuth에 뿌리를 두고 있는 인증 위임을 위한 구체적인 프로토콜이다. OAuth 1.0과 WRAP 사이에 또 다른 주요 차이점은 서명에 대한 종속성이다. OAuth WRAP는 서명의 필요성을 없애고 모든 유형의 통신에 TLS를 이용하도록 강제했다.

OAuth 2.0은 OAuth WRAP에서 크게 발전해 OAuth WRAP에서 도입된 확장 기능을 더욱 개선했다. OAuth 2.0은 권한 부여 유형과 토큰 유형이라는 두 가지 주요 확장 사항을 도입했다.

TLS의 동작 방식

미국의 국가안보국^{NSA, National Security Agency}이 수행한 특정 비밀 작전들을 직원이었던 에드워드 스노든^{Edward Snowden}이 폭로한 후 대부분의 정부, 기업, 개인은 보안에 대해 더 많이 생각하기 시작했다. 에드워드 스노든은 어떤 사람에게는 배신자고, 다른 사람에게는 내부 고발자다. <워싱턴 포스트^{Washington Post}> 신문은 2013년 10월 30일, 에드워드 스노든이 공개한 문서의 세부 사항을 게시했다. 이는 실리콘 밸리의 두 기술 대기업인 구글과 야후!에게는 충격적인 소식이었다. 이 기밀 문서에는 NSA가 수억 명의 사용자에 대한 대규모 감시를 수행하려고 구글과 야후!의 데이터 센터 간 통신 링크를 가로챈 방법이 나와 있다. 또한 이 문서에 따르면 NSA는 야후!와 구글의 내부 네트워크에서 매일 수백만 개의 레코드를 메릴랜드주 포트 미드에 있는 에이전시 본사의 데이터 웨어하우스로 보낸다. 그 후 현장 수집가는 이러한 데이터 레코드를 처리해 누가 누구와 이메일이나 텍스트, 오디오, 비디오와 같은 콘텐츠를 주고받았는지 메타데이터를 추출한다.[1]

---

1. 스노든의 문서에 따르면 NSA는 전 세계 야후!, 구글 데이터 센터 링크에 침투한다고 한다. www.washingtonpost.com/world/national-security/nsa-infiltrates-links-to-yahoo-google-data-centers-worldwide-snowden-documents-say/2013/10/30/e51d661e-4166-11e3-8b74-d89d714ca4dd_story.html

이것이 어떻게 가능할까? 침입자(이 경우는 정부)가 두 데이터 센터 간의 통신 채널을 가로채서 데이터에 접근하려는 이유는 무엇일까? 구글은 사용자 브라우저와 구글 프론트엔드 서버 간, 데이터 센터 간에 보안 채널을 사용했지만 통신은 일반 텍스트로 이뤄졌었다. 이 사건을 계기로 구글은 암호화를 사용해 데이터 센터 간의 모든 통신 링크를 보호하기 시작했다. 전송 계층 보안^{TLS, Transport Layer Security}은 통신 링크를 통해 전송되는 데이터를 보호하는 데 중요한 역할을 한다. 실제로 구글은 TLS의 가치를 깨달은 최초의 기술 대기업이다. 구글은 모든 Gmail 통신을 보호하려고 2010년 1월에 TLS를 Gmail의 기본 설정으로 지정했으며, 4개월 후 https://encrypted.google.com에 암호화된 검색 서비스를 도입했다. 2011년 10월, 구글은 암호화된 검색을 더욱 강화하고 google.com을 HTTPS에서 사용할 수 있게 했으며, 모든 구글 검색 쿼리와 결과 페이지는 HTTPS를 통해 제공됐다. HTTPS는 사실 TLS 기반 HTTP다.

TLS를 사용하면 클라이언트와 서버 간에 보호된 통신 채널을 설정해주는 것 외에도 두 당사자가 서로를 식별할 수 있게 해준다. 일상생활에서 인터넷을 할 때 누구나 알고 사용하는 가장 널리 사용되는 TLS 형식에서는 서버만 클라이언트를 인증하고, 이를 단방향 TLS라고 한다. 즉, 클라이언트는 통신하는 서버를 정확히 식별할 수 있다. 서버의 인증서와 사용자가 브라우저에서 조회하는 서버 URL을 관찰하고 일치 여부를 확인한다. 부록 C에서는 이것이 정확히 어떻게 수행되는지 자세히 다룰 것이다. 단방향 TLS와 달리 상호 인증은 클라이언트와 서버가 양쪽 모두를 식별한다. 클라이언트는 통신하는 서버를 정확히 알고 있고, 서버는 클라이언트가 누구인지 알고 있다.

TLS의 변화

TLS는 보안 소켓 계층^{SSL, Secure Sockets Layer}에 뿌리를 두고 있다. 넷스케이프 커뮤니케이션즈^{Netscape Communications}(당시 모자이크 커뮤니케이션즈^{Mosaic Communications})는 1994년

에 SSL을 도입해 넷스케이프 브라우저와 연결되는 웹 서버 사이에 보안 채널을 구축했다. 이는 닷컴 버블 직전 중요하게 요구됐다.[2] SSL 1.0 사양은 사용된 약한 암호화 알고리즘에 대해 많은 비판을 받았기 때문에 대중에게 공개되지 않았다. 1995년 2월, 넷스케이프는 많은 것을 개선시켜 SSL 2.0 사양을 발표했다.[3] 대부분의 디자인은 킵 힉맨Kipp Hickman이 수행했으며, 공개 커뮤니티의 참여는 훨씬 적었다. SSL 2.0은 취약점이 있었지만 강력한 프로토콜로 대중의 신뢰와 존경을 받았다. SSL 2.0은 넷스케이프 네비게이터Netscape Navigator 1.1에서 최초로 배포됐다. 1995년 말, 랜 골드버그Ian Goldberg와 데이빗 와그너David Wagner는 SSL 2.0에서 난수 생성 로직의 취약점을 발견했다.[4] 미국 수출 규정으로 인해 넷스케이프는 40비트 길이 키를 사용해 암호화 체계를 약하게 만들어야 했다. 이것으로 가능한 모든 키 조합은 1조 개로 제한됐고, 연구자들이 많은 여분의 CPU 사이클로 30시간 동안 시도한 끝에 암호화된 데이터를 복구할 수 있었다.

SSL 2.0은 완전히 넷스케이프의 통제하에 있었고 외부의 입력이 거의 없는 최소한의 입력으로 개발됐다. 그러다 보니 마이크로소프트를 포함한 많은 다른 공급업체가 자체적으로 보안을 구현하게 됐다. 그 결과로 마이크로소프트는 1995년에 비공개 대화 기술PCT, Private Communication Technology이라는 자체 SSL을 개발했다.[5] PCT는 SSL 2.0에서 발견된 많은 보안 취약점을 수정하고 연결하는 데 필요한 왕복 횟수를 줄여 SSL 핸드셰이크를 단순화했다. SSL 2.0과 PCT의 차이점 중에서 PCT에 도입된 비암호화 작동 모드가 상당히 두드러졌다. 비암호화 작동 모드를 사용하면

---

2. 닷컴 버블은 인터넷 기반 기업에 대한 투자로 인해 주식 시장의 급격한 상승을 의미한다. 1990년대 후반의 닷컴 버블 기간 동안 주식 시장의 가치는 기하급수적으로 증가했으며, 기술 지배적인 나스닥 지수는 1995년과 2000년 사이에 1,000 미만에서 5,000으로 상승했다.

3. 'The New School of Information Security'의 저명한 저자인 아담 쇼스택(Adam Shostack)은 www.homeport.org/~adam/ssl.html에서 SSL 2.0에 대한 개요를 제공한다.

4. 랜 골드버그와 데이빗 와그너, "Randomness and the Netscape Browser: How Secure Is the World Wide Web?" www.cs.berkeley.edu/~daw/papers/ddj-netscape.html, January 1996.

5. 마이크로소프트는 1995년 10월에 IETF에 PCT(https://tools.ietf.org/html/draft-benaloh-pct-00)를 제안했다. 이것은 후에 SSL 3.0과 TLS로 대체됐다.

PCT는 데이터 암호화 없이 인증만 제공한다. 앞에서 다룬 것처럼 미국 수출 규정으로 인해 SSL 2.0은 암호화에 취약한 암호화 키를 사용해야 했다. 미국 수출 규정에서 인증은 약한 암호화 키를 사용하도록 요구하지 않았지만 SSL 2.0은 암호화와 인증에 동일하게 약한 암호화 키를 사용했다. PCT는 인증을 위한 별도의 강력한 키를 도입해 SSL 2.0의 한계를 극복했다.

넷스케이프는 1996년에 폴 코허[Paul Kocher]를 핵심 설계자로 SSL 3.0을 출시했다. 이는 SSL 2.0의 수정본인 SSL 2.1을 도입하려는 시도 이후였다. 그러나 SSL 2.1은 초안 단계를 통과하지 못했고 넷스케이프는 모든 것을 다시 처음부터 디자인할 때라고 결정했다. 실제로 넷스케이프는 처음부터 SSL 3.0을 만들려고 폴 코허를 고용해 필 칼튼[Phil Karlton], 앨런 프라이어[Allan Freier]와 협력했다. SSL 3.0은 새로운 사양 언어와 새로운 레코드 유형, 새로운 데이터 인코딩 기술을 도입해 SSL 2.0과 호환되지 않게 했다. MD5 해싱으로 인한 이전 버전의 문제를 수정했다. 새 버전은 MD5와 SHA-1 알고리즘의 조합을 사용해 하이브리드 해시를 만들었다. SSL 3.0은 모든 버전 중에 가장 안정적이었다. 마이크로소프트 PCT에서 발견된 일부 문제도 SSL 3.0에서 수정됐으며, PCT에 없는 새로운 기능 세트도 추가됐다. 1996년에 마이크로소프트는 새로운 표준을 만들려고 SSL 3.0과 자체 SSL인 PCT 2.0을 병합해 보안 전송 계층 프로토콜[STLP, Secure Transport Layer Protocol]이라는 새로운 제안을 내놓았다.[6]

여러 공급업체가 동일한 문제를 서로 다른 방식으로 해결했기 때문에 1996년 IETF는 공급업체마다 해결한 모든 방법을 표준화하려고 전송 계층 보안 워킹그룹을 만들었다. 넷스케이프와 마이크로소프트를 포함한 주요 공급업체는 TLS의 미래를 결정하려고 브루스 슈나이어[Bruce Schneier]의 주재로 일련의 IETF 회의에서 만남을 가졌고, 그 결과 TLS 1.0(RFC 2246)이 탄생했으며 1999년 1월 IETF에 의해 출시됐다. TLS 1.0과 SSL 3.0의 차이는 인상적이지는 않지만 TLS 1.0과 SSL 3.0이 상호

---

6. 보안 전송 계층 프로토콜(STLP)에 대한 마이크로소프트 Strawman 초안, http://cseweb.ucsd.edu/~bsy/stlp.ps

운용되지 않을 만큼 충분히 크다. TLS 1.0은 매우 안정적이었으며 2006년까지 7년 동안 대체할 것이 없었다. 2006년 4월, RFC 4346은 TLS 1.0에서 주요 변화가 거의 없는 TLS 1.1을 도입했다. 2년 후 RFC 5246은 TLS 1.2를 도입했으며 TLS 1.2 이후 거의 10년이 지난 2018년 8월, RFC 8446은 TLS 1.3을 도입했다.

전송 제어 프로토콜

전송 제어 프로토콜[TCP, Transmission Control Protocol] 작동 방식을 이해하면 TLS 작동 방식을 이해할 수 있는 좋은 배경 지식을 얻을 수 있다. TCP는 신뢰할 수 없는 채널에서 신뢰할 수 있는 네트워크처럼 동작하는 추상화 계층이다. IP(인터넷 프로토콜)는 호스트 간의 라우팅과 주소 지정을 가능하게 한다. TCP/IP는 빈트 서프[Vint Cerf]와 밥 코흔[Bob Kahn]이 처음 제안한 인터넷 프로토콜 스위트[Internet Protocol Suite]로도 알려져 있다.[7] 최초의 제안은 1974년 12월에 IETF 네트워크 워킹그룹에서 RFC 675가 됐다. 일련의 개선을 거친 후에 이 사양의 4번째 버전에서 RFC 791과 RFC 793으로 게시됐다. 전자는 인터넷 프로토콜[IP]에 대해, 후자는 전송 제어 프로토콜[TCP]에 대해 설명한다.

TCP/IP 프로토콜 제품군은 그림 C-1에서 보이는 바와 같이 네트워크 통신을 위한 4계층 모델을 제공한다. 계층마다 각자의 책임이 있으며 잘 정의된 인터페이스를 이용해 서로 통신한다. 예를 들어 하이퍼텍스트 전송 프로토콜[HTTP, Hypertext Transfer Protocol]은 전송 계층 프로토콜에 구애 받지 않는 애플리케이션 계층 프로토콜이다. HTTP는 패킷이 한 호스트에서 다른 호스트로 어떻게 전송되는지를 신경 쓰지 않는다. 이는 전송 계층에서 정의된 TCP나 사용자 데이터그램 프로토콜[UDP, User Datagram Protocol]을 통해 결정된다. 그러나 실제로는 대부분의 HTTP 트래픽이 TCP를 통해 이동한다. 이는 주로 TCP의 고유한 특성 때문이다. 데이터 전송 중에 TCP는

---

7. 패킷 네트워크 상호 통신을 위한 프로토콜, www.cs.princeton.edu/courses/archive/fall06/cos561/papers/cerf74.pdf

손실된 데이터의 재전송, 순차적인 패킷 전달, 혼잡 제어 및 회피, 데이터 무결성 등을 처리한다. 거의 모든 HTTP 트래픽은 이러한 TCP 특성의 혜택을 받는다. TCP와 UDP는 인터넷 계층이 어떻게 동작하는지를 신경 쓰지 않는다. 인터넷 프로토콜IP은 인터넷 계층에서 작동한다. 인터넷 계층은 메시지 창구에 하드웨어 독립적인 주소 지정 체계를 제공하는 책임이 있다. 마지막으로 물리적인 네트워크를 통해 메시지를 전송하는 것은 네트워크 액세스 계층의 책임이 된다. 네트워크 액세스 계층은 물리적 네트워크와 직접 상호작용하고 메시지가 통과하는 각 장치를 식별하는 주소 지정 체계를 제공한다. 이더넷 프로토콜은 네트워크 액세스 계층에서 작동한다.

여기서부터는 전송 계층에서 작동하는 TCP에만 초점을 맞춘다. 모든 TCP 연결은 3 방향 핸드셰이크로 이뤄진다. 즉, TCP는 연결 지향 프로토콜이며 클라이언트는 데이터 전송 전에 서버와 연결을 설정해야 한다. 클라이언트와 서버 간에 데이터 전송이 시작되기 전에 각 당사자는 일련의 파라미터를 서로 교환해야 한다. 이러한 파라미터에는 시작 패킷의 시퀀스 번호와 기타 여러 연결 관련 파라미터가 포함된다. 클라이언트는 TCP 패킷을 서버로 전송해 TCP 3 방향 핸드셰이크를 시작한다. 이 패킷을 SYN 패킷이라고 한다. SYN은 TCP 패킷에 설정된 플래그다. SYN 패킷에는 클라이언트가 임의로 선택한 시퀀스 번호, 출발지(클라이언트) 포트 번호, 목적지(서버) 포트 번호, 그리고 그림 C-2에 표시된 기타 여러 필드가 포함된다. 그림 C-2를 자세히 살펴보면 출발지(클라이언트) IP 주소와 목적지(서버) IP 주소가 TCP 패킷 외부에 있으며, IP 패킷의 일부로 포함된 것을 알 수 있다. 앞에서 설명한 것처럼 IP는 네트워크 계층에서 작동하며, IP 주소는 하드웨어 독립적으로 정의된다. 여기서 주의가 필요한 또 다른 중요한 필드는 TCP Segment Len 필드다. 이 필드는 이 패킷이 전달하는 애플리케이션 데이터의 길이를 나타낸다. TCP 3 방향 핸드셰이크 동안에 전송된 모든 메시지는 아직 교환이 시작되지 않았으므로 TCP Segment Len 필드의 값은 0이 된다.

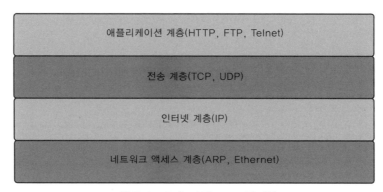

애플리케이션 계층(HTTP, FTP, Telnet)

전송 계층(TCP, UDP)

인터넷 계층(IP)

네트워크 액세스 계층(ARP, Ethernet)

그림 C-1. TCP/IP 스택: 프로토콜 계층

```
▶ Frame 1: 74 bytes on wire (592 bits), 74 bytes captured (592 bits)
▶ Ethernet II, Src: AsustekC_b3:01:84 (00:1d:60:b3:01:84), Dst: Actionte_2f:47:87 (00:26:62:2f:47:87)
▶ Internet Protocol Version 4, Src: 192.168.1.2, Dst: 174.143.213.184
▼ Transmission Control Protocol, Src Port: 54841 (54841), Dst Port: 80 (80), Seq: 0, Len: 0
      Source Port: 54841
      Destination Port: 80
      [Stream index: 0]
      [TCP Segment Len: 0]
      Sequence number: 0      (relative sequence number)
      Acknowledgment number: 0
      Header Length: 40 bytes
   ▶ Flags: 0x002 (SYN)
      Window size value: 5840
      [Calculated window size: 5840]
   ▶ Checksum: 0x85f0 [validation disabled]
      Urgent pointer: 0
   ▶ Options: (20 bytes), Maximum segment size, SACK permitted, Timestamps, No-Operation (NOP), Window scale
```

그림 C-2. 오픈소스 패킷 분석기인 WireShark에서 캡처한 TCP SYN 패킷

서버가 클라이언트에서 초기 메시지를 받으면 임의의 시퀀스 번호를 선택해 클라이언트에 대한 응답으로 전달한다. 이 패킷을 SYN ACK 패킷이라고 한다. TCP의 두 가지 주요 특성인 오류 제어(손실된 패킷 복구)와 순차 전달은 각 TCP 패킷이 고유하게 식별되도록 요구한다. 클라이언트와 서버는 시퀀스 번호를 교환해 이러한 약속을 지킨다. 패킷에 번호가 매겨지면 통신 채널 양쪽 모두 전송 중에 어떤 패킷이 손실되고 중복되는지를 알 수 있고, 무작위 순서로 전달되는 패킷들을 어떻게 정렬해야 하는지 알 수 있다. 그림 C-3은 와이어샤크^{WireShark}에서 캡처한 TCP SYN ACK 패킷 샘플이다. 여기에는 출발지(서버) 포트, 목적지(클라이언트) 포트, 서버 시퀀스 번호, 승인 번호가 포함된다. SYN 패킷에 있는 클라이언트 시퀀스 번호에 1을 추가하면 승인 번호가 파생된다. 아직 3 방향 핸드셰이크 상태이므로

TCP Segment Len 필드의 값은 0이다.

```
▶ Frame 2: 74 bytes on wire (592 bits), 74 bytes captured (592 bits)
▶ Ethernet II, Src: Actionte_2f:47:87 (00:26:62:2f:47:87), Dst: AsustekC_b3:01:84 (00:1d:60:b3:01:84)
▶ Internet Protocol Version 4, Src: 174.143.213.184, Dst: 192.168.1.2
▼ Transmission Control Protocol, Src Port: 80 (80), Dst Port: 54841 (54841), Seq: 0, Ack: 1, Len: 0
    Source Port: 80
    Destination Port: 54841
    [Stream index: 0]
    [TCP Segment Len: 0]
    Sequence number: 0    (relative sequence number)
    Acknowledgment number: 1    (relative ack number)
    Header Length: 40 bytes
  ▶ Flags: 0x012 (SYN, ACK)
    Window size value: 5792
    [Calculated window size: 5792]
  ▶ Checksum: 0x4ff1 [validation disabled]
    Urgent pointer: 0
  ▶ Options: (20 bytes), Maximum segment size, SACK permitted, Timestamps, No-Operation (NOP), Window scale
  ▶ [SEQ/ACK analysis]
```

그림 C-3. 와이어샤크에서 캡처한 TCP SYN ACK 패킷

핸드셰이크를 완료하려고 클라이언트는 서버에서 받은 SYN ACK 패킷에 대한 답
례로, 다시 한 번 TCP 패킷을 서버로 보낸다. 이를 ACK 패킷이라고 한다. 그림 C-4
는 와이어샤크에서 캡처한 TCP ACK 패킷 샘플이다. 여기에는 출발지(클라이언트)
포트, 목적지(서버) 포트, 초기 클라이언트 시퀀스 번호 + 1을 새 시퀀스 번호로, 그
리고 승인 번호가 포함된다.

```
▶ Frame 3: 66 bytes on wire (528 bits), 66 bytes captured (528 bits)
▶ Ethernet II, Src: AsustekC_b3:01:84 (00:1d:60:b3:01:84), Dst: Actionte_2f:47:87 (00:26:62:2f:47:87)
▶ Internet Protocol Version 4, Src: 192.168.1.2, Dst: 174.143.213.184
▼ Transmission Control Protocol, Src Port: 54841 (54841), Dst Port: 80 (80), Seq: 1, Ack: 1, Len: 0
    Source Port: 54841
    Destination Port: 80
    [Stream index: 0]
    [TCP Segment Len: 0]
    Sequence number: 1    (relative sequence number)
    Acknowledgment number: 1    (relative ack number)
    Header Length: 32 bytes
  ▶ Flags: 0x010 (ACK)
    Window size value: 46
    [Calculated window size: 5888]
    [Window size scaling factor: 128]
  ▶ Checksum: 0x9529 [validation disabled]
    Urgent pointer: 0
  ▶ Options: (12 bytes), No-Operation (NOP), No-Operation (NOP), Timestamps
  ▶ [SEQ/ACK analysis]
```

그림 C-4. 와이어샤크에서 캡처한 TCP ACK 패킷

SYN ACK 패킷에 있는 서버 시퀀스 번호에 1을 추가하면 승인 번호가 파생된다.

아직 3 방향 핸드셰이크 상태이므로 TCP Segment Len 필드의 값은 0이다.

핸드셰이크가 완료되면 클라이언트와 서버 간에 애플리케이션 데이터를 전송할 수 있다. 클라이언트는 ACK 패킷을 보낸 후 바로 애플리케이션 데이터 패킷을 서버로 보낸다. 전송 계층은 애플리케이션 계층에서 애플리케이션 데이터를 가져온다. 그림 C-5는 와이어샤크에서 캡처한 메시지로, 이미지 다운로드를 위한 HTTP GET 요청에 해당하는 TCP 패킷이다. 애플리케이션 계층에서 작동하는 HTTP는 관련된 헤더를 모두 포함해 HTTP 메시지를 작성하고 전송 계층에 있는 TCP로 전달한다. 애플리케이션 계층에서 수신하는 데이터가 무엇이든 간에 TCP는 자체 헤더로 캡슐화하고 TCP/IP 스택의 나머지 계층을 통해 전달한다. TCP가 애플리케이션 데이터를 전달하는 첫 번째 TCP 패킷의 시퀀스 번호를 파생하는 방법은 다음의 "TCP 시퀀스 번호 지정은 어떻게 하는가?"에서 설명한다. 그림 C-5에서 TCP Sengment Len 필드의 값을 자세히 살펴보면 이제 0이 아닌 값으로 설정된 것을 알 수 있다.

```
▶ Frame 4: 791 bytes on wire (6328 bits), 791 bytes captured (6328 bits)
▶ Ethernet II, Src: AsustekC_b3:01:84 (00:1d:60:b3:01:84), Dst: Actionte_2f:47:87 (00:26:62:2f:47:87)
▶ Internet Protocol Version 4, Src: 192.168.1.2, Dst: 174.143.213.184
▼ Transmission Control Protocol, Src Port: 54841 (54841), Dst Port: 80 (80), Seq: 1, Ack: 1, Len: 725
      Source Port: 54841
      Destination Port: 80
      [Stream index: 0]
      [TCP Segment Len: 725]
      Sequence number: 1    (relative sequence number)
      [Next sequence number: 726    (relative sequence number)]
      Acknowledgment number: 1    (relative ack number)
      Header Length: 32 bytes
   ▶ Flags: 0x018 (PSH, ACK)
      Window size value: 46
      [Calculated window size: 5888]
      [Window size scaling factor: 128]
   ▶ Checksum: 0x48ee [validation disabled]
      Urgent pointer: 0
   ▶ Options: (12 bytes), No-Operation (NOP), No-Operation (NOP), Timestamps
   ▶ [SEQ/ACK analysis]
▼ Hypertext Transfer Protocol
   ▶ GET /images/layout/logo.png HTTP/1.1\r\n
      Host: packetlife.net\r\n
      User-Agent: Mozilla/5.0 (X11; U; Linux x86_64; en-US; rv:1.9.2.3) Gecko/20100423 Ubuntu/10.04 (lucid) Firefox/3.6.3\r\n
      Accept: text/html,application/xhtml+xml,application/xml;q=0.9,*/*;q=0.8\r\n
      Accept-Language: en-us,en;q=0.5\r\n
      Accept-Encoding: gzip,deflate\r\n
      Accept-Charset: ISO-8859-1,utf-8;q=0.7,*;q=0.7\r\n
      Keep-Alive: 115\r\n
      Connection: keep-alive\r\n
```

그림 C-5. 와이어샤크에서 캡처한 이미지 다운로드를 위한 HTTP GET 요청에 해당하는 TCP 패킷

클라이언트와 서버 간의 애플리케이션 데이터를 전송하게 되면 수신자는 송신자

가 보낸 데이터 패킷에 답례해야 한다. 애플리케이션 데이터를 전달하는 클라이언트가 보낸 첫 번째 TCP 패킷에 대한 응답으로, 서버는 그림 C-6과 같이 TCP ACK 패킷을 응답한다. TCP가 이러한 TCP ACK 패킷에 대한 시퀀스 번호와 승인 번호를 파생하는 방법은 다음의 "TCP 시퀀스 번호 지정은 어떻게 하는가?"에서 설명한다.

```
▶ Frame 5: 66 bytes on wire (528 bits), 66 bytes captured (528 bits)
▶ Ethernet II, Src: Actionte_2f:47:87 (00:26:62:2f:47:87), Dst: AsustekC_b3:01:84 (00:1d:60:b3:01:84)
▶ Internet Protocol Version 4, Src: 174.143.213.184, Dst: 192.168.1.2
▼ Transmission Control Protocol, Src Port: 80 (80), Dst Port: 54841 (54841), Seq: 1, Ack: 726, Len: 0
      Source Port: 80
      Destination Port: 54841
      [Stream index: 0]
      [TCP Segment Len: 0]
      Sequence number: 1    (relative sequence number)
      Acknowledgment number: 726    (relative ack number)
      Header Length: 32 bytes
   ▶ Flags: 0x010 (ACK)
      Window size value: 114
      [Calculated window size: 7296]
      [Window size scaling factor: 64]
   ▶ Checksum: 0x9204 [validation disabled]
      Urgent pointer: 0
   ▶ Options: (12 bytes), No-Operation (NOP), No-Operation (NOP), Timestamps
   ▶ [SEQ/ACK analysis]
```

그림 C-6. 와이어샤크에서 캡처한 서버에서 클라이언트로 보내는 TCP ACK

TCP 시퀀스 번호 지정은 어떻게 하는가?

통신 채널의 양쪽 끝에 있는 두 당사자 중 하나가 다른 쪽에게 메시지를 보내려고 할 때마다 해당 당사자로부터 마지막으로 수신했던 시퀀스 번호에 대한 답례로 ACK 플래그가 있는 패킷을 보낸다. 클라이언트에서 서버로 보낸 가장 첫 번째 SYN 패킷(그림 C-2)을 보면 SYN 패킷 이전에는 클라이언트가 서버에서 아무것도 받지 못했기 때문에 ACK 플래그가 없다. 그 이후로 서버나 클라이언트가 보낸 모든 패킷에는 TCP 패킷에 ACK 플래그와 승인 번호 필드가 있다.

서버에서 클라이언트로의 SYN ACK 패킷(그림 C-3)에서, 승인 번호의 값은 서버가 (클라이언트에서) 마지막으로 수신한 패킷에 있는 시퀀스 번호에 1을 더해 파생된다. 즉, 서버에서 클라이언트로 보내는 상황에서 승인 번호 필드는 다음에 예상되는 패킷의 시퀀스 번호를 나타낸다. 또한 3 방향 핸드셰이크에서 각 TCP 패킷의 TCP Segment Len 필드를 자세히 살펴보면 값이 0으로 설정돼 있다. 이전에 SYN ACK의 Acknowledgment Number 필드는 클라이언트의 SYN 패킷에 있는 시퀀스 번호에 1을 추가해 파생됐다고 언급한 바 있지만, 정확하게는 서버가 클라이언트에서 받은 TCP Segment Len 필드의 값에 1을 더한 값을 현재 시퀀스 번호에 추가해 승인 번호 필드의 값을 파생시킨다. 클라이언트에서 서버로 전송되는 ACK 패킷(그림 C-4)에도 동일하게 적용된다. 서버의 TCP Segment Len 필드 값에 1을 더한 값을 클라이언트가 (서버에서) 마지막으로 수신한 패킷에 있는 시퀀스 번호에 추가하면 승인 번호 필드가 파생된다. ACK 패킷의 시퀀스 번호 값은 서버의 SYN ACK 패킷에 있는 Acknowledgment Number 값과 동일하다.

TLS는 어떻게 동작하는가

전송 계층 보안TLS, Transport Layer Security 프로토콜은 핸드셰이크와 데이터 전송의 두 단계로 나눌 수 있다. 핸드셰이크 단계에서 클라이언트와 서버는 서로의 암호화 역량을 파악하고 데이터 전송을 보호하려고 암호화 키를 설정한다. 데이터 전송은 핸드셰이크가 끝날 때 시작된다. 데이터는 레코드 세트로 분해되고 첫 번째 단계에서 설정된 암호화 키로 보호되고 클라이언트와 서버 간에 전송된다. 그림 C-7은 TLS가 전송 계층 프로토콜과 애플리케이션 계층 프로토콜 사이에서 어떻게 적용되는지 보여준다. TLS는 처음에 전송 제어 프로토콜TCP, Transmission Control Protocol과 같이 신뢰할 수 있는 전송 프로토콜에서 작동하도록 설계됐다. 그러나 TLS는 사용자 데이터그램 프로토콜UDP, User Datagram Protocol과 같은 신뢰할 수 없는 전송 계층 프로토콜에서도 사용되고 있다. RFC 6347은 UDP 세계에서 TLS에 해당하는 데이터그램 전송 계층 보안DTLS, Datagram Transport Layer Security 1.2를 정의한다. DTLS 프로토콜은 TLS 프로토콜을 기반으로 하며 동등한 수준의 보안을 제공한다. 이 장에서는 TLS에 대해서만 다룬다.

TLS 핸드셰이크

3 방향 TCP 핸드셰이크(그림 C-8 참고)와 유사하게 TLS도 자체 핸드셰이크를 사용한다. TLS 핸드셰이크에는 Handshake 프로토콜, Change Cipher Spec 프로토콜,

Alert 프로토콜의 세 가지 하위 프로토콜이 포함된다(그림 C-7 참고). Handshake 프로토콜은 애플리케이션 데이터를 보호하는 데 사용할 암호화 키에 대해 클라이언트와 서버 간에 합의를 시켜주는 역할을 한다. 클라이언트와 서버 모두 Change Cipher Spec 프로토콜을 사용해서 추가 통신을 위해 암호화 보안 채널로 전환할 것임을 서로에게 표시한다. Alert 프로토콜은 경고를 생성하고 TLS 연결에 관련된 당사자에게 알리는 역할을 한다. 예를 들어 클라이언트가 TLS 핸드셰이크 중에 전달받은 서버 인증서가 폐기된 인증서인 경우 클라이언트는 certificate_revoked 경고를 생성한다.

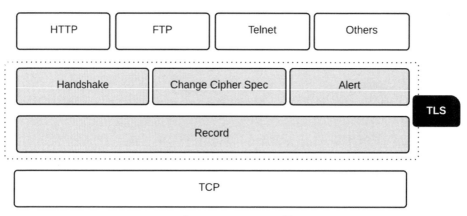

그림 C-7. TLS 프로토콜 계층

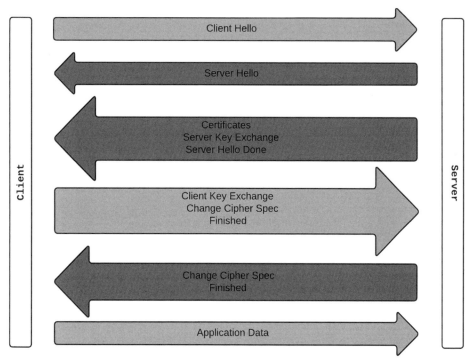

그림 C-8. TLS 핸드셰이크

TLS 핸드셰이크는 TCP 핸드셰이크 후에 시작한다. TCP나 전송 계층의 입장에서 TLS 핸드셰이크는 애플리케이션 데이터일 뿐이다. TCP 핸드셰이크가 완료되면 TLS 계층이 TLS 핸드셰이크를 시작한다. Client Hello는 클라이언트에서 서버로 보내는 TLS 핸드셰이크의 첫 번째 메시지다. 그림 C-9에서 볼 수 있듯이 Client Hello는 애플리케이션 데이터를 전달하는 첫 번째 TCP 패킷이기 때문에 예상대로 시퀀스 번호는 1이다. Client Hello 메시지에는 클라이언트가 지원하는 TLS 프로토콜의 가장 높은 버전, 클라이언트가 생성한 난수, 클라이언트가 지원하는 암호화 스위트와 압축 알고리즘, 선택 사항인 세션 식별자가 포함된다(그림 C-9 참고). 세션 식별자는 핸드셰이크를 처음부터 수행하지 않고 기존 세션을 다시 시작할 수 있게 해준다. TLS 핸드셰이크는 CPU에 부하를 많이 주지만 세션을 다시 시작할 수 있게 지원하므로 오버헤드를 최소화할 수 있다.

```
▶ Frame 1517: 264 bytes on wire (2112 bits), 264 bytes captured (2112 bits) on interface 0
▶ Ethernet II, Src: Apple_1f:5b:bd (28:cf:e9:1f:5b:bd), Dst: 2wireInc_bf:de:ed (f8:18:97:bf:de:ed)
▶ Internet Protocol Version 4, Src: 192.168.1.65, Dst: 216.58.192.34
▼ Transmission Control Protocol, Src Port: 51669 (51669), Dst Port: 443 (443), Seq: 1, Ack: 1, Len: 198
      Source Port: 51669
      Destination Port: 443
      [Stream index: 29]
      [TCP Segment Len: 198]
      Sequence number: 1      (relative sequence number)
      [Next sequence number: 199      (relative sequence number)]
      Acknowledgment number: 1      (relative ack number)
      Header Length: 32 bytes
   ▶ Flags: 0x018 (PSH, ACK)
      Window size value: 4121
      [Calculated window size: 131872]
      [Window size scaling factor: 32]
   ▶ Checksum: 0x9a87 [validation disabled]
      Urgent pointer: 0
   ▶ Options: (12 bytes), No-Operation (NOP), No-Operation (NOP), Timestamps
   ▶ [SEQ/ACK analysis]
▼ Secure Sockets Layer
   ▼ TLSv1.2 Record Layer: Handshake Protocol: Client Hello
         Content Type: Handshake (22)
         Version: TLS 1.0 (0x0301)
         Length: 193
      ▶ Handshake Protocol: Client Hello
```

그림 C-9. 와이어샤크에서 캡처한 TLS Client Hello

참고

TLS 세션 재개는 성능에 직접적인 영향을 미친다. TLS 핸드셰이크의 마스터 키 생성 프로세스는 비용이 굉장히 많이 든다. 세션 재개를 하게 되면 이전 세션의 마스터 시크릿을 재사용한다. 여러 학술 연구를 통해 TLS 세션 재개로 인한 성능 향상이 최대 20%에 이를 수 있음이 입증됐다. 세션 재개에는 비용이 발생하는데, 대부분 서버에서 처리한다. 서버는 모든 클라이언트의 TLS 상태를 유지해야 하며, 고가용성 측면도 고심해야 한다. 이를 위해 현재 상태를 클러스터의 다른 노드에 복제해야 한다.

```
▶ Frame 1517: 264 bytes on wire (2112 bits), 264 bytes captured (2112 bits) on interface 0
▶ Ethernet II, Src: Apple_1f:5b:bd (28:cf:e9:1f:5b:bd), Dst: 2wireInc_bf:de:ed (f8:18:97:bf:de:ed)
▶ Internet Protocol Version 4, Src: 192.168.1.65, Dst: 216.58.192.34
▶ Transmission Control Protocol, Src Port: 51669 (51669), Dst Port: 443 (443), Seq: 1, Ack: 1, Len: 198
▼ Secure Sockets Layer
  ▼ TLSv1.2 Record Layer: Handshake Protocol: Client Hello
      Content Type: Handshake (22)
      Version: TLS 1.0 (0x0301)
      Length: 193
    ▼ Handshake Protocol: Client Hello
        Handshake Type: Client Hello (1)
        Length: 189
        Version: TLS 1.2 (0x0303)
      ▶ Random
        Session ID Length: 0
        Cipher Suites Length: 22
      ▶ Cipher Suites (11 suites)
        Compression Methods Length: 1
      ▶ Compression Methods (1 method)
        Extensions Length: 126
      ▶ Extension: server_name
      ▶ Extension: renegotiation_info
      ▶ Extension: elliptic_curves
      ▶ Extension: ec_point_formats
      ▶ Extension: SessionTicket TLS
      ▶ Extension: next_protocol_negotiation
      ▶ Extension: Application Layer Protocol Negotiation
      ▶ Extension: status_request
      ▶ Extension: signature_algorithms
```

그림 C-10. 와이어샤크에서 캡처한 TLS Client Hello 확장 버전

Client Hello 메시지의 핵심 필드 중 하나는 Cipher Suites다. 그림 C-12는 그림 C-10의 Cipher Suites 필드를 확장한 것이다. Client Hello 메시지의 Cipher Suites 필드는 클라이언트가 지원하는 모든 암호화 알고리즘을 전달한다. 그림 C-12에 캡처된 메시지는 파이어폭스Firefox 브라우저 버전 43.0.2(64비트)의 암호화 기능을 보여준다. 주어진 암호화 스위트는 서버 인증 알고리즘, 키 교환 알고리즘, 대량 암호화 알고리즘, 메시지 무결성 알고리즘을 정의한다. 예를 들어 TLS_ECDHE_RSA_WITH_AES_128_GCM_SHA256 암호화 스위트에서 RSA는 인증 알고리즘, ECDHE는 키 교환 알고리즘, AES_128_GCM은 대량 암호화 알고리즘, SHA256은 메시지 무결성 알고리즘이다. TLS로 시작하는 모든 암호화 스위트는 TLS 프로토콜에서만 지원된다. 이 부록을 진행하면서 각 알고리즘의 목적을 배우게 될 것이다.

서버는 클라이언트로부터 Client Hello 메시지를 받으면 Server Hello 메시지로 응답한다. Server Hello는 서버에서 클라이언트로 보내는 첫 번째 메시지다. 정확히 말하면 Server Hello는 TLS 계층에서 생성되는 서버에서 클라이언트로 보내는 첫

번째 메시지다. 이에 앞서, 서버의 TCP 계층은 TCP ACK 메시지로 클라이언트에 다시 응답한다(그림 C-11 참고). 모든 TLS 계층 메시지는 TCP 계층에서 애플리케이션 데이터로 처리되며, 각 메시지는 클라이언트나 서버에서 확인된다. 여기서부터는 TCP ACK 메시지는 이야기하지 않겠다.

```
▶ Frame 1521: 66 bytes on wire (528 bits), 66 bytes captured (528 bits) on interface 0
▶ Ethernet II, Src: 2wireInc_bf:de:ed (f8:18:97:bf:de:ed), Dst: Apple_1f:5b:bd (28:cf:e9:1f:5b:bd)
▶ Internet Protocol Version 4, Src: 216.58.192.34, Dst: 192.168.1.65
▼ Transmission Control Protocol, Src Port: 443 (443), Dst Port: 51669 (51669), Seq: 1, Ack: 199, Len: 0
      Source Port: 443
      Destination Port: 51669
      [Stream index: 29]
      [TCP Segment Len: 0]
      Sequence number: 1    (relative sequence number)
      Acknowledgment number: 199    (relative ack number)
      Header Length: 32 bytes
   ▶ Flags: 0x010 (ACK)
      Window size value: 341
      [Calculated window size: 43648]
      [Window size scaling factor: 128]
   ▶ Checksum: 0xde83 [validation disabled]
      Urgent pointer: 0
   ▶ Options: (12 bytes), No-Operation (NOP), No-Operation (NOP), Timestamps
   ▶ [SEQ/ACK analysis]
```

그림 C-11. 서버에서 클라이언트로 보내는 TCP ACK 메시지

```
▶ Frame 1517: 264 bytes on wire (2112 bits), 264 bytes captured (2112 bits) on interface 0
▶ Ethernet II, Src: Apple_1f:5b:bd (28:cf:e9:1f:5b:bd), Dst: 2wireInc_bf:de:ed (f8:18:97:bf:de:ed)
▶ Internet Protocol Version 4, Src: 192.168.1.65, Dst: 216.58.192.34
▶ Transmission Control Protocol, Src Port: 51669 (51669), Dst Port: 443 (443), Seq: 1, Ack: 1, Len: 198
▼ Secure Sockets Layer
   ▼ TLSv1.2 Record Layer: Handshake Protocol: Client Hello
         Content Type: Handshake (22)
         Version: TLS 1.0 (0x0301)
         Length: 193
      ▼ Handshake Protocol: Client Hello
            Handshake Type: Client Hello (1)
            Length: 189
            Version: TLS 1.2 (0x0303)
         ▶ Random
            Session ID Length: 0
            Cipher Suites Length: 22
         ▼ Cipher Suites (11 suites)
               Cipher Suite: TLS_ECDHE_ECDSA_WITH_AES_128_GCM_SHA256 (0xc02b)
               Cipher Suite: TLS_ECDHE_RSA_WITH_AES_128_GCM_SHA256 (0xc02f)
               Cipher Suite: TLS_ECDHE_ECDSA_WITH_AES_256_CBC_SHA (0xc00a)
               Cipher Suite: TLS_ECDHE_ECDSA_WITH_AES_128_CBC_SHA (0xc009)
               Cipher Suite: TLS_ECDHE_RSA_WITH_AES_128_CBC_SHA (0xc013)
               Cipher Suite: TLS_ECDHE_RSA_WITH_AES_256_CBC_SHA (0xc014)
               Cipher Suite: TLS_DHE_RSA_WITH_AES_128_CBC_SHA (0x0033)
               Cipher Suite: TLS_DHE_RSA_WITH_AES_256_CBC_SHA (0x0039)
               Cipher Suite: TLS_RSA_WITH_AES_128_CBC_SHA (0x002f)
               Cipher Suite: TLS_RSA_WITH_AES_256_CBC_SHA (0x0035)
               Cipher Suite: TLS_RSA_WITH_3DES_EDE_CBC_SHA (0x000a)
```

그림 C-12. 와이어샤크에서 캡처한 TLS 클라이언트에서 지원하는 암호 스위트

Server Hello 메시지에는 클라이언트와 서버가 모두 지원할 수 있는 가장 높은 버전의 TLS 프로토콜, 서버에서 생성된 난수, 가장 강력한 암호화 스위트, 클라이언트와 서버가 모두 지원할 수 있는 압축 알고리즘이 포함된다(그림 C-13 참고). 양 당사자는 클라이언트와 서버가 독립적으로 생성한 난수를 사용해 마스터 시크릿을 생성한다. 이 마스터 시크릿은 나중에 암호화 키를 파생하는 데 사용된다. 서버에는 세션 식별자를 생성하기 위한 몇 가지 선택 사항이 있다. Client Hello 메시지에 세션 식별자가 포함되지 않은 경우 서버는 새 식별자를 생성한다. 클라이언트가 식별자를 포함하는 경우 서버가 해당 세션을 재개할 수 없으면 다시 한 번 새 식별자가 생성된다. 서버가 Client Hello 메시지에 지정된 세션 식별자에 해당하는 TLS 세션을 재개할 수 있는 경우 서버는 이를 Server Hello 메시지에 포함한다. 서버는 향후 세션 재개를 하지 않고자 어떤 새로운 세션에 대해서 세션 식별자를 포함하지 않기로 결정할 수도 있다.

```
▶ Frame 1522: 1484 bytes on wire (11872 bits), 1484 bytes captured (11872 bits) on interface 0
▶ Ethernet II, Src: 2wireInc_bf:de:ed (f8:18:97:bf:de:ed), Dst: Apple_1f:5b:bd (28:cf:e9:1f:5b:bd)
▶ Internet Protocol Version 4, Src: 216.58.192.34, Dst: 192.168.1.65
▶ Transmission Control Protocol, Src Port: 443 (443), Dst Port: 51669 (51669), Seq: 1, Ack: 199, Len: 1418
▼ Secure Sockets Layer
    ▼ TLSv1.2 Record Layer: Handshake Protocol: Server Hello
        Content Type: Handshake (22)
        Version: TLS 1.2 (0x0303)
        Length: 72
      ▼ Handshake Protocol: Server Hello
          Handshake Type: Server Hello (2)
          Length: 68
          Version: TLS 1.2 (0x0303)
        ▶ Random
          Session ID Length: 0
          Cipher Suite: TLS_ECDHE_RSA_WITH_AES_128_GCM_SHA256 (0xc02f)
          Compression Method: null (0)
          Extensions Length: 28
        ▶ Extension: renegotiation_info
        ▶ Extension: server_name
        ▶ Extension: SessionTicket TLS
        ▶ Extension: Application Layer Protocol Negotiation
        ▶ Extension: ec_point_formats
```

그림 C-13. 와이어샤크에서 캡처한 TLS Server Hello

Server Hello 메시지가 클라이언트에 전송된 후 서버는 인증서 체인의 루트 인증기관[CA]을 포함한 다른 인증서들과 함께 공인 인증서를 보낸다(그림 C-14 참고). 클라이언트는 서버의 신원을 확인하려면 이러한 인증서의 유효성을 검사해야 한다. 나중에 서버 인증서의 공개키를 사용해 프리마스터 시크릿을 암호화한다. 프리마스터 키[premaster key]는 마스터 시크릿을 생성하려고 클라이언트와 서버 간에 공유하는 비밀 값이다. 서버 인증서의 공개키가 프리마스터 시크릿 키를 암호화할 수 없는 경우 TLS 프로토콜은 Server Key Exchange라는 또 다른 추가 단계를 요구한다(그림 C-14 참고). 이 단계에서 서버는 새로운 키를 만들어 클라이언트로 보내야 한다. 나중에 클라이언트는 이 키를 사용해 프리마스터 시크릿 키를 암호화한다.

서버가 TLS 상호 인증을 요구하는 경우 다음 단계는 서버가 클라이언트 인증서를 요청하는 것이다. 서버에서 온 클라이언트 인증서 요청 메시지에는 서버에서 신뢰하는 인증기관 목록과 인증서 유형이 포함된다. 선택 사항인 마지막 두 가지 단계 후에 서버는 클라이언트에 Server Hello Done 메시지를 보낸다(그림 C-14 참고). 이 메시지는 서버가 핸드셰이크의 초기 단계를 완료했음을 클라이언트에게 나타내는 빈 메시지다.

```
▶ Frame 1524: 760 bytes on wire (6080 bits), 760 bytes captured (6080 bits) on interface 0
▶ Ethernet II, Src: 2wireInc_bf:de:ed (f8:18:97:bf:de:ed), Dst: Apple_1f:5b:bd (28:cf:e9:1f:5b:bd)
▶ Internet Protocol Version 4, Src: 216.58.192.34, Dst: 192.168.1.65
▶ Transmission Control Protocol, Src Port: 443 (443), Dst Port: 51669 (51669), Seq: 2837, Ack: 199, Len: 694
▶ [3 Reassembled TCP Segments (3106 bytes): #1522(1341), #1523(1418), #1524(347)]
▼ Secure Sockets Layer
   ▼ TLSv1.2 Record Layer: Handshake Protocol: Certificate
        Content Type: Handshake (22)
        Version: TLS 1.2 (0x0303)
        Length: 3101
      ▼ Handshake Protocol: Certificate
           Handshake Type: Certificate (11)
           Length: 3097
           Certificates Length: 3094
         ▶ Certificates (3094 bytes)
▼ Secure Sockets Layer
   ▼ TLSv1.2 Record Layer: Handshake Protocol: Server Key Exchange
        Content Type: Handshake (22)
        Version: TLS 1.2 (0x0303)
        Length: 333
      ▼ Handshake Protocol: Server Key Exchange
           Handshake Type: Server Key Exchange (12)
           Length: 329
         ▶ EC Diffie-Hellman Server Params
   ▼ TLSv1.2 Record Layer: Handshake Protocol: Server Hello Done
        Content Type: Handshake (22)
        Version: TLS 1.2 (0x0303)
        Length: 4
      ▼ Handshake Protocol: Server Hello Done
           Handshake Type: Server Hello Done (14)
           Length: 0
```

그림 C-14. 와이어샤크에서 캡처한 Certificate, Server Key Exchange, Server Hello Done

서버가 클라이언트 인증서를 요구하는 경우 이제 클라이언트는 클라이언트 인증서를 검증하는 데 필요한 루트 인증기관CA을 포함한 체인의 다른 모든 인증서와 함께 공인 인증서를 보낸다. 다음은 TLS 프로토콜 버전과 프리마스터 시크릿을 포함하는 Client Key Exchange 메시지다(그림 C-15 참고). 여기서 TLS 프로토콜 버전은 초기 Client Hello 메시지에 지정된 것과 동일해야 한다. 이는 서버가 안전하지 않은 TLS/SSL 버전을 사용하도록 강제하는 롤백 공격에 대한 보호 장치다. 메시지에 포함된 프리마스터 시크릿은 서버 인증서에서 얻은 서버의 공개키나 Server Key Exchange 메시지에 전달된 키로 암호화해야 한다.

다음은 Certificate Verify 메시지다. 이는 선택 사항이며, 서버가 클라이언트 인증을 요구하는 경우에만 필요하다. 클라이언트는 개인키를 사용해 지금까지 발생한 전체 TLS 핸드셰이크 메시지에 서명하고 서버로 보내야 한다. 서버는 이전 단계에서 공유한 클라이언트의 공개키를 사용해 서명의 유효성을 검사한다. 서명 생성 프로세스는 핸드셰이크 중에 선택한 서명 알고리즘에 따라 다르다. RSA를 사용하는 경우 이전의 모든 핸드셰이크 메시지의 해시를 MD5와 SHA-1을 사용해 계산한다. 그런 다음 해시를 연결하고 클라이언트의 개인키를 이용해 암호화한다. 핸드셰이크 중에 선택한 서명 알고리즘이 디지털 서명 표준^{DSS, Digital Signature Standard}인 경우 SHA-1 해시만 사용되며, 클라이언트의 개인키를 이용해 암호화한다.

이 시점에서 클라이언트와 서버는 마스터 시크릿을 생성하는 데 필요한 모든 데이터를 교환했다. 마스터 시크릿은 클라이언트 난수, 서버 난수, 프리마스터 시크릿을 사용해 생성된다. 클라이언트는 이제 Change Cipher Spec 메시지를 서버에 전송해 지금부터 생성된 모든 메시지가 이미 설정된 키로 보호되고 있음을 알린다(그림 C-15 참고).

```
▶ Frame 1527: 192 bytes on wire (1536 bits), 192 bytes captured (1536 bits) on interface 0
▶ Ethernet II, Src: Apple_1f:5b:bd (28:cf:e9:1f:5b:bd), Dst: 2wireInc_bf:de:ed (f8:18:97:bf:de:ed)
▶ Internet Protocol Version 4, Src: 192.168.1.65, Dst: 216.58.192.34
▶ Transmission Control Protocol, Src Port: 51669 (51669), Dst Port: 443 (443), Seq: 199, Ack: 3531, Len: 126
▼ Secure Sockets Layer
  ▼ TLSv1.2 Record Layer: Handshake Protocol: Client Key Exchange
      Content Type: Handshake (22)
      Version: TLS 1.2 (0x0303)
      Length: 70
    ▼ Handshake Protocol: Client Key Exchange
        Handshake Type: Client Key Exchange (16)
        Length: 66
      ▶ EC Diffie-Hellman Client Params
  ▼ TLSv1.2 Record Layer: Change Cipher Spec Protocol: Change Cipher Spec
      Content Type: Change Cipher Spec (20)
      Version: TLS 1.2 (0x0303)
      Length: 1
      Change Cipher Spec Message
  ▼ TLSv1.2 Record Layer: Handshake Protocol: Multiple Handshake Messages
      Content Type: Handshake (22)
      Version: TLS 1.2 (0x0303)
      Length: 40
    ▶ Handshake Protocol: Hello Request
    ▶ Handshake Protocol: Hello Request
```

그림 C-15. 와이어샤크에서 캡처한 Client Key Exchange와 Change Cipher 사양

Finished 메시지는 클라이언트에서 서버로 전달되는 마지막 메시지다. 이 메시지는 이미 설정된 키로 암호화된 TLS 핸드셰이크에서 전체 메시지 과정에 대한 해시다. 서버가 클라이언트로부터 Finished 메시지를 수신하면 Change Cipher Spec 메시지로 응답한다(그림 C-16 참고). 이는 서버가 이미 설정된 비밀키로 통신을 시작할 준비가 됐음을 클라이언트에 알린다. 마지막으로 서버는 Finished 메시지를 클

라이언트에 보낸다. 이는 클라이언트가 생성한 Finished 메시지와 유사하며, 생성
된 암호화 키로 암호화된 핸드셰이크에서 전체 메시지 과정에 대한 해시를 포함
한다. 이것으로 TLS 핸드셰이크가 완료되고, 지금부터 클라이언트와 서버 모두
암호화된 채널을 통해 데이터를 보낼 수 있다.

```
▶ Frame 1529: 328 bytes on wire (2624 bits), 328 bytes captured (2624 bits) on interface 0
▶ Ethernet II, Src: 2wireInc_bf:de:ed (f8:18:97:bf:de:ed), Dst: Apple_1f:5b:bd (28:cf:e9:1f:5b:bd)
▶ Internet Protocol Version 4, Src: 216.58.192.34, Dst: 192.168.1.65
▶ Transmission Control Protocol, Src Port: 443 (443), Dst Port: 51669 (51669), Seq: 3531, Ack: 325, Len: 262
▼ Secure Sockets Layer
  ▼ TLSv1.2 Record Layer: Handshake Protocol: New Session Ticket
      Content Type: Handshake (22)
      Version: TLS 1.2 (0x0303)
      Length: 206
    ▶ Handshake Protocol: New Session Ticket
  ▼ TLSv1.2 Record Layer: Change Cipher Spec Protocol: Change Cipher Spec
      Content Type: Change Cipher Spec (20)
      Version: TLS 1.2 (0x0303)
      Length: 1
      Change Cipher Spec Message
  ▼ TLSv1.2 Record Layer: Handshake Protocol: Multiple Handshake Messages
      Content Type: Handshake (22)
      Version: TLS 1.2 (0x0303)
      Length: 40
    ▶ Handshake Protocol: Hello Request
    ▶ Handshake Protocol: Hello Request
```

그림 C-16. 와이어샤크로 캡처한 Server Change Cipher 사양

TLS와 HTTPS

HTTP는 TCP/IP 스택의 애플리케이션 계층에서 작동하는 반면 TLS는 애플리케이션 계층과
전송 계층 사이에서 작동한다(그림 C-1 참고). HTTP 클라이언트 역할을 하는 에이전트(예, 브
라우저)는 서버에서 특정 포트(기본값 443)에 대한 연결을 열어 TLS 핸드셰이크를 시작하는
TLS 클라이언트 역할도 해야 한다. TLS 핸드셰이크가 완료된 후에만 에이전트가 애플리케이
션 데이터를 교환해야 한다. 모든 HTTP 데이터는 TLS 애플리케이션 데이터로 전송된다. TLS
를 통한 HTTP는 IETF 네트워크 워킹그룹의 RFC 2818에서 처음 정의됐다. RFC 2818은 일반
HTTP 트래픽과 구별하려고 TLS를 통한 HTTP 트래픽에 대한 URI 형식을 추가로 정의한다.
TLS를 통한 HTTP는 http 프로토콜 식별자 대신 https 프로토콜 식별자를 사용해 HTTP URI
와 구별된다. RFC 2818은 나중에 RFC 5785와 RFC 7230에서 업데이트됐다.

애플리케이션 데이터 전송

TLS 핸드셰이크 단계가 완료된 후 TLS 레코드 프로토콜(그림 C-18 참고)을 사용해 클라이언트와 서버 간에 민감한 애플리케이션 데이터를 교환할 수 있다. 이 프로토콜은 나가는 모든 메시지를 블록으로 분해하고, 들어오는 모든 메시지를 조립하는 역할을 한다. 나가는 각 블록은 압축되고, 메시지 인증 코드$^{MAC, Message Authentication Code}$가 계산되고 암호화된다. 들어오는 각 블록은 암호 해독, 압축 해제, MAC이 검증된다. 그림 C-17은 TLS 핸드셰이크에서 교환되는 모든 주요 메시지를 요약하고 있다.

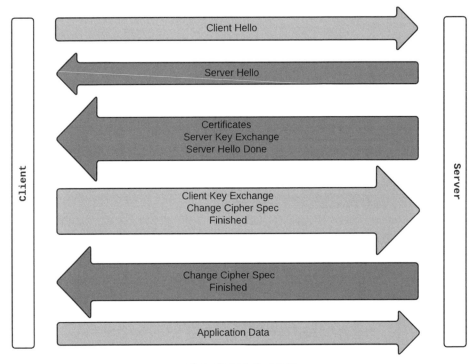

그림 C-17. TLS 핸드셰이크

TLS 핸드셰이크 동안 클라이언트에서 생성된 임의의 키, 서버에서 생성된 임의의 키, 클라이언트에서 생성된 프리마스터 시크릿을 사용해 마스터 시크릿을 양쪽에서 파생한다. 이 세 개의 키는 모두 TLS 핸드셰이크 중에 서로에게 공유된다. 마스터 시크릿은 유선으로 전송되지 않는다. 마스터 시크릿을 사용해 양쪽에서 4개의 키를 더 생성한다. 클라이언트는 첫 번째 키를 사용해 나가는 메시지 각각에 대한 MAC을 계산한다. 서버는 동일한 키를 사용해 클라이언트에서 들어오는 모든 메시지의 MAC을 확인한다. 서버는 두 번째 키를 사용해 나가는 메시지 각각에 대한 MAC을 계산한다. 클라이언트는 동일한 키를 사용해 서버에서 들어오는 모든 메시지의 MAC을 확인한다. 클라이언트는 세 번째 키를 사용해 나가는 메시지를 암호화하고, 서버는 동일한 키를 사용해 들어오는 모든 메시지를 해독한다. 서버는 네 번째 키를 사용해 나가는 메시지를 암호화하고, 클라이언트는 동일한 키를 사용해 들어오는 모든 메시지를 해독한다.

```
▶ Frame 1531: 122 bytes on wire (976 bits), 122 bytes captured (976 bits) on interface 0
▶ Ethernet II, Src: 2wireInc_bf:de:ed (f8:18:97:bf:de:ed), Dst: Apple_1f:5b:bd (28:cf:e9:1f:5b:bd)
▶ Internet Protocol Version 4, Src: 216.58.192.34, Dst: 192.168.1.65
▶ Transmission Control Protocol, Src Port: 443 (443), Dst Port: 51669 (51669), Seq: 3793, Ack: 325, Len: 56
▼ Secure Sockets Layer
  ▼ TLSv1.2 Record Layer: Application Data Protocol: http
      Content Type: Application Data (23)
      Version: TLS 1.2 (0x0303)
      Length: 51
      Encrypted Application Data: 0000000000000014046831b4ff3a6075a5eb26feddc383a...
```

그림 C-18. 와이어샤크에서 캡처한 Server Change Cipher 사양

TLS 리버스 엔지니어링

각 세션에 대해 TLS는 마스터 시크릿을 생성하고 해싱과 암호화를 위해 4개의 키를 파생한다. 서버의 개인키가 유출되면 어떻게 될까? 클라이언트와 서버 간에 전송되는 모든 데이터가 기록되고 있는 경우 해독될 수 있을까? 그렇다, 해독할 수 있다. TLS 핸드셰이크가 기록된 경우 서버의 개인키를 알고 있다면 프리마스터 시크릿을 해독할 수 있다. 그런 다음 클라이언트에서 생성한 난수와 서버에서 생성한 난수를 이용해 마스터 시크릿과 다른 4개의 키를 추출할 수 있다. 이 키들을 이용하면 기록된 전체 대화를 해독할 수 있다.

완벽한 순방향 비밀(PFS, Perfect Forward Secrecy)을 사용하면 이를 방지할 수 있다. PFS를 사용하면 TLS에서와 마찬가지로 세션 키가 생성되지만 나중에 서버의 마스터 시크릿에서 세션 키를 다시 추출할 수 없다. 이렇게 하면 개인키가 유출될 경우 데이터의 기밀성을 잃을 위험이

없다. PFS를 사용하려면 TLS 핸드셰이크에 참여하는 서버와 클라이언트 모두 DHE(Ephemeral Diffie-Hellman)나 ECDHE(Elliptic-Curve Diffie-Hellman)을 사용하는 암호 스위트를 지원해야 한다.

참고

구글은 2011년 11월에 Gmail, 구글+, 검색에 대한 PFS를 활성화했다.

UMA의 발전

사용자 접근 관리 규약^{UMA, User-Managed Access}('우마'라고 발음)은 OAuth 2.0의 프로필이다. OAuth 2.0이 인가 서버와 자원 서버를 분리한다면 UMA는 한 발 더 나아가 하나의 중앙 인가 서버에서 여러 분산 자원 서버를 제어할 수 있게 한다. 또한 UMA에서는 자원 소유자가 인가 서버에서 클라이언트에게 보호된 자원에 접근 권한을 부여할 때 실행할 수 있는 정책들을 정의할 수 있게 한다. 이에 따라 자원 소유자는 임의의 클라이언트와 요청 당사자들이 접근 권한을 요청할 때마다 자리에 있을 필요가 없다. 자원 소유자가 미리 정의해 놓은 정책들을 토대로 인가 서버가 직접 접근 권한에 대한 결정을 내릴 수 있기 때문이다.

서비스 제공 보호 규약

UMA는 칸타라 협회^{Kantara Initiative}에 근간을 둔다. 칸타라 협회는 디지털 신원 관리 표준 제정을 위한 비영리 전문 협회로, 2009년 8월 6일에 UMA 워킹그룹의 첫 회의가 열렸다. UMA의 등장 배경에는 서비스 제공 보호 규약(ProtectServe)과 벤더 관계

관리^{VRM, Vendor Relationship Management}의 2가지 동기가 있었다. 서비스 제공 보호 규약은 VRM의 영향을 많이 받은 표준이다. 서비스 제공 보호 규약의 목표는 간단하고 안전하며 효율적이고, REST 원리를 따르며, 강력하고 OAuth 기반에 시스템 애그너스틱^{agnostic}한 권한 기반 데이터 공유 모델을 구축하는 것이다. 서비스 제공 보호 규약은 프로토콜 흐름에서 사용자, 권한 부여 관리자^{AM, Authorization Manager}, 서비스 제공자^{SP, Service Provider}, 소비자^{consumer}라는 4가지의 그룹을 정의한다.

서비스 제공자는 사용자의 자원을 관리하고, 이를 외부에 노출한다. 권한 부여 관리자는 사용자와 연관된 모든 서비스 제공자를 추적한다. 사용자는 자원의 소유자며 모든 서비스 제공자(또는 협업 애플리케이션)를 권한 부여 관리자에 연결하고, 자원 공유 기반을 정의하는 접근 권한 정책들을 만든다. 소비자는 서비스 제공자를 통해 사용자의 자원을 소비한다. 단, 소비자는 반드시 권한 부여 관리자에게 허가를 받아야 한다.

접근 권한 요청이 발생할 때 권한 부여 관리자는 자원 소유자가 정의한 해당 서비스 관련 정책으로 허가 여부를 심사한다. 서비스 제공 보호 규약은 접근 위임을 위한 프로토콜로 OAuth 1.0(부록 B 참고)을 사용한다.

서비스 제공 보호 규약의 흐름은 다음과 같다.

1단계: 사용자나 자원 소유자는 서비스 제공자를 권한 부여 관리자에게 연결한다 (그림 D-1 참고).

1. 사용자는 권한 부여 관리자의 메타데이터 URL을 서비스 제공자에게 전달한다.

2. 서비스 제공자는 권한 부여 관리자의 메타데이터 종단점과 통신해 소비자 키 발급자, 요청 토큰 발급자, 액세스 토큰 발급자, 관련 정책에 대한 세부 정보를 전달받는다(OAuth 1.0 사양이 소비자 키, 요청 토큰과 액세스 토큰을 정의한다).

3. 서비스 제공자가 요청 토큰 발급자(권한 부여 관리자와 동일할 수 있음)에게 OAuth 요청 토큰 발급을 요청하면서 OAuth 1.0 흐름이 시작된다.

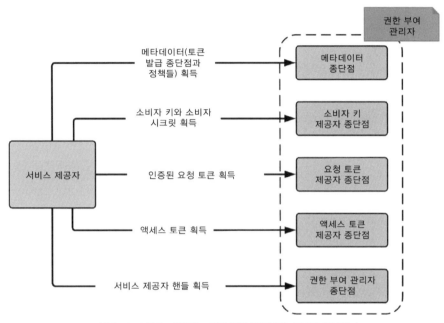

그림 D-1. 서비스 제공자는 권한 부여 관리자와 신뢰를 구축한다.

4. 권한 부여 관리자는 인증 요청 토큰을 생성해 OAuth 1.0 사양에 정의된 다른 파라미터들과 함께 서비스 제공자에게 반환한다.

5. 서비스 제공자는 인증을 받으려고 사용자를 토큰 참조 및 OAuth 1.0 사양의 파라미터들과 함께 권한 관리자에게 리다이렉션한다.

6. 사용자의 인증이 완료되면 권한 부여 관리자가 인증된 요청 토큰과 OAuth 1.0 사양에 정의된 다른 파라미터들을 서비스 제공자에게 반환한다.

7. 서비스 제공자는 OAuth 1.0 흐름을 완수하려고 권한 관리자에게 인증된 요청 토큰을 보내 액세스 토큰을 받는다.

8. OAuth 흐름이 완료되면 서비스 제공자는 서비스 제공자 핸들을 얻으려고 (OAuth 1.0으로 보호된) 권한 부여 관리자의 종단점과 통신한다.

9. 권한 부여 관리자는 OAuth 서명의 유효성을 검증한 후 서비스 제공자에게 서비스 제공자 핸들을 전달한다. 서비스 제공자 핸들은 향후 통신에서 각 서비스 제공자를 구분하려고 권한 부여 관리자가 생성한 고유 식별자다.

위 과정으로 서비스 제공 보호 규약의 초기 흐름이 완료된다.

참고

서비스 제공자 핸들은 권한 부여 관리자가 서비스 제공자를 고유하게 식별하는 키다. 이 정보는 공개돼 있다. 서비스 제공자는 각 권한 부여 관리자별로 하나씩 다수의 서비스 제공자 핸들을 가질 수 있다.

2단계: 보호된 자원 접근을 원하는 소비자는 소비자 키를 받아야 한다.

1. 서비스 제공자가 관리하는 보호된 자원에 소비자가 접근을 시도한다.
2. 인증되지 않은 접근 시도를 탐지하면 서비스 제공자는 HTTP 401 상태 코드와 함께 서비스 제공자 메타데이터를 얻고자 필요한 세부 사항을 반환한다(그림 D-2 참고).

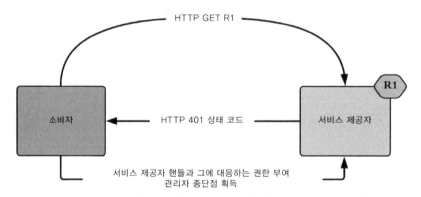

그림 D-2. 서비스 제공자는 소비자 요청을 거부하고 401 응답을 반환한다. R1은 자원을 나타낸다.

3. 소비자는 401 응답의 세부 사항을 참고해서 서비스 제공자의 메타데이터 종단점과 통신한다(그림 D-2 참고).

4. 서비스 제공자 메타데이터 종단점은 (권한 부여 관리자에 등록된) 서비스 제공자 핸들과 권한 부여 관리자의 종단점을 반환한다.

5. 소비자는 권한 부여 관리자의 종단점과 통신해 소비자 키와 소비자 시크릿을 얻는다(그림 D-3 참고).

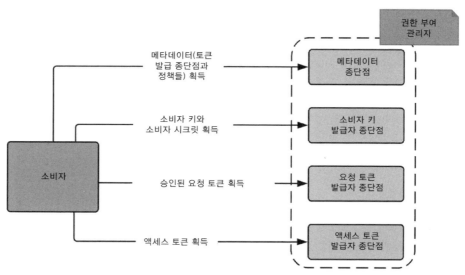

그림 D-3. 소비자는 권한 부여 관리자로부터 액세스 토큰을 얻는다.

6. 소비자는 권한 부여 관리자에게 자신의 소비자 키와 서비스 제공자 핸들을 이용해 액세스 토큰을 요청한다. 소비자는 소비자 시크릿으로 해당 요청을 디지털 서명해야 한다.

7. 권한 부여 관리자는 액세스 토큰 요청의 파라미터를 검증하고 액세스 토큰과 토큰 시크릿을 소비자에게 발급한다.

3단계: 유효한 액세스 토큰을 가진 소비자는 서비스 제공자가 관리하는 보호된 자원에 접근할 수 있다(그림 D-4 참고).

1. 소비자는 액세스 토큰 시크릿으로 서명된 액세스 토큰으로 서비스 제공자의 보호된 자원에 접근을 시도한다.

2. 서비스 제공자는 권한 부여 관리자와 통신해 소비자의 액세스 토큰에 관련된 시크릿 키를 가져온다. 필요시 서비스 제공자는 시크릿 키를 로컬에 저장한다.

3. 서비스 제공자는 액세스 토큰 시크릿을 사용해 요청의 서명을 검증한다.

4. 서명이 유효하면 서비스 제공자는 권한 부여 관리자의 정책 결정 종단점에 액세스 토큰과 서비스 제공자 핸들을 보낸다. 해당 요청은 액세스 토큰 시크릿으로 디지털 서명 돼야 한다.

5. 권한 부여 관리자는 먼저 요청의 유효성을 검증하고, 사용자나 자원 소유자가 생성한 정책들로 요청 내용을 심사한 결과를 서비스 제공자에게 전달한다.

6. 심사 결과가 거부Deny라면 정책 항목의 위치가 서비스 제공자에게 반환되며, 서비스 제공자는 HTTP 403 상태 코드와 위치 정보를 소비자에게 전달한다.

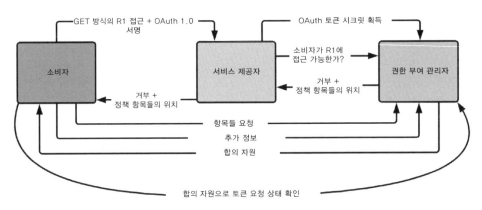

그림 D-4. 소비자는 유효한 OAuth 자격증명을 이용해 제한된 권한으로 서비스 제공자가 관리하는 자원에 접근할 수 있다.

7. 소비자는 권한 부여 관리자가 관리하는 정책 항목 연결 지점과 통신해 해당 위치에 따른 정책 항목을 요청한다. 이 요청은 소비자 시크릿으로 서명된 소비자 키를 포함한다.

8. 소비자는 정당성을 입증하려고 정책 항목과 관련된 추가 정보를 권한 부여 관리자에게 보낸다. 이 요청은 소비자 키를 포함하며, 소비자 시크릿으로 서명된다.

9. 권한 부여 관리자는 소비자가 보낸 주장과 추가 정보를 심사한다. 이들이 요구 조건을 충족하면 권한 부여 관리자는 합의 자원을 생성하고 해당 자원의 위치를 소비자에게 전달한다.

10. 필요시 권한 부여 관리자는 합의 자원^{agreement resource}의 위치를 전달하기 전에 사용자의 승인을 받아야 한다.

11. 소비자가 합의 자원의 위치를 받으면 권한 부여 관리자가 관리하는 종단점과 통신해 합의 자원을 획득하고 토큰 요청 상태를 확인할 수 있다.

4단계: 권한 부여 관리자가 승인하면 소비자는 자신의 액세스 토큰과 시크릿 키로 보호된 자원에 접근할 수 있다(그림 D-5 참고).

1. 소비자는 액세스 토큰 시크릿으로 서명한 액세스 토큰으로 서비스 제공자의 보호된 자원에 접근한다.

2. 서비스 제공자는 권한 부여 관리자와 통신해 소비자의 액세스 토큰에 해당하는 시크릿 키를 얻는다. 필요시 서비스 제공자는 이를 별도로 저장한다.

3. 서비스 제공자는 액세스 토큰 시크릿으로 요청의 서명을 검증한다.

4. 서명이 유효하면 서비스 제공자는 권한 부여 관리자의 정책 결정 종단점과 통신해 액세스 토큰 시크릿으로 서명한 액세스 토큰과 서비스 제공자 핸들을 전달한다.

5. 권한 부여 관리자는 먼저 요청의 유효성을 검증하고, 사용자나 자원 소유자가 정의한 관련 정책들로 심사한 결과를 서비스 제공자에게 전달한다.

6. 심사 결과가 허가^{Allow}일 때 서비스 제공자는 소비자에게 요청 자원을 반환한다.

7. 서비스 제공자는 권한 부여 관리자의 심사 결과를 캐시에 저장할 수 있다. 후에 소비자가 동일한 요청을 할 경우 서비스 제공자는 저장한 심사 결과를 재사용할 수 있다.

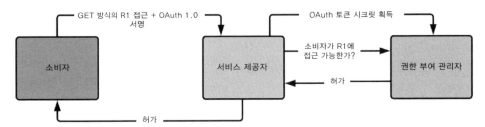

그림 D-5. 소비자는 유효한 OAuth 자격증명과 필수 권한으로 서비스 제공자가 관리하는 자원에 접근할 수 있다.

UMA와 OAuth

여러 해를 거쳐 서비스 제공 보호 규약은 UMA로 발전했다. 서비스 제공 보호 규약은 OAuth 1.0을 사용해 API를 안전하게 보호했으며, UMA는 OAuth 1.0에서 OAuth WRAP으로, 그리고 OAuth 2.0으로 나아갔다. 칸타라 협회가 약 3년간 개발한 UMA 사양은 2011년 7월 9일 IETF 사용자 관리 데이터 접근 프로토콜에 대한 권고안으로 OAuth 워킹그룹에 제출됐다.

UMA 1.0 구조

UMA 구조에는 5가지의 주요 구성 요소가 있다(그림 D-6 참고). 자원 소유자(서비스 제공 보호 규약의 사용자와 유사), 자원 서버(서비스 제공 보호 규약의 서비스 제공자와 유사), 인가 서버(서비스 제공 보호 규약의 권한 부여 관리자와 유사), 클라이언트(서비스 제공 보호 규약의 소비자와 유사), 그리고 요청 당사자다. 이 5가지 구성 요소는 UMA 핵심 사양에 정의된 3가지 단계에서 상호작용한다.

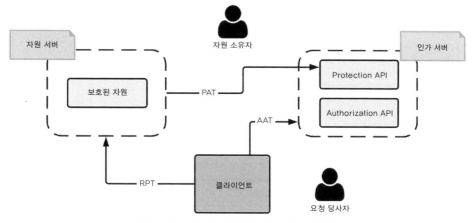

그림 D-6. UMA 구조의 개요UMA 1.0의 진행 단계

UMA[1]의 첫 번째 단계는 자원을 보호하는 것이다. 먼저 자원 소유자는 자원 서버를 중앙 인가 서버에 연결한다.

클라이언트가 보호된 자원에 접근하고자 할 때 두 번째 단계가 시작된다. 클라이언트는 인가 서버와 통신해 자원 서버가 관리하는 보호된 자원 접근에 필요한 권한을 얻는다. 마지막 세 번째 단계에서 클라이언트는 보호된 자원에 직접 접근한다.

UMA 1단계: 자원 보호

자원 소유자가 보유한 자원들은 각기 다른 자원 서버에 존재할 수 있다. 예를 들면 사진은 플리커Flickr에 있고, 캘린더는 구글에 있으며, 친구 목록은 페이스북에 있다고 하자. 어떻게 해야 하나의 중앙 인가 서버로 각각의 자원 서버에 있는 자원들을 보호할 수 있을까? 제일 먼저 자원 소유자가 플리커, 구글, 페이스북 등 모든 자원 서버에 중앙 인가 서버를 연결해야 한다. 자원 소유자는 각 자원 서버마다 로그인한 후 인가 서버 설정 종단점을 지정할 수 있다. 인가 서버는 설정 데이터를 JSON 형식으로 제공해야 한다.

---

1. https://docs.kantarainitiative.org/uma/rec-uma-core.html

다음 내용은 인가 서버와 관련된 샘플 설정 데이터 집합이다. 이 JSON 형식의 데이터는 UMA을 지원하는 자원 서버가 이해할 수 있어야 한다. 이 절에서는 각 설정 항목의 상세 내용을 설명한다.

```
{
    "version":"1.0",
    "issuer":"https://auth.server.com",
    "pat_profiles_supported":["bearer"],
    "aat_profiles_supported":["bearer"],
    "rpt_profiles_supported":["bearer"],
    "pat_grant_types_supported":["authorization_code"],
    "aat_grant_types_supported":["authorization_code"],
    "claim_profiles_supported":["openid"],
    "dynamic_client_endpoint":"https://auth.server.com/dyn_client_reg_uri",
    "token_endpoint":"https://auth.server.com/token_uri",
    "user_endpoint":"https://auth.server.com/user_uri",
    "resource_set_registration_endpoint":"https://auth.server.com/rs/rsrc_uri",
    "introspection_endpoint":"https://auth.server.com/rs/status_uri",
    "permission_registration_endpoint":"https://auth.server.com/perm_uri",
    "rpt_endpoint":"https://auth.server.com/rpt",
    "authorization_request_endpoint":"https://auth.server.com/authorize"
}
```

자원 서버가 설정 데이터 종단점을 통해 인가 서버에 연결되면 자원 서버는 동적 클라이언트 등록(RFC 7591) 종단점(dynamic_client_endpoint)과 통신해 인가 서버에 자신을 등록할 수 있다.

인가 서버가 노출한 클라이언트 등록 종단점은 보안 프로토콜로 보호될 수도, 아닐 수도 있다. 이를테면 OAuth, HTTP 기본 인증, 양방향 TLS, 아니면 여타 보안 프로토콜 등 인가 서버가 선호하는 방식으로 보호될 수 있다. 동적 클라이언트 등록 프로필(RFC 7591)이 등록 종단점의 인증 프로토콜 사용을 강제하지 않더라도 최소한 TLS로 보호돼야 한다. 인가 서버는 누구나 인가 서버에 등록할 수 있게 종단점을 공개할 수 있다. 클라이언트를 등록하려면 등록 종단점에 모든 메타데이터를 전달해야 한다. 클라이언트 등록을 위한 JSON 메시지 샘플은 다음과 같다.

```
POST /register HTTP/1.1
Content-Type: application/json
Accept: application/json
Host: authz.server.com
{
    "redirect_uris":["https://client.org/callback","https://client.org/
    callback2"],
    "token_endpoint_auth_method":"client_secret_basic",
    "grant_types": ["authorization_code" , "implicit"],
    "response_types": ["code" , "token"],
}
```

클라이언트 등록에 성공하면 자원 서버에서 사용할 클라이언트 식별자와 시크릿
이 포함된 JSON 응답이 다음과 같이 전달된다.

```
HTTP/1.1 200 OK
Content-Type: application/json
Cache-Control: no-store
Pragma: no-cache
{
    "client_id":"iuyiSgfgfhffgfh",
    "client_secret": "hkjhkiiu89hknhkjhuyjhk",
    "client_id_issued_at":2343276600,
    "client_secret_expires_at":2503286900,
    "redirect_uris":["https://client.org/callback","https://client.org/callback2"],
    "grant_types": "authorization_code",
    "token_endpoint_auth_method": "client_secret_basic",
}
```

자원 서버 최초 등록 절차가 완료되면 1단계에서 다음 수순은 자원 서버가 보호 API 토큰[PAT, Protection API Token]을 획득해 인가 서버가 제공하는 보호 API에 접근하는 것이다(PAT에 대한 자세한 내용은 부록 뒷부분의 '보호 API' 절에서 확인할 수 있다). PAT는 자원 서버, 자원 소유자별로 발급된다. 즉, 자원 서버가 PAT를 사용해 중앙 인가 서버로 자원들을 보호하려면 먼저 각 자원 소유자가 PAT를 인가해야 한다. 인가 서버 설정 파일에는 지원하는 PAT 유형들이 선언돼 있다. 이전 예에서 인가 서버는 OAuth 2.0 베어러[bearer] 토큰을 지원한다.

```
pat_profiles_supported":["bearer"]
```

인가 서버 설정 파일에는 PAT 토큰 유형 외에 PAT 획득 방법도 선언돼 있는데, 위의 경우에는 OAuth 2.0 인증 코드 승인 방식이 명시돼 있다. PAT를 베어러 형식으로 얻으려면 자원 서버가 OAuth 흐름을 인증 코드 승인 방식으로 진행해야 한다.

```
"pat_grant_types_supported":["authorization_code"]
```

다음은 PAT를 얻기 위한 인증 코드 승인 요청의 샘플이다.

```
GET /authorize?response_type=code
    &client_id=dsdasDdsdsdsdsdas
    &state=xyz
    &redirect_uri=https://flickr.com/callback
    &scope=http://docs.kantarainitiative.org/uma/scopes/prot.json
HTTP/1.1 Host: auth.server.com
```

자원 서버가 PAT를 얻으면 인가 서버가 제공하는 Resource Set Registration API에 접근해 해당 인가 서버가 보호해야 하는 자원 집합을 등록할 수 있다. Resource Set Registration API의 종단점은 인가 서버 설정 파일에 정의돼 있다(‘보호 API’ 절에서 Resource Set Registration API를 자세히 알아본다).

```
"resource_set_registration_endpoint":"https://auth.server.com/rs/rsrc_uri",
```

UMA 2단계: 인증 획득

UMA 사양에 따라 2단계는 클라이언트의 접근 시도 실패 후 시작된다. 클라이언트는 자원 서버가 관리하는 자원에 접근을 시도하고, HTTP 403 상태 코드를 받는다(그림 D-7 참고). 403 응답 외에도 자원 서버는 클라이언트가 요청 당사자 토큰[RPT, Requesting Party Token]을 얻을 수 있는 인가 서버의 종단점(as_uri) 정보를 함께 보낸다.

```
HTTP/1.1 403 Forbidden
WWW-Authenticate: UMA realm="my-realm",
                      host_id="photos.flickr.com",
                      as_uri=https://auth.server.com
```

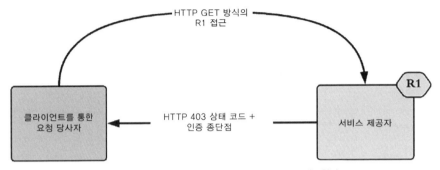

그림 D-7. 자원 서버는 RPT가 없는 요청은 모두 거부한다.

UMA에 따르면 보호된 자원에 접근하려고 클라이언트는 유효한 RPT를 제시해야
한다('인가 API' 절에서 RPT에 대해 자세히 알아본다). 403 응답에 포함돼야 하는 RPT
종단점은 인가 서버 설정 파일에 선언돼 있다.

```
"rpt_endpoint":"https://auth.server.com/rpt"
```

자원 서버에게 403 상태 코드로 거부 응답을 받으면 클라이언트는 인가 서버의
RPT 종단점과 통신해야 한다. 이를 위해 클라이언트는 인가 API 토큰[AAT, Authorization
API token]이 필요하며, AAT를 얻으려면 인가 서버에 등록해야 한다. 클라이언트는
OAuth Dynamic Client Registration API나 다른 적합한 방법으로 등록할 수 있다.
클라이언트가 인가 서버에 등록되면 클라이언트 키와 클라이언트 시크릿이 발급
된다. 요청 당사자는 클라이언트와 다른 개체일 수 있다. 예를 들면 클라이언트는
모바일 앱이나 웹 애플리케이션이지만 요청 당사자는 해당 모바일 앱이나 웹 애
플리케이션을 사용하는 사람일 수 있다. 요청 당사자의 궁극적인 목적은 클라이
언트 애플리케이션을 통해 자원 서버 관리하에 있는 자원 소유자의 API에 접근하
는 것이다. 이를 달성하려고 요청 당사자는 자원 서버의 신뢰를 받는 인가 서버로
부터 RPT를 획득해야 한다. RPT를 얻으려고 요청 당사자는 먼저 클라이언트 애플
리케이션에서 AAT를 얻어야 한다. 한편 클라이언트가 AAT를 얻으려면 인가 서버
가 AAT를 발행하려고 지원하는 OAuth 승인 방식을 따라야 한다. 해당 내용은 인

가 서버의 설정 파일에 선언돼 있다. 이 예에서 인가 서버는 AAT를 발급하려고 인증 코드 승인 방식을 지원한다.

```
"aat_grant_types_supported":["authorization_code"]
```

클라이언트가 인가 서버에 등록된 후 요청 당사자를 대신해 AAT를 받으려면 scope 값에 http://docs.kantarainitiative.org/uma/scopes/authz.json을 넣고 OAuth 인증 코드 승인 요청을 해야 한다. 다음은 AAT를 얻기 위한 인증 코드 승인 요청 샘플이다.

```
GET /authorize?response_type=code
    &client_id=dsdasDdsdsdsdsdas
    &state=xyz
    &redirect_uri=https://flickr.com/callback
    &scope=http://docs.kantarainitiative.org/uma/scopes/authz.json
HTTP/1.1 Host: auth.server.com
```

참고

반드시 Dynamic Client Registration API를 사용할 필요는 없다. 클라이언트는 자신이 선호하는 방법으로 인가 서버에 등록할 수 있다. 동일한 인가 서버에는 자원 서버와 요청 당사자 상관없이 한 번만 등록하면 된다. 이를테면 특정 클라이언트가 어떤 인가 서버에 이미 등록돼 있을 경우 다른 요청 당사자가 동일한 인가 서버를 사용할 때 재등록할 필요가 없다. AAT는 자원 서버와 독립적이며, 각 클라이언트, 각 요청 당사자, 각 인가 서버별로 다르다.

AAT를 받고 자원 서버의 403 응답을 받은 후 클라이언트는 인가 서버의 RPT 종단점에서 RPT를 얻을 수 있다(그림 D-8 참고). RPT를 얻으려고 클라이언트는 AAT로 인증해야 한다. 다음 예를 보면 AAT는 HTTP 인증 헤더에서 OAuth 2.0 베어러 토큰으로 사용된다.

```
POST /rpt HTTP/1.1
Host: as.example.com
Authorization: Bearer GghgjhsuyuE8heweds
```

참고

RPT 종단점은 인가 서버 설정의 **rpt_endpoint** 속성에 정의돼 있다.

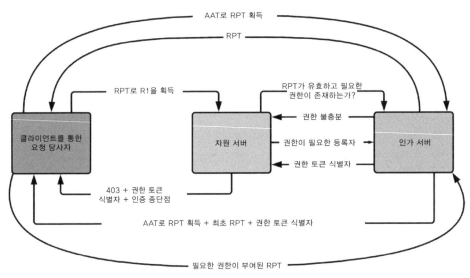

그림 D-8. 클라이언트는 인가 서버로부터 권한이 부여된 RPT를 얻는다.

다음 내용은 인가 서버 RPT 종단점의 응답 샘플을 보여준다. RPT가 최초로 발급된 경우 인증 권한을 갖고 있지 않으며, 실제 RPT를 얻기 위한 임시 토큰으로만 사용한다.

```
HTTP/1.1 201 Created
Content-Type: application/json
{
    "rpt": "dsdsJKhkiuiuoiwewjewkej"
}
```

클라이언트가 최초의 RPT를 소유하고 있으면 다시 한 번 자원에 접근을 시도할 수 있다. 이 경우 RPT는 HTTP 인증 헤더에서 OAuth 2.0 베어러 토큰으로 사용된다. 이때 자원 서버는 자원 요청에서 RPT를 추출하고 인가 서버가 제공하는 Introspection API와 통신한다. Introspection API는 해당 RPT와 RPT의 권한이 유효한지 확인한다. 이 경우에는 RPT가 유효한 토큰이라 하더라도 최초 RPT이기 때문에 연관된 권한이 존재하지 않는다.

참고

인가 서버가 제공하는 Introspection API는 OAuth 2.0으로 보호된다. 자원 서버가 해당 API에 접근하려면 유효한 PAT를 제시해야 한다. PAT는 HTTP 인증 헤더에 있는 또 다른 베어러 토큰이다.

RPT가 해당 자원에 접근할 수 있는 권한이 충분하지 않은 경우 자원 서버는 인가 서버가 제공하는 Client Requested Permission Registration API를 통해 클라이언트가 접근하기를 원하는 자원에 필요한 권한 집합을 등록한다. 권한 등록에 성공하면 인가 서버는 권한 티켓 식별자를 반환한다.

참고

클라이언트 요청 권한 등록 종단점은 인가 서버 설정의 permission_registration_endpoint 속성에 정의돼 있다. UMA 보호 API의 일부분인 이 종단점은 OAuth 2.0으로 보호된다. 자원 서버가 해당 API에 접근하려면 유효한 PAT를 제시해야 한다.

다음은 인가 서버의 권한 등록 종단점에 대한 요청 샘플이다. 여기에는 요청된 자원에 해당하는 고유 resource_set_id와 이에 연관된 필수 scope 값들이 포함돼야 한다.

```
POST /perm_uri HTTP/1.1
Content-Type: application/json
Host: auth.server.com
```

```
{
    "resource_set_id": "1122wqwq23398100",
    "scopes": [
        "http://photoz.flickr.com/dev/actions/view",
        "http://photoz.flickr.com/dev/actions/all"
    ]
}
```

이 요청에 응답해, 인가 서버는 권한 티켓을 생성한다.

```
HTTP/1.1 201 Created
Content-Type: application/json
{
    "ticket": "016f88989-f9b9-11e0-bd6f-0cc66c6004de"
}
```

인가 서버에서 권한 티켓이 생성되면 자원 서버는 클라이언트에게 다음과 같은 응답을 전송한다.

```
HTTP/1.1 403 Forbidden
WWW-Authenticate: UMA realm="my-realm",
                  host_id=" photos.flickr.com ",
                  as_uri="https://auth.server.com"
                  error="insufficient_scope"
{"ticket": "016f88989-f9b9-11e0-bd6f-0cc66c6004de"}
```

이제 클라이언트는 필요한 권한들의 집합이 포함된 새로운 RPT를 가져와야 한다. 이전에 403 응답을 받았던 경우와 달리 이번 RPT 요청에는 티켓 속성도 포함된다.

```
POST /rpt HTTP/1.1
Host: as.example.com
Authorization: Bearer GghgjhsuyuE8heweds
{
```

```
    "rpt": "dsdsJKhkiuiuoiwewjewkej",
    "ticket": "016f88989-f9b9-11e0-bd6f-0cc66c6004de"
}
```

참고

인가 서버의 RPT 종단점은 OAuth 2.0으로 보호돼 있다. RPT 종단점에 접근하려고 클라이언트는 OAuth 베어러 토큰으로 HTTP 인증 헤더의 AAT를 사용해야 한다.

필요한 권한 집합을 만족하는 새 RPT를 발급하기 전 이 시점에서 인가 서버는 클라이언트와 요청 당사자 대상으로 자원 소유자가 정의한 인증 정책들을 심사한다. 정책들을 심사하는 동안 요청 당사자에 대해 추가 정보가 필요한 경우 인가 서버는 요청 당사자와 직접 상호작용해 필요한 세부 사항을 수집할 수 있다. 또한 자원 소유자의 추가 승인이 필요한 경우 인가 서버는 자원 소유자에게 해당 내용을 알리고 응답을 기다려야 한다. 그중 어떤 경우든 RPT에 권한을 부여하기로 결정하면 인가 서버는 새로운 RPT를 만들어 클라이언트에게 전달한다.

```
HTTP/1.1 201 Created
Content-Type: application/json
{
    "rpt": "dsdJhkjhkhk879dshkjhkj877979"
}
```

UMA 3단계: 보호된 자원 접근

2단계의 마지막에서 클라이언트는 필요한 권한들이 포함된 유효한 RPT를 얻었다. 이제 이 RPT를 이용해 클라이언트는 보호된 자원에 접근할 수 있다. 자원 서버는 다시 한 번 인가 서버가 제공하는 Introspection API를 사용해 해당 RPT의 유효성을 검증한다. 토큰이 유효하고 필요한 권한이 모두 포함돼 있다면 해당 자원을 클라이언트에게 반환한다.

UMA API

UMA는 두 가지 주요 API인 보호 API와 인가 API(그림 D-9 참고)를 정의한다.

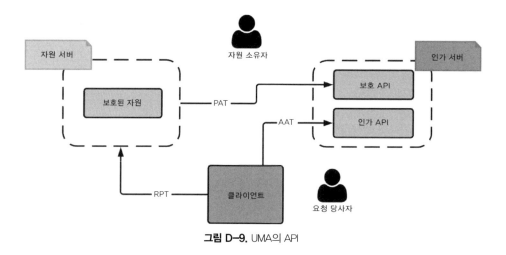

그림 D-9. UMA의 API

보호 API는 자원 서버와 인가 서버 사이에 있고, 인가 API는 클라이언트와 인가 서버 사이에 있다. 두 API 모두 OAuth 2.0으로 보호된다. 자원 서버가 보호 API에 접근하려면 베어러 토큰으로 PAT를 제시해야 한다. 또한 클라이언트가 인가 API에 접근하려면 AAT를 베어러 토큰으로 제시해야 한다.

보호 API

보호 API는 인가 서버가 자원 서버에 제공하는 인터페이스다. 보호 API는 OAuth 자원 집합 등록 종단점[2], 클라이언트 요청 권한 등록 종단점, OAuth 토큰 자기 검

---

2. 최신 OAuth 자원 집합 등록 상세는 다음 주소에서 이용 가능하다. https://tools.ietf.org/html/draft-hardjono-OAuth-resource-reg-07

증(RFC 7662) 종단점과 같은 3가지 하위 요소로 구성된다.

보호 API에 속한 이 세 가지 API는 각각 다른 문제를 해결한다. 자원 서버는 Resource Set Registration API를 사용해 자원의 의미^{semantic}와 발견^{discovery} 특성을 인가 서버에 공개하며, 이를 지속적으로 수행한다. 외부 인가 서버로 보호돼야 하는 자원 집합을 찾을 때마다 자원 서버는 인가 서버의 자원 집합 등록 종단점과 통신해 새로운 자원을 등록한다. 자원 소유자도 자원 서버와 마찬가지로 이러한 작업을 진행할 수 있다. 다음 예제는 인가 서버의 Resource Set Registration API에 대한 JSON 요청을 보여준다. name 속성의 값은 사람이 읽을 수 있는 텍스트여야 하며, icon_uri 속성은 선택 사항으로서 이 자원 집합을 나타내는 모든 이미지를 가리킬 수 있다. scope 배열은 자원 집합을 접근하는 데 필요한 모든 scope 값을 열거한다. type 속성은 자원 집합에 연관된 의미를 설명한다. 이 속성의 값은 자원 서버에게만 의미가 있으며, 관련 자원을 처리하는 데 사용될 수 있다.

```
{
    "name": "John's Family Photos",
    "icon_uri": "http://www.flickr.com/icons/flower.png",
    "scopes": [
        "http://photoz. flickr.com/dev/scopes/view",
        "http://photoz. flickr.com/dev/scopes/all"
    ],
    "type": "http://www. flickr.com/rsets/photoalbum"
}
```

또한 이 JSON 메시지는 자원 기술$^{resource\ description}$로도 알려져 있다. 각 UMA 인가 서버는 생성(POST), 업데이트(PUT), 목록(GET), 삭제(DELETE) 자원 집합 기술을 위한 REST API를 제공해야 한다. 자원 서버는 앞에서 설명한 1단계를 진행하는 중에, 또는 계속적으로 이 종단점을 활용할 수 있다.

자원 서버는 UMA 흐름의 2단계에서 클라이언트 요청 권한 등록 종단점에 접근한다. 자원 서버는 이 API를 사용해 클라이언트가 원하는 자원에 접근하는 데 필요한 권한 수준을 인가 서버에 알린다. 자원 서버는 Introspection API를 사용해 RPT의 유효성을 확인한다.

인가 API

인가 API는 클라이언트와 인가 서버 사이의 인터페이스다. 인가 API의 주 임무는 RPT를 발급하는 것이다.

Base64 URL 인코딩

Base64 인코딩은 2진 데이터를 ASCII 문자열 형식으로 표현하는 방법을 정의하고, 키나 디지털 인증서와 같은 2진 데이터를 인쇄 가능한 형식으로 전송하는 것을 목적으로 한다. 이러한 인코딩 유형은 키나 디지털 인증서와 같은 객체가 이메일 본문, 웹 페이지, XML 문서, 또는 JSON 문서의 일부로 전송되는 경우 필요하다.

Base64 인코딩을 위해 먼저 2진 데이터를 24비트 그룹으로 나눈다. 그런 다음 각각의 24비트 그룹을 4개의 6비트 그룹으로 나눈다. 이제 각각의 6비트 그룹은 10진수 비트 값(0~63)을 기반으로 인쇄 가능한 문자(A~Z, a~z, 0~9, +, /)로 표현될 수 있다(그림 E-1 참고). 예를 들어 000111비트 값을 갖는 6비트 그룹은 10진수로 7이다. 그림 E-1에 따라 이 6비트 그룹은 문자 H로 표현된다. 그림 E-1에서 보여주는 문자 외에 = 문자는 패딩이라는 특별한 처리 기능을 위해 사용된다. 원본 2진 데이터의 길이가 정확히 24의 배수가 아닌 경우 패딩이 필요하다. 24의 배수가 아닌 232 길이의 2진 데이터를 가정하자. 이제 데이터의 길이를 24의 다음 배수인 240으로 만들려고 2진 데이터를 채워야(패딩) 한다. 즉, 데이터의 길이를 240으로 만들려고 원본 2진 데이터에 8비트를 채워야 한다. 이 경우 패딩은 원본 2진 데이터 끝에 8개의 0을 추가해 수행된다. 이제 이 240비트를 6으로 나눠 6비트 그룹을 만들면 마지막 6비트 그룹은 모두 0이 되고, 이 완전한 그룹은 = 패딩 문자로 표현된다.

0	A	16	Q	32	g	48	w
1	B	17	R	33	h	49	x
2	C	18	S	34	I	50	y
3	D	19	T	35	j	51	z
4	E	20	U	36	k	52	0
5	F	21	V	37	l	53	1
6	G	22	W	38	m	54	2
7	H	23	X	39	n	55	3
8	I	24	Y	40	o	56	4
9	J	25	Z	41	p	57	5
10	K	26	a	42	q	58	6
11	L	27	b	43	r	59	7
12	M	28	c	44	s	60	8
13	N	29	d	45	t	61	9
14	O	30	e	46	u	62	+
15	P	31	f	47	v	63	/

그림 E-1. Base64 인코딩

다음 예제는 자바 8을 이용해 2진 데이터를 Base64 인코딩/디코딩하는 방법을 보여준다. `java.util.Base64` 클래스는 자바 8에서 도입됐다.

```
byte[] binaryData = // binaryData 변수로 이진 데이터 로딩
// 인코딩
String encodedString = Base64.getEncoder().encodeToString(binaryData);
// 디코딩
binary[] decodedBinary = Base64.getDecoder().decode(encodedString);
```

Base64 인코딩의 한 가지 문제는 URL에서 제대로 동작하지 않는다는 것이다. Base64 인코딩에서 사용되는 + 및 / 문자(그림 E-1 참고)는 URL 내에서 사용될 때 특별한 의미를 갖고 있다. Base64로 인코딩된 이미지를 URL 쿼리 파라미터로 보내려는 상황에서 인코딩된 문자열이 앞의 두 문자 중 하나를 포함하면 브라우저가 URL을 잘못된 방향으로 해석한다. 이 문제를 해결하려고 Base64url 인코딩이 도입됐다. Base64url 인코딩이 동작하는 방식은 두 가지 예외를 제외하고 Base64 인

코딩과 정확히 동일하다. Base64 인코딩의 + 문자 대신 Base64url 인코딩은? 문자를 사용하고, Base64 인코딩의 / 문자 대신 Base64url 인코딩은 _ 문자를 사용한다.

다음 예제는 자바 8을 이용해 2진 데이터를 Base64 URL 인코딩/디코딩하는 방법을 보여준다. java.util.Base64 클래스는 자바 8에서 도입됐다.

```java
byte[] binaryData = // binaryData 변수로 이진 데이터 로딩
// 인코딩
String encodedString = Base64.getUrlEncoder().encodeToString(binaryData);
// 디코딩
binary[] decodedBinary = Base64.getUrlEncoder().decode(encodedString);
```

기본/다이제스트 인증

HTTP 기본 인증^{Basic authentication}과 다이제스트 인증^{Digest authentication}은 웹에서 자원을 보호하려고 사용되는 두 가지의 인증 스키마다. 두 방법 모두 사용자명과 패스워드 기반 자격증명에 바탕을 둔다. 어떤 웹 사이트에 로그인하려고 할 때 브라우저가 사용자명과 패스워드를 물어보는 대화상자를 표시한다면 십중팔구 이 웹 사이트는 HTTP 기본/다이제스트 인증 방식으로 보호돼 있다. 브라우저에게 사용자를 증명하게 요구하는 것은 웹 사이트를 보호하는 빠르면서도 지저분한 방법 중 하나다. 오늘날 HTTP 기본 또는 다이제스트 인증을 사용하는 웹 사이트는 거의 없다. 대신 최근 웹 사이트들은 깔끔한 양식^{form} 기반의 인증을 사용하거나 자체 제작한 인증 스키마를 사용한다. 그러나 여전히 그중 일부는 웹 자원에 대한 API 수준의 직접 접근을 보호하려고 HTTP 기본/다이제스트 인증을 사용한다.

HTTP 기본 인증은 국제 인터넷 표준화 기구^{IETF, Internet Engineering Task Force}에서 HTTP/1.0 RFC^{Request For Comments[1]}를 통해 최초로 표준화됐다. 이 인증은 네트워크상에서 사용자명과 패스워드를 평문 HTTP 헤더로 가져온다. 전송 계층 보안^{TLS, Transport}

---

1. 하이퍼텍스트 전송 규약(Hypertext Transfer Protocol) – HTTP/1.0, www.rfc-base.org/txt/rfc-1945.txt

Layer Security으로 보호되는 HTTP 등의 보안 전송 채널을 사용하지 않는 한 평문으로 사용자 자격증명 정보를 전송하는 것은 안전하지 않다. HTTP의 두 가지 인증 스키마, 기본 접근 인증과 다이제스트 접근 인증을 정의한 RFC 2617은 이 한계점을 해결했다. 기본 인증과는 달리 다이제스트 인증은 암호화 해시를 사용하며, 네트워크상에서 사용자의 자격증명 정보를 절대 평문으로 전송하지 않는다.

HTTP 기본 인증

HTTP/1.0 사양에서 HTTP 기본 인증 스키마를 처음 정의했고, RFC 2617이 이를 더욱 발전시켰다. RFC 2617은 HTTP 1.1 사양이나 RFC 2616[2]와 동반으로 제안됐지만 2015년에 RFC 7617이 새로이 제시되며 구식이 됐다. HTTP 기본 인증 스키마는 서버가 보호된 자원 접근에 타당한 자격증명을 사용자에게 요구하는 증명 요구-응답challenge-response 기반의 인증 스키마다. 이 모델에서 사용자는 각 영역마다 자신을 인증해야 한다. 영역은 보호 도메인의 역할을 하며, 영역 내에서 서버의 보호된 자원들은 각각 자체 인증 스키마와 인증 데이터베이스 혹은 그중 하나를 가진 보호 공간들로 분할될 수 있다.[3] 특정 사용자는 동시에 여러 영역에 속할 수 있으며 인증 시에 서버가 보낸 인증 증명의 일환으로 영역의 값을 확인할 수 있다. 영역 값은 인가 서버가 지정한 문자열이다. 사용자의 인증 요청이 기본 인증 자격증명과 함께 서버에 도달하면 서버는 보호된 자원에 대응되는 사용자명과 패스워드가 해당 영역에서 유효할 때에만 요청을 허가한다.

HTTP 기본 인증으로 깃허브 API 접근

깃허브(GitHub)는 웹 기반의 깃 저장소 관리 서비스로, GitHub REST API는 HTTP 기본 인증으로 보호된다. 이 연습에서는 깃 저장소를 생성하려고 보호된 깃허브 API에 접근하는 방법을

---

2. 하이퍼텍스트 전송 규약(Hypertext Transfer Protocol) − HTTP/1.1, www.ietf.org/rfc/rfc2616.txt

3. HTTP 인증: 기본과 다이제스트 접근 인증, www.ietf.org/rfc/rfc2617.txt

안내한다. 이를 진행하려면 깃허브 계정이 필요하며, 계정이 없는 경우 https://github.com에서 만들 수 있다.

cURL을 사용해 다음 깃허브 API를 호출해보자. 이 API는 인증이 불필요한 개방형 API며, 해당 깃허브 사용자명에 따라 이용할 수 있는 모든 자원의 포인터를 반환한다.

```
\> curl -v https://api.github.com/users/{github-user}
```

예를 들면 다음과 같다.

```
\> curl -v https://api.github.com/users/prabath
```

위의 명령은 다음과 같은 JSON 응답을 반환한다.

```
{
    "login":"prabath",
    "id":1422563,
    "avatar_url":"https://avatars.githubusercontent.com/u/1422563?v=3",
    "gravatar_id":"",
    "url":"https://api.github.com/users/prabath",
    "html_url":"https://github.com/prabath",
    "followers_url":"https://api.github.com/users/prabath/followers",
    "following_url":"https://api.github.com/users/prabath/following
        {/other_user}",
    "gists_url":"https://api.github.com/users/prabath/gists{/gist_id}",
    "starred_url":"https://api.github.com/users/prabath/starred{/owner}
        {/repo}",
    "subscriptions_url":"https://api.github.com/users/prabath/subscriptions",
    "organizations_url":"https://api.github.com/users/prabath/orgs",
    "repos_url":"https://api.github.com/users/prabath/repos",
    "events_url":"https://api.github.com/users/prabath/events{/privacy}",
    "received_events_url":"https://api.github.com/users/prabath/received_
        events",
    "type":"User",
```

```
"site_admin":false,
"name":"Prabath Siriwardena",
"company":"WSO2",
"blog":"http://blog.faciellogin.com",
"location":"San Jose, CA, USA",
"email":"prabath@apache.org",
"hireable":null,
"bio":null,
"public_repos":3,
"public_gists":1,
"followers":0,
"following":0,
"created_at":"2012-02-09T10:18:26Z",
"updated_at":"2015-11-23T12:57:36Z"
}
```

참고

이 책에서 나오는 모든 cURL 명령들은 가독성을 위해 여러 줄로 나눠 놓은 것이며, 직접
실행할 때는 줄 바꿈 없이 한 줄로 실행해야 한다.

이제 다른 API를 사용해보자. 다음 API 호출로 깃허브 저장소를 생성할 수 있다. 이 호출은 401
권한 없음(Unauthorized) HTTP 상태 코드와 함께 거절 응답을 반환한다. 이 API는 HTTP 기본
인증으로 보호돼 있기 때문에 접근하려면 자격증명을 제공해야 한다.

```
\> curl -i -X POST -H 'Content-Type: application/x-www-form-urlencoded'
       -d '{"name": "my_github_repo"}' https://api.github.com/user/repos
```

위의 명령은 다음과 같은 HTTP 응답을 반환해 요청이 인증돼 있지 않음을 알린다. 저장소 생성
깃허브 API 호출에 대한 권한 없음 응답을 살펴보면 깃허브 API는 HTTP 1.1 사양을 철저하게
준수하지는 않은 것처럼 보인다. HTTP 1.1 사양에 따르면 서버는 401 상태 코드를 보낼 때마
다 HTTP 헤더의 WWW-인증 값도 같이 반환해야 한다.

```
```

```
HTTP/1.1 401 Unauthorized
Content-Type: application/json; charset=utf-8
Content-Length: 115
Server: GitHub.com
Status: 401 Unauthorized
{
    "message": "Requires authentication",
    "documentation_url": "https://developer.github.com/v3/repos/#create"
}
```

이번엔 적합한 깃허브 자격증명을 이용해 동일한 API를 호출해보자. $GitHubUserName과 $GitHubPassword 변수를 본인의 자격증명 값으로 치환한다.

```
curl -i -v -u $GitHubUserName:$GitHubPassword
        -X POST -H 'Content-Type: application/x-www-form-urlencoded'
        -d '{"name": "my_github_repo"}' https://api.github.com/user/repos
```

다음으로 위의 cURL 클라이언트에서 생성된 HTTP 요청을 살펴보자.

```
POST /user/repos HTTP/1.1
Authorization: Basic cHJhYmF0DpwcmFiYXRoMTIz
```

해당 요청의 HTTP 인증 헤더는 본인이 입력한 사용자명과 패스워드로 생성된다. 생성 규칙은 간단한데, Basic 뒤에 사용자명:패스워드를 base64로 암호화한 값(Base64Encode(username: password))을 붙이면 된다. 텍스트가 base64로 암호화됐다고 해서 평문보다 나은 것은 아니다. 해당 텍스트는 매우 쉽게 평문으로 복호화할 수 있기 때문이다. 이게 바로 일반적인 HTTP에서 사용하는 기본 인증이 취약한 이유다. 따라서 기본 인증은 HTTPS와 같은 보안 전송 채널과 함께 사용해야 한다.

앞의 명령은 깃 저장소가 성공적으로 생성됨을 나타내는 다음 HTTP 응답을 반환한다(가독성을 위해 일부 생략).

```
HTTP/1.1 201 Created
Server: GitHub.com
Content-Type: application/json; charset=utf-8
Content-Length: 5261
Status: 201 Created
{
    "id": 47273092,
    "name": "my_github_repo",
    "full_name": "prabath/my_github_repo"
}
```

참고

cURL 클라이언트로 생성한 요청에 HTTP 기본 인증 자격증명 내용을 추가하려면 -u username:password 옵션을 사용하면 된다. 이 옵션은 base64로 암호화된 HTTP 기본 인증 헤더를 만들어준다. -i 옵션은 출력값에 HTTP 헤더들을 포함하고, -v 옵션은 cURL을 상세 (verbose) 모드로 실행한다. -H 옵션은 요청이 나갈 때 HTTP 헤더를 설정하고, -d 옵션은 데이터를 종단점에 전달한다.

HTTP 다이제스트 인증

HTTP 다이제스트 인증은 최초에 HTTP 기본 인증의 한계점을 극복하려고 RFC 2069[4]에서 HTTP/1.0 사양의 확장으로 제안된 인증 방식이다. 후에 RFC 2617이 나오며 구식이 됐다. RFC 2617은 RFC 2069 발표 이후 발견된 문제들 때문에 RFC 2069에서 일부 선택적 요소를 제거하고, 호환성을 위해 새로운 요소들을 도입했다. 다이제스트 인증은 증명 요구–응답^{challenge-response} 모델을 기반으로 하는 인증

---

4. HTTP의 확장: 다이제스트 접근 인증. www.ietf.org/rfc/rfc2069.txt

스키마며, 절대 사용자 자격증명을 전송하지 않는다. 사용자의 인증 요청 시 자격 증명을 같이 전송하지 않기 때문에 전송 계층 보안^{TLS, Transport Layer Security}을 사용할 필요는 없다. 네트워크 트래픽을 누군가가 가로챈다 해도 평문 안에 작성된 패스워드를 발견할 수 없을 것이다.

다이제스트 인증을 시작하기 위해 클라이언트는 인증 정보 없이 보호된 자원에 요청을 보내고, 이에 대한 응답으로 증명 요구를 받는다. 다음 예제는 cURL을 통한 다이제스트 인증 핸드셰이크를 시작하는 방법을 보인다(아래는 단순한 예시로, 부록 뒷부분에서 cute-cupcake 샘플을 구성하기 전에는 실행하지 말 것).

```
\> curl -k --digest -u userName:password -v https://localhost:8443/recipe
```

참고

cURL 클라이언트에서 생성된 요청에 HTTP 다이제스트 인증 자격증명을 추가하려면 --digest -u username: password 옵션을 사용한다.

응답의 HTTP 헤더를 보자. 첫 번째 응답은 WWW-인증^{WWW-Authenticate} 헤더를 포함한 401[5] 코드며, 이는 사실 증명 요구다.

```
HTTP/1.1 401 Unauthorized
WWW-Authenticate: Digest realm="cute-cupcakes.com", qop="auth",
nonce="1390781967182:c2db4ebb26207f6ed38bb08eeffc7422",
opaque="F5288F4526B8EAFFC4AC79F04CA8A6ED"
```

---

5. 요청이 해당 자원에 대한 접근 허가를 받지 못했을 경우 HTTP 응답으로 401 상태 코드가 반환된다. 모든 HTTP/1.1 상태 코드는 www.w3.org/Protocols/rfc2616/rfc2616-sec10.html에 정의돼 있다.

서버로부터의 요구 값은 다음의 핵심 요소들로 구성되며, 각 요소는 RFC 2617에 정의돼 있다.

- **영역**realm: 어떤 사용자명과 패스워드를 사용해야 할지 알 수 있도록 사용자들에게 보여주는 문자열이다. 이 문자열은 적어도 인증을 수행하는 호스트의 이름을 포함해야 하며, 부가적으로 접근 권한이 있는 사용자들을 표시할 수 있다.
- **도메인**domain: 선택적 요소로 위 예제의 응답에는 포함돼 있지 않다. 도메인은 쉼표로 구분되는 URI들의 목록이며, 클라이언트가 어떤 URI들에게 같은 인증 정보를 보내야 하는지 알고자 할 때 사용한다. 목록의 URI들은 각기 다른 서버에 존재할 수도 있다. 도메인이 생략돼 있거나 값이 없을 경우 클라이언트는 해당 도메인이 응답 서버의 모든 URI로 구성돼 있다고 가정해야 한다.
- **임시 값**nonce: 매번 401 응답을 반환할 때마다 서버가 생성하는 고유한 데이터 문자열이다. 임시 값은 구현 방법에 따라 달라지며, 클라이언트는 이해할 수 없다. 클라이언트는 임시 값을 해석하려고 하지 말아야 한다.
- **오파크**opaque: 서버에서 지정한 데이터 문자열로, 클라이언트는 이를 동일한 보호 공간 내의 URI들(즉, 영역)에 대한 후속 요청들의 인증 헤더 안에 어떠한 수정도 없이 그대로 반환해야 한다. 세션이 지속되는 동안 클라이언트는 서버에게 받은 오파크를 그대로 반환하기 때문에 오파크는 세션 식별자로 사용되거나 인증 세션 상태 정보를 전송하는 데 사용할 수 있다.
- **기한 초과**stale: 임시 값의 유효 기한이 초과해 클라이언트의 이전 요청이 거

부됨을 나타내는 플래그flag다. 기한 초과가 참(TRUE, 대소문자 구별하지 않음)
이라면 클라이언트는 사용자에게 새로운 사용자명과 패스워드를 다시 묻
지 않고 새로운 임시 값으로 요청을 재시도할 수 있다. 서버가 기한 초과를
참(TRUE)으로 설정하는 것은, 임시 값은 유효하지 않지만 해당 임시 값에 대
해 유효한 다이제스트가 있는 요청을 받았을 때다(이는 클라이언트가 올바른
사용자명/패스워드를 알고 있음을 나타낸다). 기한 초과가 거짓(FALSE)이거나 참
(TRUE)이 아닌 다른 값이라면 혹은 기한 초과 명령(directive)이 없다면 사
용자명이나 패스워드가 유효하지 않으며 새로운 값을 받아와야 한다. 이
신호는 예제의 응답에는 포함돼 있지 않다.

- **알고리즘**algorithm: 선택적 요소로 위 예제의 응답에는 포함돼 있지 않다. 알
  고리즘 값은 다이제스트와 체크섬checksum을 생성하는 알고리즘 쌍을 나타
  내는 문자열이다. 클라이언트가 해당 알고리즘을 해석하지 못한다면 이
  증명 요구는 무시해야 한다. 알고리즘 값이 명시돼 있지 않다면 MD5를 사
  용한다고 가정한다.

- **보호 수준**qop: 서버 응답에 적용되는 보호 수준quality of protection 옵션이다. auth
  값은 인증을 뜻하며, auth-int는 무결성 보호 인증을 말한다. 보호 수준은
  선택적 요소며 구식 RFC 2069와의 호환성을 위해 도입됐다.

서버로부터 응답을 받으면 클라이언트도 서버로 응답을 보내줘야 한다. 다음 내
용은 증명 요구에 대한 응답으로서의 HTTP 요청 내용이다.

```
Authorization: Digest username="prabath", realm="cute-cupcakes.com",
nonce="1390781967182:c2db4ebb26207f6ed38bb08eeffc7422", uri="/recipe",
cnonce="MTM5MDc4", nc=00000001, qop="auth",
response="f5bfb64ba8596d1b9ad1514702f5a062",
opaque="F5288F4526B8EAFFC4AC79F04CA8A6ED"
```

다음은 클라이언트 응답의 핵심 요소들이다.

- **사용자명**username**:** API를 호출할 사용자의 고유 식별자다.

- **영역**realm**/보호 수준**qop**/임시 값**nonce**/오파크**opaque**:** 서버가 전달한 최초의 증명 요구의 값들과 동일하다. 보호 수준의 값은 클라이언트가 메시지에 적용한 보호 수준을 나타낸다. 이 변수들의 값이 존재할 경우 그 값은 서버가 WWW-인증 헤더에 명시한 지원 방식 중 하나여야 한다.

- **클라이언트 임시 값**cnonce**:** 보호 수준 지시문이 전송된 경우 반드시 명시해야 하며, 서버가 WWW-인증 헤더 필드에 보호 수준 지시문을 보내지 않은 경우 명시해서는 안 된다. 클라이언트 임시 값은 클라이언트가 제공하는 따옴표 안의 오파크 문자열 값이다. 클라이언트 임시 값은 선택 평문 공격[6]을 방지하고 상호 인증을 제공하며, 일부 메시지의 무결성 보호를 보장하고자 클라이언트와 서버 둘 다에 의해 사용된다. 예제의 응답에는 이 값이 포함돼 있지 않다.

- **임시 값 카운트**nc**:** 보호 수준 지시문이 전송된 경우 반드시 명시해야 하며, 서버가 WWW-인증 헤더 필드에 보호 수준 지시문을 보내지 않은 경우 명시하지 말아야 한다. 임시 값 카운트 값은 클라이언트가 동일한 임시 값을 사용해 전송한 요청들(현재 요청 포함)의 수를 16진수로 표현한 값이다. 예를 들면 주어진 임시 값에 대한 응답으로 전송된 첫 번째 요청에서 클라이언트는 "nc=00000001"을 전달한다. 이를 통해 서버는 해당 카운트를 보존해 요청 리플레이replay를 감지할 수 있다. 동일한 임시 값에 대해 같은 임시 값 카운트를 가진 요청이 두 번 발생한다면 이 요청은 리플레이다.

- **다이제스트 URI**digest-uri**:** 요청 라인의 요청 URI다. 프록시가 전송 중에 요청 라인을 변경할 수 있기 때문에 여기에 사본을 저장한다. 이 장의 뒷부분에

---

6. 선택 평문 공격은 공격자가 암호화된 문서와 평문 모두에 접근할 수 있는 경우의 공격 모델이다. 공격자는 자신의 평문을 직접 지정한 다음 서버를 통해 이 평문을 암호화하거나 또는 서명을 받아 확인할 수 있다. 이에 더해 공격자는 암호화/서명 알고리즘의 특성을 분석하기 위한 평문을 세심하게 설계할 수 있다. 예를 들면 처음엔 빈 문서, 그다음엔 한 글자로 이뤄진 문서, 비슷하게 두 글자로 이뤄진 문서 등에 대한 암호문/서명문을 얻을 수 있다. 이와 같은 분석을 암호 해독학이라 한다.

서 설명하겠지만 다이제스트 URI의 값은 응답 요소의 값을 계산하는 데 사용된다.

- **인증 파라미터**^{auth-param}: 앞 예제의 응답에 포함되지 않은 선택적 요소로, 향후 확장을 위해 사용된다. 서버는 승인되지 않은 지시문을 반드시 무시해야 한다.
- **응답**^{response}: 클라이언트가 서버가 전달한 요구에 대해 산출한 응답이다. 다음 절에서는 응답 값 산출 방법을 설명한다.

응답 값은 다음과 같이 계산된다. 다이제스트 인증은 여러 가지 알고리즘을 지원하는데, RFC 2617은 MD5나 MD5-sess(MD5-세션)의 사용을 권장한다. 서버의 증명 요구에 지정된 알고리즘이 없다면 MD5를 사용한다. 다이제스트 계산은 보안 관련 데이터(A1)와 메시지 관련 데이터(A2)라는 두 가지 유형의 데이터로 처리된다. 해싱 알고리즘으로 MD5를 사용하거나 지정된 알고리즘이 없다면 보안 관련 데이터(A1)를 다음과 같이 정의한다.

```
A1 = username:realm:password
```

해싱 알고리즘으로 MD5-세션을 사용하는 경우 보안 관련 데이터(A1)는 다음과 같이 정의한다. 클라이언트 임시 값은 클라이언트가 제공하는 따옴표 안의 오파크 문자열로 선택 평문 공격을 방지하려고 클라이언트와 서버가 사용하는 값이다. 임시 값은 서버 요구 내용의 해당 값과 동일하다. MD5-세션이 해싱 알고리즘으로 사용될 경우 A1 값은 클라이언트가 서버로부터 WWW-인증 요구를 받은 후의 첫 번째 요청에서 단 한 번만 계산된다.

```
A1 = MD5 (username:realm:password):nonce:cnonce
```

RFC 2617은 서버 증명 요구의 보호 수준 값에 따라 메시지 관련 데이터(A2)를 두 가지 방법으로 정의한다. 해당 값이 **auth**이거나 **undefined**인 경우 메시지 관련 데이터(A2)는 다음 방법으로 정의된다. 요청 방식(request-method) 요소의 값은 GET, POST, PUT, DELETE 등과 같은 모든 HTTP 메서드가 될 수 있으며 URI 지시문 (uri-directive-value) 요소의 값은 요청 라인의 요청 URI다.

```
A2 = request-method:uri-directive-value
```

보호 수준의 값이 auth-int인 경우 인증과 함께 메시지의 무결성을 보호해야 한다. A2는 다음과 같은 방식으로 파생된다. MD5나 MD5-세션을 해싱 알고리즘으로 사용한다면 H의 값은 MD5다.

```
A2 = request-method:uri-directive-value:H(request-entity-body)
```

다이제스트의 마지막 값은 보호 수준 값에 기반을 두고 다음과 같이 산출된다. 보호 수준이 auth 또는 auth-int로 설정된 경우 최종 다이제스트 값은 다음과 같다. 임시 값 카운트(nc, nonce count) 값은 클라이언트가 이 요청에서 임시 값과 함께 전송한 요청들(현재 요청 포함)의 수를 16진수로 표현한 값이다. 이 지시문은 서버가 재전송 공격[replay attacks]을 감지하는 데 도움이 된다. 서버는 임시 값과 임시 값 카운트를 저장하기 때문에 요청 시 저장된 것과 동일한 값이 올 경우 재전송 공격의 가능성이 있음을 알 수 있다.

```
MD5(MD5(A1):nonce:nc:cnonce:qop:MD5(A2))
```

보호 수준이 정의되지 않았을 경우 최종 다이제스트 값은 다음과 같다.

```
MD5(MD5(A1):<nonce>:MD5(A2))
```

이 최종 다이제스트 값은 클라이언트가 HTTP 요청의 응답으로 서버에게 전송하는 요소의 값으로 설정될 것이다. 클라이언트가 서버의 최초 증명 요구에 응답을 전달하면 그 이후의 요청들은 이전의 세 종류 메시지(인증되지 않은 클라이언트의 최초 요청, 서버의 증명 요구, 해당 요구에 대한 클라이언트의 응답)의 흐름을 더 이상 반복할 필요가 없다. 서버는 요청에 유효하지 않은 인증 헤더가 있을 때만 클라이언트에게 증명 요구를 보낸다. 클라이언트가 최초 요구를 받으면 이후 요청들은 요구 내용과 동일한 파라미터들을 사용하게 된다. 다시 말해 어떤 보호 공간을 위한 서버의 WWW-인증 요구에 대한 클라이언트의 응답은 해당 보호 공간과의 인증 세션을 시작한다. 인증 세션은 클라이언트가 보호 공간에 있는 서버로부터 또 다른 WWW-인증 요구를 받을 때까지 지속된다. 클라이언트는 해당 보호 공간 안에서 후속 요청의 인증 헤더를 구성하려고 인증 세션과 관련된 사용자명, 패스워드, 임시 값, 임시 값 카운트, 오파크 값을 기억해야 한다. 예를 들면 클라이언트의 인증 헤더는 매 요청마다 임시 값을 포함해야 한다. 이 임시 값은 서버의 최초 증명 요구에서 가져온 것이며, 요청할 때마다 임시 값 카운트는 1씩 증가될 것이다. 표 F-1은 HTTP 기본 인증과 다이제스트 인증을 비교해 보여준다.

표 F-1. HTTP 기본 인증과 HTTP 다이제스트 인증

HTTP 기본 인증	HTTP 다이제스트 인증
자격증명을 평문으로 전송	자격증명은 절대 평문으로 전송되지 않음. 대신 평문의 암호를 다이제스트로 생성해 전송함
HTTPS와 같은 보안 전송 채널과 함께 사용해야 함	전송 채널 자체의 보안에 의존하지 않음
인증만 수행	인증 외에도 메시지의 무결성을 보호하는 데에 사용할 수 있음(보호 수준=auth-int 사용)
사용자 저장소는 패스워드를 솔티드 해시(salted hash)로 저장할 수 있음	사용자 저장소는 평문 암호를 저장하거나 username:realm:password의 해시 값을 저장해야 함

참고

HTTP 다이제스트 인증을 사용하면 사용자 저장소는 평문 암호를 저장하거나 username:realm:password의 해시 값을 저장해야 한다. 서버가 클라이언트로부터 전송된 다이제스트의 유효성을 검증해야 하는데, 이 다이제스트는 평문 패스워드나 username:realm:password의 해시로부터 나온 값이기 때문이다.

귀여운 컵 케이크 공장: 아파치 톰캣에서 Recipe API 사용

이 예에서는 아파치 톰캣의 Recipe API를 이용해 사전 빌드된 웹 애플리케이션을 배포한다. Recipe API는 컵 케이크 공장에서 관리 및 제공되며, 해당 공장을 이용하는 고객들에게 공개된 API다. Recipe API는 다음 5가지 작업을 지원한다.

- **GET /recipe**: 시스템의 모든 레시피 반환
- **GET /recipe/{$recipeNo}**: 주어진 번호에 해당하는 레시피 반환
- **POST /recipe**: 시스템에 새로운 레시피 생성
- **PUT /recipe**: 주어진 세부 정보로 시스템의 레시피 수정
- **DELETE /recipe/{$recipeNo}**: 시스템에서 제공된 번호에 해당하는 레시피 삭제

http://tomcat.apache.org에서 최신 버전의 아파치 톰캣을 다운로드할 수 있다. 이 책에서 다루는 모든 예제는 톰캣 9.0.20 버전을 사용한다.

API를 배포하려면 https://github.com/apisecurity/samples/blob/master/appendix-f/recipe.war에서 recipe.war 파일을 다운로드해 [TOMCAT_HOME]\webapps 디렉터리에 복사하고, [TOMCAT_HOME]\bin에서 다음과 같이 실행해 톰캣을 기동하면 된다.

```
[리눅스] sh catalina.sh run
[윈도우] catalina.bat run
```

서버가 시작되면 cURL을 사용해 다음 명령을 실행한다. 여기서 톰캣은 기본 HTTP 설정 포트인 8080으로 실행된다고 가정한다.

```
\> curl http://localhost:8080/recipe
```

이 코드는 시스템의 모든 레시피를 JSON 페이로드로 반환한다.

```
{
    "recipes":[
        {
            "recipeId":"10001",
            "name":"Lemon Cupcake",
```

```
            "ingredients":"lemon zest, white sugar,unsalted butter, flour,salt,
                milk",
            "directions":"Preheat oven to 375 degrees F (190 degrees C). Line 30
                cupcake pan cups with paper liners...."
        },
        {
            "recipeId":"10002",
            "name":"Red Velvet Cupcake",
            "ingredients":"cocoa powder, eggs, white sugar,unsalted butter,
                flour,salt, milk",
            "directions":" Preheat oven to 350 degrees F. Mix flour, cocoa
                powder,
                              baking soda and salt in medium bowl. Set
                              aside...."
        }
    ]
}
```

지정된 컵 케이크의 레시피를 얻으려면 다음 cURL 명령을 사용하면 된다. 여기서 10001은 방금 만든 컵 케이크의 ID다.

```
\> curl http://localhost:8080/recipe/10001
```

위 명령은 다음 JSON 응답을 반환한다.

```
{
    "recipeId":"10001",
    "name":"Lemon Cupcake",
    "ingredients":"lemon zest, white sugar,unsalted butter, flour,salt,
        milk",
    "directions":"Preheat oven to 375 degrees F (190 degrees C). Line 30
        cupcake pan cups with paper liners...."
}
```

새로운 레시피를 만들려면 다음 cURL 명령을 사용한다.

```
curl -X POST -H 'Content-Type: application/json'
    -d '{"name":"Peanut Butter Cupcake",
        "ingredients":"peanut butter, eggs, sugar,unsalted butter,
        flour,salt, milk",
        "directions":"Preheat the oven to 350 degrees F (175 degrees C).
        Line a cupcake pan with paper liners, or grease and flour
        cups..."
        }' http://localhost:8080/recipe
```

그러면 다음과 같은 JSON 응답이 반환된다.

```
{
    "recipeId":"10003",
    "location":"http://localhost:8080/recipe/10003",
}
```

기존 레시피를 수정하려면 다음 cURL 명령을 사용하면 된다.

```
curl -X PUT -H 'Content-Type: application/json'
    -d '{"name":"Peanut Butter Cupcake",
        "ingredients":"peanut butter, eggs, sugar,unsalted butter,
        flour,salt, milk",
        "directions":"Preheat the oven to 350 degrees F (175 degrees C).
        Line a cupcake pan with
        paper liners, or grease and flour cups..."
        }' http://localhost:8080/recipe/10003
```

이 명령은 다음과 같은 JSON 응답을 반환한다.

```
{
    "recipeId":"10003",
    "location":"http://localhost:8080/recipe/10003",
```

```
        }
```

기존 레시피를 삭제하려면 다음 cURL 명령을 사용한다.

```
\> curl -X DELETE http://localhost:8080/recipe/10001
```

참고

아파치 톰캣으로 원격 디버깅을 수행하려면 리눅스 운영체제는 `sh catalina.sh jpda run` 명령을 사용하고 윈도우에서는 `catalina.bat jpda run`으로 서버를 재기동한다. 이 명령을 실행하면 원격 디버깅 연결을 위해 8000 포트로 통신한다.

아파치 디렉터리 서버(LDAP) 구성

아파치 디렉터리 서버(Directory Server)는 아파치 2.0 라이선스로 배포되는 LDAP 서버다. http://directory.apache.org/studio/에서 최신 버전을 다운로드할 수 있다. LDAP을 구성하는 데 매우 유용한 툴셋과 함께 아파치 디렉터리 스튜디오(Directory Studio)도 다운로드하는 것을 권장한다. 다음 예제에서는 아파치 디렉터리 스튜디오 2.0.0을 사용한다.

LDAP 서버 실행 설정을 하지 않은 경우 다음 단계를 참고하라. 먼저 아파치 디렉터리 스튜디오를 시작해야 하는데, 여기서는 LDAP 서버 및 연결 생성과 관리를 지원하는 콘솔을 제공한다. 이후 다음과 같이 진행하면 된다.

1. 아파치 디렉터리 스튜디오에서 LDAP Servers view로 이동한다. 해당 메뉴를 사용할 수 없는 경우 Window ❯ Show View ❯ LDAP Servers로 이동한다.
2. LDAP Servers View를 마우스 오른쪽 클릭해 New ❯ New Server에서 ApacheDS 2.0.0을 선택한다. Server Name에 서버 이름을 작성하고 Finish를 클릭한다.
3. 만들어진 서버가 Servers view에 표시된다. **서버**를 오른쪽 클릭하고 Run을 선택한다. 정상적으로 시작됐을 경우 State가 Started으로 변경된다.
4. 서버 설정을 확인하거나 편집하려면 **서버**를 마우스 오른쪽 클릭해 Open Configuration을

선택한다. 기본적으로 서버는 LDAP 포트 10389와 LDAPS 포트 10696으로 실행된다.

이제 LDAP 서버의 생성과 실행이 완료됐다. 다음 단계를 진행하기 전에 아파치 디렉터리 스튜디오에서 테스트 커넥션을 맺어본다.

1. 아파치 디렉터리 스튜디오에서 Connections view로 이동한다. 해당 메뉴를 사용할 수 없는 경우 Window ❯ Show View ❯ Connections로 이동한다.
2. Connections view를 오른쪽 클릭해 New Connection을 선택한다.
3. Connection Name 텍스트 상자에 연결명을 작성한다.
4. Host Name 필드는 LDAP을 실행한 서버를 가리키며, 이 예제에서는 localhost를 넣으면 된다.
5. Port 필드에는 LDAP 서버 포트를 넣으면 되는데, 이 예제를 따라왔다면 10389로 작성한다.
6. Encryption Method에는 No Encryption으로 설정하고 Next를 누른다.
7. Bind DN에는 uid=admin, ou=system을 입력하고 바인드 패스워드로는 secret을 입력한 후 Finish를 클릭한다. 이는 아파치 디렉터리 서버의 기본 바인드 DN과 패스워드 값이다.
8. 방금 만든 연결은 Connections View에서 확인할 수 있다. 더블 클릭하면 LDAP 서버에서 검색된 데이터가 LDAP Browser view에 표시된다.

다음 절에서는 LDAP 서버에 사용자와 그룹이 필요하니 다음과 같이 만들어보자. 우선은 아파치 디렉터리 서버의 dc=example, dc=com 도메인에 조직 구성 단위(OU, Organizational Unit) 구조를 만들어야 한다.

1. 아파치 디렉터리 스튜디오의 Connections view에서 적절한 LDAP 연결을 클릭해 LDAP 브라우저로 이동한다.
2. dc=example, dc=com을 오른쪽 클릭해 New ❯ New Entry ❯ Create Entry From Scratch 를 선택한다. Available Object Classes에서 organizationalUnit을 선택해 Add를 클릭하고 Next를 누른다. RDN은 ou를 선택하고 그룹(value groups)에 값을 지정한다. Next를 누른 후 Finish를 클릭한다.
3. dc=example, dc=com을 오른쪽 클릭해 New ❯ New Entry ❯ Create Entry From Scratch 를 선택한다. Available Object Classes에서 organizationalUnit을 선택해 Add를 클릭하고 Next를 누른다. RDN은 ou를 선택하고 value users에 값을 넣는다. Next를 누른 후 Finish를 클릭한다.

4. dc=example, dc=com/ou=users를 오른쪽 클릭해 New ❯ New Entry ❯ Create Entry From Scratch를 선택한다. Available Object Classes에서 inetOrgPerson을 선택해 Add를 클릭하고 Next를 누른다. RDN은 uid를 선택하고 값을 지정한 후 Next로 넘어간다. 빈 필드들에 적절한 값을 넣은 후 동일한 창을 오른쪽 클릭해 New Attribute를 선택한다. Attribute Type으로 userPassword를 고른 후 Finish를 누른다. 패스워드를 입력하고 해싱 방식으로 SSHA-256을 선택한 후 OK를 클릭한다.

5. 생성한 사용자는 LDAP 브라우저의 dc=example, dc=com/ou=users에 표시된다.

6. 그룹을 생성하려면 dc=example, dc=com/ou=groups를 오른쪽 클릭해 New ❯ New Entry ❯ Create Entry From Scratch를 선택한다. Available Object Classes에서 groupOfUniqueNames를 선택해 Add를 클릭하고 Next를 누른다. RDN은 cn을 선택하고 값을 지정한 후 Next로 넘어간다. 이전 단계에서 만든 사용자의 DN을 uniqueMember(예, uid=prabath, ou=users, ou=system) 값으로 지정하고 Finish를 클릭한다.

7. 생성된 그룹은 LDAP 브라우저의 dc=example, dc=com/ou=groups에 표시된다.

아파치 디렉터리 서버에 아파치 톰캣 연결

앞서 아파치 톰캣에서 Recipe API를 사용했다. 다음 단계에 따라 LDAP 서버와 아파치 톰캣을 연결하는 방법을 살펴본다.

1. 톰캣 서버가 구동 중이라면 종료시킨다.

2. 기본적으로 톰캣은 org.apache.catalina.realm.UserDatabaseRealm을 통해 conf/tomcat-users.xml 파일에서 사용자를 찾는다.

3. [TOMCAT_HOME]\conf\server.xml 파일을 열어 다음 줄을 주석 처리한다.

```
<Resource
    name="UserDatabase" auth="Container"
    type="org.apache.catalina.UserDatabase"
    description="User database that can be updated and saved"
    factory="org.apache.catalina.users.MemoryUserDatabaseFactory"
    pathname="conf/tomcat-users.xml" />
```

4. [TOMCAT_HOME]\conf\server.xml에서 UserDatabaseRealm을 가리키는 다음 줄을 주석 처리한다.

```
<Realm className="org.apache.catalina.realm.UserDatabaseRealm"
    resourceName="UserDatabase"/>
```

5. LDAP 서버와 연결하려면 JNDIRealm을 사용해야 한다. 다음 설정을 복사해 [TOMCAT_HOME]\conf\server.xml의 <Realm className="org.apache.catalina.realm. LockOutRealm"> 라인 이후에 붙여 넣으면 된다.

```
<Realm className="org.apache.catalina.realm.JNDIRealm"
    debug="99"
    connectionURL="ldap://localhost:10389"
    roleBase="ou=groups , dc=example, dc=com"
    roleSearch="(uniqueMember={0})"
    roleName="cn"
    userBase="ou=users, dc=example, dc=com"
    userSearch="(uid={0})"/>
```

HTTP 기본 인증으로 API 보호

아파치 톰캣에서 사용한 Recipe API는 여전히 개방형 API다. 이제 이를 HTTP 기본 인증으로 보호하는 방법을 알아보자. 기업의 LDAP 서버에 대해 사용자를 인증하고 HTTP 메서드(GET, POST, DELETE, PUT)로 접근 제어를 할 것이다. 다음 단계는 HTTP 기본 인증으로 Recipe API를 보호하는 방법을 설명한다.

1. 톰캣 서버가 실행 중이면 종료하고, LDAP 서버에 대한 연결이 정상적으로 작동하는지 체크한다.
2. [TOMCAT_HOME]\webapps\recipe\WEB-INF\web.xml 파일을 열고 루트 요소인 <web-app> 하단에 다음 내용을 추가한다. 하단의 security-role은 이 웹 애플리케이션을 사용하게 허가된 모든 역할의 목록을 보여준다.

```
<security-constraint>
    <web-resource-collection>
        <web-resource-name>Secured Recipe API</web-resource-name>
        <url-pattern>/*</url-pattern>
    </web-resource-collection>
    <auth-constraint>
        <role-name>admin</role-name>
    </auth-constraint>
</security-constraint>
<login-config>
    <auth-method>BASIC</auth-method>
    <realm-name>cute-cupcakes.com</realm-name>
</login-config>
<security-role>
    <role-name>admin</role-name>
</security-role>
```

이 설정은 인증 받지 않은 접근 시도로부터 Recipe API의 모든 부분을 보호할 것이다. 정당한 사용자는 기업의 LDAP 서버에 계정을 갖고 있어야 하며 관리자 그룹에 소속돼야 한다. 관리자 그룹명이 admin이 아닐 경우 위 설정 내용에서 admin 부분을 해당 그룹명으로 변경하면 된다.

3. HTTP 메서드를 사용해 Recipe API에 대한 접근 제어를 세분화할 수 있다. 각 시나리오는 <security-constraint> 요소를 정의해야 한다. 다음 두 설정 블록은 관리자 그룹에 속한 사용자들이 Recipe API에서 GET/POST/PUT/DELETE를 수행하게 허용하는 반면 사용자 그룹에 속한 사용자는 GET만 수행하게 제어한다. web-resource-collection 요소 안에 http-method를 정의하면 해당 메서드들만 보호된다. 나머지 메서드들에 대해서는 타 보호 제약 조건이 걸려있지 않은 한 누구나 수행할 수 있다. 예를 들면 두 번째 블록만 정의했을 경우 누구나 POST 메서드를 호출할 수 있다. POST를 제어하는 첫 번째 블록이 있다면 정당한 사용자만 Recipe API에 대해 POST 메서드를 수행할 수 있다. 다음 설정 내용 하단의 보호 역할 요소(security-role)는 이 웹 애플리케이션을 사용하게 허가된 모든 역할의 목록을 표시한다.

```
<security-constraint>
    <web-resource-collection>
        <web-resource-name>Secured Recipe API</web-resource-name>
        <url-pattern>/*</url-pattern>
        <http-method>GET</http-method>
        <http-method>PUT</http-method>
        <http-method>POST</http-method>
        <http-method>DELETE</http-method>
    </web-resource-collection>
    <auth-constraint>
        <role-name>admin</role-name>
    </auth-constraint>
</security-constraint>
<security-constraint>
    <web-resource-collection>
        <web-resource-name>Secured Recipe API</web-resource-name>
        <url-pattern>/*</url-pattern>
        <http-method>GET</http-method>
    </web-resource-collection>
    <auth-constraint>
        <role-name>user</role-name>
    </auth-constraint>
</security-constraint>
<login-config>
    <auth-method>BASIC</auth-method>
    <realm-name>cute-cupcakes.com</realm-name>
</login-config>
<security-role>
    <role-name>admin</role-name>
    <role-name>user</role-name>
</security-role>
```

아파치 톰캣에 TLS 활성화

이전 연습에서 HTTP 기본 인증을 설정한 방식은 충분히 안전하지 않다. 해당 방식은 HTTP를 사용해 자격증명을 전송하기 때문이다. 채널을 가로챌 수 있는 누구나 평문 안의 자격증명 내용을 볼 수 있다. 이를 보완하려고 아파치 톰캣에 전송 계층 보안(TLS)를 활성화하는 방법과 TLS를 통해서만 Recipe API의 접근을 제한하는 방법을 알아보자.

1. TLS를 활성화하려면 먼저 공개/개인키 쌍이 있는 키 저장소가 필요하다. 키 저장소는 자바 키 툴을 사용해 만들 수 있는데, 해당 툴은 JDK 배포판과 함께 제공되며 [JAVA_HOME] \bin 경로에서 찾을 수 있다. 다음 명령은 catalina-keystore.jks라는 이름으로 자바 키 저장소를 생성하며, 키 저장소와 개인키 패스워드를 catalina123으로 지정한다.

참고

JAVA_HOME은 JDK를 설치한 디렉터리를 말한다. 키 툴을 실행하려면 시스템에 자바가 설치돼 있어야 한다.

```
\> keytool -genkey -alias localhost -keyalg RSA -keysize 1024
            -dname "CN=localhost"
            -keypass catalina123
            -keystore catalina-keystore.jks
            -storepass catalina123
```

2. catalina-keystore.jks를 [TOMCAT_HOME]\conf에 복사하고, [TOMCAT_HOME]\conf\ server.xml 파일의 상위 요소인 <Service> 하단에 다음 요소를 추가한다. keyStoreFile과 keystorePass 요소의 값은 본인의 시스템에 맞게 변경한다.

```
<Connector
    port="8443"
    maxThreads="200"
    scheme="https"
    secure="true"
    SSLEnabled="true"
```

```
keystoreFile="absolute/path/to/catalina-keystore.jks"
keystorePass="catalina123"
clientAuth="false"
sslProtocol="TLS"/>
```

3. 톰캣 서버 실행 후 TLS 연결 확인을 위해 다음 cURL 명령을 입력한다. username과
   password는 본인 시스템의 사용자 저장소에서 가져온 값으로 변경해야 한다.

```
\> curl -k -u username:password https://localhost:8443/recipe
```

TLS와 함께 작동하도록 아파치 톰캣 구성을 완료했다. 이제 Recipe API가 TLS를 통한 연결만
허용하는지 확인해야 한다.

[TOMCAT_HOME]\webapps\recipe\WEB-INF\web.xml 파일을 열어 <security-
constraint> 요소 하단마다 다음 내용을 넣으면 TLS 연결만 허용하게 된다.

```
<user-data-constraint>
    <transport-guarantee>CONFIDENTIAL</transport-guarantee>
</user-data-constraint>
```

HTTP 다이제스트 인증으로 Recipe API 보호

앞서 LDAP 서버를 연결하려고 사용했던 톰캣 JNDIRealm은 HTTP 다이제스트 인증을 지원하
지 않는다. HTTP 다이제스트 인증 지원이 필요한 경우 톰캣 JNDIRealm을 확장한 자체 Realm
을 정의하고 getPassword() 메서드를 오버라이드해야 한다. 다이제스트 인증으로 API를 보호
하는 방법을 살펴보려고 톰캣 UserDatabaseRealm으로 전환할 필요가 있다.

1. 다음의 내용이 [TOMCAT_HOME]\conf\server.xml 파일에 작성돼 있는지 확인한다. 해
   당 내용이 이전 연습을 진행하느라 주석 처리됐다면 주석을 해제한다.

```
<Resource
```

```
name="UserDatabase"
auth="Container"
type="org.apache.catalina.UserDatabase"
description="User database that can be updated and saved"
factory="org.apache.catalina.users.MemoryUserDatabaseFactory"
pathname="conf/tomcat-users.xml" />
```

2. UserDatabaseRealm이 명시된 아래 내용이 [TOMCAT_HOME]\conf\server.xml 파일에
   작성돼 있는지 확인한다. 이전 연습을 따라가면서 주석 처리를 했다면 주석을 해제한다.

```
<Realm className="org.apache.catalina.realm.UserDatabaseRealm"
    resourceName="UserDatabase"/>
```

3. [TOMCAT_HOME]\webapps\recipe\WEB-INF\web.xml 파일을 열어 루트 요소인
   <web-app> 하단에 다음 내용을 추가한다.

```
<security-constraint>
    <web-resource-collection>
        <web-resource-name>Secured Recipe API</web-resourcename>
        <url-pattern>/* </url-pattern>
    </web-resource-collection>
    <auth-constraint>
        <role-name>admin</role-name>
    </auth-constraint>
</security-constraint>
<login-config>
    <auth-method>DIGEST</auth-method>
    <realm-name>cute-cupcakes.com</realm-name>
</login-config>
<security-role>
    <role-name>admin</role-name>
</security-role>
```

4. [TOMCAT_HOME]\conf\tomcat-users.xml 파일의 루트 요소 하단에 다음의 내용을 추가한다. 이는 톰캣의 기본 파일 시스템 기반 사용자 저장소에 역할과 사용자를 추가한다.

```
<role rolename="admin"/>
<user username="prabath" password="prabath123" roles="admin"/>
```

5. 다음의 cURL 명령으로 API를 호출한다. 여기서 사용되는 --digest -u username: password 옵션은 다이제스트 모드에서 패스워드를 생성하고 이를 HTTP 요청에 추가한다. username:password는 본인 시스템에 맞는 값으로 변경한다.

```
\> curl -k -v --digest -u username:password https://localhost:8443/recipe
```

OAuth 2.0 MAC 토큰 프로필

OAuth 2.0 핵심 사양에는 토큰 타입이 특정 토큰 타입으로 고정돼 있지 않다. OAuth 2.0에 도입된 부분 중 하나다. 거의 모든 공개 구현은 OAuth 2.0 베어러 토큰 프로필을 사용한다. 이는 OAuth 2.0 핵심 사양을 제시했지만 RFC 6750에 따라 문서화된 독립적인 프로필이다. 당시 OAuth 2.0 사양의 수석 담당자였던 에란 해머$^{Eran\ Hammer}$는 OAuth 2.0용 메시지 인증 코드^{MAC} 토큰 프로필을 도입했다(해머는 OAuth 1.0 사양도 담당했다). 2011년 11월 OAuth 2.0 IETF 워킹그룹에 도입된 이후 MAC 토큰 프로필은 진행이 더뎠다. 워킹그룹 사람들이 다른 토큰 타입으로 이동하기 전에 베어러 토큰 주변에 완전한 스택을 구축하는 데 관심이 있었기 때문이다. 부록 G에서는 OAuth 2.0 MAC 토큰 프로필과 해당 애플리케이션을 자세히 살펴볼 것이다.

OAuth 2.0과 지옥으로 가는 길

OAuth 2.0 역사의 결정적인 순간 중 하나는 OAuth 2.0 사양 수석 편집자 에란 해머(Eran Hammer)의 사임이었다. 2012년 7월 26일, 그는 OAuth 2.0 IETF 워킹그룹에서 자신의 사임을 발표한 후 'OAuth 2.0과 지옥으로 가는 길'이라는 유명한 블로그 게시물을 작성했다. 블로그 게시물에서 강조한 것처럼 해머는 OAuth 2.0이 모든 WS-*(웹 서비스) 표준과 마찬가지로 잘못된 프로토콜이라고 생각한다. 그의 비교에 따르면 OAuth 1.0은 복잡성, 상호운용성, 유용성, 완전성, 보안 측면에서 OAuth 2.0보다 훨씬 좋다. 해머는 처음에 OAuth 2.0 워킹그룹을 구성한 것이 웹 커뮤니티가 의도한 것이 아니기 때문에 OAuth 2.0이 향하고 있는 방향에 대해 걱정했다.

해머에 따르면 다음은 OAuth 2.0 워킹그룹의 초기 목표였다.

- OAuth 1.0과 매우 유사한 프로토콜을 설계한다.
- 서명(signing) 프로세스를 단순화한다.
- 경량화된 ID(identity) 계층을 추가한다.
- 네이티브 애플리케이션에서 적용된다.
- 더 많은 클라이언트 유형을 수용하려고 더 많은 절차를 추가한다.
- 보안을 강화한다.

블로그 게시물에서 해머는 OAuth 1.0에서 2.0으로의 다음 아키텍처 변경 사항을 강조했다 (다음은 그의 블로그 글에서 가져온 것이다).

- **무제한(Unbounded) 토큰:** 1.0에서 클라이언트는 보호된 각 자원 요청에 대해 두 세트의 자격증명, 토큰 자격증명, 클라이언트 자격증명을 제시해야 한다. 2.0에서는 클라이언트 자격증명이 더 이상 사용되지 않는다. 이는 토큰이 더 이상 특정 클라이언트 유형이나 인스턴스에 바인딩되지 않음을 의미한다. 이로 인해 인증의 한 형태로서 액세스 토큰의 유용성이 제한되고 보안 문제가 발생할 가능성이 높아졌다.
- **베어러(Bearer) 토큰:** 2.0은 프로토콜 수준에서 모든 서명과 암호화를 제거했다. 대신 TLS에만 의존한다. 이는 2.0 토큰이 본질적으로 덜 안전하다는 것을 의미한다. 토큰 보안을 개선하려면 추가 사양이 필요하며, 현재 제안에서 보여 주듯이 이 그룹은 전적으로 엔터프라이즈 사용 사례에 초점을 맞추고 있다.
- **만료(Expiring) 토큰:** 2.0 토큰은 만료될 수 있으며 새로 고쳐야 한다. 이는 클라이언트 개발자가 이제 토큰 상태 관리를 구현해야 하므로 1.0에서 가장 중요한 변경 사항이다. 토큰이 만료되는 이유는 자체 인코딩된 토큰(암호화된 토큰)을 수용하기 위한 것이다. 이 토큰은 데이터베이스 조회 없이 서버에서 인증할 수 있다. 이러한 토큰은 자체 인코딩되기 때문에 취소할 수 없으므로 노출을 줄이려면 수명이 짧아야 한다. 서명 제거의 결과로

토큰 상태 관리 요구 사항의 도입에서 두 번째 손실이 발생한다.

- **승인 유형:** 2.0에서는 인가 승인이 액세스 토큰으로 교환된다. 승인(Grant)은 최종 사용자 승인을 나타내는 추상적인 개념이다. 사용자가 접근 요청에서 **승인**을 클릭한 후 수신된 코드이거나 사용자의 실제 사용자 이름과 패스워드일 수 있다. 보조금의 원래 아이디어는 여러 흐름을 활성화하는 것이었다. 1.0은 여러 클라이언트 유형을 수용하는 것을 목표로 하는 단일 흐름을 제공한다. 2.0은 다양한 클라이언트 유형에 대해 상당한 전문화를 추가한다.

무엇보다도 해머는 OAuth 2.0에 의해 구축된 인증 프레임워크와 도입된 확장성을 선호하지 않았다. 그의 주장은 웹에 다른 보안 프레임워크가 필요하지 않다는 것이었다. 필요한 것은 간단하고 잘 정의된 보안 프로토콜이다. 이러한 주장과 관계없이 수년에 걸쳐 OAuth 2.0은 API 보안의 사실상 표준이 됐으며, OAuth 2.0에서 도입한 확장성은 성과를 거뒀다.

베어러 토큰과 MAC 토큰

베어러^Bearer 토큰은 현금과 같다. 소유자는 누구나 사용할 수 있다. 사용할 때 합법적인 소유자임을 증명할 필요가 없다. 훔친 현금을 문제없이 사용할 수 있는 방법과 비슷하다. 중요한 것은 소유자가 아니라 현금의 유효성이다.

반면에 MAC 토큰은 신용카드와 같다. 신용카드를 사용할 때마다 서명으로 결제를 승인해야 한다. 누군가 귀하의 카드를 훔친 경우 도둑은 귀하와 똑같은 서명 방법을 모르면 카드를 사용할 수 없다. 이것이 MAC 토큰의 주요 장점이다.

베어러 토큰을 사용하면 항상 유선을 통해 토큰 패스워드를 전달해야 한다. 그러나 MAC 토큰을 사용하면 토큰 패스워드를 유선으로 전달하지 않는다. 베어러 토큰과 MAC 토큰의 주요 차이점은 부록 F에서 다룬 HTTP 기본 인증과 HTTP 다이제스트 인증의 차이점과 매우 유사하다.

MAC 토큰 획득

OAuth 2.0 핵심 사양은 토큰 프로필과 결합되지 않는다. 4장에서 다룬 OAuth 흐름은 MAC 토큰에 대해 동일한 방식으로 적용된다. OAuth 승인 유형은 토큰 유형에 대한 종속성이 없다. 클라이언트는 어떤 승인 유형을 사용해 MAC 토큰을 얻을 수 있다. 인가 코드 승인 유형에서 애플리케이션을 방문하는 자원 소유자가 이 절차를 시작한다. 인가 서버에 등록된 애플리케이션이어야 하는 클라이언트는 승인을 받고자 자원 소유자를 인가 서버로 리다이렉션한다. 다음은 자원 소유자를 OAuth 인가 서버로 이동하는 HTTP 리다이렉션 예제다.

```
https://authz.server.com/OAuth2/authorize?response_type=code&client_id=0rhQErXIX
49svVYoXJGt0DWBuFca&redirect_uri=https%3A%2F%2Fmycallback
```

response_type의 값은 code여야 한다. 이는 인가 승인 코드에 대한 요청임을 인가 서버에 나타낸다. client_id는 클라이언트 애플리케이션의 식별자다. 클라이언트 애플리케이션이 인가 서버에 등록되면 클라이언트는 client_id와 client_secret을 얻는다. redirect_uri의 값은 인가 서버에 등록된 값과 동일해야 한다. 클라이언트 등록 단계에서 클라이언트 애플리케이션은 자신이 제어하는 URL을 redirect_uri로 제공해야 한다. 콜백 URL의 URL로 인코딩된 값이 redirect_uri 파라미터로 요청에 추가된다. 이러한 파라미터 외에도 클라이언트 애플리케이션은 범위 파라미터를 포함할 수 있다. 범위 파라미터의 값은 승인 화면에서 자원 소유자에게 표시된다. 클라이언트가 대상 자원/API에 대해 필요로 하는 접근 수준을 인가 서버에 나타낸다. 이전 HTTP 리다이렉션은 요청된 코드를 등록된 콜백 URL로 반환한다.

```
https://mycallback/?code=9142d4cad58c66d0a5edfad8952192
```

인증 코드의 값은 HTTP 리다이렉션을 통해 클라이언트 애플리케이션에 전달되고 자원 소유자에게 표시된다. 다음 단계에서 클라이언트는 인가 서버에 의해 노출된 OAuth 토큰 종단점과 통신해 OAuth 액세스 토큰에 대한 인가 코드를 교환해야 한다. 토큰 종단점이 HTTP 기본 인증으로 보안되는 경우 이는 HTTP authorization 헤더에 있는 클라이언트 애플리케이션의 client_id와 client_secret을 사용하는 인증된 요청일 수 있다. grant_type 파라미터의 값은 authorization_code여야 하며 코드의 값은 이전 단계에서 반환된 값이어야 한다. 클라이언트 애플리케이션이 이전 요청에서 redirect_uri 파라미터에 대한 값을 설정한 경우 토큰 요청에 동일한 값을 포함해야 한다. 클라이언트는 예상되는 토큰 유형을 인가 서버에 제안할 수 없다. 결정하는 것은 인가 서버가 전적으로 결정하거나 클라이언트 등록 시 클라이언트와 인가 서버 간의 사전 합의에 기반을 둘 수 있다. 그리고 이는 OAuth의 범위를 벗어난다.

MAC 토큰에 대한 인증 코드를 교환하는 다음 cURL 명령은 베어러 토큰 프로필(4장)에서 본 것과 매우 유사하다. 유일한 차이점은 MAC 토큰 요청에 반드시 필요한 audience이라는 새로운 파라미터를 도입한다는 것이다.

```
\> curl -v -X POST --basic
    -u 0rhQErXIX49svVYoXJGt0DWBuFca:eYOFkL756W8usQaVNgCNkz9C2D0a
    -H "Content-Type: application/x-www-form-urlencoded;charset=UTF-8"
    -k -d "grant_type=authorization_code&
```

```
code=9142d4cad58c66d0a5edfad8952192&
redirect_uri=https://mycallback&
audience=https://resource-server-URI"
https://authz.server.com/OAuth2/token
```

위 cURL 명령은 다음 응답을 받는다.

```
HTTP/1.1 200 OK
Content-Type: application/json
Cache-Control: no-store
{
    "access_token": "eyJhbGciOiJSU0ExXzUiLCJlbmMiOiJBM",
    "token_type":"mac",
    "expires_in":3600,
    "refresh_token":"8xLOxBtZp8",
    "kid":"22BIjxU93h/IgwEb4zCRu5WF37s=",
    "mac_key":"adijq39jdlaska9asud",
    "mac_algorithm":"hmac-sha-256"
}
```

각 파라미터의 정의는 다음과 같다.

access_token: 클라이언트, 자원 소유자, 인가 서버를 함께 바인딩하는 OAuth 2.0 액세스 토큰이다. audience 파라미터가 도입됨에 따라 이제 모든 항목을 자원 서버에 바인딩한다. MAC 토큰 프로필에서 액세스 토큰을 디코딩해 액세스 토큰의 대상을 찾을 수 있어야 한다. 누군가가 액세스 토큰을 변조해 대상을 변경하면 인가 서버에서 토큰 유효성 검사가 자동으로 실패한다.

token_type: 인가 서버에서 반환된 토큰의 유형이다. 클라이언트는 먼저 이 파라미터의 값을 이해하고 그에 따라 처리를 시작해야 한다. 처리 규칙은 토큰 유형마다 다르다. MAC 토큰 프로필에서 토큰 유형의 값은 mac이어야 한다.

expires_in: 액세스 토큰의 수명(초)이다.

refresh_token: 액세스 토큰과 연결된 새로 고침 토큰이다. 갱신^{refresh} 토큰을 사용해 새 액세스 토큰을 얻을 수 있다.

kid: 키 식별자를 나타낸다. 인가 서버에서 생성한 식별자다. 해시된 액세스 토큰을 base64로 인코딩해 키 식별자를 생성하는 것이 좋다(예를 들어 kid = base64encode (sha-1(access_token))). 이 식별자는 나중에 자원 API를 호출하는 동안 MAC을 생성하는 데 사용되는 mac_key를 고유하게 식별한다.

mac_key: 액세스 토큰과 동일한 수명을 가진 인가 서버에서 생성된 세션 키다. mac_key는 나중에 자원 API를 호출하는 동안 MAC을 생성하는 데 사용되는 공유 패스워드다. 인가 서버는 동일한 mac_key나 동일한 kid를 재발행해서는 안 된다.

mac_algorithm: API 호출 중에 MAC을 생성하는 알고리즘이다. mac_algorithm의 값은 클라이언트, 인가 서버, 자원 서버에서 잘 이해해야 한다.

OAuth 2.0 액세스 토큰은 인가 서버 외부의 모든 사람에게 불투명하다. 의미 있는 데이터를 전달하거나 전달하지 않을 수 있지만 인가 서버 외부의 누구도 해석을 시도해서는 안 된다. OAuth 2.0 MAC 토큰 프로필은 액세스 토큰에 대해 좀 더 의미 있는 구조를 정의한다. 더 이상 임의의 문자열이 아니다. 자원 서버는 인가 서버에서 생성한 액세스 토큰의 구조를 이해해야 한다. 그러나 클라이언트는 그것을 해석하려고 해서는 안 된다.

인가 서버에서 클라이언트로 반환된 액세스 토큰은 대상, 키 식별자, mac_key의 암호화된 값으로 인코딩된다. mac_key는 자원 서버의 공개키나 OAuth 범위 밖의 사전 계약을 통해 자원 서버와 인가 서버 간에 설정된 공유키로 암호화돼야 한다. 보호된 API에 접근할 때 클라이언트는 요청과 함께 액세스 토큰을 보내야 한다. 자원 서버는 액세스 토큰을 디코딩하고 암호화된 mac_key를 가져올 수 있으며, 나중에 자체 개인키나 공유키에서 해독할 수 있다.

audience 파라미터는 http://tools.ietf.org/html/draft-tschofenig-OAuth-audience-00에서 사용할 수 있는 OAuth 2.0:audience 정보 인터넷 초안에 정의돼 있다. 이는 OAuth 토큰 요청 흐름에 도입된 새로운 파라미터며 토큰 유형과는 독립적이다. IETF 제안 표준으로 승인되면 베어러 토큰 프로필도 업데이트돼 액세스 토큰 요청에 포함될 것이다.

OAuth 2.0:audience 정보 인터넷 초안에 도입된 audience 파라미터의 목적은 발행된 액세스 토큰의 청중을 식별하는 것이다. 이를 통해 인가 서버에서 발급한 액세스 토큰은 특정 클라이언트용으로 특정 자원 서버나 특정 자원 서버 세트(set)에 대해 사용된다. 모든 자원 서버는 유효한 것으로 간주하기 전에 액세스 토큰의 대상을 확인해야 한다.

인가 승인 단계를 완료한 후 클라이언트는 접근할 자원 서버를 결정하고 해당 대상 URI를 찾아야 한다. 그 URI가 토큰 종단점에 대한 액세스 토큰 요청에 포함돼야 한다. 그런 다음 인가 서버는 제공된 대상 URI로 식별할 수 있는 연관된 자원 서버가 있는지 확인해야 한다. 그렇지 않은 경우 invalid_request 오류 코드를 다시 보내야 한다. 모든 유효성 검사가 인가 서버에서 통과되면 새 인터넷 초안은 액세스 토큰에 허용된 대상을 포함하도록 제안한다. 자원 서버에서 호스팅되는 API를 호출하는 동안 액세스 토큰을 디코딩하고 허용된 대상이 자신과 일치하는지 확인할 수 있다.

OAuth 2.0 MAC 토큰 프로필로 보호된 API 호출

승인 유형에 따라 인가 서버에서 MAC 토큰을 얻을 수 있다. 베어러 토큰 프로필과 달리 MAC 토큰 프로필로 보호되는 API를 호출하기 전에 클라이언트 측에서 더 많은 처리가 필요하다. 보호된 API를 호출하기 전에 클라이언트는 인증자authenticator를 구성해야 한다. 그런 다음 인증자의 값이 나가는 요청의 HTTP 인증 헤더에 추가된다. 인증자는 다음 파라미터로 구성된다.

kid: 인가 승인 응답의 키 식별자다.

ts: 1970년 1월 1일 이후의 타임스탬프(밀리초)다.

seq-nr: 클라이언트에서 서버로 클라이언트와 자원 서버 간의 메시지 교환 중에 사용할 초기 시퀀스 번호를 나타낸다.

access_token: 인가 승인 응답의 액세스 토큰 값이다.

mac: 요청 메시지에 대한 MAC 값이다. 나중에 이 부록에서는 MAC 계산 방법을 설명한다.

h: MAC 계산에 사용되는 헤더 필드는 콜론으로 구분된다.

cb: 채널 바인딩을 지정한다. 채널 바인딩은 http://tools.ietf.org/html/rfc5929에서 사용할 수 있는 'TLS용 채널 바인딩' RFC 5929에 정의돼 있다. TLS RFC에 대한 채널 바인딩은 `tls-unique`, `tls-server-end-point`, `tls-unique-for-telnet`의 세 가지 바인딩을 정의한다.

다음은 OAuth 2.0 MAC 토큰 프로필로 보안된 API에 접근하기 위한 요청 예다.

```
GET /patient?name=peter&id=10909HTTP/1.1
Host: medicare.com
Authorization: MAC kid="22BIjxU93h/IgwEb4zCRu5WF37s=",
               ts="1336363200",
               seq-nr="12323",
               access_token="eyJhbGciOiJSU0ExXzUiLCJlbmMiOiJBM",
               mac="bhCQXTVyfj5cmA9uKkPFx1zeOXM=",
               h="host",
               cb="tls-unique:9382c93673d814579ed1610d3"
```

MAC 계산

OAuth 2.0 MAC 토큰 프로필은 MAC을 계산하려고 HMAC-SHA1과 HMAC-SHA256의 두 가지 알고리즘을 정의한다. 또한 추가 알고리즘에 대한 확장을 제공한다.

메시지 인증 코드^{MAC, Message Authentication Code}는 관련 메시지에 대한 무결성과 신뢰성을 보증한다. MAC 알고리즘은 메시지와 비밀키를 받아 관련 MAC을 생성한다. MAC을 확인하려면 수신 측이 동일한 키를 갖고 수신된 메시지의 MAC을 계산해야 한다. 계산된 MAC이 메시지의 MAC과 같으면 무결성과 신뢰성이 보장된다.

해시 기반 메시지 인증 코드^{HMAC, Hash-based Message Authentication Code}는 해싱 알고리즘을 사용해 MAC을 계산하는 특정 방법이다. 해싱 알고리즘이 SHA-1이면 HMAC-SHA1이라고 한다. 해싱 알고리즘이 SHA256이면 HMAC-SHA256이라고 한다. HMAC에 대한 자세한 내용은 http://tools.ietf.org/html/rfc2104에서 확인할 수 있다. HMAC-SHA1과 HMAC-SHA256 기능은 해당 프로그래밍 언어로 구현해야 한다.

HMAC-SHA1을 사용한 계산은 다음과 같다.

```
mac = HMAC-SHA1(mac_key, input-string)
```

그리고 HMAC-SHA256은 다음과 같다.

```
mac = HMAC-SHA256(mac_key, input-string)
```

API 호출 요청의 경우 input-string 값은 HTTP 요청의 Request-Line, 타임스탬프, seq-nr 값, 파라미터 h에 지정된 헤더의 연결된 값이다.

HTTP REQUEST-LINE

HTTP Request-Line은 www.w3.org/Protocols/rfc2616/rfc2616-sec5.html에서 사용할 수 있는 HTTP RFC의 섹션 5에 정의돼 있다. request line은 다음과 같이 정의된다.

```
Request-Line = Method SP Request-URI SP HTTP-Version CRLF
```

Method의 값은 OPTIONS, GET, HEAD, POST, PUT, DELETE, TRACE, CONNECT 또는 임의의 확장 메

서드일 수 있다. SP는 공백을 의미하며 ASCII 코드로는 32다. Request-URI는 요청이 전송된 자원의 표현을 식별한다. HTTP 사양에 따르면 Request-URI를 구성하는 네 가지 방법이 있다.

```
Request-URI = "*" | absoluteURI | abs_path | authority
```

별표(*)는 특정 자원이 아니라 서버 자체를 대상으로 하는 요청을 의미한다(예, OPTIONS * HTTP/1.1).

absoluteURI는 프록시를 통해 요청할 때 사용해야 한다(예, GET https://resource-server/myresource HTTP/1.1).

abs_path는 Request-URI의 가장 일반적인 형태다. 이 경우 호스트 서버에 대한 절대 경로가 사용된다. URI 또는 서버의 네트워크 위치는 HTTP Host 헤더로 전송된다. 예를 들면 다음과 같다.

```
GET /myresource HTTP/1.1
Host: resource-server
```

Request-URI의 권한 형식은 HTTP CONNECT 메서드에서만 사용된다. 이 방법은 TLS 터널링의 경우와 같이 터널링을 사용해 프록시를 통해 연결하는 데 사용된다.

Request-URI 뒤에는 공백, HTTP 버전, 캐리지 리턴, 줄 바꿈이 있어야 한다.

다음 예를 살펴보자.

```
POST /patient?name=peter&id=10909&blodgroup=bpositive HTTP/1.1
Host: medicare.com
```

입력 문자열의 값은 다음과 같다.

```
POST /patient?name=peter&id=10909&blodgroup=bpositive HTTP/1.1 \n
1336363200 \n
12323 \n
medicare.com \n
```

1336363200은 타임스탬프, 12323은 시퀀스 번호, medicare.com은 Host 헤더의 값이다. Host 헤더의 값은 HTTP Authorization 헤더 아래에 있는 API 요청의 h 파라미터에 설정돼 있으므로 여기에 포함된다. 이러한 모든 항목은 예에서 \n으로 표시된 줄 바꿈 문자로 구분돼야 한다. 입력 문자열에서 mac_key와 mac_algorithm에 지정된 MAC 알고리즘을 사용해 MAC이 계산된다.

자원 서버에 의한 MAC 유효성 검사

OAuth 2.0 MAC 토큰 프로필로 보안된 API에 접근하려면 클라이언트는 API 호출 요청과 함께 관련 파라미터를 전송해야 한다. 요청에 파라미터가 없거나 제공된 값이 유효하지 않은 경우 자원 서버는 HTTP 401 상태 코드로 응답한다. WWW-인증 헤더의 값은 MAC으로 설정돼야 하며, 오류 파라미터의 값은 오류의 특성을 설명해야 한다.

```
HTTP/1.1 401 Unauthorized
WWW-Authenticate: MAC error="Invalid credentials"
```

MAC 헤더와 함께 제공되는 다음 유효한 API 요청을 고려해본다.

```
GET /patient?name=peter&id=10909HTTP/1.1
Host: medicare.com
Authorization: MAC kid="22BIjxU93h/IgwEb4zCRu5WF37s=",
               ts="1336363200",
               seq-nr="12323",
               access_token="eyJhbGciOiJSU0ExXzUiLCJlbmMiOiJBM",
               mac="bhCQXTVyfj5cmA9uKkPFx1zeOXM=",
               h="host",
               cb="tls-unique:9382c93673d814579ed1610d3"
```

요청의 MAC을 확인하려면 자원 서버가 mac_key를 알아야 한다. 클라이언트는

mac_key를 access_token에 인코딩된 자원 서버에 전달해야 한다. 유효성 검사의 첫 번째 단계는 요청의 access_token에서 mac_key를 추출하는 것이다. access_token이 디코딩되면 자원 서버는 대상을 확인해야 한다. 인가 서버는 access_token의 대상을 access_token으로 인코딩한다.

access_token이 확인되고 그와 관련된 범위가 확인되면 자원 서버는 kid가 mac_key를 캐시할 수 있다. 캐시된 mac_key는 향후 메시지 교환에 사용될 수 있다.

MAC 토큰 프로필에 따르면 access_token은 클라이언트에서 자원 서버로의 첫 번째 요청에만 포함돼야 한다. 자원 서버는 메시지 교환에서 후속 메시지의 유효성을 검사하려고 캐시된 mac_key(kid에 대해)를 사용해야 한다. 초기 access_token에 이후 API를 호출할 수 있는 충분한 권한이 없는 경우 자원 서버는 HTTP WWW-인증 헤더로 응답해 새 access_token이나 전체 인증자를 요청할 수 있다.

자원 서버는 클라이언트가 이전에 했던 것과 동일한 방식으로 메시지의 MAC을 계산하고, 계산된 MAC을 요청에 포함된 값과 비교해야 한다. 두 가지가 일치하는 경우 요청은 유효하고 합법적인 요청으로 간주될 수 있다. 그러나 여전히 재생 공격이 없는지 확인해야 한다. 이를 위해 자원 서버는 메시지의 타임스탬프를 로컬 타임스탬프와 비교해 확인해야 한다.

클라이언트와 자원 서버 간의 통신 채널을 도청할 수 있는 공격자는 메시지를 기록하고 다른 시간에 재생해 보호된 자원에 접근할 수 있다. OAuth 2.0 MAC 토큰 프로필은 재생 공격을 감지하고 완화하는 방법으로 타임스탬프를 사용한다.

OAuth 승인 유형과 MAC 토큰 프로필

OAuth 승인 유형과 토큰 유형은 OAuth 2.0 핵심 사양에 도입된 두 개의 독립적인 확장된 부분이다. 그들은 서로 간에 직접적인 종속성이 없다. 여기에서는 인가 코드 승인 유형에 대해서만 설명하지만 다른 모든 승인 유형은 동일한 방식으로 작

동한다. 암시적 승인 유형, 자원 소유자 패스워드 자격증명 승인 유형, 클라이언트
자격증명 승인 유형에서 반환되는 액세스 토큰의 구조가 동일하다.

OAuth 1.0과 OAuth 2.0 MAC 토큰 프로필

에란 해머^{Eran Hammer}(처음 OAuth 2.0 사양의 수석 편집자)는 2011년 5월 OAuth 2.0 MAC
토큰 프로필 초안을 OAuth 워킹그룹에 제출했으며, 첫 번째 초안(해머도 제출)에 이
어 2012년 2월에 일부 개선 사항이 있었다. 두 초안은 대부분 OAuth 1.0 아키텍처
의 영향을 받았다. 오랜 휴식 뒤에 해머가 OAuth 워킹그룹에서 사임한 후 MAC 토
큰 프로필의 인터넷 초안 4는 개선된 아키텍처를 도입했다. 이 부록에서 다룬 이
아키텍처는 OAuth 1.0과 많은 아키텍처 차이점이 있다(표 G-1 참고).

표 G-1. OAuth 1.0과 OAuth 2.0 MAC 토큰 프로필

OAuth 1.0	OAuth 2.0 MAC 토큰 프로필
초기 핸드셰이크 및 비즈니스 API 호출 동안 모두 서명이 필요하다.	비즈니스 API 호출에만 서명이 필요하다.
자원 서버는 메시지에 서명하는 데 사용되는 비밀 키를 미리 알고 있어야 한다. 공유 패스워드에는 적용된 수명이 없다. audience 제한이 없다. 모든 자원 서버에 대해 토큰을 사용할 수 있다.	메시지 서명에 사용된 암호화된 공유 패스워드는 access_token에 포함된 자원 서버로 전달된다. 수명은 서명할 키로 사용되는 mac_key와 연결된다. 인가 서버는 발급된 access_token에 대상 제한을 적용하므로 해당 액세스 토큰을 자원 서버에 사용할 수 없다.

찾아보기

OAuth 2.0 API 보안 2/e

엔터프라이즈 API를 보호하는 OAuth 2.0 해킹 & 방어

발 행 | 2021년 6월 15일

지은이 | 프라바스 시리와데나
옮긴이 | 강병윤 · 김한수

펴낸이 | 권 성 준
편집장 | 황 영 주
편 집 | 조 유 나
디자인 | 송 서 연

에이콘출판주식회사
서울특별시 양천구 국회대로 287 (목동)
전화 02-2653-7600, 팩스 02-2653-0433
www.acornpub.co.kr / editor@acornpub.co.kr

한국어판 ⓒ 에이콘출판주식회사, 2021, Printed in Korea.
ISBN 979-11-6175-532-8
http://www.acornpub.co.kr/book/advanced-apl-security

책값은 뒤표지에 있습니다.